法政大学国際高等学校

〈収録内容〉

2024 年度 …………………………………………… 数・英・国

2023 年度 …………………………………………… 数・英・国

2022 年度 …………………………………………… 数・英・国

2021 年度 …………………………………………… 数・英・国

2020 年度 …………………………………………… 数・英・国

2019 年度 …………………………………………… 数・英・国

平成 30 年度 …………………………………………… 数・英・国

DL 平成 29 年度 …………………………………………… 数・英

DL 平成 28 年度 …………………………………………… 数・英

※データのダウンロードは 2025 年 3 月末日まで。
※データへのアクセスには、右記のパスワードの入力が必要となります。 ⇒ 201386

〈合格最低点〉

2024年度	198点
2023年度	206点
2022年度	191点
2021年度	193点
2020年度	206点
2019年度	174点
2018年度	169点
2017年度	167点
2016年度	198点

本書の特長

実戦力がつく入試過去問題集

▶ 問題 …………… 実際の入試問題を見やすく再編集。
▶ 解答用紙 …… 実戦対応仕様で収録。
▶ 解答解説 …… 詳しくわかりやすい解説には、難易度の目安がわかる「基本・重要・やや難」の分類マーク つき（下記参照）。各科末尾には合格へと導く「ワンポイントアドバイス」を配置。採点に便利な配点つき。

入試に役立つ分類マーク 

基本 確実な得点源！
受験生の 90%以上が正解できるような基礎的、かつ平易な問題。
何度もくり返して学習し、ケアレスミスも防げるようにしておこう。

重要 受験生なら何としても正解したい！
入試では典型的な問題で、長年にわたり、多くの学校でよく出題される問題。
各単元の内容理解を深めるのにも役立てよう。

やや難 これが解ければ合格に近づく！
受験生にとっては、かなり手ごたえのある問題。
合格者の正解率が低い場合もあるので、あきらめずにじっくりと取り組んでみよう。

合格への対策、実力錬成のための内容が充実

▶ 各科目の出題傾向の分析、合否を分けた問題の確認で、入試対策を強化！
▶ その他、学校紹介、過去問の効果的な使い方など、学習意欲を高める要素が満載！

解答用紙ダウンロード 解答用紙はプリントアウトしてご利用いただけます。弊社ＨＰの商品詳細ページよりダウンロードしてください。トビラのＱＲコードからアクセス可。

見やすく読みまちがえにくいユニバーサルデザインフォントを採用しています。

法政大学国際高等学校

普通科
生徒数 937名
〒230-0078
神奈川県横浜市鶴見区岸谷1-13-1
☎ 045-571-4482
京急線生麦駅 徒歩5分

一人ひとりの個性を尊重 21世紀のグローバルシチズンを育てる付属校

URL	https://kokusai-high.ws.hosei.ac.jp/

グローバルリーダーの育成

「自由と進歩」の学風を誇る法政大学の付属校として、1949年創立。

2018年に21世紀の地球市民（グローバルシチズン）を育てる付属校として法政大学国際高等学校と校名を変更し、男女共学化。生徒の自主性を尊重し制服はない。

アクセスの良い好立地

横浜駅から京急線で約14分、最寄駅の生麦からは徒歩５分とアクセスが良い。横浜の街を見渡す丘の上に建ち、明るく自由な雰囲気が魅力で、体育館、理科室、コンピュータ室などの施設が整っている。図書室、特別教室などを備えた創立50周年記念校舎もある。

オリジナル科目「国際理解」

IB（国際バカロレア）コースとグローバル探究コースの２つのコースを設置。IBコースでは、世界中の大学への出願入学資格を得られる国際バカロレア・ディプロマプログラムを２年次から英語と日本語により実施。世界標準の探究学習を通して、海外大学への進学も目指す。グローバル探究コースでは、１年次は必履修科目を中心に学習し基礎を固める。英数国では一部少人数授業を実施。２・３年次は自分の興味・関心・進路に合わせて自由に授業を選択することができる。幅広く多様な選択科目の中でも特徴的なのが、１つのテーマを１年間かけて追究して学ぶ独自の講座「地球市民」。調査・実習・論文作成を通して思考力やプレゼン能力を高める。海外や国内で研究旅行を行う講座もある。英語力を伸ばす授業も豊富に用意しており、定期的に英語資格試験も実施している。その他、法政大学の教員による「高大連携授業」や第２外国語（中国語・ドイツ語・フランス語・韓国語・スペイン語・イタリア語）などもある。全館にWi-Fiの環境が整っており、タブレットを活用した授業を行っている。

創立50周年記念校舎

生徒が主役 自由にいきいきと

生徒の自主性を重んじる学校だけあって、生徒会活動も活発である。体育祭やオレンジ祭（文化祭）、そのほか数々の行事も、教員は様々な形で援助するが、あくまで主役は生徒で、一人ひとりの力を合わせて、積極的に取り組んでいる。クラブ活動は、20以上のクラブがある。

校外活動としては、校外フィールドワークや研究旅行や海外研修がある。この研究旅行は、選択科目の「地球市民」ごとに研究テーマに従って計画され、施設を見学したり、実習や実地訓練を行う有意義な旅行となっている。校外フィールドワークも盛んで、裁判傍聴やボランティアなども行っている。台湾・イギリス・カナダ・スウェーデンへの研修プログラムがあり、希望者が参加している。

法政大学への推薦資格を保持したまま、他大学受験が可能

法政大学の付属校として、一定の学力基準を満たした者は、原則として全員が法政大学に推薦される制度を持っている。その他の大学に関しては、国公立・私立、学部学科を問わず、法政大学へ推薦される資格を保持しながら受験できる「併願受験制度」がある。他大学進学先（2022年度）は、横浜国立大、横浜市立大、慶應義塾大、国際基督教大、東京理科大、上智大、早稲田大、青山学院大、立教大、明治大、中央大など。

様々な高大連携

毎週、法政大学の先生方が本校に来校し講義を行う「高大連携授業」がある。2021・22年度は「新型コロナウイルス」を統一テーマに分子生物学、数理統計学、政治学、経済学、経営学、言語学、歴史学、社会学、文学、情報科学、建築学など多様な視点からリレー講義が展開された。３年次には大学キャンパスで大学生と同じ講義を半年間受ける「特別聴講制度」がある。

2024年度入試要項

試験日 12/4（帰国生・海外生Ⅰ期）
1/26（IB自己推薦）2/3（帰国生・海外生Ⅱ期） 2/12（学科試験）
2/20（思考力）

試験科目 日本語作文＋英語作文＋数処理能力基礎＋面接（帰国生・海外生） 小論文＋数学能力適性検査（IB帰国生） 国・数・英（学科試験） 論述（思考力） 小論文＋英語小論文＋数学能力適性検査＋英語面談（IB自己推薦）

2024年度	募集定員	受験者数	合格者数	競争率
書類選考	210	220	220	1.0
学科試験	50	432	147	2.9
思考力	10	57	15	3.8
IB 帰国/自己	20	13/19	8/10	1.6/1.9
帰国生 Ⅰ期/Ⅱ期	10	41/16	20/8	2.1/2.0

※書類選考・学科試験・思考力入試はグローバル探究コース。書類選考についての詳細は、学校に直接お問い合わせ下さい。

過去問の効果的な使い方

① **はじめに**　入学試験対策に的を絞った学習をする場合に効果的に活用したいのが「過去問」です。なぜならば，志望校別の出題傾向や出題構成，出題数などを知ることによって学習計画が立てやすくなるからです。入学試験に合格するという目的を達成するためには，各教科ともに「何を」「いつまでに」やるかを決めて計画的に学習することが必要です。目標を定めて効率よく学習を進めるために過去問を大いに活用してください。また，塾に通われていたり，家庭教師のもとで学習されていたりする場合は，それぞれのカリキュラムによって，どの段階で，どのように過去問を活用するのかが異なるので，その先生方の指示にしたがって「過去問」を活用してください。

② **目的**　過去問学習の目的は，言うまでもなく，志望校に合格することです。どのような分野の問題が出題されているか，どのレベルか，出題の数は多めか，といった概要をまず把握し，それを基に学習計画を立ててください。また，近年の出題傾向を把握することによって，入学試験に対する自分なりの感触をつかむこともできます。

過去問に取り組むことで，実際の試験をイメージすることもできます。制限時間内にどの程度までできるか，今の段階でどのくらいの得点を得られるかということも確かめられます。それによって必要な学習量も見えてきますし，過去問に取り組む体験は試験当日の緊張を和らげることにも役立つでしょう。

③ **開始時期**　過去問への取り組みは，全分野の学習に目安のつく時期，つまり，9月以降に始めるのが一般的です。しかし，全体的な傾向をつかみたい場合や，学習進度が早くて，夏前におおよその学習を終えている場合には，7月，8月頃から始めてもかまいません。もちろん，受験間際に模擬テストのつもりでやってみるのもよいでしょう。ただ，どの時期に行うにせよ，取り組むときには，集中的に徹底して取り組むようにしましょう。

④ **活用法**　各年度の入試問題を全問マスターしようと思う必要はありません。できる限り多くの問題にあたって自信をつけることは必要ですが，重要なのは，志望校に合格するためには，どの問題が解けなければいけないのかを知ることです。問題を制限時間内にやってみる。解答で答え合わせをしてみる。間違えたりできなかったりしたところについては，解説をじっくり読んでみる。そうすることによって，本校の入試問題に取り組むことが今の自分にとって適当かどうかが，はっきりします。出題傾向を研究し，合否のポイントとなる重要な部分を見極めて，入学試験に必要な力を効率よく身につけてください。

数学

各都道府県の公立高校の入学試験問題は，中学数学のすべての分野から幅広く出題されます。内容的にも，基本的・典型的なものから思考力・応用力を必要とするものまでバランスよく構成されています。私立・国立高校では，中学数学のすべての分野から出題されることには変わりはありませんが，出題形式，難易度などに差があり，また，年度によっての出題分野の偏りもあります。公立高校を含め，ほとんどの学校で，前半は広い範囲からの基本的な小問群，後半はあるテーマに沿っての数問の小問を集めた大問という形での出題となっています。

まずは，単年度の問題を制限時間内にやってみてください。その後で，解答の答え合わせ，解説での研究に時間をかけて取り組んでください。前半の小問群，後半の大問の一部を合わせて50%以上の正解が得られそうなら多年度のものにも順次挑戦してみるとよいでしょう。

英語

英語の志望校対策としては，まず志望校の出題形式をしっかり把握しておくことが重要です。英語の問題は，大きく分けて，リスニング，発音・アクセント，文法，読解，英作文の5種類に分けられます。リスニング問題の有無(出題されるならば，どのような形式で出題されるか)，発音・アクセント問題の形式，文法問題の形式(語句補充，語句整序，正誤問題など)，英作文の有無(出題されるならば，和文英訳か，条件作文か，自由作文か）など，細かく具体的につかみましょう。読解問題では，物語文，エッセイ，論理的な文章，会話文などのジャンルのほかに，文章の長さも知っておきましょう。また，読解問題でも，文法を問う問題が多いか，内容を問う問題が多く出題されるか，といった傾向をおさえておくことも重要です。志望校で出題される問題の形式に慣れておけば，本番ですんなり問題に対応することができますし，読解問題で出題される文章の内容や量をつかんでおけば，読解問題対策の勉強として，どのような読解問題を多くこなせばよいかの指針になります。

最後に，英語の入試問題では，なんと言っても読解問題でどれだけ得点できるかが最大のポイントとなります。初めて見る長い文章をすらすらと読み解くのはたいへんなことですが，そのような力を身につけるには，リスニングも含めて，総合的に英語に慣れていくことが必要です。「急がば回れ」ということわざの通り，志望校対策を進める一方で，英語という言語の基本的な学習を地道に続けることも忘れないでください。

国語

国語は，出題文の種類，解答形式をまず確認しましょう。論理的な文章と文学的な文章のどちらが中心となっているか，あるいは，どちらも同じ比重で出題されているか，韻文(和歌・短歌・俳句・詩・漢詩)は出題されているか，独立問題として古文の出題はあるか，といった，文章の種類を確認し，学習の方向性を決めましょう。また，解答形式は，記号選択のみか，記述解答はどの程度あるか，記述は書き抜き程度か，要約や説明はあるか，といった点を確認し，記述力重視の傾向にある場合は，文章力に磨きをかけることを意識するとよいでしょう。さらに，知識問題はどの程度出題されているか，語句(ことわざ・慣用句など)，文法，文学史など，特に出題頻度の高い分野はないか，といったことを確認しましょう。出題頻度の高い分野については，集中的に学習することが必要です。読解問題の出題傾向については，脱語補充問題が多い，書き抜きで解答する言い換えの問題が多い，自分の言葉で説明する問題が多い，選択肢がよく練られている，といった傾向を把握したうえで，これらを意識して取り組むと解答力を高めることができます。「漢字」「語句・文法」「文学史」「現代文の読解問題」「古文」「韻文」と，出題ジャンルを分類して取り組むとよいでしょう。毎年出題されているジャンルがあるとわかった場合は，必ず正解できる力をつけられるよう意識して取り組み，得点力を高めましょう。

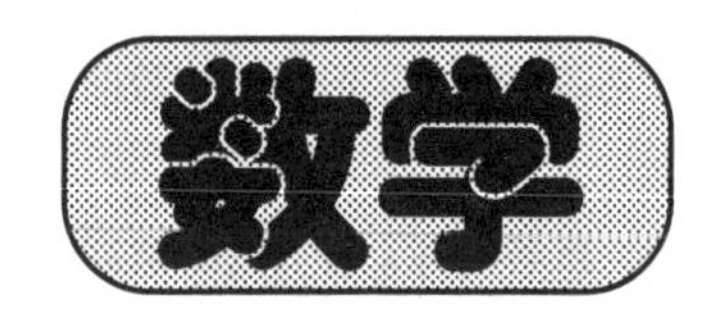

出題傾向の分析と 合格への対策

●出題傾向と内容

本年度の出題は，大問4題，小問にして16題で例年通りである。問題の量・質にほとんど変わりはない。

出題内容は，1が，式の計算，因数分解，式の計算の利用，確率，面積からなる小問群で，2は図形と関数・グラフの融合問題，3は空間図形の計量問題，4は方程式の応用問題であった。1の小問群は，それほど簡単な問題ではなく，標準レベルの問題が多い。2～4の前半は比較的解きやすい問題になっているが，最後の問題はかなり計算力と応用力を要求される問題になっており，時間配分に気をつけなければいけない。

学習のポイント

必ず出題されている図形や関数の融合問題，応用問題は解法を理解して，使えるように徹底的に練習することが重要である。対策を十分に行っていれば確実に得点に結びつくので意識して学習しよう。

●2025年度の予想と対策

来年度も，問題の量と質に大きな変化はないと思われる。例年，入試問題としてよく出題される問題が多いので，過去問を解いて，問題の傾向，内容，難易度を把握しておくことが重要である。関数・図形に関する問題は，いろいろな単元がからみあった融合問題で出題されている。基本の知識・解法を学習したあと，典型的な入試問題を解けるようにしてから，類似問題・応用問題を数多く解いて，様々な問題に対応できる応用力，計算力を養っておきたい。得点につなげるためには，解法を確実に理解したあと，使えるようにしていく訓練が必要である。また，自分で作図してから解かなければいけない問題が多いので，対応できるように練習しておくことも必要である。

▼年度別出題内容分類表……

		出題内容	2020年	2021年	2022年	2023年	2024年
数と式		数の性質	○				
		数・式の計算	○	○	○	○	○
		因数分解	○	○	○	○	○
		平方根	○	○			
方程式・不等式		一次方程式	○	○			○
		二次方程式			○	○	
		不等式					
		方程式・不等式の応用		○		○	○
関数		一次関数	○	○	○	○	○
		二乗に比例する関数	○	○	○	○	○
		比例関数			○	○	
		関数とグラフ	○	○	○	○	○
		グラフの作成					
図形	平面図形	角度	○		○	○	
		合同・相似	○	○			○
		三平方の定理				○	
		円の性質	○		○	○	
	空間図形	合同・相似			○		○
		三平方の定理	○		○		○
		切断			○		○
	計量	長さ	○	○	○	○	
		面積		○	○	○	○
		体積	○	○	○		○
		証明					
		作図					
		動点	○			○	
統計		場合の数					
		確率	○	○	○	○	○
		統計・標本調査					
融合問題		図形と関数・グラフ	○	○	○	○	○
		図形と確率		○			
		関数・グラフと確率					
		その他					
その他							

出題傾向の分析と合格への対策

●出題傾向と内容

本年度は，長文読解問題2問と文法問題(語句整序・語句補充・条件英作文)が3題出題された。リスニング問題は出されていない。長文読解問題は，使われている表現自体の難度が高いものがあり，語数が多く，問題も内容読解中心であるため，速やかに内容を理解できる力と速読力が問われている。文意を一つずつ取っていく読み方では時間内での解答が難しくなると思われるため，速読の経験を積むことが重要だ。また，独立問題として出題された条件作文には要注意である。

文法問題では，幅広い文法事項の知識が問われている。文法事項は基本的なものが多いので，問題集を繰り返し解くなどして確実に知識を身につけよう。合わせて自分の考えをいくつかの英文にまとめる練習をして，英作文対策にもつなげたい。

学習のポイント

長文読解問題と文法問題の対策をしっかり行おう。英文を書きながら知識を身につければ，英作文の対策にもなるので，書く練習が重要だ。

●2025年度の予想と対策

出題形式はここ数年で変わってきており，特筆すべきは長文問題の数が減ったことである。ただし，語数は多いままなので注意が必要だ。長めの英文を読み解く練習だけでなく，一つのまとまった文章を書く練習も欠かせない。素早く意味を理解できるようになることが，時間配分においても大切になってくるだろう。また，英文を書く練習は語句整序問題の対策にもなる。

文法問題については，基本的な文法事項を確実に身につけることが重要だ。幅広い文法事項の知識が問われるので，問題集を繰り返し解き，問題を見てどの文法事項が問われているか気付けるようになりたい。英文を書く練習は不可欠である。

▼年度別出題内容分類表……

	出題内容	2020年	2021年	2022年	2023年	2024年
話し方・聞き方	単語の発音					
	アクセント					
	くぎり・強勢・抑揚					
	聞き取り・書き取り	○				
語い	単語・熟語・慣用句					○
	同意語・反意語					
	同音異義語					
読解	英文和訳(記述・選択)					
	内容吟味	○	○	○	○	○
	要旨把握				○	○
	語句解釈	○	○	○	○	○
	語句補充・選択		○	○	○	
	段落・文整序					
	指示語	○	○	○	○	○
	会話文	○	○			
文法・作文	和文英訳					
	語句補充・選択	○	○	○	○	○
	語句整序	○	○	○	○	○
	正誤問題					
	言い換え・書き換え					
	英問英答					
	自由・条件英作文	○	○	○	○	○
文法事項	間接疑問文	○			○	○
	進行形		○	○	○	○
	助動詞	○	○		○	○
	付加疑問文					
	感嘆文					
	不定詞		○	○	○	
	分詞・動名詞	○	○		○	○
	比較	○	○		○	○
	受動態			○	○	○
	現在完了	○		○	○	○
	前置詞	○	○	○	○	○
	接続詞	○		○	○	○
	関係代名詞	○	○	○	○	○

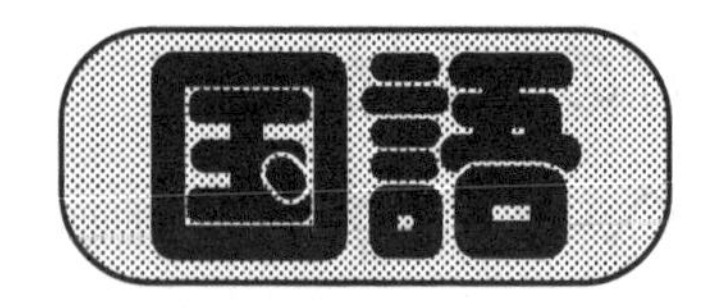

出題傾向の分析と合格への対策

●出題傾向と内容

本年度も，漢字の問題が読解問題の中に組み込まれて，現代文の読解問題2題の大問構成であった。小説からの出題は四年ぶりなので，油断していた受験生も多いだろう。2題とも長文で，選択肢の文章も長め。設問自体の難度は高くはなく，本文との矛盾で除外できる選択肢も多い。ほか，語義をもとに選択肢を絞ることもできる。ただとにかく小問数が多いため，一箇所の誤解が他の小問にも影響しかねず，丁寧な読み取りは要求される。

小説は小林多喜二の作品からの出題。小林多喜二がどのような作家なのかということと，昭和前半の共産党の扱われ方について文学史・歴史的知識があれば多少は読みやすくなったかもしれないが，それでも中学生には難解だろう。

学習のポイント

語彙の知識が読解問題の助けになる場合があるので，語彙を広げておこう。過去問を数年分参照して，出題される文章の傾向をつかもう。傍線部周辺だけでなく，文章全体の論理や流れにも注目しよう。

●2025年度の予想と対策

出題形式・問題量に大きな変化はないものと予想されるが，小説からの出題はまた数年空く可能性もある。ただ当然，対策が不要なわけではない。まずはとにかく長文を読む体力と速度を身につけて置くこと。小問数が多いので，選択肢の確実に誤りと言える箇所を素早く見つけたい。特に本文内容との矛盾については，いちいち本文をさかのぼって確認しなくても自信をもって発見できるように。

時間配分としては，少しでもよく分からないと感じた設問は飛ばし，確実に解答できる設問を優先するとよい。

問題集は，とにかく本文が長めのものを選ぶべきだろう。新書を読むなどで訓練するのもよい。その際は，時間を決めてその時間内である程度の範囲を読み切る練習をすること。

▼年度別出題内容分類表 ……

出題内容			2020年	2021年	2022年	2023年	2024年
内容の分類	読解	主題・表題					
		大意・要旨	○	○	○	○	
		情景・心情	○				○
		内容吟味	○	○	○	○	○
		文脈把握	○	○	○	○	○
		段落・文章構成		○			
		指示語の問題		○			
		接続語の問題	○	○	○		
		脱文・脱語補充	○	○	○	○	○
	漢字・語句	漢字の読み書き	○	○	○	○	○
		筆順・画数・部首					
		語句の意味	○	○	○	○	○
		同義語・対義語					
		熟語		○	○	○	
		ことわざ・慣用句				○	○
	表現	短文作成					
		作文(自由・課題)					
		その他					
	文法	文と文節					
		品詞・用法			○		
		仮名遣い					
		敬語・その他					
	古文の口語訳						
	表現技法		○	○		○	
	文学史		○				
問題文の種類	散文	論説文・説明文	○	○	○	○	○
		記録文・報告文					
		小説・物語・伝記	○				○
		随筆・紀行・日記		○	○	○	
	韻文	詩					
		和歌(短歌)					
		俳句・川柳					
	古文						
	漢文・漢詩						

2024年度 合否の鍵はこの問題だ!!

数学 2 (3)，(4)

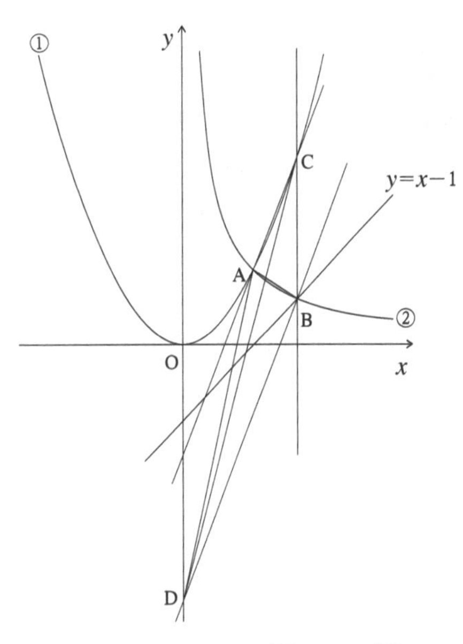

(1)，(2)より，$y=x^2$…①，$y=\dfrac{1}{x}$…②，$p=\dfrac{1+\sqrt{5}}{2}$

(3)　$\dfrac{1+\sqrt{5}}{2}-1=\dfrac{1+\sqrt{5}-2}{2}=\dfrac{\sqrt{5}-1}{2}$から，$\mathrm{B}\left(\dfrac{1+\sqrt{5}}{2},\ \dfrac{\sqrt{5}-1}{2}\right)$　$\left(\dfrac{1+\sqrt{5}}{2}\right)^2=\dfrac{2\sqrt{5}+6}{4}=\dfrac{\sqrt{5}+3}{2}$から，$\mathrm{C}\left(\dfrac{1+\sqrt{5}}{2},\ \dfrac{\sqrt{5}+3}{2}\right)$　$\mathrm{CB}=\dfrac{\sqrt{5}+3}{2}-\dfrac{\sqrt{5}-1}{2}=\dfrac{\sqrt{5}+3-(\sqrt{5}-1)}{2}=2$　△ABCのCBを底辺としたときの高さは，$\dfrac{1+\sqrt{5}}{2}-1=\dfrac{1+\sqrt{5}-2}{2}=\dfrac{\sqrt{5}-1}{2}$　よって，$\triangle\mathrm{ABC}=\dfrac{1}{2}\times2\times\dfrac{\sqrt{5}-1}{2}=\dfrac{\sqrt{5}-1}{2}$

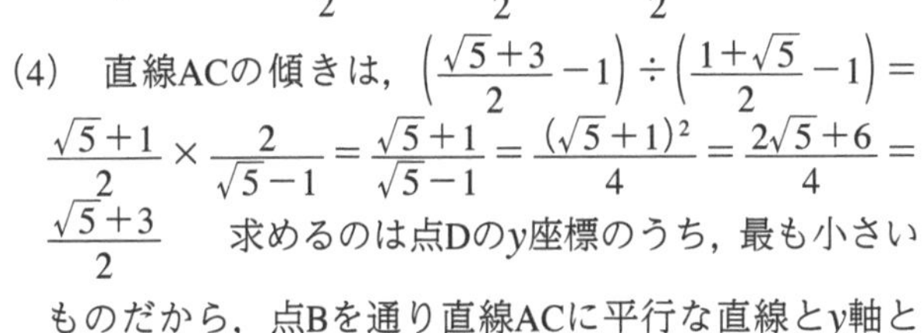

(4)　直線ACの傾きは，$\left(\dfrac{\sqrt{5}+3}{2}-1\right)\div\left(\dfrac{1+\sqrt{5}}{2}-1\right)=\dfrac{\sqrt{5}+1}{2}\times\dfrac{2}{\sqrt{5}-1}=\dfrac{\sqrt{5}+1}{\sqrt{5}-1}=\dfrac{(\sqrt{5}+1)^2}{4}=\dfrac{2\sqrt{5}+6}{4}=\dfrac{\sqrt{5}+3}{2}$　求めるのは点Dのy座標のうち，最も小さいものだから，点Bを通り直線ACに平行な直線とy軸との交点をDとする。直線BDの式を$y=\dfrac{\sqrt{5}+3}{2}x+d$として点Bの座標を代入すると，$\dfrac{\sqrt{5}-1}{2}=\dfrac{\sqrt{5}+3}{2}\times\dfrac{1+\sqrt{5}}{2}+d$，$d=\dfrac{\sqrt{5}-1}{2}-(\sqrt{5}+2)=\dfrac{\sqrt{5}-1-2\sqrt{5}-4}{2}=-\dfrac{5+\sqrt{5}}{2}$

◎(4)のように共通な辺がある2つの三角形の面積を等しくするときは，共通な辺を底辺とみて，高さが等しくなるように頂点を通り，底辺と平行な線をひいて考えよう。

英語 V

Vの自由・条件英作文を取り上げる。

当問題には，配点が20点割り当てられており，語数も100語程度と多いので，注意が必要である。

本校の条件英作文であるが，日本語を英語に置き換える和文英訳とは異なり，与えられた条件(英語にて提示)のもとに，自由に英文を書くことが求められており，高度の英語の総合力が問われている。したがって，語彙力の養成に励むことは不可欠であり，かつ，正しい英文を書くために必須の文法力を確実に身につける必要がある。

また，実際に100語程度の英文を書く練習を重ねることも大切だ。事情が許す限り，他者によるチェックをしてもらうと良い。自己の欠点が浮き彫りになり，欠点の克服に努めることで，得点のさらなる上積みが見込めるだろう。

国語　二　問14

小説では特に，登場人物の感情や思考の「流れ」を追うことが重要である。
「この方法は」が主語なので，一瞬ほかの囚人も飴玉を気にしだしたのかと思われるが，実はそうでないという点に注意。看守が嘆いているのは，皿や味噌汁など，一般的にはどうでもいいようなことで所長面会を求める囚人が増えたことである。「俺」が「ききめ」としているのは，そもそも「俺」は本当に飴玉の改善を望んでいたわけではなく，この小さなことで「獄内闘争」を起こそうとしていたのである。そもそも飴玉に文句をつけ始めたのは，看守が囚人たちの呑気さのせいで骨折り損だと感じると漏らしたからであり，つまりはその骨折り損を徹底的にさせてやろうということである。この流れを把握できていれば，飴玉にだけ限定した選択肢を除外することができる。

2024年度

★★★★★★★★★★★★★★★★★★★★★★★★

入　試　問　題

2024年度

法政大学国際高等学校入試問題

【数　学】（50分）〈満点：100点〉

1 次の各問いに答えよ。

（1） $(-4a^3b)^2\times(-ab^3)^3\div(-2a^2b^2)^3$ を計算せよ。

（2） $(x^2+3x)^2-38(x^2+3x)+280$ を因数分解せよ。

（3） ① 57^2 を計算せよ。

② $ab=3149$，$1<a<b$ を満たす自然数 a，b の値を求めよ。

（4） 各面に1から6までの数字が書かれた正六面体のさいころと，各面に1から8までの数字が書かれた正八面体のさいころがある。この2種類のさいころを1個ずつ投げるとき，上面の数字の積が4の倍数になる確率を求めよ。

（5） 点Oを中心とする半径2の円①と，その円周上の4点を頂点とする正方形ABCDがある。円①に内側から接し，かつ正方形ABCDの外側から辺ABに接するような最大の円②をかき，その中心をPとする。また，2つの円①，②の接点をTとし，円②と直線ATの交点のうちTでない方をQとする。このとき，四角形OAQPの面積を求めよ。

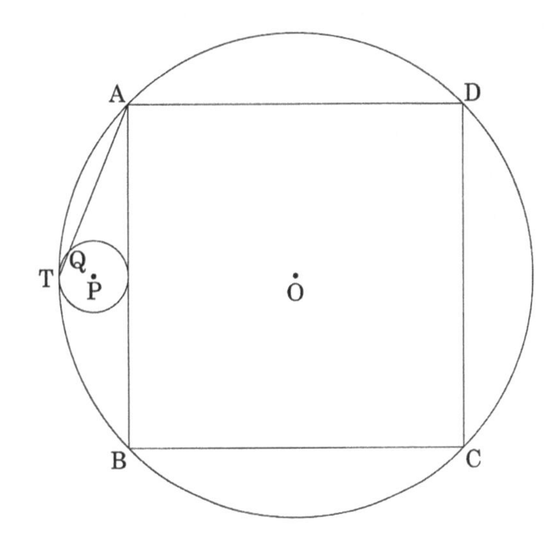

2 放物線 $y=ax^2$ …①と曲線 $y=\frac{b}{x}\ (x>0)$ …②が点A(1，1)で交わっている。直線 $y=x-1$ と曲線②との交点をBとし，Bの x 座標を p とする。また，点Bを通り y 軸に平行な直線と放物線①との交点をCとする。このとき，次の各問いに答えよ。

（1） a，b の値を求めよ。

（2） p の値を求めよ。

（3） △ABCの面積を求めよ。

（4） y軸上に点Dをとり，△ABCと△ADCの面積が等しくなるようにする。このような点Dのy座標のうち，最も小さいものを求めよ。

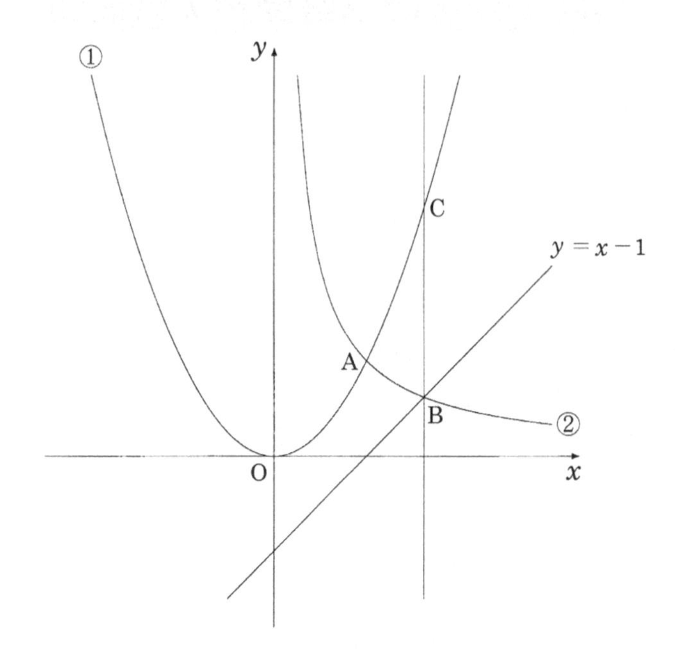

3 図のような正四角錐A-BCDEがある。AB＝AC＝AD＝AE＝12，正方形BCDEの1辺の長さが6であるとき，次の各問いに答えよ。

（1） 四角錐A-BCDEの表面積を求めよ。

（2） 四角錐A-BCDEの体積を求めよ。

（3） 辺AB，AC，AD，AE上に，それぞれ点P，Q，R，Sを，AP：PB＝1：3，AQ：QC＝2：1，AR：RD＝2：1，AS：SE＝1：3となるようにとる。このとき，四角形PQRSの面積を求めよ。

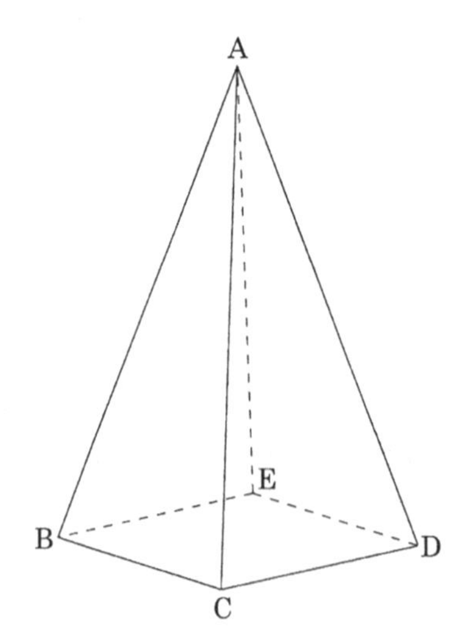

4 あるプチギフト販売店では，プチギフトAを1つ1,600円，プチギフトBを1つ1,200円で販売しており，AのみまたはBのみで6個以上まとめて購入した場合は，セット割引きで5個を超えた分の代金がx%引きとなる。例えば，Aを5個とBを8個購入した場合，Bの3個のみx%引きとなる。$0<x<50$とするとき，次の各問いに答えよ。

（1） プチギフトAを10個購入したとき，代金が14,000円であった。このとき，xの値を求めよ。

（2） プチギフトA，Bのどちらも購入した個数が5個以下であり，代金の合計が9,200円であったとき，購入したプチギフトAの個数として考えられる値をすべて求めよ。

（3） 太郎さんはプチギフトAを，花子さんはプチギフトBを，それぞれ何個か購入した。2人が購入したプチギフトの総数が10個であり，2人が支払った代金の差が6,960円であったとき，xの値として考えられる値をすべて求めよ。

【英　語】（50分）〈満点：100点〉

I　次の英文を読み，設問に答えなさい。

How do animals live in the desert? They need water, of course. Some animals get it from plants. Others wait under the sand for the rains. When the land is dry again, they go back under the sand. ① They stay there until the next rain. And some animals, like camels, can ② go for a long time between one drink of water and the next one.

Then there are the changes in temperature, from very hot to very cold. In the day, many animals stay in cool places under rocks or in small holes in the sand. But at night deserts can suddenly ③ come alive. When the sun goes down the animals put their heads above the sand and begin to look for food.

The small *jerboa lives in deserts across the world. Jerboas have big eyes and, like many desert animals, they can see very well at night. In the late evening, they come out of their holes and look for food — mostly seeds and plants.

Jerboas are very well adapted to life in the desert. Some jerboas do not need to drink, because they get water from their food. In the hot summer, some jerboas sleep under the sand for two or three months. Jerboas also live in cold deserts like *the Gobi. Here, they sleep in their holes in the winter and stay away from the snow.

Jerboas can move very fast across the sand. They have huge back legs and they can jump up to three meters in one move. They do this when they need to run away from other animals — *fennec foxes, for example. At night, these foxes are also looking for food, and a jerboa is just right for a hungry fennec fox. Like jerboas, fennec foxes are well adapted to the weather in the desert. With its very big ears and white *coat, the fennec fox can stay much cooler in the hot sun.

There are a lot of other living things in the desert too. Scorpions come out from under rocks at night and look for small animals. Like many desert animals, scorpions can go for months without water. They can also live for up to one year without food.

注）*jerboa：トビネズミ　*the Gobi：ゴビ砂漠　*fennec fox：フェネックギツネ　*coat：(動物の)外被，被毛

1．What does ① refer to?

ア．All animals living in deserts.

イ．Animals that get water from plants.

ウ．Animals that drink rainwater.

エ．Animals that get water from their food.

2．Which of the following has the closest meaning to ②?

ア．gather　イ．last　ウ．miss　エ．experience

3．Which of the following has the closest meaning to ③?

ア．get quiet　イ．get cool　ウ．get dark　エ．get busy

4. Choose the TWO statements that are true about jerboas.
   ア. Some have big eyes and ears and a white coat.
   イ. They can see better in the daytime than at night.
   ウ. Some can spend a couple of months sleeping underground during the hot summer.
   エ. They live only in hot deserts.
   オ. They can jump more than three meters in one move.
   カ. They are hunted by fennec foxes at night.
5. Choose the THREE statements that are true about the passage.
   ア. Many animals in deserts live mostly under sand because deserts are very hot night and day.
   イ. Some animals living in deserts get water from their food.
   ウ. Some deserts have snow in winter.
   エ. Neither jerboas nor fennec foxes can survive in cold climates.
   オ. Fennec foxes have very large legs which make them very fast.
   カ. Fennec foxes have white coats that help them stay cooler in the hot sun.
   キ. Both jerboas and scorpions eat plants and seeds.
   ク. Scorpions are active both night and day.
   ケ. Scorpions can survive without water for one year.

Ⅱ 次の英文を読み，設問に答えなさい。

Dick Whittington was a poor boy who lived in a small village in Gloucestershire. He had no mother or father, his clothes were old, and he ate the food anyone would give him. When he was fourteen, he decided to seek his fortune. He'd heard that the streets of London were made with gold, and there he went to find it.

When, tired and hungry, he reached the great city, he soon found that there was no gold, only dirty stones. For days, Dick tried to find work and somewhere to sleep, but no one took any notice of the thin, dirty boy.

One night, he stayed *huddled in the doorway of a splendid house. In the morning, the cook opened the door. "What's a lazy boy like you doing here?" she shouted. "Go away, or I'll give you work to do."

"I'll do anything for a breakfast," said Dick, very cold and hungry. The cook *dragged him into the kitchen and set him to work — cleaning pots and pans, washing the floors, *running errands, carrying in the *coal, and lots of other dirty jobs. He was busy from early morning until late at night, and if he stopped for a moment, the cook beat him with her rolling pin. She would give him only *leftover food.

Dick slept in a cold *attic on a hard bed with a thin blanket. The attic was home to lots of mice, and their *squeakings and *scratchings kept him awake. "I'll have to get a cat," thought Dick, and so he bought one with the first few *pennies he earned. After that, it was very quiet in the attic, and Dick slept well.

The owner of the house was a rich *merchant named Sir Hugh Fitzwarren. He was a kind and *generous man. His young daughter, Alice, often slipped down to the kitchen, and talked with Dick when the cook was resting in the afternoons. Dick told her all about his village, and how he had come to London. Alice gave him extra food when she could. Dick was very happy to have someone to talk to, and he and Alice became good friends.

One day, all the servants were talking excitedly about the ship that Sir Hugh was sending to Africa. "The servants can put anything they have to sell on it and when the ship sails back, the captain gives them the money," Alice explained to Dick. "What do you have to sell?"

Dick thought for a moment. "I don't have anything in the world, except my cat," he said. "Well," said Alice. "You must send your cat. It might bring you a few pennies." Dick didn't want to sell his cat, but at last agreed, and the cat was put on the ship.

Dick was sad without his cat and, when Sir Hugh and Alice went away, he was very lonely. The cook treated him so badly, and he did not understand why the cook hated him so much. He felt he couldn't bear it any longer.

One morning, he slipped out of the kitchen, and began to walk up the long hill out of London. He had almost reached the top when he heard the bells of Bow church ring. He stopped and listened. They seemed to say, "Turn again, Dick Whittington, *Lord Mayor of London."

"What does that mean?" he cried. "How can I ever be Lord Mayor of London?" Thinking about this, he turned around, and began the long walk back to London.

When Sir Hugh's ship reached Africa, the captain went at once to the King with the things he had to sell, but left Dick's cat on board. The King was pleased, and paid the captain well. Just as the captain was leaving the King's castle, he noticed there were rats and mice running around everywhere.

"*Your Majesty," said the Captain. "I have an animal on my ship that can catch all these rats and mice. " The King had never heard of such an animal as a cat, but he ordered the captain to bring it immediately.

As soon as the captain put the cat down on the floor of the castle, it killed seven mice, four rats and, the others ran away. The King was very happy. "I will buy this wonderful animal. How much?" The captain thought quickly. "Ten bags of gold," he said. "I'll give you twenty, and this jewel," laughed the King.

When the ship returned to London, the captain took the money to Sir Hugh, who gave the servants what they had earned. Then he called for Dick, but Dick was nowhere to be found. Sir Hugh called for the cook. "He's run away. He's a bad boy, never did a good day's work," she lied. "Oh, Papa," cried Alice. "I know that's not true. We must find Dick at once."

Sir Hugh searched the streets of London until he found Dick, looking hungrily into a baker's shop. "Come with me, my boy," he said smiling, and he took Dick back to his house. "See what your cat has brought you." Dick's eyes grew bigger and bigger as he looked at the twenty bags of gold and the precious jewel. "If you spend it wisely," said Sir Hugh, "you'll be a rich man one day."

Over the next few years, Sir Hugh helped Dick to become a merchant, to buy a splendid house, and was very happy when Dick asked Sir Hugh if he might marry Alice.

Dick did become very rich, but he never forgot what it was like to be poor. He spent some of his great fortune on *restoring a London hospital, opening a college, and building houses for the old and poor. And he became Sir Richard Whittington, Lord Mayor of London, just as the Bow church bells had told him.

注） *huddled：うずくまって　*drag：引きずる　*run errands：使い走りをする
*coal：石炭　*leftover：食べ残しの　*attic：屋根裏
*squeakings：ねずみの鳴き声　*scratchings：引っかく音　*penny：硬貨
*merchant：商人　*generous：寛大な　*Lord Mayor of London：ロンドン市長
*Your Majesty：王族に対する敬称　*restore：再建する

1．What did Dick hope to find in the streets of London?
　ア．Gold.　イ．Adventure.　ウ．Friends.　エ．Food.

2．How did Dick survive in London at first?
　ア．By asking strangers for money.　イ．By doing any job he could get.
　ウ．By stealing from merchants.　エ．By selling the things that he owned.

3．How did Dick improve the quality of his sleep in the attic?
　ア．He bought a cat.　イ．He found a more comfortable bed.
　ウ．He moved to a different house.　エ．He slept under his blanket.

4．How did Dick get his first few pennies?
　ア．By selling his cat.　イ．By working for Sir Hugh.
　ウ．By finding them in the streets.　エ．By receiving them from Alice.

5．What was Dick's reaction when he heard the church bells?
　ア．He decided to leave London immediately.
　イ．He wondered how he would become Lord Mayor.
　ウ．He made up his mind to become Lord Mayor.
　エ．He thought he should leave his job.

6．How did Dick's cat turn out to be valuable in Africa?
　ア．It performed tricks for the King's entertainment.
　イ．It guided the captain through rough seas.
　ウ．It caught many rats and mice in the castle.
　エ．It led the ship to hidden treasure.

7．Why did the cook say that Dick never did a good day's work?
　ア．She felt sorry for him.　イ．She didn't like him.
　ウ．She was angry at Sir Hugh.　エ．She wanted Alice to receive the money.

8．Why did Sir Hugh search for Dick in London?

ア．To punish him for running away.　　イ．To give him his gold and jewel.

ウ．To bring him back to work at his house.　　エ．To ask him to marry Alice.

9．Who helped Dick become a successful merchant?

ア．Alice's father, Sir Hugh.　　イ．The King of Africa.

ウ．The captain of the ship.　　エ．Richard Whittington.

10. What did Dick do with some of his wealth?

ア．He built a castle.　　イ He used it for education.

ウ．He gave it to Alice as a gift.　　エ．He traveled the world.

11. Choose the TWO statements that are true about the passage.

ア．Dick arrived in London with his cat.

イ．Dick lost both of his parents when he was fourteen years old.

ウ．At first, Dick didn't want to put his cat on the ship.

エ．Alice started to go to the kitchen to see Dick's cat.

オ．Dick finally became rich and famous but never forgot the poor.

Ⅲ　次の英文を読み，意味が通るように①～④の[　　　]内の語(句)を並べ替え，それぞれ(　A　)(　B　)に入るものを記号で答えなさい。ただし，文頭に来る語も小文字になっている。

1．Peter: ①[ア try ／ イ new ／ ウ a ／ エ made ／ オ sport ／ カ me ／ キ my parents] last weekend.

Anne: Oh, really? What sport did you try?

Peter: Tennis. I'm not good at ball sports, so I was a bit nervous.

Anne: How did it go?

Peter: Surprisingly well! Actually, ②[ア new ／ イ to ／ ウ was ／ エ try ／ オ good ／ カ it ／ キ something].

①(　　)(　A　)(　　)(　B　)(　　)(　　)(　　)

②(　　)(　　)(　　)(　A　)(　　)(　　)(　B　)

2．Mao: How was your tour guide exam? It was last week, wasn't it?

Ken: Yeah, it was terrible. I had a headache on the day of the exam, so ③[ア as ／ イ go as ／ ウ didn't ／ エ my *practice exam ／ オ well ／カ it].

Mao: Oh, I'm sorry. When do you know the results?

Ken: Next month. I hope I pass.

*practice exam：模試

③(　A　)(　　)(　　)(　　)(　B　)(　　)

3．Jim: Oh, summer in Japan is so humid. I never imagined summer in Japan would be so hot.
Kate: Yeah, the temperature is going up and up every year.
Jim: That's terrible. What will happen if global warming continues?
Kate: Well, I think ④[ア Japan ／ イ too ／ ウ be ／ エ some parts of ／ オ live ／ カ will ／ キ hot ／ ク to] in.
Jim: I think so, too.
④(　　)(　　)(　　)(　A　)(　　)(　　)(　B　)(　　)

Ⅳ 次の英文の(　　)内に入る最も適切な語(句)を選び，記号で答えなさい。

1．The tiger is an (　　) species. We should do something about that.
ア．ordinary　イ．injured　ウ．artistic　エ．endangered

2．A: Bye! See you later!
B: Please don't forget (　　) some milk on your way home.
ア．buy　イ．buying　ウ．to buy　エ．bought

3．A: How long have you (　　) ballet?
B: For almost 10 years. Since I was three.
ア．practice　イ．practicing　ウ．been practicing　エ．been practiced

4．A: I need to study more, but I cannot stop playing games.
B: If I were you, I (　　) my PC into the living room.
ア．moved　イ．have moved　ウ．move　エ．would move

Ⅴ 以下の英語の指示に従って100語程度の英語で答えなさい。

Write about a good thing you have done for another person (or other people).
You must include the reasons why you did it.
(あなたがこれまでに他人のために行った良いことについて書きなさい。
なぜあなたがそれを行ったのかという理由も含めること。)

4　話好きな自分の性分を見抜かれているのではないかと疑いをもったから。

問18　傍線部**Q**とは、どのようなことか。次の中からもっとも適当なものを選び、番号で答えなさい。

1　刑務所内の軽微な問題をひとつひとつ取り上げて、その実態を世間に公表して社会問題にまで拡大させること。

2　些細なことを突破口にして、同志の連帯をとおして、核心的な大きな問題、すなわち革命にまで及んでいくこと。

3　それぞれは小さな組織ではあるが、その組織が数多く結託して、議会政治を改革するような動きへと発展させること。

4　普通なら気づかない相手の弱点をまんまと見抜き、その弱点を突いた攻撃を繰り広げることで、裁判闘争に勝利すること。

かもしれないと思っている様子。
3 特にやることもない独房での生活をひととき忘れて、夢中になって取り組んでいる様子。
4 刑務所に収監されていても、勤勉に仕事を遂行できる自分の姿を示そうとしている様子。

問13 傍線部**L**とあるが、これは「所長」のどのような様子を表しているか。その説明としてもっとも適当なものを次の中から選び、番号で答えなさい。
1 飴玉の件は、自分にとっては取るに足りないことだが、囚人たちにとっては重大なことなのだと理解してきた。
2 毎日所長面会を要求する囚人の姿に、不屈の精神の力を感じとり、感服せざるをえなくなった。
3 面会に来てもまともに取り合わないでいたのに、懲りることなく申し出てくるので、いちいち反応する気力すら失われてきた。
4 囚人が何度も訴えにくるので、飴玉をはじめとする刑務所の品物の質と値段を見直す必要性があると考えるようになった。

問14 傍線部**M**とあるが、それはどのようなことか。次の中からもっとも適当なものを選び、番号で答えなさい。
1 飴玉の大小や品質について、他の同志たちもこぞって難癖をつけるようになったこと。
2 同じ刑務所にいる同志たちが、いくつかの理由をつけて所長に面会を求めるようになったこと。
3 同志の入っている監房前を通るときに、飴玉を交えた暗号のやり取りが可能になったこと。
4 繰り返し飴玉に関する抗議を続けることで、監房の生活環境の向上をはかることができたこと。

問15 傍線部**N**とあるが、このときの「俺」の心情の説明としてもっとも適当なものを次の中から選び、番号で答えなさい。
1 自分の行動で何か懲罰を受けるのではないかと想像して看守のご機嫌をとっておこうと思っている。
2 この話好きな看守を自分の議論でやりこめてやろうと意気揚々とした気持ちを抱いている。
3 飴玉の件で今回は逆に所長から呼び出されたのではないかと興味津々な思いで一杯になっている。
4 何かしら自分のせいで刑務所にとって都合の悪いことが起きているのではないかと期待している。

問16 傍線部**O**「しめた、と思った」のはなぜか。次の中からもっとも適当なものを選び、番号で答えなさい。
1 策略が功を奏したので。
2 想像とは異なった事態が生じたので。
3 みんなが飴玉に興味を持ちだしたので。
4 看守の話好きを引き出せると確信したので。

問17 傍線部**P**とあるが、それはなぜか。次の中からもっとも適当なものを選び、番号で答えなさい。
1 「俺」のことを信用していいものか判断がつかなかったから。
2 特定の囚人と親しげに話をするのは職務の規則に反していたから。
3 刑務所の内情を特定の囚人に話すのは憚(はばか)られたから。

2　囚人たちがいつまでも平気な顔をしているので、逮捕や収監が彼らにとって何の意味も持たず、かえって権力をふるう自分たちが無力感を覚えてしまっているということ。
3　囚人たちが命令を聞こうとしないばかりか、むしろ看守たちを馬鹿にするような態度をとり続けているために、従来に比べ看守の権限が縮小されているように感じられること。
4　囚人たちが周囲に対して尊大な態度をとるようになり、看守の命令に背くことが常態化しているために、看守よりも囚人たちが上の立場にいるかのように見えるということ。

問8　傍線部**G**とあるが、ここでの「俺」の心情の説明としてもっとも適当なものを次の中から選び、番号で答えなさい。
1　自分の振る舞いが、看守たちに徒労感を生じさせていたことを知り、愉快になっている。
2　自分の態度が、看守たちへの予期せぬ復讐(ふくしゅう)になっていたことを知り、面食らっている。
3　自分の態度によって、看守たちの視線に変化が生じたことを知り、うれしく思っている。
4　自分の振る舞いが、看守たちの思想に影響を与えていたことを知り、胸を打たれている。

問9　傍線部**H**とあるが、「尻目にかける」の意味としてもっとも適当なものを次の中から選び、番号で答えなさい。
1　相手を意のままに操る
2　相手を脅迫し、従わせる
3　相手をひどい目に遭わせる
4　相手を軽視し、さげすむ

問10　傍線部**I**とあるが、何のために「重々しい調子で云った」のか。その説明として**あてはまらないもの**を次の中から一つ選び、番号で答えなさい。
1　申し出に正当性があると思ってもらうため。
2　飴玉の大小が生活の質にかかわることを訴えるため。
3　冗談を言っているのではないことを伝えるため。
4　この件をきちんと取り扱ってもらうため。

問11　傍線部**J**とあるが、それはなぜか。その理由としてもっとも適当なものを次の中から選び、番号で答えなさい。
1　所長である自分の立場を理解しないような、ささいな要件で面会を請求されたから。
2　自分が囚人たちからなんでも要求を聞くような人物だと思われていたことを知ったから。
3　文句を言うためだけに毎日のように面会しにくる態度が腹立たしかったから。
4　飴玉の大小など、取るに足りないことを深刻そうに申し出る囚人が不気味だったから。

問12　傍線部**K**とあるが、この表現から「俺」のどのような様子がうかがわれるか。その説明として**あてはまらないもの**を次の中から一つ選び、番号で答えなさい。
1　たかが飴玉の検品なのかもしれないが、やるからには集中してこの作業に取り組もうとしている様子。
2　こうした小さなことが、いつか何かを変えるきっかけになる

1　刑務所がそれほど良いところであるはずがないのに、「その仲間」が刑務所暮らしを苦にしなかったように見せて強がっていると思ったから。

2　刑務所にいる間は過酷な環境で毎日を生き抜くことに必死であり、「その仲間」に妻子のことをかわいそうだと思う余裕はなかっただろう、と思ったから。

3　実際に「その仲間」の家が非常にひどい状態であると知っていたので、そこと比較して「ましな場所」と言われても、たかが知れていると思ったから。

4　汚い留置場に入っていた「俺」に、妻子を哀れむほどにきれいな刑務所にいたと話すことで、うらやましがらせようとしているのだと思ったから。

問4　傍線部**C**とあるが、なぜ「直ぐ見分けがついた」のか。次の中からもっとも適当なものを選び、番号で答えなさい。

1　同志たちにとって、刑務所への収監は闘いの終わりを意味していたため、この後はのんびりと暮らせるという安心感から、自然と前向きな気持ちが歩みに現れてしまっていたから。

2　他の収監されてくる囚人たちとは違い、劣悪な環境に住んでいた同志たちは、こざっぱりとした場所で暮らせることに喜びを抑えきれなかったので、つい浮かれた様子で歩いてしまったから。

3　同志たちは、使命を果たしたが故にここにいる、罪を犯して収監されているのではないという思いを強く持っていたため、自然と高揚感のある堂々とした振る舞いになっていたから。

4　泥棒をして収監されている人々と違い、同志たちは常に臨戦態勢でいるので、収監時も看守を仮想敵に見立て、威圧的な態度をとろうとしていたから。

問5　傍線部**D**「付け焼刃」について、ここでの意味として正しいものを次の中から一つ選び、番号で答えなさい。

1　その場を間に合わせるためだけにやっているということ。

2　とってつけたように不必要なことをしているということ。

3　相手を威嚇するために虚勢を張っているということ。

4　的外れで理屈に合わない行動をしているということ。

問6　傍線部**E**とあるが、このときの「俺」の心情の説明としてもっとも適当なものを次の中から選び、番号で答えなさい。

1　「俺」たちを暇つぶしの相手としか考えておらず、無駄口をたたく看守に失望している。

2　「俺」たちの思想を矯正しようと、繰り返し訓戒を垂れる看守にあきれている。

3　「俺」たちの行動を軽く扱い、見下したような看守の物言いに反発を覚えている。

4　「俺」たちを嫌悪しつつも、親しげに話しかけてくる看守の口調に違和感を覚えている。

問7　傍線部**F**とあるが、どういうことか。その説明としてもっとも適当なものを次の中から選び、番号で答えなさい。

1　囚人たちはいっこうに反省するそぶりを見せず、世間はそうした様子を権力に屈しない態度だと高く評価したため、かえって囚人たちの名声が高まっているように思われること。

日もつづける。やれ味噌汁の中に虫が浮かんでいたと云って、それを丁寧にワザワザのけて置いて、そいつを持って面会にやって行く。やれ室が暗いから転房させてくれ、やれ発声運動を許可してくれ、やれ如何なる理由であの本が差入不許可になったか説明してくれとか……大変なことが流行ってしまったものだ。――君たちにはかなわんよ！」

　俺は口笛でも吹いてみたい程、内心ウキウキした。こと飴玉と云う勿れ、Q俺たちはどんな小ッちゃな問題を取りあげても、それはキット押し広がり、統一的な全般の問題にまで進んでゆくんだ。然し、とにかく、飴玉というこの注10搦手から彼奴等がマンまとしてやられたのだと思うと、何よりそれが愉快だった。

「アメダマ」――この円い、ユーモラスな、子供の日の夢を想い出させる飴玉が、然し事もあろうに、厳めしい「獄内闘走」（！）などという事と、どうもこう一緒に考えられないではないか！

（出題の都合上、本文の一部を改変しています。）

注1　小林多喜二　作家。1903―1933　戦前の労働運動・革命運動をテーマにした小説を多数執筆。最期は、築地署内で、特高警察によって虐殺された。主な作品に「蟹工船」「党生活者」などがある。

注2　留置場　刑事事件の被疑者を拘束しておく警察署内の施設。

注3　小樽の「三・一五」　一九二八年三月十五日に起きた、日本共産党員の大量検挙、大弾圧事件。作者の小林多喜二は当時小樽に在住し、その模様を「一九二八年三月十五日」という小説に描き、作家デビューした。

注4　同志　ここでは、共産主義革命を非合法下で志す革命的同志のこと。

注5　T刑務所　東京豊多摩刑務所がモデルになっている。多くの思想犯が治安維持法違反容疑で収監されていた。

注6　「編笠」　当時の罪人は刑務所を出入りする際、顔が隠れるよう編み笠を被せられた。

注7　獄内闘争　刑務所内の待遇改善をはかる服役者たちの運動。

注8　絶食同盟　ハンガーストライキのこと。

注9　美事　「見事」と同じ。

注10　搦手　相手の弱点や注意を払っていないところから攻める手法。

問1　二重傍線部①～⑤の漢字の読みをひらがなで書きなさい。

問2　傍線部Aで「日雇いの港湾労働者」が「キョトキョトしてしまった」のはなぜだと思われるか。次の中からもっとも適当なものを選び、番号で答えなさい。

1　いくらさっぱりしている場所でも、足を踏み入れると囚人になってしまうという不安が生じ、入り口でためらってしまったから。

2　慣れない「刑務所」という場所に来て、どのように行動するべきなのかが分からず、困ってしまったから。

3　薄汚い場所でずっと暮らしていた身としては、美しく整えられた場所が自分にはふさわしくないように思えて、ひるんでしまったから。

4　「刑務所」であるにもかかわらず、自分の家よりも居心地の良さそうな場所であることに戸惑ってしまったから。

問3　傍線部Bとあるが、「俺」はなぜこのように思ったのか。次の中からもっとも適当なものを選び、番号で答えなさい。

俺は標示器をカタンとおろして、看守に所長面会を申込んだ。それをきくと、担当の看守は急にむずかしい、面倒臭い顔をした。

「用件は何(な)んだ。」

「飴玉の件について……」

俺はI重々しい調子で云った。

「アメダマ⁉……」

「飴玉。」

「おい、おい。」——看守は怒った声を出した。「此処をどこだと思ってるんだ。フザけてる！」

俺は飴玉について詳しい説明をしてやった。看守にはそれを拒む権利も理由もないので、取次(とりつ)がなければならないんだ。

「君、こっちも色々と仕事があって忙(いそ)がしいんだから、そンな——飴玉の大きいや小さいやで、一々(いちいち)やって来てもらっては困るんだ。」

J所長は自分の威厳を侮蔑(ぶべつ)されたように不機嫌な声を出した。

俺は云った——「此処では、飴玉の大きい小さいが大問題なんだ！」

それから俺は「購求(こうきゅう)」の（中ではそう云っている。）飴玉が入るたびに、それをまるで顕微鏡にかけるように一々手にとって丹念に検査をする。この仕事は独房のなかでは一つの楽しみだった。そして殆(ほと)んど毎日のように飴玉のことで所長面会を続けて行った。K俺はそれを非常な几帳面(きちょうめん)さと真面目さをもってやった。それに一日のうち兎(と)に角(かく)独房から一度でも余計に外に出られるということは、却々(なかなか)貴重なことなんだ。

「何ンだ、又今日も飴玉か？」

「そうです。今度数の方が多くなったと思って安心していると、大きさが今迄のより小さくなってるんです。」

終(しま)いには、所長はだまってにらみつけるようになった。そして、その次にはだんだん向(むこ)う側がL根負けをしてきた。俺は飴玉のことで、十五日間は通った。

俺はこのことを繰りかえしているうちに、新しい方法に気付くと、それをつけ加えて行った。——房を出て所長室へ行く途中、他の同志の入っている監房の前を通る時は、何時でも成るべく大きな声を出して、飴玉にワラ屑(くず)が入っていたから今日面会してくるんだとか、質がおちたからだとか、昨日より一つだけ数が足りなかったからだとか話して行くことにした。それをクドい程毎日の行きかえりに繰りかえした。——この方法は、ところが五日も経(た)たないうちに、M注9美事にそのききめをあらわし出した。

「君は悪いことを始めたよ。」

と、看守が小さいのぞきから、そんなことを云った。

「へえ、覚えがないがな……？」

俺は室(へや)のなかの体操をやめて、N袖に手を通しながら、ニヤニヤのぞきに寄って行った。

「覚えがないもないさ。みんな真似(まね)して！」

俺はそれで分った。Oしめた、と思った。

「へえ……？」

こういう事は⑤職掌柄云っていいことか、悪いことかと、P少したspringらいながら、然しこの話好きな看守は云った——

「お前があんなことをやり出したから、やれ皿のふちがかけたから直ぐ取りかえてくれと云って面会を申込む。一回で駄目だと、三日も四つけられてしまった。

注3小樽の「三・一五」の同志で、注4②日雇いの港湾労働者が刑務所に廻されたとき、此家に入っているんだと云われて、それが床の低いジュクジュクした長屋の自分の家とは比べものにならない程サッパリして、綺麗なので、思わず入口に立ち止まって、Aキョトキョトしてしまった。

「何してるンだ。サッさと入るんだ。」

と、看守に後から突かれた。

その仲間が出てきてから、中にいた時には、何よりあんな家に住んでる嬶や子供の方が可哀相でならなかったと云った。――B俺は然し負惜しみをいっているんだと、その時思ったものだ。

だが、俺も注5T刑務所に廻った時、その仲間が云ったように、ほかの人から聞かせられたり、もので読んだりしていた処とはおよそちがって、そこは呑気な処だということが分った。前にも云ったように、俺ばかりでなく、中にいるわれわれのどの同志もそうなのだ。廊下で他の注6「編笠」に会っても、Cそれがわれわれの同志か、それとも他の強盗かコソ泥か直ぐ見分けがついた。編笠を後にハネ上げ、肩を振り、③大股に歩いているのは、全く間違いなく同志だった。

俺のところへ、暇があるとヨクしゃべりにくる看守が一人いる。刑務所には、きまってこういう種類の看守が一人位はいるものだ。それが何時かこんな事を云った――

「君らには注7獄内闘争というものがあって、注8絶食同盟をやったり、一せいに皿をわったりするが、本当のことを云えば、それにはそんなにこっちはこたえないんだ。その君たちの努力には、何ンかこうD付け焼刃のような一生懸命④力んでいる無理を感ずるんでね……」

E俺は馬鹿らしくて、聞いていなかった。然しその時面白いことを付け加えた。

「ところが、何より恐ろしいのは、君たちをいくら此処へ押し込めて置いても、君たちが何時でも呑気そうにしていることなんだよ。こいつをみせられると、F君たちをつかまえて得意になっている俺たちの方が、どっこい勝負では負けているということがわかるんだ。――これだと、結局俺たちが君たちにせせら笑われながら、無駄な骨折りを永久に繰りかえしていることになるんだからな。」

「じゃ、G俺なんて恐れられてるわけだな。」

俺はそう云って、笑った。

今迄、誰も獄内闘争と云えば、「呑気にしている」ということもそうだとは考えてなんかいない。だが、全くこれこそ最大の獄内闘争だったわけだ。――よろしい、俺はこれからモットモット呑気になり、彼奴等を平然とH尻目にかけてやらなければならない。

ところが、その頃別なことが起った。

俺は一日置きに五銭ずつ飴玉を買っていた。飴玉はキャラメルよりも安いし、一口に食ってしまえないので、それをしゃぶりながら本を読むにはこの上もないものだった。

一体、この中で買うものは、それがどんなものでも外のものとは比べものにならない程、品物がまずくて高価かった。ばかりか、日によって数がヒドクまちまちだった。――俺たちは此処では必要以上にボラれているわけだ。

「担当さん。」

4 「耳のジャンル」の作品は、口から出た言葉がそのまま活字化されているわけではなく、新聞や雑誌の雰囲気に合わせて表現が改変されていること。

問12 傍線部**K**とあるが、このように言えるのはなぜか。その理由としてもっとも適当なものを次の中から選び、番号で答えなさい。

1 耳から入る言葉は表層だけが理解されることになりがちだが、目から入る言葉は、作者の込めた深い意味までもが読者の心に深く刻まれるから。

2 黙読に一番適した文学ジャンルである小説は、近代芸術の中で主流の位置にあるので、小説の作者という存在は、近代社会において尊敬の対象となっているから。

3 「耳のジャンル」である詩とは異なり、「目のジャンル」である小説においては、年長者であるところの作者の人間性の円熟が、作品世界の支柱になっているから。

4 黙読において読者は、作者と直に向き合い、作者の思想をまるごと享受しているかのような感覚を覚えるので、そこでの両者は主従の関係に固定化されていると見なせるから。

問13 空欄**L**に入るもっとも適当な語を次の中から選び、番号で答えなさい。

1 粗野　2 卑小　3 豪放　4 通俗

問14 空欄**M**に入るもっとも適切な漢字一字を次の中から選び、番号で答えなさい。

1 帰　2 期　3 軌　4 着

問15 次の文の中から、筆者の考えと合致するものを**二つ**選び、番号で答えなさい。

1 構造の異なる言語間の翻訳においては、形式さえ犠牲にすれば、内容をそのまま移し切ることができる。

2 日本の言語文化は、もともと「耳の言葉」より「目の言葉」を重視していたので、翻訳における「声」の抑圧に違和感を持たなかった。

3 詩の言葉そのものを軽んじて、内容ばかりを重視していると、詩というジャンルを十分に生かすことはできない。

4 日本の近代文学における小説の地位の高さは、小説が主流であり続けたヨーロッパの文学史の反映である。

5 西洋の文化は優秀であると決めつけていた日本人は、西洋の文化を摂取するにあたって、原形を歪めることがなかった。

二、次の、注1小林多喜二(たきじ)の短編小説「飴玉(あめだま)闘争」を読んで、後の問に答えなさい。

注2大阪の留置場は半分地下室に埋まっていて、窓もなく、昼でも赤ぼけた電灯がついている。その澱(よど)んだ腐った空気の底に、みんながうごめいているのだ。ごはんはボロボロな麦飯で、胸へゲーとくるすえた沢庵(たくあん)二片とお湯が一杯しかない。それで東京の留置場に入れられたときには、そこが明るくて、風通しがよくて、白い飯で、味噌(みそ)汁が飲め、魚も時には食えるので、俺はその意外さに、誰でも初めての監房に入れられて、ガチャンと錠をおろされる時に感ずる暗い気持とはまるで逆に、これは①極楽だなと思った。それであまり燥(はしゃ)いで、どなり

いるのか。もっとも適当なものを次の中から選び、番号で答えなさい。

1　西欧の文化をそのまま取り入れることで近代化を成し遂げようとした日本だったが、外国語を真に理解し自在に操るだけの能力はついに身に付かず、文学の領域においても結局は西欧の作品が持つ表現形式を模倣するにとどまってしまったということ。

2　西欧文化を取り入れるにあたって翻訳可能な思想内容を重視して表現形式を軽んじたのが日本の近代化であったが、文芸創作の分野においてもこれに倣ったために、長く伝えられてきた言葉や表現を十分に理解し使いこなす力もなくしていったということ。

3　明治以降の近代文学は西欧の文学作品こそが優秀なのだと決めつけ、近世以前の日本の文芸作品を否定し近代化を進めたが、そのために長く育まれ継承されてきた伝統的な言葉や表現形式の特徴や魅力さえ忘れ去ってしまったということ。

4　明治の近代化は西欧思想の摂取を優先し、翻訳可能な小説までは重視されたが、声に出して味わう詩や台詞(せりふ)の発声が必須の演劇などは第二義的な文芸として取り扱われ、その後も表現形式が問題とされることはなかったということ。

問9　傍線部**H**とあるが、これは「詩や演劇」がどういう状態にあると言っているのか。もっとも適当なものを次の中から選び、番号で答えなさい。

1　繊細さを失って、粗雑なものとなっている

2　時代遅れのものとなってしまっている

3　感動し共鳴する対象ではなくなっている

4　音楽的な調べやリズムを失っている

問10　傍線部**I**とあるが、それはなぜか。その説明としてもっとも適当なものを次の中から選び、番号で答えなさい。

1　書かれた言葉に基づいた哲学を作り上げてきたのに、その無効性を突き付けられたから。

2　欧米の文化伝統との比較によって、自分たちの文化伝統の自明性が突き崩されたから。

3　他者との対話を遮断して、書く行為のみにのめり込んできたことの弊害に気づかされたから。

4　欧米と比べてみて、自分たちの文化の進化が大いに遅れている現状を知らされたから。

問11　傍線部**J**とはどのようなことを言っているのか。その説明としてもっとも適当なものを次の中から選び、番号で答えなさい。

1　「耳のジャンル」の作品が、必ずしも聴かれることを前提としなくなり、そのジャンルの中に、黙読に見合った表現の特質が取り込まれていくこと。

2　「耳のジャンル」の作品が、小説に書き改められて、印刷技術を通じてより広い範囲に行き渡り、多くの読者を得るようになったこと。

3　「耳のジャンル」の作品は、原文に即してヨーロッパの言語から日本語に移しかえられていく中で、「声」を完全に失ってしまったこと。

1　作品の内にある思想を訳出するために、文章の形式的な部分を重視した翻訳を作ることに力を注いでいたこと。
2　形式が犠牲になってしまうことを悔やみながらも、作品の思想を伝えることに重点を置いた翻訳を次々と行っていたこと。
3　翻訳とはどういうことかを考えることなく、多くの書物を次々と日本語に訳し、西欧の思想を取り入れようとしていたこと。
4　西欧の言語表現の微妙な味わいを、異なる性質を持った日本語で表現するために、試行錯誤を繰り返していたこと。

問4　空欄**C**に入るもっとも適当なものを次の中から選び、番号で答えなさい。
1　白日の下にさらされる
2　疑問を呈される
3　一杯食わされる
4　不問に付される

問5　傍線部**D**とあるが、なぜそのように言えるのか。もっとも適当なものを次の中から選び、番号で答えなさい。
1　訓点を施す工夫によって日本語として読むことができるだけでなく、原語の語順を保持することで中国語の表現そのものを目にすることができるため。
2　漢字が表記の中に出てくることから、中国語は欧米の言語よりも親しみやすく、それらを手がかりとして意味の理解も容易であるため。
3　原語である中国語の形式や音声を忠実に保存しながら、日本語としても意味を理解することができるようなさまざまな工夫が施されているため。
4　原語に訓点を施すことで日本語との構造的な違いが見えるようになり、それによって中国人と日本人とのものの見方の違いについても理解できるため。

問6　傍線部**E**とあるが、これは具体的にどういうことか、もっとも適当なものを次の中から選び、番号で答えなさい。
1　小説の翻訳にあたっては形式の部分を無視して内容のみが訳されるために、思想重視の書物よりもずっとわかりやすくなっているということ。
2　翻訳作業においては、形式が重視される小説の方が他の思想中心の書物と比べても、単語や用語の置き換えに齟齬（そご）がないということ。
3　形式を重んじる文学のなかでも小説だけは例外的に内容が重視されるジャンルで、したがって翻訳の出来映えもよいということ。
4　内容を伝えることが重視される翻訳作業において、形式重視の文学の中でも、小説の翻訳だけが思いのほかうまくいっているということ。

問7　空欄**F**に入るもっとも適当な語句を次の中から選び、番号で答えなさい。
1　不可解な　　2　不毛な
3　不当な　　4　不便な

問8　傍線部**G**とあるが、ここで筆者はどういうことを言おうとして

注1 **パラフレイズ**　パラフレーズ。語句の意味を分かりやすく別の言葉で述べること。
注2 **衣裳**　「衣装」と同じ。
注3 **草創期**　初期。
注4 **かいなで**　表面をなでただけで、ものの奥深いところを知らないこと。
注5 **訓読法**　漢文を日本語の文法に従って読む方法。
注6 **戯曲**　演劇の脚本。
注7 **プラトン**　古代ギリシャの哲学者。
注8 **アリストテレス**　古代ギリシャの哲学者。プラトンの弟子。
注9 **叙事詩**　歴史的事件、英雄の活躍などをうたった詩。
注10 **抒情詩**　詩人の感情や情緒を表現した詩。
注11 **レーゼ・ドラマ**　上演を目的とせず、読まれることを目的として書かれた戯曲のこと。「レーゼ」はドイツ語で「読む」という意味。
注12 **テクスト**　ここでは「書かれたもの」という意味。
注13 **レーゼ・ポエトリー**　「ポエトリー」は「詩」の意味。

問1　二重傍線部①～④に相当する漢字を含むものを、それぞれの選択肢の中から一つ選び、番号で答えなさい。

① **トライ**
1　この会社は発展**ト**ジョウだ
2　法令で**ト**バクを規制する
3　改革のカ**ト**期をむかえる
4　イ**ト**的に悪事を行う

② **ケイキ**
1　**ケイ**ヤクを更新する
2　**ケイ**ケンを積む
3　**ケイ**セイが逆転する
4　**ケイ**ショウを鳴らす

③ **センザイ**
1　**セン**デン活動を行う
2　**セン**リャクを立てる
3　**セン**モン的な知識を学ぶ
4　**セン**スイ艦を製造する

④ **ムエン**
1　**エン**シン力が作用する
2　介護シ**エン**を受ける
3　**エン**コ者を採用する
4　試合がジュン**エン**される

問2　傍線部**A**とあるが、それはなぜか。その理由としてもっとも適当なものを次の中から選び、番号で答えなさい。
1　他国の言語を構造や表現の特徴を活かして翻訳することは難しいが、思想内容、論理、事実などは比較的容易に翻訳できるから。
2　表現はあくまで衣裳としてまとったものにすぎないため、なまの思想にこそ味わいがあると考えられているから。
3　明治の人々は、他国の文化の表層的な部分にはそれほど関心がなく、それを作り出している人々の内面の方に関心があったから。
4　明治の人々は、ヨーロッパ文化の優秀さを賞賛し、優れた思想内容を取り入れることで、おのずと表現形式も洗練されると考えていたから。

問3　傍線部**B**とあるが、どういうことか。もっとも適当なものを次の中から選び、番号で答えなさい。

不動なものにするという点も見逃すことができない。

明治の日本が見出（みいだ）したヨーロッパ文学はこの近代芸術化のかなり進んだ段階にあった。小説もすでにかつてのように軽蔑されるジャンルではなくなっていた。その小説が翻訳にうまく乗るものであることは、実際によってたちまち明らかになった。ヨーロッパではようやくその価値を認められつつあったとは言え、まだ文学の主流を占めるまでには至っていなかった小説が、わが国の近代文学でははじめからいち早く文学の中心におかれることになったのは、このように考えてくるならばむしろ自然の成り行きであったと考えられるであろう。

詩歌が源流にあって、そのあとから目のジャンルである小説が加わったという順序はまったく無視されて、すべてのジャンルが並列的に存在し、そのうちでもっとも翻訳に適した小説がまず移されて文学の中心になったというわけである。それによって、小説はヨーロッパにおいて目の文芸様式であった以上に、声の要素の稀薄（きはく）なものになってしまった。日本の近代文学はヨーロッパの近代文学以上に読まれる芸術（レーゼ・アート）の性格がつよいのである。

このような状況の中で詩もまた移植されようとしていたのであるから、はっきりレーゼ・ポエトリー的なものであったとしてもすこしも不思議ではない。しかも、ヨーロッパの詩が、たとえ、レーゼ・ポエトリーの性格を帯びてきたにしても、なお、根では耳のジャンルであったことを忘れてはいないのに対して、わが国へ入って来た翻訳文学の近代詩にはそういう声の伴奏がなくて、詩はふかい沈黙につつまれていたのである。声を失ってしまえば、はじめから黙読のジャンルとして生れた小説と本質において変わるところがなくなるはずで、詩においてもやはり思想がうんぬんされることになる。

もちろん、わが国の現代詩といわれる作品でも朗読されることがないとはいえないが、耳で聴いてただちに理解され、さらに感動を呼びおこすような作品は例外的であろう。聴いて楽しいような詩はそれだけで［L］ときめつけられるかもしれない。これは現代劇が見ていて素直におもしろいと思われるものがすくないのと［M］を一にしている。ともに声を失ってしまったからにほかならない。それが翻訳文化の中の思考によるものであることはすでにのべた通りである。

目の言葉と耳の言葉とではかなり本質的な差異が認められる。ことに文学的効果についてはその差が大きいといってよい。目で読むための言葉はどうも耳に残らない。ヨーロッパの人が好きな詩文をいくらでも口ずさむことができるのに、われわれは、こういう意味のことをのべた詩があったとか文章があるというようなことをいっても、原文そのままの形が出てこないことが多い。言葉が耳に残りにくいからであろうが、あるいは、読むときに、言葉そのままを心に留めないで、主として意味にだけ注意しながら理解しているのかもしれない。

こういう文学的風土の中では詩がたくましい生命をもつことは困難である。そしておよそ真に強靭（きょうじん）な活力を内蔵するものでなくては国民的支持を受けることは期待できない。詩が比較的年少の読者によってかろうじて支えられ、したがっていつまでも円熟ということと④ムエンであるのは当然のこととしてよいであろう。

（外山滋比古『省略の文学』より。出題の都合上、本文の一部を改変しています。）

も、声はまったく翻訳不能なのである。明治以後の近代文学はヨーロッパ先導型であったために G いつしか声を失ってしまった。それが、詩とともに演劇がどうもわれわれの H 心の琴線に触れにくいものになっている理由である。西欧で詩を詩たらしめ、ドラマをドラマたらしめている声を翻訳できないために、いたずらに思想が露(あら)わになってしまう。翻訳文化、ことに初期の翻訳文化の宿命というべきであろう。

われわれに比べて欧米人は話し言葉を重視する。講義とか講演がほとんどそのままの形で高度の学術書として通用するというのはそのひとつの例にすぎない。それに対してわれわれは話されたものよりも書かれたものに価値ありと考える傾向がつよい。したがって、[注7]プラトンのように、生きた人間のふれ合いから生ずる言葉、問いと答との間に交わされる生きた言葉の対話こそ哲学の唯一の方法であり、書かれた言葉は生きた言葉の影にすぎず、せいぜい記憶の代用でしかないというような考えに接すると I 衝撃を覚えるのである。

日本の言語文化はヨーロッパ文化にふれる以前からすでに無声の性格がはっきりしていたのである。だからこそ、翻訳に当(あた)って外国文化を沈黙の思想として摂取することにさして抵抗を感じなかったのだとも考えられる。そして、翻訳文化の歴史を経ているうちに、日本文化は文字中心の性格を強化してますます音声を失ってきたと見られる。もともと声を大切にする西欧の文化はそれだけ大きく歪められてとり入れられることにもなった。

[注8]アリストテレスが知っていた文学は[注9]叙事詩(じょじ)、[注10]抒情詩(じょじょう)、演劇の三つのジャンルである。これらはいずれも声をもった文学という共通性をもっている。読むべきものではなくて、耳で聴くものであった。耳のジャンルである。これが文芸の基本をなしていることは現在も変わりがない。

しかし、印刷術の発達が、アリストテレスの知らなかった二つのジャンルを追加した。小説とジャーナリズムである。これは受け手に印刷物を読む読者を想定していたから、アリストテレス以来の古典的ジャンルに比べると声の要素がいちじるしくあいまいである。目のジャンルであった。もっとも、当分の間、小説もジャーナリズムも耳のジャンルほどの権威を与えられなかったが、印刷が文化の中核的推進力となるにつれて、すこしずつ目のジャンルの地位も高まり、文学の中で小説の占める比重も大きくなった。

ヨーロッパ文学の歴史において、活字印刷の普及にともなっておこった目のジャンルの誕生、それにつづく J 在来の耳のジャンルが目のジャンルに〝翻訳〟されるという変動はきわめて大きな価値の転換をともなったのである。そして、その結果生れたのが、現在われわれがその中にいる近代芸術の世界である。

もともとは耳のジャンルであった演劇に戯曲の読者が生じて、[注11]レーゼ・ドラマの可能性がでてくるが、これは演劇だけのことではなく、詩においても、[注12]テクストを読む読者が増加してくれば、好むと好まざるとにかかわらず[注13]レーゼ・ポエトリーともいうべきものへの③**センザイ**的傾向をつよめないわけには行かない。印刷文化が文芸からすこしずつ声を奪っていたのである。そういう文学は書物を黙読する読者によって成立しているが、K 黙読という伝達様式が作者の絶対的優位をはよらずに、原文を生かしながら読む訓読法[注5]を案出したのである。これは語順のいちじるしく違う二言語間の理解のための処理としてきわめて賢明なものであるということができよう。訓点読みが原語の形式、音声を大きく歪(ゆが)めているのは言うまでもないが、それでもなお、原語の一部分は保たれているから、形式がまったく［ C ］ことはない。それだけ[D]いわゆる翻訳よりはすぐれているとも考えられるのである。

欧米の学術書の翻訳など、論理と思想が伝わればよいような場合において、きわめて難解な訳文になっていることがすくなくない。原文を見ると達意の文章になっていてすこしのよどみもないのに訳文では何のことかわからないということがおこるのである。そういう例を見るにつけても、翻訳可能なはずの内容も、日本語とヨーロッパ語のような構造の異なる言語の間では充分に移し切れないのではないかということを考えさせられる。

思想を中心とした書物が案外うまく翻訳できないのに対して、形式を重んずるはずの文学ではありながら、小説がかなりよく翻訳に堪えるのはおもしろい現象である。哲学書よりも小説の方がかえってすぐれた翻訳が生(うま)れているのではあるまいか。同じ文学でも、演劇と詩は小説とはまったく事情が違う。翻訳不可能論が詩の翻訳を②ケイキとしておこるのが常であることをもってしても、詩が翻訳になじまないことは理解されるのであるが、演劇もまたまことに翻訳が困難なのではないかと思われる。

演劇は詩と違って散文で書かれていることが多いから、もし、[E]小説がある程度翻訳に堪えるのなら戯曲[注6]もすぐれた翻訳を生んでよさそうに思われる。ところが、詩と並んで演劇は翻訳においてもっとも［ F ］ジャンルになるのである。詩にファンがあり、演劇にファンがあるのは事実だが、一般の読者はどういうものか外国文学の影響を受けた新しい詩や演劇から生々しい感動を味わうことがすくない。すぐれた芸術だといわれるから理解しようと努力する。その結果感動することもあろうが、すこし力を抜くとたちまちおもしろさがわからなくなってしまう。したがって、新しい詩と演劇は中年以上の愛好者をもつことが難しいのである。

これはこの両ジャンルが、形式ということを思いのほか大切にしているのに、翻訳では思想中心にならざるを得ないからであろう。詩はもちろんのこと、演劇も思想や内容だけでなく、もっと言葉に神経を使わなくてはならない。それでなくては芸術と言えるかどうかすら疑問である。

文学が海外の文学的思潮によって左右されるかぎり、思想が重視され、言葉への配慮が欠けるのは止むを得ないことかもしれない。それを翻訳文化体制のもとでわれわれは文学と考えてきたわけだが、翻訳されていたのがあまりにも小さな部分でしかないことをもう一度はっきり見すえておく必要があるのではなかろうか。思想内容は翻訳が可能なはずであるのに、実際はかならずしもそれすら満足すべき程度には訳されていなかった。そうだとすれば、はじめから翻訳を断念していた形式についてはまったく学びとることをしなかったとしても不思議ではないであろう。

文章や表現の様式は外国語へ移すことができない。スタイルをパラフレイズすることは不可能である。言葉の意味は何とか翻訳できて

【国　語】（五〇分）〈満点：一〇〇点〉

一、次の文章を読んで、後の問に答えなさい。

明治以後のわが国の文化は翻訳文化である。西欧の文物を摂取して、これを消化するのに懸命の努力が払われてきたが、翻訳とはどういうことかという問題が最近までほとんどとり上げられないでいたのは興味ある事実である。

まず、翻訳といっても、すべてのものが翻訳されるわけではないが、このことがあまりにもしばしば忘れられている。ヨーロッパの言葉と日本語とのように言語の性質がいちじるしく異なっている二国語間において、翻訳されうる部分は普通に考えられているよりもはるかに小さなものでしかない。

そのうち、もっとも翻訳しやすいのは、注1パラフレイズを許容する、思想内容、論理、事実などであろう。かならずしも妥当な考え方とはいえないが、かりに、言語を内容と形式に二分するならば、翻訳とは形式を犠牲にして内容を伝えようとする作業にほかならない。翻訳そのものがすでにそのような前提に立つ以上、A翻訳文化において、内容が尊重されるのは当然なことである。形式とか形式的というのはつねに否定的な意味合いにおいてのみ使われる語であった。

ヨーロッパ文化は優秀であるとなると、ヨーロッパの言語に含まれている思想内容もすべてすぐれているのだと決めてしまう。それがどういう表現形式をとっているかは問題にされない。思想中心の書物においてそうであるばかりではなく、文芸においても思想がもっとも重視されるという傾向が固定する。文学においては、思想が大切であっても、それはなまの思想ではなく、表現という注2衣裳（いしょう）をまとったものであることは理屈でわかっていても、その衣裳を訳出するのは不可能である。また、表現の微妙な味わいまで感得することは翻訳文化の注3草創期にあっては期待し難いことでもあった。

まず、注4かいなでの翻訳でわかるところだけで満足するほかはなかったのである。それが思想内容というわけだ。そしてこの思想が何よりも重視されるのである。芸術においてすら思想が最優先し、すぐれた芸術作品であっても、いわゆる思想がはっきりしていないという理由で却（しりぞ）けられるということも珍しくない。

思想があればよい作品だというのは、どんなにひどい料理をしてあっても材料に栄養があれば、おいしく食べるべきだというのにも似た乱暴な考え方である。いかにおいしいものでも料理の仕方がまずければ食べものにならない。そんな素朴なことでさえ、B翻訳文化に埋没した時代の人たちにはわからなくなってしまっていたのであろうか。

それでも、まあ、思想だけはとにかく移植し得たようにわれわれは考えてきたのだが、果（はた）して思想を本当に翻訳し得たのであろうか。思想はきわめてしばしばそれを表現する言語と密接不可分である。言語の形式を捨ててしまっては、思想だけを正しく訳出することすら困難なのではないか。わが国では明治になるまでいわゆる翻訳――原語の形式をすてて意味を伝える転換方式としての翻訳をほとんどしたことはなかったことが思い合わされるのである。

たとえば、中国大陸から①トライした文化を理解するのに、翻訳に

2024年度

解　答　と　解　説

《2024年度の配点は解答欄に掲載してあります。》

＜数学解答＞

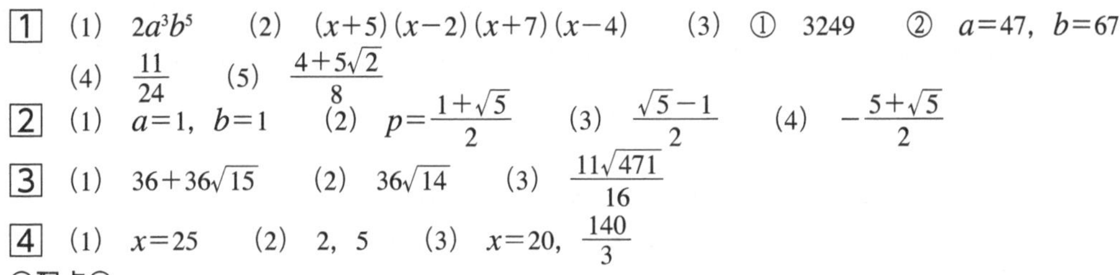

1 (1) $2a^3b^5$　(2) $(x+5)(x-2)(x+7)(x-4)$　(3) ① 3249　② $a=47$, $b=67$
(4) $\frac{11}{24}$　(5) $\frac{4+5\sqrt{2}}{8}$

2 (1) $a=1$, $b=1$　(2) $p=\frac{1+\sqrt{5}}{2}$　(3) $\frac{\sqrt{5}-1}{2}$　(4) $-\frac{5+\sqrt{5}}{2}$

3 (1) $36+36\sqrt{15}$　(2) $36\sqrt{14}$　(3) $\frac{11\sqrt{471}}{16}$

4 (1) $x=25$　(2) 2, 5　(3) $x=20$, $\frac{140}{3}$

○配点○

1 各5点×6　2～4 各7点×10　計100点

＜数学解説＞

1 (式の計算，因数分解，式の計算の利用，確率，平面図形の計量問題)

基本 (1) $(-4a^3b)^2\times(-ab^3)^3\div(-2a^2b^2)^3=16a^6b^2\times(-a^3b^9)\times\frac{1}{(-8a^6b^6)}=2a^3b^5$

(2) $M=x^2+3x$とすると，$(x^2+3x)^2-38(x^2+3x)+280=M^2-38M+280=(M-10)(M-28)=(x^2+3x-10)(x^2+3x-28)=(x+5)(x-2)(x+7)(x-4)$

(3) ① $57^2=(60-3)^2=60^2-2\times60\times3+9=3600-360+9=3249$　② $3149=3249-100=57^2-10^2=(57-10)(57+10)=47\times67$　よって，$a=47$，$b=67$

(4) 2つのさいころの目の出かたは全部で，$6\times8=48$(通り)　そのうち，上面の数字の積が4の倍数になる場合は，正六面体のさいころの目をa，正八面体のさいころの目をbとすると，$(a, b)=(1, 4)$，$(1, 8)$，$(2, 2)$，$(2, 4)$，$(2, 6)$，$(2, 8)$，$(3, 4)$，$(3, 8)$，$(4, 1)$，$(4, 2)$，$(4, 3)$，$(4, 4)$，$(4, 5)$，$(4, 6)$，$(4, 7)$，$(4, 8)$，$(5, 4)$，$(5, 8)$，$(6, 2)$，$(6, 4)$，$(6, 6)$，$(6, 8)$の22通り　よって，求める確率は，$\frac{22}{48}=\frac{11}{24}$

重要 (5) ABとOTの交点をRとすると，△OARはOA=2の直角二等辺三角形だから，$AR=\frac{2}{\sqrt{2}}=\sqrt{2}$　よって，$\triangle OAT=\frac{1}{2}\times2\times\sqrt{2}=\sqrt{2}$　$PT=(2-\sqrt{2})\div2=\frac{2-\sqrt{2}}{2}$　△OATと△PQTは底角が等しい二等辺三角形だから，△OAT∽△PQTで，相似比は，$OT:PT=2:\frac{2-\sqrt{2}}{2}=4:(2-\sqrt{2})$　よって，面積比は，$\triangle OAT:\triangle PQT=4^2:(2-\sqrt{2})^2=16:(6-4\sqrt{2})=16:2(3-2\sqrt{2})=8:(3-2\sqrt{2})$　四角形OAQPの面積は，△OATの面積から，△PQTの面積をひいたものだから，(四角形OAQP)$=\sqrt{2}\times\frac{8-(3-2\sqrt{2})}{8}=\sqrt{2}\times\frac{2\sqrt{2}+5}{8}=\frac{4+5\sqrt{2}}{8}$

2 (図形と関数・グラフの融合問題)

基本 (1) ①，②に点Aの座標を代入して，$1=a\times1^2$，$a=1$，$1=\frac{b}{1}$，$b=1$

(2) (1)より，②の式は，$y=\frac{1}{x}$　B$(p, p-1)$を②に代入して，$p-1=\frac{1}{p}$，$p^2-p-1=0$，$p=\frac{-(-1)\pm\sqrt{(-1)^2-4\times1\times(-1)}}{2\times1}=\frac{1\pm\sqrt{5}}{2}$　$p>0$から，$p=\frac{1+\sqrt{5}}{2}$

(3) $\frac{1+\sqrt{5}}{2}-1=\frac{1+\sqrt{5}-2}{2}=\frac{\sqrt{5}-1}{2}$から，$B\left(\frac{1+\sqrt{5}}{2}, \frac{\sqrt{5}-1}{2}\right)$ $\left(\frac{1+\sqrt{5}}{2}\right)^2=\frac{1+2\sqrt{5}+5}{4}=\frac{2\sqrt{5}+6}{4}=\frac{\sqrt{5}+3}{2}$から，$C\left(\frac{1+\sqrt{5}}{2}, \frac{\sqrt{5}+3}{2}\right)$ $CB=\frac{\sqrt{5}+3}{2}-\frac{\sqrt{5}-1}{2}=\frac{\sqrt{5}+3-(\sqrt{5}-1)}{2}=\frac{4}{2}=2$ △ABCのCBを底辺としたときの高さは，$\frac{1+\sqrt{5}}{2}-1=\frac{1+\sqrt{5}-2}{2}=\frac{\sqrt{5}-1}{2}$ よって，$\triangle ABC=\frac{1}{2}\times 2\times\frac{\sqrt{5}-1}{2}=\frac{\sqrt{5}-1}{2}$

重要 (4) 直線ACの傾きは，$\left(\frac{\sqrt{5}+3}{2}-1\right)\div\left(\frac{1+\sqrt{5}}{2}-1\right)=\frac{\sqrt{5}+1}{2}\times\frac{2}{\sqrt{5}-1}=\frac{\sqrt{5}+1}{\sqrt{5}-1}=\frac{(\sqrt{5}+1)^2}{4}=\frac{2\sqrt{5}+6}{4}=\frac{\sqrt{5}+3}{2}$ 求めるのは点Dのy座標のうち，最も小さいものだから，点Bを通り直線ACに平行な直線とy軸との交点をDとする。直線BDの式を$y=\frac{\sqrt{5}+3}{2}x+d$として点Bの座標を代入すると，$\frac{\sqrt{5}-1}{2}=\frac{\sqrt{5}+3}{2}\times\frac{1+\sqrt{5}}{2}+d$，$d=\frac{\sqrt{5}-1}{2}-(\sqrt{5}+2)=\frac{\sqrt{5}-1-2\sqrt{5}-4}{2}=\frac{-5-\sqrt{5}}{2}=-\frac{5+\sqrt{5}}{2}$

3 (空間図形の計量問題－三平方の定理，表面積，切断面の面積)

基本 (1) 点AからBCへ垂線AHをひくと，BH＝6÷2＝3 △ABHにおいて三平方の定理を用いると，$AH=\sqrt{12^2-3^2}=\sqrt{135}=3\sqrt{15}$ $\triangle ABC=\triangle ACD=\triangle ADE=\triangle AEB=\frac{1}{2}\times 6\times 3\sqrt{15}=9\sqrt{15}$ よって，求める表面積は，$6^2+9\sqrt{15}\times 4=36+36\sqrt{15}$

基本 (2) 点Aから底面へ垂線AIをひくと，$BI=\frac{BD}{2}=\frac{6\sqrt{2}}{2}=3\sqrt{2}$ △ABIにおいて三平方の定理を用いると，$AI=\sqrt{12^2-(3\sqrt{2})^2}=\sqrt{126}=3\sqrt{14}$ よって，求める体積は，$\frac{1}{3}\times 36\times 3\sqrt{14}=36\sqrt{14}$

重要 (3) $AP=AS=12\times\frac{1}{4}=3$，$PS=BE\times\frac{1}{4}=6\times\frac{1}{4}=\frac{3}{2}$ $AQ=AR=12\times\frac{2}{3}=8$，$QR=CD\times\frac{2}{3}=6\times\frac{2}{3}=4$ 四角形PQRSは等脚台形になる。点Qを通りBCに平行な直線とABとの交点をTとすると，QT＝QR＝4，PT＝8－3＝5 点PからQTへ垂線PJをひくと，$PJ=AH\times\frac{5}{12}=3\sqrt{15}\times\frac{5}{12}=\frac{5\sqrt{15}}{4}$，$QJ=2+2\times\frac{3}{8}=\frac{11}{4}$ △PQJにおいて三平方の定理を用いると，$PQ=\sqrt{\left(\frac{5\sqrt{15}}{4}\right)^2+\left(\frac{11}{4}\right)^2}=\sqrt{\frac{496}{16}}=\sqrt{31}$ 点PからQRへ垂線PKをひくと，$QK=\left(4-\frac{3}{2}\right)\div 2=\frac{5}{4}$ $PK=\sqrt{(\sqrt{31})^2-\left(\frac{5}{4}\right)^2}=\sqrt{31-\frac{25}{16}}=\sqrt{\frac{471}{16}}=\frac{\sqrt{471}}{4}$ よって，四角形PQRSの面積は，$\frac{1}{2}\times\left(\frac{3}{2}+4\right)\times\frac{\sqrt{471}}{4}=\frac{11\sqrt{471}}{16}$

4 (方程式の応用問題)

基本 (1) $1600\times 5+1600\times\frac{100-x}{100}\times 5=14000$，$8000+8000-80x=14000$，$80x=2000$，$x=25$

(2) プチギフトAをx個，プチギフトBをy個(xとyは0から5までの整数)とすると，$1600x+1200y=9200$，$16x+12y=92$，$4x+3y=23$ $x=0$，1，3，4のとき，yは整数にならないので，適さない。$x=2$のとき，$8+3y=23$，$3y=15$，$y=5$となり適する。$x=5$のとき，$20+3y=23$，$3y=3$，$y=1$となり適する。よって，購入したプチギフトAの個数として考えられる値は，2と5

重要 (3) 太郎さんが購入したプチギフトAの個数をa個とすると，花子さんが購入したプチギフトBの個数は$(10-a)$個 $a=5$のとき，2人が支払った代金の差は，$1600\times 5-1200\times 5=2000$ $6\leqq a\leqq 9$のとき，2人が支払った代金の差は，$1600\times 5+1600\times\frac{100-x}{100}\times(a-5)-1200(10-a)=2800a-16ax+80x-12000$ これが6960になる場合は，$0<x<50$の条件から，$a=7$のときで，$2800\times 7-112x+80x-12000=6960$から，$32x=640$，$x=20$ $1\leqq a\leqq 4$のとき，2人が支払った代金の差は，花子さんが支払った金額の方が多いと考えられるから，$1200\times 5+1200\times\frac{100-x}{100}\times(10-a-5)-1600a=12000-2800a-60x+12ax$ 条件に合うaの値は1になり，$12000-2800-60x+12x=6960$から，$48x=2240$，$x=\frac{2240}{48}=\frac{140}{3}$ よって，$x=20$，$\frac{140}{3}$

★ワンポイントアドバイス★

[3](3)の四角形PQRSは等脚台形になっている。面積を求めるために必要な長さはどこかを考えながら，順序立てて計算していこう。

<英語解答>

[I] 1 ウ　2 イ　3 エ　4 ウ・カ　5 イ・ウ・カ

[II] 1 ア　2 イ　3 ア　4 イ　5 イ　6 ウ　7 イ　8 イ　9 ア　10 イ　11 ウ・オ

[III] ① A エ　B ア　② A イ　B ア　③ A カ　B ア　④ A ウ　B ク

[IV] 1 エ　2 ウ　3 ウ　4 エ

[V] （例） I saw the accident on my way to school. The car hit two girls crossing the street without a pedestrian crossing. I thought I should stay on the spot because I had many things to do as a witness. Strangely I didn't worry about being late for school. I spoke to the girls to check if they were seriously injured. Then, I led them to the roadside and told them to stay quiet. A woman called for the police. They arrived in ten minutes. I explained what I saw to them. As expected, I was late for school, but I was happy to help people in need.（107語）

○配点○

[I] 各3点×8　[II] 各3点×12　[III] 各3点×4(各完答)　[IV] 各2点×4　[V] 20点

計100点

<英語解説>

[I] **（長文読解問題・論説文：指示語，語句解釈，語彙・単語，関係代名詞，分詞，前置詞，比較，受動態，進行形）**

（大意）　砂漠で動物はどうやって生息しているのか。水を植物から得るものがいれば，砂の中で雨を待つものもいる。ラクダのような動物は，ひとたび水を飲んでから次の機会までに，長時間持ちこたえることができる。

砂漠では，超高温から超低温までと，気温の変動が激しい。日中には，多くの動物が石の下や砂の中の穴など涼しい場所にとどまるが，太陽が沈むと，えさを探す。

トビネズミは世界中の砂漠に生息しているが，他の多くの砂漠の動物と同様に，大きな目を有しているので，夜間にも良く見えて，夜遅くなると，洞穴から出てきて，種や植物といった食べ物を探す。

トビネズミは砂漠での生活に上手く順応しており，食料から水を得るので，水分を飲む必要のない個体も存在する。暑い夏には，砂の下で2，3か月眠り，冬には，洞穴で眠って，雪から逃れるトビネズミもいる。

トビネズミは大きな後ろ足を有しており，フェネックギツネのような動物から逃げる際には，3メートルまで飛ぶことができる。フェネックギツネは，大きな耳と白い外被により，暑い太陽が降り注ぐ中でも，涼しいままでいられる。

サソリは夜間に石の下から這い出てきて，小動物を探す。多くの砂漠の動物のように，サソリは水なしで何か月間も，食べ物なしで1年間生き長らえる。

やや難 1. 「①は何を指しているか」①を含む文は「①それらは次の雨までそこに留まる」の意。直前の2文 Others[other animals] wait under the sand for the rains. When the land is dry again, they go back under the sand. を参考にすること。正解は，ウ「雨水を飲む動物」。Animals that drink water. ← <先行詞 ＋ 主格の関係代名詞 that ＋ 動詞>「～する先行詞」 until「～まで」 ア「砂漠に住んでいる全ての動物」All animals living in ～. ← <名詞 ＋ 現在分詞[－ing] ＋ 他の語句>「～している名詞」現在分詞の形容詞的用法　イ「植物から水を得る動物」 エ「食べ物から水を得る動物」

重要 2. 「次の内どれが②に最も近い意味を有しているか」下線部②を含む文の意味は「ラクダのように，動物の中には，ひとたび水を飲んでから次の機会まで，長時間②持ちこたえることができるものがいる」。go は「うまく機能する，活動を続ける」の意で使われることがある。正解は，イ last「(動詞)続く，持続[存続]する，持ちこたえる，耐える」。closest ← close「近い」の最上級　gather「集まる，集める」 miss「しそこなう，～がいなくてさびしく思う」 experience「経験する」

やや難 3. 「次の内どれが③に最も近い意味を有しているか」下線部③を含む文の意味は「しかし，夜間になると，砂漠は突然活気を帯びる」。<come ＋ 形容詞>「～になる」／alive「生きて，生き生きして，にぎわって」以上より，正解は，エ get busy「にぎやかになる」。<get ＋ 形容詞>「～になる」 busy「忙しい，にぎやかな」 get quiet「静かになる」 get cool「涼しくなる，冷静になる」 get dark「暗くなる」

重要 4. 「トビネズミに関して正しい2つの陳述を選びなさい」 ア「大きな目と耳と白い外被を有するものがいる」(×)大きな目と白い外被はフェネックギツネの特徴(第5段落最終文；With its very big ears and white coat, the fennec fox can stay much cooler in the hot sun.)。<much ＋ 比較級>比較級の強調　cooler ← cool「涼しい」の比較級　イ「夜よりも昼間の方がより良く物が見える」(×)第3段落第2文に like many desert animals, they can see very well at night.とあるが，昼夜の見え方の比較は書かれていない。better「もっとよい，もっとよく」← good／well の比較　ウ「暑い夏場には，数か月を地中で寝て過ごすことができるものがいる」(○)第4段落第3文 In the hot summer, some jerboas sleep under the sand for two or three months. に一致。spend a couple of months sleeping underground ← <spend ＋ 時間(＋in) ＋ －ing>「～して時間を過ごす」 エ「暑い砂漠のみで生息している」(×)第4段落第4文に Jerboas also live in cold deserts like the Gobi. とある。　オ「一つの動きで，3メートル以上跳躍できる」(×)第5段落第2文に they can jump up to three meters in one move. とある。more than「～以上」 up to「～まで」 カ「夜間に，フェネックギツネに狩りたてられる」(○)第5段落第4文(At night, these foxes are also looking for food, and a jerboa is just right for a hungry fennec fox.)に一致。are hunted ← <be動詞 ＋ 過去分詞>受動態「～される，されている」 are looking for ← 進行形<be動詞 ＋ 現在分詞[－ing]>／look for「～を探す」

重要 5. 「この文章に関して正しい3つの陳述を選びなさい」 ア「砂漠は昼夜非常に暑いので，砂漠のほとんどの動物は，たいてい砂の下で暮らしている」(×)第2段落(there are the changes in temperature, from very hot to very cold. In the day, ～ . But at night deserts can suddenly come alive.)より，夜は暑くないことが明らかである。　イ「砂漠に生息する動物には，食べ物から水を得る種が存在する」(○)第4段落第2文に they get water from their food とあり，一致している。Some animals living in ～ ← <名詞 ＋ 現在分詞 ＋ 他の語句>「～している名詞」現在分詞の形容詞的用法　ウ「砂漠によっては，冬に雪が降る」(○)第4段落第4・5文に Jerboas also live in cold desert like the Gobi. Here, they sleep ～ in the winter and stay away from the snow. とあるので，一致。stay away from「～から離れている，～に手出しをしない」　エ「トビネズミもフェネックギツネも寒い気候では生存できない」(×)第4段落第4・5文(選択肢4の解説参照)より，不一致。neither A nor B「どちらも～ない[しない]」　オ「フェネックギツネは，非常に敏捷な動きを可能にするとても大きな足を有している」(×)第5段落第2文に They[Jerboas] have huge back legs ～ と書かれており，脚が大きいのはトビギツネの特徴である。very large legs which make them very fast. ← <先行詞(もの)＋ 主格の関係代名詞 which ＋ 動詞>「動詞する先行詞」　カ「非常に暑い太陽の下でも，涼しいままでいられる手助けとなる白い外被を，フェネックギツネは有している」(○)第5段落最終文に With its very big ears and white coat, the fennec fox can stay much cooler in the hot sun. と書かれているので，一致。white coats that help them stay cooler ～ ← <先行詞 ＋ 主格の関係代名詞 that ＋ 動詞>「動詞する先行詞」／<help ＋ O ＋ 原形>「Oが～［原形］する手助けをする」／cooler ← cool「涼しい」の比較級　キ「トビネズミとサソリの双方ともに植物と種を食する」(×)　第6段落第2文に Scorpions come out from under rocks at night and look for small animals. と述べられているので，不可。both A and B「AもBも」　ク「サソリは昼も夜も活動的である」(×)第6段落第2文(選択肢キの解説参照)より，不一致。active「活動的な，活発な，活動中の」　ケ「サソリは1年間水なしで生存できる」(×)第6段落第3・4文で，Like many desert animals, scorpions can go for months without water. They can also live for up to one year without food. と述べられているので，不適。go「行く，作動する・働く，進行する，うまくやる，流布している，通用する，消える」for months ← <for ＋(many ＋)期間を表す語の複数形>

Ⅱ　(長文読解問題・物語文：内容吟味，要旨把握，受動態，不定詞，前置詞，動名詞，関係代名詞，助動詞，接続詞，比較，間接疑問文，進行形，分詞，現在完了)

(大意)　ディック・ウィッティントンは，グロスタシャーの小さな町に住む貧しい少年で，両親がいなくて，着ている洋服は古く，もらった食べ物は何でも口にした。14歳の時に，富を探しに，黄金で通りが作られていると聞いたロンドンへ向かった。

疲れて，空腹な状態で，大都市に着いても，黄金どころではなく，汚い石ころしかなかった。何日も仕事と寝場所を探そうとしたが，やせた汚い少年に注意を払う者はいなかった。

ある晩，彼は壮麗な家の入口でうずくまっていた。朝になると，料理人がドアを開けて叫んだ。「お前のような怠け者の少年がここで何をしているんだい。消え去らないと，仕事を押し付けるよ」

空腹と寒さで，ディックは言った。「朝食のためなら，何でもします」料理人は彼を台所へ引っ張っていくと，食器の洗浄，床掃除，使い走り，石炭の運び込みなどの多くの汚れ仕事を与えた。ディックは，早朝から夜遅くまで休む間もなく忙しく働いた。彼が手にしたのは，食べ残しだけだった。

ディックは薄い毛布一枚で寒々しい屋根裏で寝た。屋根裏は沢山のネズミの住みかとなっていて，鳴き声や引っかく音で，眠れなかった。彼が稼いだ最初の硬貨で，猫を買い，それ以降は，静かになった屋根裏で，ぐっすり寝れるようになった。

その家の持ち主は，サー・ヒュー・フィッツワレンという名の金持ちの商人で，優しくて，寛大だった。彼の娘，アリスとディックは仲良しになった。

サー・ヒューがアフリカへ派遣する船に関して，全ての使用人達は興奮気味に話をした。使用人は売り物を何でも船に乗せることができて，船が戻ってきた際には，船長からお金が支払われる，ということだった。

ディックは猫以外に持ち物はなく，最初は気乗りしなかったが，アリスの勧めもあり，最終的に，猫を売ることにした。

猫がいなくなったことをディックは悲しみ，サー・ヒューとアリスが不在の時には，彼は孤独だった。料理人の彼への接し方は過酷で，彼女の彼に対する憎悪の理由がわからず，彼はもはや耐えられない，と感じた。

ある朝，彼はロンドンから郊外へと続く長い丘を登り始めた。頂上にもう少しで到達しようという時に，教会の鐘の音が聞こえた。「引き返しなさい，ディック・ウィッティントン，ロンドン市長」と言っているようだった。

「どういうことだろうか。どうやって私がロンドン市長になることができるのだろうか」彼は踵を返して，ロンドンへ戻った。

サー・ヒューの船がアフリカへ着くと，船長はディックの猫以外の売り物を王様の元へと持参した。王様は喜んで，船長に十分な額を支払った。城を去る際に，船長は多くのネズミが至る所で走り回っていることに気づいた。

「船には全てのネズミを捕まえることができる動物がいます」と船長は申し出た。王様は猫のことを聞いたのは初めてだったが，船長にすぐに連れてくるように命じた。

船長が猫を城の床に放つや否や，数匹のネズミを殺し，残りのネズミは逃げ出した。王様はとても満足した。王様は「この素晴らしい動物を買うことにしよう。いくらだい？」と尋ねた。船長は素早く考えて，答えた。「金貨10袋です」王様は笑って言った。「20袋とこの宝石を与えよう」

船がロンドンに戻ると，船長からお金を受け取ったサー・ヒューは，稼ぎ分を使用人たちに与えた。彼はディックを呼んだが，その姿が見当たらなかった。彼は料理人を呼び，説明を求めたが，「彼は逃げ出しました。彼は悪い少年で，決して1日の仕事を終えることはありませんでした」と彼女はうそをついた。アリスは「お父様，それは事実ではありません。私達はすぐにディックを探さなければなりません」と言った。

サー・ヒューはロンドンの通りを探し，空腹そうにパン屋をのぞき込むディックを見つけた。彼はディックを家に連れて帰ると，言った。「あなたの猫がもたらしたものをごらん」。20袋の金貨と宝石を見て，ディックの目は大きく見開かれた。「賢く使えば，いつかは金持ちになるだろう」サー・ヒューは言った。

それから数年にわたり，サー・ヒューはディックが商人になり，素晴らしい家を購入する手助けをした。ディックがアリスに求婚した時は，サー・ヒューはとても喜んだ。

ディックは非常に金持ちになったが，貧しかった時のことを忘れずに，病院の再建，大学の開校，年配者や貧困者のための施設の建設に，自身の莫大な富の一部を充てた。教会の鐘が告げたように，彼はサー・リチャード・ウィッティントン，ロンドン市長になった。

基本 1. 「ディックはロンドンの通りで何を見つけたいと願ったか」第1段落第3・4文に When he was fourteen, he decided to seek his fortune. He'd heard that the streets of London were made with gold, and there he went to find it. とあるので，正解は，Gold「黄金」。 hope <u>to find</u>／decided <u>to seek</u> ← 不定詞の名詞的用法「～すること」 he'd heard[he had heard] ← 過去完了[had ＋ 過去完了](過去の一時点より以前の経験) were made ← <be動詞 ＋ 過去分詞>受動態「～される，されている」 to find ← 不定詞の副詞的用法「～するために」 adventure「冒険」 friends「友人」 food「食べ物」

重要 2. 「当初，ディックはどのようにしてロンドンで生き延びたか」第3・4段落を参照。豪邸の玄関でうずくまっていたディックに翌朝対応した料理人に対して(第3段落)，第4段落第1文で I'll do anything for a breakfast. とディックは述べて，雑用をするようになり，残り物を与えられて，生き長らえた。よって，正解は，イ「得ることができたいかなる仕事でもこなすことで」。 at first「最初は，始めは」 By doing any job▼he could get ～ ← <前置詞 ＋ 動名詞>／肯定文の any「いかなる～でも」／目的格の関係代名詞の省略(▼の箇所) 肯定文のanything「なんでも」would 過去習慣「よく～した」 ア「見知らぬ人にお金をせがむことで」 ウ「商人たちからものを盗むことで」 エ「所有していたものを売ることで」the things that he owned ← 目的格の関係代名詞 that

重要 3. 「どうやってディックは屋根裏での彼の睡眠の質を改善したか」ネズミに安眠を妨げられていたディックに関して，第5段落第3・4文で "I'll have to get a cat," thought Dick, and so he bought one with the first few pennies he earned. After that, it was very quiet in the attic, and Dick slept well. と述べられている。正解は，ア「彼は猫を買った」<have ＋ 不定詞[to ＋ 原形]>「～しなければならない，にちがいない」 so「だから，それで」 one[＝ a cat]前出の<a[an]＋ 単数名詞>の代わりに使われる。「(同じ種類のもののうちの)」1つ，(～の)もの」 the first few pennies he earned ← 目的格の関係代名詞の省略 イ「より快適なベッドを見つけた」。more comfortable ← comfortable「快適な」の比較級 ウ「彼は違う家へ引っ越した」 エ「彼は毛布の下で寝た」

やや難 4. 「どうやってディックは最初の数枚の硬貨を入手したか」第5段落第3文で the first pennies という言葉が使われており，第4段落では，ディックが雑用をして朝から晩まで働いていたことが描かれていて，その屋敷は，サー・ヒュー・フィッツワレンのものであることがわかる(第6段落第1文)ので，正解は，イ「サー・ヒューのために働くことで」。by working[selling／finding／receiving] ～ ← <前置詞 ＋ 動名詞[－ing]>前置詞の後ろに動詞を持ってくる際には，動名詞にする。 ア「彼の猫を売ることで」 ウ「それらを通りで見つけることで」 エ「それらをアリスから受け取ることで」

基本 5. 「教会の鐘を聞いた時に，ディックの反応はどうだったか」教会の鐘(They[the bells of Bow church ring]seemed to say, "Turn again, Dick Whittington, Lord Mayor of London."；第10段落最終文)を聞いた際に，ディックは，"What does that mean? How can I ever be Lord Mayor of London?"(第11段落第1・2文)と考えた，と表現されているので，正解は，イ「彼はどうやってロンドン市長になるだろうかと思った」。He wondered how he would become Lord Mayor. ← wonder「～かしらと思う，かどうかを知りたいと思う」／疑問文が他の文に組み込まれる[間接疑問文]と，<疑問詞 ＋ 主語 ＋ 動詞>の語順になる。 Turn again, ここでの turn の意味は「引き返す」。 ア「彼はロンドンをすぐに去ることを決意した」 ウ「彼はロンドン市長になることを決意した」make up one's mind「決意する」 エ「彼は仕事を止めるべきだと思った」should「～すべきである」

基本 6. 「どのようにディックの猫はアフリカにおいて価値があると判明したか」ネズミが蔓延しているアフリカの王様の城(第12段落第3文；Just as the captain was leaving the King's castle, he noticed there were rats and mice running around everywhere.)で，猫を放った時の様子を，第14段落第1文で，As soon as the captain put the cat down on the floor of the castle, it killed seven mice, four rats and, the others ran away. と記されているので，正解は，ウ「それは城で多くのネズミを捕まえた」。turn out「結局～だとわかる」 rat「クマネズミ，ドブネズミなど。mouse より大きく尾が長い種」 mice ← mouse「特にヨーロッパで見られる小型のイエネズミ。学名，ハツカネズミ」の複数形 was leaving ← <be動詞 ＋ 現在

分詞 [−ing]>進行形 there were rats and mice running ~ ← <There + be動詞 + S + 現在分詞[−ing]>「Sが～している」 as soon as「～するや否や」 run away「逃げる」 ア「それは王様に対して芸当を演じた」 イ「それの導きにより，王様は荒海を航行することができた」 エ「それは船を隠された財宝へと導いた」hidden treasure ← <過去分詞 + 名詞>「～された名詞」過去分詞の形容詞的用法

やや難 7.「ディックが1日の仕事を決して果たしてない，となぜ料理人は言ったのか」サー・ヒューに不在のディックのことを尋ねられると，料理人は He's run away. He's a bad boy, never did a good day's work. とうそをついた，と記されている(第15段落)。一方，料理人のディックに対する接し方に関しては，第9段落第2文に The cook treated him so badly, and he didn't understand why the cook hated him so much. と書かれている。正解は，イ「彼女は彼を好きではなかった」。do a good day's work「1日の仕事を終える」 He's run ～ . ← <have [has] + 過去分詞>現在完了(完了・経験・結果・継続) ～ understand why the cook hated him ～ ← 疑問文が他の文に組み込まれる[間接疑問文]と，<疑問詞 + 主語 + 動詞>の語順になる。 ア「彼女は彼に対してすまないと感じた」 ウ「彼女はサー・ヒューに対して腹を立てていた」 エ「彼女はアリスにお金を受け取って欲しいと思った」

やや難 8.「なぜサー・ヒューはロンドンでディックを探したか」第16段落第1文で，サー・ヒューがディックを探したことが記されている。第15段落第1・2文(When the ship returned to London, the captain took the money to Sir Hugh, who gave the servants what they had earned. Then he called for Dick, but Dick was nowhere to be found.)では，使用人に売上金が分配されたが，その際に，ディックの姿が見当たらなかったことが述べられている。また，第14段落より，ディックの猫に対して，20袋の金貨と宝石が支払われたことも押さえること。正解は，イ「彼に金貨と宝石を与えるため」。to give[punish／bring／ask]不定詞の副詞的用法(目的)「～するために」 Sir High, who gave ～ ← コンマ(,)の付いた関係代名詞(非制限[継続]用法)> what they had earned ← 関係代名詞 what = the thing(s) which(先行詞を含む関係代名詞)「～すること」／過去完了<had + 過去分詞>過去の一時点よりさらに前の過去を表す。 call for「大声で～を求める，を必要とする，をさそい[迎え]に行く」 to be found ← <to + be + 過去分詞>不定詞の受動態 ア「逃げたことに対して彼を罰するために」punish A for B「Bの理由でAを罰する」 for running away ← <前置詞 + 動名詞[−ing]>／run away「逃げる」 ウ「自分の家での仕事に彼を連れ戻すために」 エ「アリスと結婚することを彼に頼むために」

基本 9.「ディックが成功した商人になることを誰が手助けしたか」第17段落と第18段落の第1文と第6段落第1・3文(The owner of the house was a rich merchant named Sir Hugh Fitzwarren. ／His young daughter, Alice ～)を参考にすること。正解は，ア「アリスの父，サー・ヒュー」。Who helped Dick become ～? ← <help + O + 原形>「Oが～［原形］することを手助けする」 did become ← <do[does／did] + 原形>動詞の強調 a rich merchant named Sir Hugh Fitzwarren ← name O C「OをCと名付ける」／<名詞 + 過去分詞 + 他の語句>「～された名詞」過去分詞の形容詞的用法 イ「アフリカの王」 ウ「船の船長」 エ「リチャード・ウィッティントン」

やや難 10.「ディックは彼の富をどうしたか」最終段落第2文(He spent some of his great fortune on restoring a London hospital, opening a college, and building houses for the old and poor.)を参考にすること。正解は，イ「彼はそれを教育に使った」。do with「～を処置する，扱う」 spend A on B「AをBに費やす」 on restoring ～, opening ～ , and building ～ ← <前置詞 + 動名詞[−ing]> the old and poor ← <the + 形容詞> = <形容詞 + people>

「形容詞の性質を有した人々」 ア「彼は城を築いた」 ウ「彼はそれを贈り物としてアリスへ与えた」 エ「彼は世界を旅してまわった」

重要 11. 「この文章に関して正しい2つの陳述を選びなさい」 ア「ディックは自身の猫と一緒にロンドンに着いた」(×)ディックがロンドンに到着したことは第2段落で触れられていて，ロンドンの滞在先の寝室で，ネズミがうるさくて，猫を購入したことは第5段落で述べられている。 イ「14歳の時に，ディックは両親ともに失った」(×)ディックには両親がいないことは述べられているが，両親を亡くした時のディックの年齢は不記載。14歳は，ディックが富を求めてロンドンへ行く決意をした年齢(第1段落第3・4文)。 ウ「最初，ディックは彼の猫を船に乗せたくなかった」(○)アリスは，猫を売ることを You must send your cat. It might bring you a few pennies. と言ってディックに勧めたが，その際の彼の反応は，Dick didn't want to sell his cat, but at last agreed, and the cat was put on the ship.(第8段落最終文)と述べられているので，一致。at first「最初は，初めのうちは」 must「～しなければならない／にちがいない」 might ― may「～かもしれない／してもよい」の過去形／「～かもしれない」(現在・将来の可能性)was put ← <be動詞 + 過去分詞>受動態 エ「ディックの猫を見るために，アリスは台所へ行き始めた」(×)アリスが台所へ行くのは，ディックと話すためである。 オ「ついにディックは金持ちで有名になったが，貧者のことを忘れることは決してなかった」(○)最終段落第1文(Dick did become very rich, but he never forgot what it was like to be poor.)に一致。～ forgot what it was like to be poor. ← 疑問文(What was it like to be poor?)が他の文に組み込まれる[間接疑問文]と，<疑問詞 + 主語 + 動詞>の語順になる。／What is S like ?「Sはどのようなもの[人]か」／不定詞[to + 原形]の代わりとなる形式主語 it

重要 **Ⅲ (文法・作文：語句整序，不定詞，比較，接続詞，前置詞)**

1. ① My parents made me try a new sport(last weekend.) ② it was good to try something new(.) <It was + 形容詞 + 不定詞[to + 原形]>「～[不定詞]することは…[形容詞]だった」 <something + 形容詞>の語順に注意。(訳)ピーター：先週末，①両親に言われて，僕は新しいスポーツをやってみたんだ。／アン：えっ，本当？ 何のスポーツに挑戦したの？／ピーター：テニスさ。僕は球技が苦手なので，ちょっとどきどきしたよ。／アン：どうだった？／ピーター：驚くほど，上手くいったよ。実際，②新しいことをやってみるのは，良いことだね。

2. ③ it didn't go as well as my practice exam(.) ～ , so …「～である，だから…」 <A + as + 原級 + as + B>「AはBと同じくらい～」の否定形 →「AはBほど～でない」 go well「うまくいく」(訳)マオ：ツアーガイドの試験はどうだった？ 先週だったでしょう。／ケン：うん，散々だったよ。試験の当日は，頭が痛くて，③模試の時ほど，上手くいかなかった。／マオ：あっ，それは残念だわ。いつ結果がわかるの？／ケン：来月さ。受かっているといいなあ。

3. ④ some parts of Japan will be too hot to live(in.) <too ～ + 不定詞[to + 原形]>「～すぎて…[不定詞]できない，…[不定詞]するにはあまりにも～」 live in「～に住む」文末の in は省略不可。ここでは本来 in の後ろに来るはずの some parts of Japan が，文の主語となり，前にある。(訳)ジム：あっ，日本の夏はとても湿っぽいね。日本の夏はとても暑いとは想像していなかったよ。／ケイト：ええ，毎年，気温が上昇しているわ。／ジム：それは恐ろしいね。もし地球温暖化現象が続いたら，どうなるのだろうか。／ケイト：そうね，④日本のある地域は，暑すぎて住めなくなるのではないか，と思うわ。／ジム：僕もそう思うよ。

重要 **Ⅳ (語彙，文法：語句補充・選択，単語，助動詞，不定詞，動名詞，現在完了，比較，仮定法)**

1. 「トラは絶滅危惧種だ。我々はそのことに何かをするべきだ」正解は，endangered「危険にさらされた，危機に瀕した，絶滅寸前の」。should「～すべきだ」 species「種類」単複同形 ordinary「通常の，普通の，平凡な」 injured「傷ついた，けがをした，損傷を受けた，被害にあった」 artistic「芸術的な，美術的な，趣のある，風雅な」

2. A：「さようなら。また，のちほど」／B：「家に帰る途中で牛乳を買うのを忘れないでね」 forget ＋ 不定詞[to ＋ 原形]「これからすることを忘れる」／forget ＋ 動名詞[－ing]「過去にしたことを忘れる」正解は，不定詞の to buy。on one's way home「家に帰る途中で」

3. A：「バレエをどのくらいの間練習しているのですか。／B：「ほぼ10年間です。3歳の時からです」動作動詞の継続は完了進行形[have／has ＋ been ＋ －ing]で表す(状態動詞の継続は完了形で表す)。よって，正解は，(have)been practicing。How long ～?(時間・期間の長さ／ものの長さを尋ねる表現)

4. A：「もっと勉強をする必要がありますが，ゲームをするのを止めることができません」／B：「もし私があなたならば，居間へ自分のPCを移動するでしょう」現在の事実に反することを仮定 → 仮定法過去<If ＋ 主語 ＋ 過去形 ～，主語 ＋ 過去の助動詞 ＋ 原形　～>「もし～ならば，…だろう」正解は，(If I were you, I) would move (my PC ～.)　stop playing ← <stop ＋ 動名詞[－ing]>「～することを止める」

やや難 **V** **(作文：自由・条件英作文，現在完了)**

指示文 「他の人に対して，あなたがこれまでに行った良いことについて書きなさい。なぜそれをしたかも含めなければならない」善行の理由を含めた100語程度の英文にまとめること。have done ← <have[has]＋ 過去分詞>現在完了(完了・経験・結果・継続)

(解答例大意) 学校へ行く途中で，事故を目撃した。横断歩道のない通りを横切っている2人の少女が車にはねられた。私は，目撃者として，その場にとどまるべきだと思った。遅刻は気にならなかった。深刻な怪我がないか少女らに尋ね，道端に誘導した。ある女性が警察に電話をして，10分で到着した。警察に目撃したことを説明した。思った通り，遅刻したが，困っている人達を助けることができ，喜ばしかった。

★ワンポイントアドバイス★

I・IIの長文総合問題は，質問文が英語で，内容把握・要旨把握に関する選択問題で構成されている。語彙や文法事項は中学で習う範疇を超えるものも含まれており，文章量も多いので，対策は不可欠である。

<国語解答>

一 問1 ① 3 ② 1 ③ 4 ④ 3 問2 1 問3 3 問4 4 問5 1
問6 4 問7 2 問8 2 問9 3 問10 2 問11 1 問12 4 問13 4
問14 3 問15 2・3

二 問1 ① ごくらく ② ひやと ③ おおまた ④ りき ⑤ しょくしょうがら
問2 4 問3 1 問4 3 問5 1 問6 3 問7 2 問8 1 問9 4
問10 2 問11 1 問12 4 問13 3 問14 2 問15 4 問16 1
問17 3 問18 2

○配点○

一 問1・問4・問7・問9・問13・問14 各2点×9 他 各3点×10

二　問1　各1点×5　　問5・問9・問10・問12　各2点×4　　他　各3点×13　　計100点

＜国語解説＞

一　(論説文―漢字の書き取り，文脈把握，脱文・脱語補充，慣用句，内容吟味)

問1　①　「渡来」とは，「外国から海をこえて渡ってくること」。1　「途上」　2　「賭博」とは，「金銭・品物をかけて勝負を争う遊戯」。　3　「過渡期」とは，「移りかわりの途中の時期」。　4　「意図的」　②　契機とは，「変化・発展を起こす要素・原因，または，きっかけ」。　1　「契約」　2　「経験」　3　「形勢」とは，「変化する物事の，その時その時の状態，また勢力の関係。なりゆき」。　4　「警鐘を鳴らす」とは，「事態が悪い方向へ向かおうとしている事を指摘する」。　③　潜在とは「外にあらわれず，内にひそんで存在すること」。　1　「宣伝」　2　「戦略」　3　「専門」　4　「潜水」　④　無縁　1　「遠心力」とは「物体が円運動を行う時に働く，回転軸の中心から遠ざかろうとする方向の力」。　2　「支援」　3　「縁故」とは，一般的には「血縁や姻戚などの関係によるつながり」。　4　「順延」とは「予定した期日を順繰りに延ばしてゆくこと」。

問2　2　「なまの思想にこそ」以降誤り。第四段落「それはなまの思想ではなく，……理屈ではわかっていても」と矛盾する。　3　「人々の内面」が誤り。本文中に根拠なし。第四段落には「ヨーロッパ文化は……思想内容もすべてすぐれているのだと決めてしまう」とあるが，それはあくまでも思想内容自体のことであり，人々の内面は無関係である。　4　「おのずと」以降誤り。本文中に根拠なし。第三段落に「翻訳とは形式を犠牲にして内容を伝えようとする作業」とあるので，もとより形式については諦められている。

問3　1　「形式的な部分を重視した」が誤り。第三段落「翻訳とは形式を犠牲にして内容を伝えようとする作業」と矛盾する。　2　「悔みながらも」が誤り。本文中に根拠なし。確かに第四段落に「理屈ではわかっていても」とあるが，だからといって悔やんでいたとするまでの根拠はない。　4　全体誤り。第四段落「表現の微妙な……期待し難い」うえ，「試行錯誤を繰り返していた」根拠は本文中にない。選択肢1の解説通り，「翻訳とは形式を犠牲にして内容を伝えようとする作業」である。

問4　1　「白日の下にさらされる」とは「隠されていた物事が世間に公開されること」。「下」は「もと」と読む。　2　「疑問を呈される」は「疑問を述べる」と同じ。　3　「一杯食わされる」とは「だまされること」。　4　「不問に付される」とは「問いたださないで，そのままにされること」。　ここでは，訓点読みによって原語の一部が保たれれば形式を無視したことにはならない，だからいわゆる翻訳よりはすぐれている――ということなので，〈無視しない〉というような意味にするためには4が適当。

問5　2　全体誤り。まず。欧米との比較の話ではない。漢字の有無にも言及なし。訓点読みのどういった点が優れているのか，ということが第八段落では述べられており，中国語の親しみやすさという話ではない。　3　「忠実に保存」が誤り。第八段落「訓点読みが……大きく歪めている」と矛盾する。　4　「ものの見方の違いについても」が誤り。確かに第七段落では言語の形式と思想の訳出について言及されているが，訓点読みによって「違い」についても理解できたとまで断定できる根拠は本文中にない。

やや難　問6　「～に堪える」とは，「～できる」とほぼ同じ。小説については，第十段落に「形式を重んずる……かなりよく翻訳に堪える」とあるので，形式を重視するはずなのに翻訳ができるなら，傍線部Eの直後のように，形式を重視する戯曲も翻訳できるはずだ，という理屈である。

問7　「不毛な」とは「無駄な，意味がない」，「不当な」とは「正当・適当でないこと。また，道理に合わないこと」。「ところが」以前では，小説が翻訳できるなら戯曲もすぐれた翻訳がありそうだという話題が提示されるが，「ところが」以降では，戯曲を翻訳してもおもしろさがわからなくなると記述されている。つまり，おもしろさが伝わらないから翻訳しても無駄，意味がない，ということである。

問8　1「そのまま取り入れる」が誤り。第十六段落「西欧の文化はそれだけ大きく歪められてとり入れられることになった」と矛盾する。　3「近代以前の日本の文芸作品を否定し」が誤り。本文中に根拠がない。近代以前の日本に関しては，第十六段落にあるように「ヨーロッパ文化に……はっきりしていた」とあるのみである。　4「必須の」が誤り。第二十段落にあるように，演劇や詩もレーゼ・ドラマ，レーゼ・ポエトリーという目で読むものがへの「傾向をつよめないわけには行かない」，つまりそうしたものが登場しているので，発声が必須とはいえない。

問9「琴線に触れる」とは，「心が動かされ，深く感動すること」。語義に合うのは3のみ。近頃，「琴線に触れる」を，「逆鱗に触れる」と混同している人が散見されるので注意。「逆鱗に触れる」とは，「目上の人を激しくおこらせること」。

重要　問10　1「哲学を作り上げてきた」が誤り。哲学についてはあくまでもプラトンの言葉つまりプラトンが行っていたことであって，筆者自身が哲学を行っていたとする根拠はない。　3「対話を遮断して」が誤り。「遮断」というからには，なにか対話が起こっていたものを強制的にやめるということだが，そうではなくて，第十五段落に「話されたものよりも書かれたものに価値ありと考える」とあるように，書かれたものの方が優れていると考えただけである。　4　全体誤り。第十五段落によれば，日本人は書きことばを，欧米人は話し言葉を重視するという違いがあるので，話し言葉を重視するという欧米人の意見を聞くと日本人は価値観の違いを感じて驚くということである。「したがって」の接続に注意。「遅れている」から驚くのではなく，違うから驚くのである。

問11　2「小説に書き改められて」が誤り。第二十段落によれば，例えば演劇はもともと耳のジャンルであったが，レーゼ・ドラマが登場したということである。つまり，耳で楽しむものであったものを，文字に書き起こして目で楽しめるようにもなったということであって，例えば演劇そのものが「小説に書き改められ」たわけではない。　3「原文に即して」が誤り。筆者が繰り返し述べているように，日本の翻訳というのは「形式を犠牲にして内容を伝えようとする作業」である。したがって，小説も「原文に即して」いたとは考えられない。また筆者は第十段落で「形式を重んずるはずの……翻訳に堪える」としている。「はずの」という表現からも，小説は原文に即しているわけではないことがわかる。　4「新聞や雑誌の」以降誤り。そのような根拠は本文中にない。

問12　1「優位」の要素がないため不適当。「優位」というのは，複数のものの間で比べたときに地位や力を持つということである。深い意味が読者の心に刻まれるだけでは，「優位」の説明をしきれていない。　2「近代芸術の中で主流の位置にある」が誤り。これはあくまでも日本での話であって，ヨーロッパでは第二十一段落にあるように「まだ文学の主流を占めるまでには至っていなかった」ので，「近代芸術の中で主流」とまでするのは言い過ぎである。　3「年長者」が誤り。小説の作者が必ずしも年長であるとは限らないというのは，一般常識と照らし合わせても異論のないところである。

問13　1「粗野」とは，「あらあらしく野性的で，洗練されていないこと」。　2「卑小」とは，「取るに足りない見すぼらしさ」。　3「豪放」とは，「小事にこだわらない気性であること」。　4「通俗」とは，「世間一般の人々にわかりやすく親しみやすいこと」。　ここでは，「耳で聴いてただちに理解され」「聴いて楽しいような詩」という点に注目する。前の第二十三段落では

「詩においてもやはり思想がうんぬんされることになる」とあるから，耳で聴いただけで理解できて楽しめるような詩は，要は思想を伴わないものであり，なんら難解な点がないとみなされたということであるから4が適当。

問14 「軌を一にする」とは，「同じ行き方や立場をとること，また，世の中または国家が統一され，ととのっていること」。

問15 1 「内容を」以降誤り。第七段落「言語の形式を…・・困難なのではないか」と矛盾する。 4 「小説が主流であり続けた」が誤り。第十六段落には「もともと声を大切にする西欧の文化」とあるが，小説は第十八段落で「目のジャンル」とされている。また，第二十二段落では「詩歌が源流にあって，そのあとから目のジャンルである小説が加わった」という記述がある。よって，「小説が主流であり続けた」というのは本文内容と矛盾する。 5 「原形を歪めることがなかった」が誤り。第十六段落「西欧の文化はそれだけ大きく歪められて……」と矛盾する。

二 (小説―漢字の読み，情景・心情，文脈把握，語句の意味)

問1 ① 「極楽」とは「心配や悩みなどがなく安楽であること，非常におちついた楽しい境遇であること」。 ② 「日雇い」とは「特定の企業などで長い間雇用することではなく，1日単位で雇うこと」。 ③ 「股」は「肢」と混同しないように注意。 ④ 「力む」とは「力のありそうな様子をすること」。 ⑤ 「職掌柄」とは「その職務の持つ性質，またその職務にたずさわっているゆえの習性」。

問2 「キョトキョト」は「きょとん」とほぼ同じ意味で，「びっくりしたり，事情がのみこめなかったりして，目を見開いてぼんやりしているさま」と考えてよい。なぜそうなったかというと，「床の低い……綺麗なので」が原因である。一般的に，刑務所というのは生活環境が著しく悪いところだというイメージがあるため，それとは逆に綺麗な場所なので驚いた，ということである。この時点で3・4に絞れる。3と迷うが，「自分にはふさわしくないように思えて」が本文中から読み取れない。むしろこの「同志」は，「あんな家に住んでる……可哀相でならなかった」と発言しているため，綺麗な場所は自分にふさわしくないと思っているとは言えない。妻や子どもはもっと綺麗な場所に住むべきと考えているはずなので，それはすなわち自分も今の家よりも綺麗な場所に住んで当然だということである。

問3 「負け惜しみ」とは，「自分が負けたことや失敗したことを認めたがらず，理屈をつけて，負けていないと言い張ること」。 2 主に後半が誤り。傍線部Bの後では「だが，……その仲間が云ったように，……呑気な処だということが分った」とあるので，「負け惜しみ」で言っていると「俺」が思っているのは，刑務所の環境についてでありる。妻子のことで「負け惜しみ」と思ったのであれば，「だが,」から続くのは妻子なり家族なりのことを考える余裕があった，のような話題であるはずである。 3 「知っていたので」が誤り。「仲間」の家の状態については，「仲間」の話で聞いたとしか本文中では描かれていないので，実際に「俺」が知っていた根拠はない。 4 「汚い留置場に入っていた」が誤り。少なくとも東京の留置場については「極楽」と記述している。

問4 1 「闘いの終わりを意味していた」以降誤り。であれば，後々に「やれ皿のふちが……」のように，「俺」を真似して嫌がらせを始めることはないだろう。詳しくは問14以降参照のこと。 2 「劣悪な環境に」が誤り。「俺」も，「その仲間が云ったように，……呑気な処だということが分った」と感じている。「その仲間」とは，「日雇いの労働者が……キョトキョトしてしまった」仲間である。ゆえに，「劣悪な環境」とは言い難い。 4 「常に臨戦態勢でいる」が誤り。であれば看守が「君たちが何時でも呑気そうしていることなんだよ」とは発言しないはずである。

問5 「付け焼刃」とは，その場をしのぐために，知識や技術などを一時の間に合わせに習い覚えること。「切れない刀にはがねの焼き刃をつけ足したもの」という意味から転じている。

問6　「聞いていなかった」大将は，看守の「君らには……感ずるんでね」であることをまずおさえておく。　1「暇つぶしの相手としか」が誤り。看守は確かに「暇があると」しゃべりにくる，とあるが，だからといって「暇つぶしの相手としか」と限定的に「俺」を扱っていたというのは言い過ぎである。そもそも，看守の仕事は「俺」を含め囚人を監督することであり，「暇つぶしの相手としか」というのは一般論としても無理がある。　2「思想を矯正しようと」が誤り。看守は，「俺」のような囚人が行う抵抗は「こたえない」つまり効果がないと述べたまでであり，これをもって「思想を矯正しようと」しているとは言えない。矯正しようとするなら，導きたい方向を明示するはずである。　4「嫌悪しつつも」が誤り。選択肢2同様，「こたえない」つまり効果がないと述べたまでなので，「嫌悪」とまではいかない。選択肢3のように「軽く扱」ったと捉えるのが妥当である。

基本　問7　傍線部F直前「こいつをみせられると」の「こいつ」とは，その前の「君達をいくら……呑気そうにしていること」である。1「世間は」が誤り。傍線部Fにも「俺たちの方が，……わかるんだ」とあり，「わかる」主体は看守であるから，「世間」がどう感じるかは無関係である。3は「従来に比べ」以降，4は「看守よりも」以降が，それぞれ誤り。看守は「結局俺たちが……繰りかえしていることになる」，要は「無駄な骨折り」のせいで傍線部Fのように感じていると発言している。呑気そうにしている囚人を見ると，自分たちの仕事が無駄なものに思えて敗北感をおぼえる，というわけである。

問8　傍線部の後の「俺はそう云って，笑った」，および「よろしい，……尻目にかけてやらなければならない」に注目する。後者は「モットモット呑気に」なる決意であるから，前者も何かポジティブな意味合いの笑いであると考えられる。この時点で2は「面食らっている」が誤りなので不適当。また傍線部Gは，その直前の看守の発言を受けてのものである。問7の解説通り，看守は「自分たちの仕事が無駄なものに思えて敗北感をおぼえ」たということなので，3のように「視線に変化が生じた」わけでも，4のように「思想に影響を与え」たわけでもない。端的に言えば，疲れさせたというだけである。

問9　「尻目にかける」とは，「人を見下したり無視したりする態度，または媚びた目つきをすること」。ここでは前者の意味。似た表現の「～を尻目に」は，「相手の手前に位置して進んでいくさま」なので別の意味。

問10　飴玉の数や大きさが，実際に生活の質にかかわっているわけではない。もしかかわっているのであれば，飴玉の検査が「一つの楽しみ」になるというのは考えにくい。楽しみではなく，もっと切実なものになるはずである。「俺」は本質的には，看守や所長に嫌がらせをする目的で，あえて本来ならばどうでもいいような飴玉のことに細かく文句をつけているのである。これは，看守の発言にある「結局俺たちが……繰り返していることになる」が発端である。つまり，看守や所長は，「無駄な骨折り」を嫌っているのであり，看守の発言「飴玉の大きいや小さいやで，……困るんだ」からも分かる通り，本来ならばどうでもいいような飴玉のことにこだわられるのは「無駄な骨折り」だと言える。また，傍線部Iの後「看守にはそれを……取次がなければならないんだ」からもわかるように，明らかに嫌がらせだとしか思えないような態度ではなく，表面上は真剣さを伴って確実に所長に取次いでもらう必要があるということである。

問11　傍線部直前の所長の発言が，「威厳を侮蔑された」原因である。「侮蔑」とは，「他人やその行為を見下す，または軽蔑する態度」。「飴玉の大きいや……困るんだ」から，飴玉の大きさという極めて些細なことで面会をしなければならないというのは，所長という高い地位に就いた人間の担う仕事ではないという考えがうかがえる。この内容に合致する1が適当。4と迷うが，「不気味」とすると「困る」「侮蔑されたように不機嫌」となるのは不自然である。「不気味」であれば，理由がわからず恐れる，忌避感を持つなどが反応としては妥当。

問12　4は「勤勉に仕事を遂行」が誤り。傍線部Kの「それ」は，徳全の「飴玉のことで所長面会」を求めることである。そもそも所長面会を要求すること自体が囚人の仕事ではないし，飴玉という本来どうでもいいような件であればなおさらである。「俺」は，本来必要のないことを，自主的に行っている。

問13　「根負け」とは，「物事をなしつづける気力がなくなること，相手の根気に負けること」である。所長はまず「だまってにらみつけるようになった」と，飴玉のことで「俺」とまともに会話を交わすこともなくなっている。その次に「根負けをしてきた」のだから，もはや「だまってにらみつける」以上に，何かしら気力をそがれて何もできなくなったのだと考えられる。この内容に合致する3が適当。2も前半はよいが，「感服」が誤り。「感服」とは「感心して敬服すること」。感服しているのであれば，何か所長が感服している様子が描かれるはずであるが，そのような記述はない。

重要　問14　「ききめ」の内容として，「やれ皿のふちが……」のように，囚人たちが本来どうでもいいような様々なことで所長に面会を求めるようになったということである。この内容に合致する2が適当。飴玉に限定した話ではないという点に注意。

問15　「ニヤニヤ」するというのは，単なる笑顔ではなく何か思惑がある，あるいは下心があるときである。「君は悪いことを始めた」と言われて，何か「俺」に思い当たることがあったために「ニヤニヤ」したのである。そもそも「俺」は，問10の解説通り飴玉に文句をつけることで嫌がらせをしているのである。その結果，「君は悪いことを始めた」と言われたのだから，何らか自らの行いで嫌がらせが成功したようだと考えるのが妥当である。この内容に合致する4が適当。

問16　「しめた」というのは，思うように事が運んで喜ぶときの表現である。この時点で2は語義と外れるため不適当。「しめた」と思うきっかけは，看守の「みんな真似して！」であり，「俺」が飴玉について所長に細かく文句をつけているのを真似したものと考えられる。看守はそれについて「君は悪いことを始めたよ」と発言しており，好意的には思っていないことがわかるので，「話好きを引き出せる」と看守の好きなことをするように仕向ける方向の4も不適当。また，傍線部P直後の看守の発言「やれ皿のふちが……」をふまえると，飴玉自体が流行り出したわけではなく，本来どうでもいいような細かなことで所長や看守の手を煩わせるという手段が流行ったと考えられるので，飴玉にのみ注目している3も不適当。

問17　傍線部P直前には「こういう事は……悪いことか」とあるので，この内容に合致する3が適当。　1「俺」を信用するかどうかは，あくまで「俺」個人に関する問題であり，「職掌柄」という全体的な問題にはあたらないため不適当。　2「規則に反して」いるならば「いいことか，悪いことか」という迷いは生じないため不適当。　4「自分の性分」は看守個人の問題であり，「職掌柄」にはあたらないため不適当。

問18　1「世間に公表して」が誤り。「俺」も他の囚人たちも，飴玉や皿の話をして所長や看守を疲弊させることにやりがいを感じているのであり，世間に向かって何かをするつもりだという根拠は本文中にない。　3「組織が数多く結託して」が誤り。「俺」も他の囚人たちも，あくまでも個人として嫌がらせを行っている。　4「裁判闘争に勝利」が誤り。本文中に根拠がない。裁判闘争となると，何かの論点について争うということになるが，「俺」も他の囚人たちも，あくまでも嫌がらせを行っているのみである。

★ワンポイントアドバイス★

過去問で出題される本文の傾向を把握しよう。入試には学校の政治的思想傾向が表れることがあるので，特に「リベラル」というものについてはよく調べておくとよい。

2023年度

★★★★★★★★★★★★★★★★★★★★★★★

入 試 問 題

2023年度

法政大学国際高等学校入試問題

【数　学】（50分）〈満点：100点〉

1 次の問いに答えよ。

（1）　$\dfrac{a}{2}+2b-\dfrac{a+3b}{5}$ を計算せよ。

（2）　$x(x+1)(2x+1)=0$を満たすxの値をすべて求めよ。

（3）　$(x+3y)(x-3y)-8(x-2)$を因数分解せよ。

（4）　赤球5個と，何個かの白球を1つの袋に入れる。この袋から1個の球を取り出したとき，その球が赤球である確率が3%以下になるようにするには，少なくとも何個の白球を袋に入れておく必要があるか。

（5）　図において，点Oは円の中心であり，3点A，B，Cはすべて円周上の点である。このとき，∠AOBの大きさを求めよ。

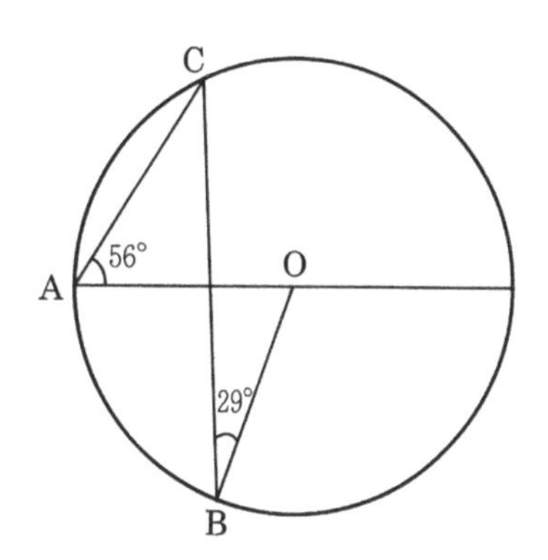

2 放物線$y=x^2$…①と直線$y=ax+2$…②があり，①，②の交点のうち，x座標が負であるものをA，正であるものをBとする。点Aと原点Oの距離が$\sqrt{2}$であるとき，次の問いに答えよ。ただし，$a>0$とする。

（1）　aの値を求めよ。

（2）　2点A，Bの座標をそれぞれ求めよ。

（3）　①上にx座標が負である点Cをとったところ，∠ABC＝90°となった。このとき，点Cの座標を求めよ。

（4）　（3）のとき，直線AC上の点をDとする。直線BDが，四角形OBCAの面積を2等分するとき，点Dの座標を求めよ。

3 AB＜BC＜2ABである長方形ABCDにおいて，辺BC上にAB＝BEとなる点Eをとり，さらに辺CD上にCE＝CFとなる点Fをとったところ，AF＝5，∠EAF＝30°となった。このとき，次の問いに答えよ。

（1）　∠DEFの大きさを求めよ。

（2）　CEの長さを求めよ。

（３）　長方形ABCDの面積を求めよ。

4　座標平面上に，点A(a, b)がある。点Pは，ある時刻に点Aを出発し，一定の速さで直線l上を一定の方向に動いていく。点Pのx座標は1秒あたり2増え，y座標は1秒あたり1増える。このとき，次の問いに答えよ。

（１）　点Aを出発してからt秒後の点Pの座標を，a，b，tを用いて表せ。

（２）　点Pが点Aを出発した時刻と同時刻に点Qが原点Oを出発し，一定の速さで直線m上を一定の方向に動く。原点Oを出発してから5秒後の点Qの座標は(7，8)であった。原点Oを出発してからt秒後の点Qの座標を，tを用いて表せ。

（３）　（２）のとき，点Pと点Qが動き始めてから9秒後に，点Pと点Qは同じ場所にあった。このとき，a，bの値をそれぞれ求めよ。

（４）　（３）のとき，直線lの方程式を求めよ。

【英　語】（50分）〈満点：100点〉

I 次の英文を読み，質問の答えとして最も適切なものを選び，記号で答えなさい。

Hannah is sixteen and lives on an island. While on holiday, she's working for Mr. Duval on the island's only glass-bottomed boat. They take people to look at the fish and the *coral reef. The job doesn't pay much, but she likes working for him. One day, Hannah sees a new glass-bottomed boat taking people out to sea, and people waiting for ① it to come back. ② "Why is everyone going on the new boat ?" asks Mr. Duval.

"It's cheaper," says a man standing behind them. ③ "Soon my boat's going to be the only glass-bottomed boat on the island." Hannah knows him: Max Marker, a rich man with a big house on the island.

"I know why it's cheaper," says Hannah, "you want to stop Mr. Duval's boat and then your prices can go up." "Come and work for me," says Marker. "I can pay you lots of money." "I like working for Mr. Duval. Money isn't everything." says Hannah. ④ "You're wrong," says Max laughing.

The weeks go by and no-one comes to Mr. Duval's boat. "I'm afraid there is no more work for you, Hannah," says Mr. Duval. "It's OK," says Hannah sadly. Marker goes to see Mr. Duval. "Do you want to sell your boat ?" he asks. Mr. Duval gets very (⑤). "No !" he shouts.

The next morning Mr. Duval goes to his boat and sees that it's *underwater ! "Oh, no !" he says. "I don't understand." Hannah comes later that morning. The radio says there is a *hurricane coming ! She wants to help Mr. Duval *recover it. "This is Marker's work ! He wants to destroy your business !" says Hannah. "I'm an old man," says Mr. Duval." "I can't fight him." "I will !" says Hannah. The hurricane hits the island, *throwing Marker's boat against a wall. Hannah and Mr. Duval are safe under the house. Slowly, the wind gets weaker.

"Now I can go to see Marker about his mean games," says Hannah. "How can you stop him ?" says Mr. Duval. "I don't know," says Hannah. "But I can do *something* !" Hannah goes to Marker's house and sees that some of it is gone ! Marker cannot get out and is *calling for help ! Hannah can hear him but she cannot see him. Suddenly, she sees him under some stones and part of the roof. "He's not laughing now," she thinks. ⑥ "Help me, please !" he cries. Hannah starts removing the heavy stones. Suddenly, there is a noise above her. The roof is coming down ! Hannah jumps away and the roof *crashes down near her. ⑦ "How long before all the house comes down ?" thinks Hannah. Max is weak but can now move and slowly *climbs out of the house. Hannah helps him across the street. ⑧ They look back. The house crashes to the ground !

However, Max Marker is smiling now. "Thank you," he says, "How can I pay you ?" "Pay for Mr. Duval's boat," says Hannah. "And stop your mean games ! Work together with the two boats." "OK," says Max, "but what can I give you ?" "I don't want anything," says Hannah. "Some money ?" asks Max. "No, thank you," says Hannah. "Money isn't everything." ⑨ "Yes,

I understand that now," says Max.

注）*coral reef：サンゴ礁　*underwater：水中にある　*hurricane：ハリケーン，大嵐　*recover：取り戻す
*throw ~ against…：~を…に打ちつける　*call for ~：~を要求する　*crash down：崩れ落ちる
*climb：(手足を使ってはうように）進む

1．Choose the word that has the same pronunciation as "above" in the underlined part.
above　ア．across　イ．move　ウ．something　エ．over

2．What does ① refer to？
ア．Mr. Duval's boat　イ．the new glass-bottomed boat
ウ．the fish　エ．the coral reef

3．Look at ②. Why is the new boat more popular than Mr. Duval's？
ア．The price of riding on the boat is lower.
イ．The design of the new boat is nicer.
ウ．The workers of the new boat get paid more.
エ．The waiting time for the new boat is shorter.

4．What does the man *imply by saying ③？　注）*imply：暗に示す
ア．Mr. Duval will have to close his business because he will not have enough customers.
イ．The man will become richer by changing the price of riding his boat.
ウ．Mr. Duval's boat will soon be the only glass-bottomed boat on the island.
エ．The man is going to take his boat to the island to look at the fish and the coral reef.

5．What does ④ imply？
ア．There is something that you cannot buy with money.
イ．You should stop working for me and go to Mr. Duval.
ウ．Money is the most important thing in life.
エ．You should quit your job and leave the island to look for another job.

6．Choose the word that best fits in（ ⑤ ）.
ア．happy　イ．angry　ウ．confident　エ．bored

7．Look at ⑥. Why does he need help？
ア．He has lost his boat in the hurricane.
イ．He cannot move because his legs are broken.
ウ．He wants to get out of the house.
エ．He is too scared to jump off the roof.

8．What does ⑦ imply？
ア．Hannah thinks there is not much time left before the whole house falls down.
イ．Hannah is sure that she has enough time to help Max Marker out of the house.
ウ．Hannah asks herself how much time she needs to destroy Max Marker's house.
エ．Hannah wonders how long it will take Mr. Duval to come down to Max Marker's house.

9．Look at ⑧. Where are Max and Hannah？
ア．On the opposite side of the street from the house.

イ．Next to the house.

ウ．In the middle of the street.

エ．In front of the house.

10. Look at ⑨. Why does Max understand that ?

ア．He knows that Hannah is poor and expects to get some money by being kind to him.

イ．He realizes that life is more important than money through this experience.

ウ．He realizes that Hannah only helped him in order to get a job.

エ．He has found that helping Hannah is as important as money in life.

11. Choose the three sentences that are true about the story.

ア．Hannah works for Mr. Duval not only on weekdays but also on holidays.

イ．Hannah always wants to work for the person who pays the most.

ウ．Hannah prefers working for Max Marker to Mr. Duval because she can make good money.

エ．Hannah believes that Max is the person who put Mr. Duval's boat under the water.

オ．With the help of the hurricane, Max Marker tries to destroy Mr. Duval's business.

カ．Max Marker promises to pay for Mr. Duval's boat after the hurricane.

キ．Hannah refuses to accept any money from Max Marker.

ク．Max refuses to work with Mr. Duval even after he is rescued by Hannah.

Ⅱ　次の英文を読み，質問の答えとして最も適切なものを選び，記号で答えなさい。

The human *preference for using the right or left hand has long been a mystery to scientists. Wouldn't it be more natural if everyone used both hands or if half used the right and half used the left ? Actually, only one in ten people are left-handed.

Until the late 20th century, left-handed people suffered in various ways. In schools, ①chairs with desks were made to be convenient for right-handed people. Left-handed people ②struggled when they used these desks. ③Some parents and teachers forced left-handed children to change to the right hand. Sometimes these children were scolded if they used their left hand for writing or eating.

Fortunately, left-handedness has become more accepted. Children are usually allowed to use *whichever hand they choose. Left-handed people used to struggle to use right-handed tools. Now, designers produce specially designed tools, such as knives and scissors, for people who prefer to use their left hand.

In some situations, being left-handed can even be an advantage. In several sports, left-handedness seems to be an advantage. In sports such as table tennis, boxing, baseball and basketball, right-handers are used to *competing against other right-handers. When they compete against left-handers, the left-hander has the advantage of (④). Some 30% of top-level baseball players are left-handed. Hideki Matsui and Ichiro Suzuki showed how *advantageous this is when they were batting. It seems that it is more of an advantage in basketball because over half of the top players are left-handed.

Being left-handed is not always an advantage, though. In golf, for example, the number of left-handed top-level players is very small. This is probably because it is hard to find left-handed golf clubs.

Why is there such a strong *tendency for people to be right-handed ? Maybe humans learned to both *cooperate and compete with one another. They cooperated by sharing tools. Therefore, it was better if most people used the same hand. But in *competition, in battle or in sports, the left-handed person had an advantage. In our world, we *balance competition with *cooperation, so perhaps we need a few left-handers and a large group of right-handers.

注）*preference：好むこと　*whichever ～：どちらの～でも　*compete：競争する
*advantageous：有利な　*tendency：傾向　*cooperate：協力する
*competition：競争　*balance：バランスをとる　*cooperation：協力

1．Complete the sentence below.

According to this article, (　　) percent of humans are left-handed.

ア．1　　イ．10　　ウ．30　　エ．50

2．Look at ①. What does the chair with desk look like ? Choose the best picture.

ア．

イ．

ウ．

エ．

3．What does ②"struggled" mean ?

ア．were glad　イ．had an easy time　ウ．had trouble　エ．were not worried

4．Look at ③. What did some people think about left-handedness at that time ?

ア．It was not accepted.　イ．It was not intelligent.

ウ．It was convenient.　エ．It was healthy.

5．Choose the word that best fits in (④).

ア．speed　イ．excitement　ウ．Joy　エ．surprise

6．There were a lot of difficulties living as left-handers in old times. Choose one example.

ア．Using standard scissors.　イ．Using a baseball bat.

ウ．Becoming a designer.　エ．Becoming a top sports player.

7．Choose the two sentences that are true about the passage.

ア．Scientists found out the reasons why there are left-handed people.

イ．The best balance is half right-handers and half left-handers.

ウ．Less than fifty percent of top basketball players are right-handed.

エ．Left-handedness is an advantage in all sports.

オ．In some sports, great players can use both hands equally well.

カ．Tool sharing may be one reason why many people are right-handed.

Ⅲ 次の英文を読み，意味が通るように①～④の[　]内の語(句)を並べ替え，それぞれ(A)(B)に入るものを記号で答えなさい。

1．Tom : What happened ? You were not in the class this morning, were you ?

Mary : I moved to Chiba Prefecture last month and ①[ア a long time / イ it / ウ get to / エ takes / オ to / カ me] university now. I have to leave my house about an hour earlier than before. I often miss my first class of the day. Actually, ②[ア how / イ I / ウ was / エ realize / オ far / カ didn't / キ the university].

Tom : Then, why don't you rent an apartment near the university ? Or do you want to stay with your family ?

① (　)(　)(A)(　)(B)(　)

② (　)(　)(　)(A)(　)(　)(B)

2．Today, I am going to talk about original Japanese sports. Judo ③[ア many / イ one / ウ is / エ practiced / オ Japanese sport / カ in / キ countries]. Japanese words such as "*hajime* !" and "*yame* !" are used in international matches. "Portball" was also born in Japan and it is often played in Japanese elementary schools. But I think that ④[ア who / イ foreigners / ウ there / エ few / オ have / カ are] heard of the sport.

③ (　)(A)(　)(B)(　)(　)(　)

④ (　)(　)(A)(　)(B)(　)

Ⅳ 次の英文の(　)内に入る最も適切な語(句)を1つ選び，記号で答えなさい。

1．He (　) a teacher but he is actually a student in this school.

ア．looks　イ．looks like　ウ．looks at　エ．looks up

2．I have three bags. One is made in Japan and (　) are made in Italy.

ア．another　イ．the other　ウ．others　エ．the others

3．My brother will be back (　) next Monday at the latest.

ア．by　イ．to　ウ．in　エ．till

4．I will cook something for you when you (　) to see me tomorrow.

ア．come　イ．will come　ウ．are coming　エ．came

5．Wow, look at this camera ! I've never seen such a small camera. Does it really (　) ?

ア．move　イ．take　ウ．work　エ．show

6．According to the weather report, (　) tomorrow.

ア．it will stop to snow　イ．it will stop snowing

ウ．the snow will be stopped　エ．the snow is stopped

Ⅴ 次の設問に答えなさい。

1．あなたはニュージーランドからの交換留学生を受け入れることになっています。この数週間，その留学生とメールでやり取りをしてきました。今回，あなたは以下のようなメールを受け取りました。このメールを読み，質問の答えとして最も適切なものを選び，記号で答えなさい。

To: you@hosei.jp
From: astudent@nzschool.nz
Subject: ①____________

Hello again,

Thank you for telling me all about your school. Do students really dye their hair purple for Sports Day ? That sounds like so much fun. My school is very strict. I would get in a lot of trouble if I changed my hair color ! Our Sports Day is very traditional. It's like the Olympics. We have *track and field events and medals are *awarded for the top three places. I won a silver medal in the 800m race last year. Actually, running is one of my hobbies. Do you like doing any sports ?

I can't believe I'm going to be in Japan next month ! I'm so excited ! *Compared to my small town, *Wanaka, Tokyo is like a different planet ! Haha ! I have seen some videos about Kamakura. It looks amazing. It must feel like you are going back in time when you go there. Is it easy to get there from your house ? I'd love to see *the Big Buddha. Anyway, the main reason I'm writing to you is because you told me about a "secret plan" you have. You said that you have planned a special day out for me and I know you said the plan is secret, but I really want to know what we are going to do. Please, please tell me !!! I ②____________ I won't tell anyone 😄 I'm good at keeping secrets.

I'm really looking forward to seeing you in person. I feel like we are great friends already ! See you next month – 24 days and counting !!

Your friend,

注）*track and field：陸上競技　*award：授ける　*compared to ～：～と比べて
*Wanaka：ニュージーランドの地名　*the Big Buddha：大仏

（1） Fill in ①____________ with the most *suitable subject.　注）*suitable：ふさわしい
ア．Secret plan　イ．Sports Day　ウ．Kamakura　エ．Wanaka

（2） When will the exchange student arrive in Japan ?
ア．in just over 3 weeks　イ．next week
ウ．in a few months　エ．in just under 3 weeks

（3） Fill in ②____________ with the most appropriate word.
ア．like　イ．promise　ウ．agree　エ．laugh

2．上記のメールへの返信として，あなたがその留学生と一緒に出かける日のプランを説明するメールを100語程度の英語で書きなさい。なお，箇条書きではなく文章で書くこと。

2　今の自分には無理だが、もし速記者を雇うだけの資力が備わっていたら、これほどまで文字を書き留める速度の問題にこだわることもなかったかもしれない。

3　観念を言葉に置き換える能力が劣っている自分だが、優秀な速記者なら自分に代わって的確で表現力あふれる文章を書き残してくれるかもしれない。

4　ドストイェフスキーにはとても及ばないが、速記の力を借りれば、走り流れる想念も今よりは捉えることができて、少しは上等な作品を残せるかもしれない。

問13 傍線部**L**とあるが、ここはどのようなことを言っているのか。次の中からもっとも適当なものを選び、番号で答えなさい。

1 新たに百近くの文字を覚えることなど到底できそうにはないが、取りかかってみたら意外にたやすくできるかもしれないということ。

2 新たに百近くの文字を覚えるために多大な時間を費やすことになるが、それによって思った通りに表現できるようになるだろうということ。

3 新たに百近くの文字を覚える作業などに専念していたら、執筆までは手が回らず、よい作品を残すことはできないだろうということ。

4 新たに百近くの文字を覚えるという膨大な作業の量を目の前にすると、これに挑もうとする気力が急速にしぼんでしまったということ。

問14 傍線部**M**とあるが、筆者がそう考えるのはなぜか。もっとも適当なものを次の中から選び、番号で答えなさい。

1 新しい国際語を開発する労力は文章を扱う人間が等分に担うべきであり、自分だけがこれを負担することになるのは理不尽で納得がいかないから。

2 新しい国際語が未来の思想活動に大きな影響を持つことは確かで、その影響を被って自分が何も考えられなくなってしまうのは我慢ならないから。

3 新しい国際語は覚えて使いこなせなければ意味がないのだが、能力の低い自分にそれができるはずもなく、宝の持ち腐れになるに決まっているから。

4 新しい国際語の効用が確かでも、未熟な自分が戸惑うのは必至で、想念を推敲し文章にするというもっとも大事な仕事に支障が生じるだろうから。

問15 傍線部**N**とあるが、慣用句「先棒を担ぐ」の意味としてもっとも適当なものを次の中から選び、番号で答えなさい。

1 集団の先頭に立って進むこと

2 ある企てや仕事に関わって協力すること

3 軽々しく人の手先となって行動すること

4 法や道徳に背いて悪事に加担すること

問16 次の文のうち、傍線部**O**と同じ比喩表現の技法を含むものを一つ選び、番号で答えなさい。

1 彼はいつもブラームスを聴いている。

2 いつも優しい彼女が、なぜか今日は氷みたいに冷たいんだ。

3 黄金色に染まった麦畑が微笑(ほほえ)んでいる。

4 夕暮れの駅を、くたびれた鼠(ねずみ)たちが帰って行く。

問17 傍線部**P**とあるが、ここには筆者のどのような心情が込められていると思われるか。もっとも適当なものを次の中から選び、番号で答えなさい。

1 我流の速記法は稚拙で使いものにはならなかったが、専門的な速記者の仕事を目の当たりにすれば、それを手本に、少しは速記の腕も上がるかもしれない。

問8 空欄 G に入る適切な漢字二字の熟語を、次の語群から組み合わせて答えなさい。

語群【 率 ・ 確 ・ 変 ・ 異 ・ 能 ・ 才 】

問9 傍線部**H**とあるが、どうしてか。その説明としてもっとも適当なものを次の中から選び、番号で答えなさい。

1 ドストイェフスキーの早口な話し言葉の特徴を、速記を用いることでよりいっそう際立たせることに成功しているから。

2 ドストイェフスキーのあふれるような観念の流出を素早くとらえ、その独特な論理の道筋を忠実にあらわすことができたから。

3 のちに結婚をするほど意思疎通がスムーズな女性速記者を雇うことで、ドストイェフスキーの仕事がより効率的に進むようになったから。

4 借金を返すには大量の原稿を書いて売りさばく必要があったが、ドストイェフスキー自身の筆記では到底間に合わせることができなかったから。

問10 傍線部**I**とあるが、どうしてか。その説明としてもっとも適当なものを次の中から選び、番号で答えなさい。

1 書き急いだ乱雑な文字では、情感を込めて表現することが不可能であるから。

2 観念の生起と文字を書く手の運動とが同調せず、観念を形にできないから。

3 使い慣れない文字への違和感が、観念の生起と表出を妨げてしまうから。

4 文字と観念とは性質の異なるものであり、表現できない部分があるから。

問11 傍線部**J**とあるが、このような「思いがする」のはなぜか。その説明としてもっとも適当なものを次の中から選び、番号で答えなさい。

1 表現に際して文字という形式に依存せざるを得ない結果、私達の観念の広がりにはそれによる抑圧が生じてしまうことがあるから。

2 私達は観念を自在に表現できていると考えているが、実際は、文字を書く手の動きによって制限が加わっているから。

3 実感がこもった表現を完成させるためには、自分の手を使って文字を書くという方法しか選ぶことができないから。

4 日常生活では文字を自由に操作できているが、速記の文字を使う場合に限っては、文字の使いづらさが表面化してくるから。

問12 傍線部**K**とあるが、慣用句「徒労に帰す」の意味としてもっとも適当なものを次の中から選び、番号で答えなさい。

1 努力してきたことが無駄に終わること

2 最初の出発地点に戻ること

3 結果が出るまでに時間がかかること

4 一定の成果や成績を収めること

注5 這般　「これら」の意。
注6 煩瑣　こまごまとしてわずらわしいこと。
注7 ランダ　懶惰。面倒くさがり、なまけること。
注8 恬然　物事にこだわらず平然としているさま。
注9 エスペラント　母語の異なる人々の間で意思伝達ができるように作られた人工語。

問1 二重傍線部①〜⑤のカタカナを漢字に直しなさい。

問2 傍線部Aとあるが、これはどのようなことを言っているのか。もっとも適当なものを次の中から選び、番号で答えなさい。

1 次々と沸き起こる想念が頭の中で錯綜して、文章の形に整理されなくなること。
2 物事を考えるスピードが、手の動きの遅さによって抑えられてしまうこと。
3 いま書いている文字と、既に書いた文字との繋がりが判然としなくなること。
4 頭の中にある考えを紙の上に書き記す作業が、すらすらと進まなくなること。

問3 傍線部Bとあるが、ここでの「不自由」とは何ができないことを言っているのか。もっとも適当なものを次の中から選び、番号で答えなさい。

1 躍動感や鮮明さを保持したまま、想念を余すことなく書きあらわすこと。
2 文字を書くことで歪曲された考えとは異なる、最初の考えを思い出すこと。
3 「一聯」の範囲を越えて、書いてきた文章全体を一望のもとに収めること。
4 文字を速く書くために、超越的な存在に我が身を変容させること。

問4 傍線部Cと同じ意味の語はどれか。もっとも適当なものを次の中から選び、番号で答えなさい。

1 しきりに　2 にわかに
3 ついに　4 おもむろに

問5 空欄 D に当てはまるもっとも適当な語を次の中から選び、番号で答えなさい。

1 感嘆　2 義憤　3 嘆息　4 怠惰

問6 傍線部Eとあるが、これはどのようなことか。もっとも適当なものを次の中から選び、番号で答えなさい。

1 がむしゃらに自分の理想を追い求めること。
2 あきらめがちな自分の気持ちを奮い立たせること。
3 ただひたすら自分の思念の善し悪しを見極めること。
4 もっぱら自分の考えを吟味し練り直すこと。

問7 傍線部Fとあるが、この場合の「本来」の意味にもっとも近いものを次の中から選び、番号で答えなさい。

1 根本思想
2 構成要件
3 論理規範
4 存在意義

私達が日常使用している文字は、文字がかくあらねばならぬ本来の意義、観念を速力的に、それ故(ゆえ)的確に捕捉するという立場から作られたものではないのである。漢字は言うに及ばず、西洋のアルファベットにしても、左から右へ走るという右手の運動の原則には合致しても、速力を原則として科学的に組織されたものではない。

日本語のローマ字化を云々(うんぬん)する人々があるけれども、あれはおかしい。「ワタクシ」と四字で書き得る仮名をWATAKUSHIと九文字で書かねばならぬ愚かしさを考えれば、その無意味有害な立論であること、すでに明らかな話である。日本語の発声法では、アルファベットのように子音と母音を別々にして組み立てるのは注6煩瑣(はんさ)でしかない。仮名は四十八文字でアルファベットは二十六文字でも、単に文字を覚える時の四十八が二十六に対する労力の差と、「ワタクシ」をWATAKUSHIと四文字を九文字に一生書きつづけねばならぬ労力の差とでは、余りにもその差が大きすぎるようである。

K私の徒労に帰した速記法の一端を御披露に及ぶと、私は、たとえば「私」とか「デアル」という様な頻(しき)りに現れる言葉を一字の記号にした。「デアル」の未来形は記号の上へ点を打ち、過去形は下へ点を打った。こうすると、文字の数が百字以上になるけれども、L百字を覚える労力も結果に於(お)ては速力的だと思ったのである。私は私のシステムだけはかなり合理的なつもりでいたのであったが、その効果を③ジッセキの上で実証するには私の根気が足らなかったのだ。私はそれを作家精神や情熱の貧しさと結びつけて一途(いちず)に羞(は)じ悲しんだこともあったが、持って生れた注7ランダの性は仕方がないと④アキラめて、今では注8恬然(てんぜん)としているのである。

国際語としての注9エスペラントのシステムに対しても、速力の原則から私は全く⑤フフクである。エスペラントはラテン語を基本としたものだそうで、速力を基本として組み立てたものではない。若(も)し真実の国際語が新(あた)らしく必要とすれば、単語の如きも旧来の何物を模(も)してはならぬ。当然ただ簡明を第一として新らしく組織されねばならない筈だ。

私は然し、このような言語や文字の（然し言語は余りに問題が大きすぎて話にならない。単に文字に限定して——新(あ)らたに文字の）改革が行われると仮定して、それが今後の思想活動に及ぼす大きな効果を疑うものではないけれども、差当(さしあた)って私自身がその犠牲者にならなければならないという意味で、M進んで支持する気持にはなれない。

新しく改革されるべき文字に不馴れな私は、私の思想活動の能力を減退せしめねばならず、私の生活の重大な意味を犠牲にすることなしに生きることができないからだ。私はそのような犠牲者になることはどうしても厭(いや)で厭でたまらない。だから私は、決して文字改革のN先棒を担ごうなどとは夢にも考えてはいないのである。ただ速記者が雇えたらと、時々思うことがある。異常な苛立(いらだ)たしさやもどかしさの中でO悪魔の呪文(じゅもん)の如くにそれを念願することがあるのである。私の貧しい才能に限度はあっても、Pいくらかましにはなる筈だ。

（『堕落論・日本文化私観』より。出題の都合上、問題文を一部改変しています。）

注1 **一聯** 「一連」と同じ。
注2 **ドストイェフスキー** ドストエフスキー。ロシアの作家（1821～1881）。
注3 **饒舌** やたらにしゃべること。また、そのさま。
注4 **使駆** 「駆使」と同じ。

得ないけれども、その草稿を手掛として、観念を反復推敲することができ、育て、整理することが出来る。即ち、私達は文章を推敲するのではなく、E専一に観念を推敲し、育て、整理しているのである。F文章の本来は、ここにあるべき筈なのだ。

けれども私達の用いる文字は、想念の走り流れるに比べて、余りにも非速力的なものなのである。第一に筆記の方法が速力に反逆している。即ち右手の運動は左から右へ横に走るのが自然であるのに、私達の原稿は右から左へ書かねばならぬ。且その上に、上から下へ書かねばならぬ。

然し一字ずつの文字から言えば、漢字も仮名も、右手の運動の原則通り、左から右へ横に走っているのである。「私」という漢字は左の禾から右のムを書き、「ワタクシ」も右から左へ走っているのだ。ただ書く方法が速力に反逆している。即ち、私達は各々の文字を左から右へ書くにも拘らず、左へ左へと文字を書き走らせずに、各字毎に再び左へ戻って来て右へ書き、又次の字は左へ戻るという風に凡そ速力や［ G ］の逆のことに専念している。

作家にとって、流れる想念を的確に書きとめることは先ず第一に重要である。私の友人達を見ても、各々他人に判読出来難い乱暴な字でノートをとっているようである。

注2ドストイェフスキーが婦人速記者を雇い、やがてその人と結婚した話は名高い。伝記によれば、借金に追われ、筆記の速力では間に合わなくなって速記者を雇ったのだと言われているが、それも重要な理由ではあろうが、又ひとつには、そうすることが、彼の小説を損わず、むしろ有益であったからに他ならないと思いたいのだ。あの旺盛な観念の注3饒舌や、まわりくどくても的確な行き渡り方を読んでみると、筆記では、もっと整理が出来たにしても反面多くを逃したに相違なく、H速記によってのみ可能であった効果を見出さずにはいられない。

私達は、自分で速記するよりも、他人をして速記せしめる方が、より良く自らの想念の自由な動きを失わないに相違ない。

私は自分の身辺に、一人の速記者を置いてみたいと頻りに考えるようになった。けれどもその資力はなく、速記術を②エトクする資力すらなかった。

一度私は、自分だけの速記法を編みだして、それを草稿にして小説を書いてみようと試みたことがあった。けれども、これは失敗に終った。或いは私の情熱が足りなかったのかも知れず、根気不足のせいかも知れぬ。

すくなくとも、不馴れな文字では血肉がこもらなくて、自分の文字のようには見えず、空々しくて、I観念がそれについて伸びて行かないのであった。丁度眼鏡をこわした場合と同じように、文字が見えなければ次の観念を育て走らせることが出来ず、速記の文字に文字としての実感がなければ観念の自由な流れを育て捉えることが出来ないのだった。J私達は平常文字を注4使駆しているかの如く思うけれども、実際は、どれほど文字に束縛され、その自由さを不当に歪めているか知れないような思いがする。

結局私は、私の編みだした速記の文字に文字としての実感がこもるまでの修錬の時日を犠牲とするだけの根気がなかった。

私は然し注5這般のうちに、速力を主とした文字改革ということの文化問題としての重大さを痛感させられた気もした。

のである。

4　19世紀の小説、20世紀の映画、そして21世紀のインターネットと、人々はコミュニケーションを取る道具としてメディアを活用してきた。しかし、現在のインターネットは他者とのコミュニケーションを取る目的を喪失し、「自分の物語」を語るためのツールとしてその機能を発揮している。

二、次の文章は坂口安吾のエッセイ「文字と速力と文学」である。なお、この文章は1940年5月に発表された。読んで、後の問に答えなさい。

私はいつか眼鏡をこわしたことがあった。生憎眼鏡を買う金がなかったのに、机に向かわなければならない仕事があった。

顔を紙のすぐ近くまで下げて行くと、成程書いた文字は見える。又、その上下左右の一団の文字だけは、そこだけ望遠鏡の中のように確かに見えるのである。けれどもそういう状態では小説を書くことができない。そういう人の不自由さを痛感させられたのであった。

つまり私は永年の習慣によって、眼を紙から一定の距離に置き、今書いた字は言うまでもなく、今迄書いた一聯(注1)の文章も一望のうちに視野におさめることが出来る、そういう状態にいない限りA観念を文字に変えて表わすことに難渋するということを覚らざるを得なかった。愚かしい話ではあるが、私が経験した実際はそうであった。

私は眼を閉じて物を思うことはできる。けれども眼を開けなければ物を書くことはできず、尚①ハナハだしいことには、現に書きつつある一聯の文章が見えない限り、次の観念が文字の形にならないのである。観念は、いつでも、又必らず文字の形で表現なし得るかのように思われるけれども、人間は万能の神ではなく優秀な機械ですらない。B私は眼鏡をこわして、その不自由を痛感したが、眼鏡をかけていても、その不自由は尚去らない。

私の頭に多彩な想念が逞しく生起し、構成され、それはすでに頭の中で文章の形にととのえられている。私は机に向う。私はただ書く機械でさえあれば、想念は容易に紙上の文章となって再現される筈なのである。が、実際はそう簡単には運んでくれない。

私の想念は電光の如く流れ走っているのに、私の書く文字はたどたどしく遅い。私が一字ずつ文字に突当っているうちに、想念は停滞し、戸惑いし、Cとみに生気を失って、ある時は消え去せたりする。また、文字のために限定されて、その逞しい流動力を喪失したり、全然別な方向へ動いたりする。こうして、私は想念の中で多彩な言葉や文章をもっていたにも拘らず、紙上ではその十分の一の幅しかない言葉や文章や、もどかしいほど意味のかけ離れた文章を持つことになる。

この［D］は文章を業とする人ばかりでなく、手紙や日記を書く人も、多かれ少かれ常に経験していることに相違ない。

私は思った。想念は電光の如く流れている。又、私達が物を読むにも、走るが如く読むことができる。ただ書くことが遅いのである。書く能力が遅速なのではなく、書く方法が速力的でないのである。

もしも私の筆力が走るが如き速力を持ち、想念を渋滞なく捉えることができたなら、どうだろう。私は私の想念をそのまま文章として表わすことが出来るのである。もとよりそれは完成された文章では有りら、「自分の物語」を語っているから。

3 映像産業が衰退を余儀なくされるなかで、知識人たちが語り継いできた教養としての映像文化を、次世代の人々は意識的に継承する必要があるから。

4 20世紀の人々と21世紀の人々との間の共通言語が成立しなくなるなかで、新たな共通言語を担う、難解でハイコンテクストな作品が求められているから。

問12 傍線部**K**とあるが、これはどういうことか。その説明としてもっとも適当なものを次の中から選び、番号で答えなさい。

1 20世紀においては、誰もが映像を通じた共通の体験をしており、映像文化が人々を統制する役割を担っていたということ。

2 劇映画という制度のなかで若者向けの作品が制作され、それが新世代の人々の共通体験となり、大きな影響力をもつようになったということ。

3 20世紀的な「映像」文化が、大衆的な娯楽として完成し、ゆるぎない制度の一つとして社会に深く根付いたということ。

4 20世紀には国民国家という社会の形態を映像文化が支えていたが、21世紀には映像文化が新たな社会体制を打ち立てたということ。

問13 空欄 L に入る語としてもっとも適当なものを次の中から選び、番号で答えなさい。

1 特別　2 陳腐　3 古風　4 虚飾

問14 空欄 M に入るもっとも適当なものを次の中から選び、番号で答えなさい。

1 「他人の物語」を享受する

2 「自分の物語」を生成する

3 「他人の物語」を抽象化する

4 「自分の物語」を相対化する

問15 傍線部**N**とあるが、これは読者をどうさせる手法のことか。解答欄に合うように※［の部分から**五文字以内**の言葉を抜き出して答えなさい。

問16 この文章で述べていることと合致するものはどれか。次の中から一つ選び、番号で答えなさい。

1 20世紀の劇映画で我々は「他人の物語」を共有していたのだが、それは共同幻想に過ぎなかった。「自分の物語」を発信する快楽を知ってしまった今日において、我々は本来「他人の物語」を求めていたのではなく、「自分の物語」を語りたかったことに気づいたのである。

2 ネットワークの世紀となった21世紀では、誰もが「自分の物語」を発信できるようになっている。ここで価値を持つのはフェスや握手会などの実際の体験であり、「他人の物語」を記録したモノは急速にその価値を失いつつある。

3 映像の20世紀と呼ばれた前世紀において、我々の社会は拡大したように見えたが、それはあくまでも擬似的な体験に過ぎず、社会は空想上のものでしかなかった。インターネットの出現によって、人間社会は本当の意味で拡大したたということ。

問7　傍線部Fとあるが、これはどういうことか。次の中からもっとも適当なものを選び、番号で答えなさい。

1　今までは家庭でテレビがあれば見ることができた「映像」が、最近はインターネット環境がないと視聴できないものになってしまったということ。

2　もともとは見る人にとって特別な価値のあるものだった「映像」が、今ではどこでも手軽に視聴可能な「動画」の一つに変わったということ。

3　複雑化した社会を維持する機能をより一層強化するため、限られた場でしか見られなかった「映像」が共有可能な「動画」へと進化したということ。

4　これまでは複製不可能なものだったからこそ真実味があった「映像」が、容易に複製可能となったために信憑性(しんぴょうせい)が失われてしまったということ。

問8　傍線部Gといえるのはなぜか。次の中からもっとも適当なものを選び、番号で答えなさい。

1　前世紀の人々は映像技術によって擬似的に他者の体験を経験し、他者への想像力を持つことで社会を認識していたから。

2　当時の社会があまりにも大規模で複雑であったので、テレビのニュースを通して社会についての情報を収集する必要があったから。

3　フェスや握手会などといった直接的な体験をする機会がなく、インターネットを通してしか他者とは触れ合えなかったから。

4　20世紀の人々は現在と比べると内面が十分に成熟していなかったので、社会についても曖昧にしか捉(とら)えることができなかったから。

問9　傍線部H「席巻」の語の意味としてもっとも適当なものを次の中から選び、番号で答えなさい。

1　強い力で破壊すること
2　劇場を満席にすること
3　急激に勢力を広げること
4　時代の精神を代表すること

問10　傍線部I「寡占」の語の意味としてもっとも適当なものを次の中から選び、番号で答えなさい。

1　作品の質が維持できなくなっていること
2　海外の企業に乗っ取られていること
3　少数の企業に支配されていること
4　多くの財産を搾取されていること

問11　傍線部Jとあるが、そういえるのはなぜか。その理由としてもっとも適当なものを次の中から選び、番号で答えなさい。

1　新しい世代の人々が「他人の物語」に関心を失いつつあるなか、ポップカルチャーは20世紀後半を生きた人々に向けた作品を作るほかないから。

2　21世紀の人々が「自分の物語」へ関心の対象を移すなかで、若者は過去の作品に基づいた思い出に支えられなが

注17 **共同幻想** 人間が集団を形成するときに生み出される幻想。特に国家や民族など個人を超える集団の秩序やそれへの帰属を理解するための観念をいう。

問1 二重傍線部①~⑤の漢字の読みをひらがなで書きなさい。

問2 空欄 A に入る語としてもっとも適当なものを次の中から選び、番号で答えなさい。

1 大衆　2 工業　3 格差　4 農耕

問3 傍線部B「言うことはない」という部分に込められている筆者の思いはどのようなものか。次の中からもっとも適当なものを選び、番号で答えなさい。

1 自分の体験を飾り立てて得意になっている今日の人々に対する皮肉。

2 自分の体験を記録に残して大切にしようとする今日の人々に対する共感。

3 自分の体験ではないものを配信することを厭(いと)わない今日の人々に対する嫌悪。

4 自分の体験を自慢することでしか充実感を得られない今日の人々に対する同情。

問4 傍線部Cとあるが、このように筆者が考えるのはなぜか。次の中からもっとも適当なものを選び、番号で答えなさい。

1 「モノ」で虚栄心を満たそうとしても、「コト」で人生を充実させようとしても、何かに執着することは人生の可能性を狭めるから。

2 「モノ」によって着飾ろうと考えるのも、「モノ」など不必要だと切り捨てるのも、結局は「モノ」に振り回されていることになるから。

3 「モノ」によって華やかに見せた自分も、美化した体験によって演出された自分も、どちらも表層的なものでしかないから。

4 「モノ」に価値を置く時代から、体験を大切にする時代へと変わったが、人々の価値観はすぐにまた別のものへと移行していくから。

問5 空欄 D に入る語としてもっとも適当なものを次の中から選び、番号で答えなさい。

1 本能　2 刹那　3 一方　4 断片

問6 傍線部Eとはどういうことか。次の中からもっとも適当なものを選び、番号で答えなさい。

1 手軽に見ることができるようになった「映像」を通して、遠く離れた場所であっても実際の様子を誰もが知ることができるようにしたということ。

2 自分の記憶の中で離れ離れになっている「体験」をよみがえらせ、時に想像で埋めながら、人生のストーリーを再構成できるようにしたということ。

3 偽りの「体験」を撮影した映像をつなぎ合わせることで、その人が理想とする「人生」を他者に示すことができるようにしたということ。

4 本来分かち合えるはずのない他者の「体験」を、作り物の「映像」で表現することによって擬似体験できるようにしらだらと、数時間前までカフェで話し込んでいた彼氏と自宅に帰ったあともＬＩＮＥでメッセージをやり取りすることのほうに充実感を覚えはじめているのだ。

注16 活版（かっぱん）印刷の時代から映像の世紀に至るまで、人類社会では注17 [M] ことによって個人の内面が醸成され、そこから生まれた共同幻想を用いて社会を構成してきた。しかし、グローバル資本主義は共同幻想を用いずに、政治ではなく経済の力で、精神ではなく身体のレベルで世界をひとつにつなげてしまった。僕たちはこれまでのようには「他人の物語」を必要としなくなっているのだ。

たとえばこの視点からはN近代文学とは本質的に他人の物語でしかあり得ない小説を、様々な手法で自分の物語として読者に錯覚させる手法の開発を中心とした文化運動だった、と総括することもできるだろう。その役割は20世紀に劇映画に引き継がれたが、今世紀において個人が自分の物語を語ることが日常的になったとき、その使命は（少なくともこのかたちでは）終わりを告げたと言える。

情報技術の発展は、劇映画を終着点とする「他人の物語」から、自分自身の体験そのものを提供する「自分の物語」に大衆娯楽の中心を移動させている。その結果、レコード産業は衰退する一方でフェスの動員は伸びる。ディズニーが世界的な支配権を握ろうとする劇映画産業が旧世紀へのノスタルジーを用いて、人々のコミュニケーションを効率化する産業に変化するその一方で、ライブカルチャー、観光やライフスタイルスポーツ（ランニング、ヨガなど）の動員が伸びている。21世紀は「自分の物語」が台頭する時代なのだ。

（宇野常寛『遅いインターネット』より。出題の都合上、問題文を一部改変しています。）

注1 **アルマーニ**　イタリアのファッションブランド。
注2 **ロレックス**　スイスの高級腕時計メーカー。
注3 **MacBook**　米国アップル社製のノート型パソコンのシリーズ名。
注4 **Facebook**　代表的なSNS（ソーシャルネットワーキングサービス）の一つ。
注5 **セルフィー**　自らを被写体としてカメラで撮影すること。および、その写真や写真画像のこと。自撮り。
注6 **フェスや握手会**　フェスはここでは音楽のライブイベントのこと。握手会はアイドルと直接交流するイベントのこと。
注7 **乖離**　背き離れること。
注8 **ストリーミング**　インターネット上の動画や音楽などのデータをダウンロードしながら同時に再生すること。
注9 **ハイコンテクスト**　言葉ではなくコンテクスト（文脈・文化・知識・価値観など）に頼るコミュニケーションのあり方。
注10 **リブート**　ここでは「過去の映画作品を新しい解釈を加えて仕切りなおして作ること」の意。
注11 **セットリスト**　ここでは演奏する曲の選曲と曲順のこと。
注12 **近藤真彦や松田聖子**　80年代のトップアイドル。この二人が紅白の「トリ」をそろって務めたのは２０１５年末。
注13 **ＭＣＵ**　ここでは米国の「マーベル・シネマティック・ユニバース」が扱う映画のこと。スーパーヒーロー映画が中心で、代表的な作品に『アイアンマン』『アベンジャーズ』がある。
注14 **ユースカルチャー**　若者文化のこと。
注15 **ウォール**　Facebook上で、ユーザーが投稿を行うことができるページのこと。
注16 **活版印刷**　旧式の印刷技術。

文化のメジャーシーンは20世紀、特に戦後のタイトルを古典としたリブートや二次創作物が占めていく可能性が高い。随分と前から、ハリウッドの興行収入ランキングでは、20世紀後半を彩った有名大作の続編とリメイクが大きな位置を占めている。この10年間の映画興行収入ランキングを席巻したMCU[注13]に登場するヒーローたちがほぼ20世紀のコミックが生んだキャラクターであることは、そのことを端的に証明している。

考えてみれば、そもそも人々が映像で描かれた物語を最大の共通体験とする社会自体が戦後に決定的に拡大したもので、たった数十年の歴史しかもたないものだ。そしていまこうした世代の共通体験としての映像文化そのものが、いわば熟年期にさしかかっている。このとき「紅白」から『スター・ウォーズ』まで、社会がメジャーシーンとしての映像文化に要求するのは、[注14]ユースカルチャーとして時代の感性を代表することではなく、むしろ自身の歴史を参照しながらその観客の記憶を温め直すことなのだ。そして劇映画はその社会的な機能の変化を受け入れることでこれまでとは異なった、しかしより強大な影響力を社会に行使している。

おそらく20世紀的な「映像」文化がかつてのような社会的機能を取り戻すことはないだろう。僕たちは、マスメディアが社会を構成する時代に、その王者として君臨していた映像分野がもっとも⑤果敢に時代の感性を代表し、世代の共通体験となる神話を生んできた時代に「たまたま」生きてきた。しかし、その時代はいま、ゆっくりと終わろうとしている。そして劇映画という制度は一度終わることで、「動いているもの」から「止まっているもの」へ変化することで、より強大で支配的な存在に変貌しつつある。それはあたらしいものを生む力はないが、既に存在しているものをもっとも強い力で動かすことができる。この現象は（個人的には少し寂しいことだが）、ひとつの表現のジャンルが成熟し、社会の変化に応じてその役割を変貌させたに過ぎない。こうして「映像の世紀」は終わり、そして映像、特に劇映画はネットワーク上にシェアされる「動画」のジャンルとしてこれまでとは異なる社会的な機能をもつようになったのだ。K こうして「帝国」は完成されたのだ。

※

しかしその一方で、このネットワークの21世紀には、ディズニーが象徴する旧世紀的な劇映画とはまったく異なる論理で形成され、まったく異なる構造で人間の心を動かす文化が台頭している。

今日においては人間の心を動かす装置は劇映画が代表する「他人の物語」から、自身の体験を発信する「自分の物語」へとその中心を移しつつあるのだ。そう、僕たちはこの四半世紀で誰もが（それがどれほど凡庸で、［L］であったとしても）自分の物語を語り得ることに気づいてしまった。他人の物語に感情移入することよりも、自分の物語を語ることの快楽が強いことに気づいてしまった。本が売れないと嘆く出版社の社員の敵は他の出版社の刊行物ではなく、視聴率の悪さに胃を痛めるテレビマンの敵は他局の裏番組ではない。彼らの敵は、Facebookであり、Instagramであり、そしてTwitterだ。彼らの顧客は、モニターの中のヒーローやヒロインの自分ではない他の誰かの物語に感情移入するよりも、自分が週末に出かけたセミナーで、終了後に話しかけた著名人とのセルフィーをFacebookのウォール[注15]にアップロードすることのほうに夢中だ。あるいは夕食後にベッドでだしかしこの映像という制度はいま、情報環境の進化によって大きく変質しつつある。21世紀の今日において、[F]あらゆる「映像」はインターネット上でシェアされる「動画」のバリエーションになりつつある。映画やテレビといった20世紀的な映像を人々が受け取る方法は徐々に[注8]ストリーミング配信へ移行しつつあり、そしてそれ以上にYouTubeからTikTokまでソーシャルネットワークでシェアされる対象として、映像はこれらのサービス上で用いられるカジュアルなコミュニケーションツールになりつつある。インターネットは写真を「画像」に、映像を「動画」に、つまりネットワークで共有されることが前提のものにしたのだ。

20世紀の人類は広義の劇映画とその派生物（テレビ、マンガ、ポピュラーミュージック、スポーツ中継）を通して他人の物語を消費し、内面を養い、そして他の誰かとその（擬似）体験を共有することでかつてない規模と複雑さを備えた社会を維持してきた。前世紀に生を受けた僕たちにとって、[G]社会とはスクリーンやモニターの中に存在するものだった。しかしおそらくこれからの人類は（少なくとも20世紀の人類ほどには）映像の中の他人の物語を必要としなくなるだろう。

20世紀という「映像の世紀」を[H]席巻した劇映画とは基本的に「他人の物語」への感情移入装置だった。20世紀初頭の映画の普及は、いわゆる有名人のカテゴリーを一変させた。小説家をはじめとする文筆業者への注目度が相対的に低下するその一方で、俳優、コメディアン、アスリートなど映像という新しい媒体と親和性の高い表現者たちの③**台頭**を生んだ。19世紀が（総合）小説の世紀なら、20世紀は（劇）映画の世紀だ。20世紀の知識人は19世紀の文学を共通言語にコミュニケーションを取ったように、21世紀の知識人は20世紀の映画を共通言語としてコミュニケーションを取るだろう。これは、21世紀における劇映画がメジャーシーンではディズニー的にグローバルな大衆娯楽として完成されるその一方で、マイナーシーンにおいては知識人たちの共通言語となる教養として、細分化と[注9]ハイコンテクスト化を④**遂げ**ていくことを意味する（小説がかってそうであったように）。

「他人の物語」から「自分の物語」へ。この圧倒的な変化の中で、旧世紀的な映像産業はグローバルな資本による[I]寡占化が進んでいる。そこでは高齢化する先進国に暮らす20世紀の人類を対象に、前世紀の有名作の[注10]リブートと続編が再生産され続けるだろう。それが映像作品を最大の共通体験とする僕たち映像の世代を動員するための最適解に他ならないからだ。作品の良し悪しとは別問題として[J]ポップカルチャーのメジャーシーン、特に映像文化については20世紀後半の思い出を温めるコミュニケーションが支配的に、それも全世界規模でなるはずだ。

気がつけば毎年年末に生放送される「紅白歌合戦」は1年の締めくくりにその年に活躍した音楽家がヒットソングを披露する場ではなく、戦後大衆音楽史のダイジェスト的な[注11]セットリストを組んで、老若男女がノスタルジーを共有する場に変貌し、[注12]近藤真彦や松田聖子が「トリ」を飾っている。そしてディズニーに権利が買われることでシリーズが再開した『スター・ウォーズ』は、第1作を手堅く現代風にリメイクしながら、初期シリーズの登場人物のその後の姿を盛り込むことで、ディズニーらしいファミリー向け映画に生まれ変わった。

おそらく僕たちが生きているうちに、劇映画やアニメといった映像

【国語】（五〇分）〈満点：一〇〇点〉

一、次の文章を読んで、後の問に答えなさい。

「映像の（20）世紀」から「ネットワークの（21）世紀」へ。情報技術の発展はいま、人間の心を動かすものとそのメカニズムを根底から変えようとしている。

［ A ］社会から情報社会への移行によって、価値の中心は「モノ」から「コト」へと移行した。21世紀の今日において、僕たちはアルマーニ注1のシャツの袖口から半分見え隠れするようにロレックス注2の時計を巻くことを、むしろ表層に囚われた（そして内面の希薄な）人間の行為だと考えるようになっている。それよりもむしろ週末にSDGsのワークショップに出かけ、講師の言葉をMacBook注3でメモを取りながらその発言をさも自分の質問の結果発生した議論であるかのように誤読可能な表現でFacebook注4に載せることのほうが流行に適っている。閉会後にセルフィー注5に応じてくれた講師が、著名な起業家やアーティストであればB言うことはない。

もちろん、Cどちらのタイプもできるだけ早急になるべく深い溝に流すことが必要なのは前提として、ここで重要なのはモノからコトへ、物品から体験へ人々の考える価値の中心が移行していることだ。

そしてこの「モノからコトへ」の移行は同時に、「他人の物語」から「自分の物語」への移行でもある。

この四半世紀で、二次元の平面（紙、スクリーン、モニター）上に置かれた「他人の物語」ではなく、三次元の空間での体験、つまり「自分の物語」を発信することに人々の関心は大きく移行しつつある。テキスト、音声、映像といった「他人の物語」を記録したモノ（本、CD）には値段がつかなくなり、フェス注6や握手会といった「自分の物語」としての体験が、つまりコトが値上がりしている。いや、こうした情報たちが、それらを材料にした体験の側に価値を発生させその商品価値を延命させていく、というのは周辺的な問題だろう。おそらく僕たちが生きているあいだは、そもそも他人の語る物語に感情移入することの快楽が相対的に支持を失い、自分が直接体験する自分が主役の物語に①余暇と所得を傾ける人々が増えていくのだ。

映像の20世紀と呼ばれた前世紀は、まさにこの魔法の装置によって社会が決定的に拡大した時代だった。

人間の目や耳を中心とする五感で得られた［ D ］的な情報を脳で結合し、記憶で補完することで発生するのが「体験」だ。これを誰かと共有することは、本来は不可能なことだ。しかし人類はこの乖離注7した、三次元の空間で発生した「体験」を二次元の平面上の情報に統合するという術を編み出した。三次元の、乖離したものを、二次元に統合して共有可能にすることによって、つまりE虚構を媒介にすることによって、文脈の共有を支援することに僕たちは成功したのだ。19世紀と20世紀の変わり目に登場した映像という装置は立体的な現実を平面的な虚構に整理することで、乖離した人間の認識を統合する。こうして生まれた画像が連続し、擬似体験を形成する。このとき人類ははじめて整理され、統合された他人の経験（カメラの視点）を共有することが可能になったのだ。

そしてこの映像が放送技術と②結託すること（テレビ）で、20世紀の国民国家は広く複雑化した社会の維持が可能になった。

2023年度

解答と解説

《2023年度の配点は解答欄に掲載してあります。》

＜数学解答＞

1 (1) $\dfrac{3a+14b}{10}$ (2) $x=0,\ -1,\ -\dfrac{1}{2}$(順不同) (3) $(x-3y-4)(x+3y-4)$
(4) 162個 (5) 54度

2 (1) $a=1$ (2) A$(-1,\ 1)$, B$(2,\ 4)$ (3) C$(-3,\ 9)$ (4) D$\left(-\dfrac{9}{5},\ \dfrac{21}{5}\right)$

3 (1) 15度 (2) $\dfrac{5\sqrt{2}}{4}\left[\dfrac{5}{2\sqrt{2}}\right]$ (3) $\dfrac{75+25\sqrt{3}}{8}$

4 (1) P$(2t+a,\ t+b)$ (2) Q$\left(\dfrac{7}{5}t,\ \dfrac{8}{5}t\right)$ (3) $a=-\dfrac{27}{5}$, $b=\dfrac{27}{5}$
(4) $y=\dfrac{1}{2}x+\dfrac{81}{10}$

○配点○

1 各6点×5 2 (1), (3) 各6点×2 (2) 各4点×2 (4) 7点
3 各6点×3 4 (1)～(3) 各6点×3 (4) 7点 計100点

＜数学解説＞

基本 1 (式の計算, 方程式, 因数分解, 確率, 角度)

(1) $\dfrac{a}{2}+2b-\dfrac{a+3b}{5}=\dfrac{5a+20b-2(a+3b)}{10}=\dfrac{5a+20b-2a-6b}{10}=\dfrac{3a+14b}{10}$

(2) $x(x+1)(2x+1)=0$ $x=0$ $x+1=0$, $x=-1$ $2x+1=0$, $2x=-1$, $x=-\dfrac{1}{2}$ よって, $x=0,\ -1,\ -\dfrac{1}{2}$

(3) $(x+3y)(x-3y)-8(x-2)=x^2-9y^2-8x+16=x^2-8x+16-9y^2=(x-4)^2-(3y)^2=(x-4-3y)(x-4+3y)=(x-3y-4)(x+3y-4)$

(4) 白球の数をx個とすると, $\dfrac{5}{5+x}\leqq\dfrac{3}{100}$ $500\leqq3(5+x)$ $500\leqq15+3x$ $485\leqq3x$ $\dfrac{485}{3}\leqq x$ $161.1\cdots\leqq x$ xは整数だから, 少なくとも162個必要である。

(5) 補助線OCをひくと, △OACと△OBCは二等辺三角形だから, ∠COA$=180°-56°\times2=68°$, ∠COB$=180°-29°\times2=122°$ よって, ∠AOB$=$∠COB$-$∠COA$=122°-68°=54°$

2 (図形と関数・グラフの融合問題)

(1) 点Aのx座標をpとすると, A$(p,\ p^2)$ OA$=\sqrt{2}$から, $(-p)^2+(p^2)^2=(\sqrt{2})^2$ $p^2+p^4=2$ $p^4+p^2-2=0$ $(p^2+2)(p^2-1)=0$ $p^2-1=0$ $p^2=1$ $p<0$から, $p=-1$ $(-1)^2=1$ よって, A$(-1,\ 1)$ ②に点Aの座標を代入して, $1=a\times(-1)+2$ $a=1$

基本 (2) (1)より, ②の式は, $y=x+2$ ①と②からyを消去すると, $x^2=x+2$ $x^2-x-2=0$ $(x+1)(x-2)=0$ $x=-1,\ 2$ ①に$x=2$を代入して, $y=2^2=4$ よって, A$(-1,\ 1)$, B$(2,\ 4)$

(3) AB⊥BCから, 直線BCの傾きをmとすると, $1\times m=-1$ よって, $m=-1$ 直線BCの式を$y=-x+b$として点Bの座標を代入すると, $4=-2+b$ $b=6$ よって, 直線BCの式は$y=-x+6$…③ ①と③からyを消去すると, $x^2=-x+6$ $x^2+x-6=0$ $(x+3)(x-2)=0$ $x=-3,\ 2$ $x<0$から, $x=-3$ ①に$x=-3$を代入して, $y=(-3)^2=9$ よって, C$(-3,\ 9)$

重要 (4)　直線ACの傾きは，$\dfrac{1-9}{-1-(-3)}=\dfrac{-8}{2}=-4$　直線ACの式を$y=-4x+c$として点Aの座標を代入すると，$1=-4\times(-1)+c$，$c=-3$　よって，直線ACの式は，$y=-4x-3$…④　点Oを通り②に平行な直線の式は，$y=x$…⑤　④と⑤の交点をPとすると，(四角形OBCA)＝△OAB＋△ABC＝△PAB＋△ABC＝△PBC　線分CPの中点をDとすると直線BDは△PBCの面積を2等分する。④と⑤からyを消去すると，$-4x-3=x$，$5x=-3$，$x=-\dfrac{3}{5}$　$y=-\dfrac{3}{5}$
よって，$P\left(-\dfrac{3}{5},\ -\dfrac{3}{5}\right)$　$\left(-\dfrac{3}{5}-3\right)\times\dfrac{1}{2}=-\dfrac{9}{5}$，$\left(-\dfrac{3}{5}+9\right)\times\dfrac{1}{2}=\dfrac{21}{5}$　したがって，$D\left(-\dfrac{9}{5},\ \dfrac{21}{5}\right)$

3 (平面図形の計量問題－角度，円の性質，三平方の定理，面積)

(1)　△ABEと△FECは直角二等辺三角形だから，∠AEB＝∠FEC＝45°　∠AEF＝180°－45°×2＝90°　四角形ABCDは長方形だから，∠ADF＝90°　よって，点E，DはAFを直径とする円周上にある。∠FAD＝90°－45°－30°＝15°　円周角の定理から，∠DEF＝∠FAD＝15°

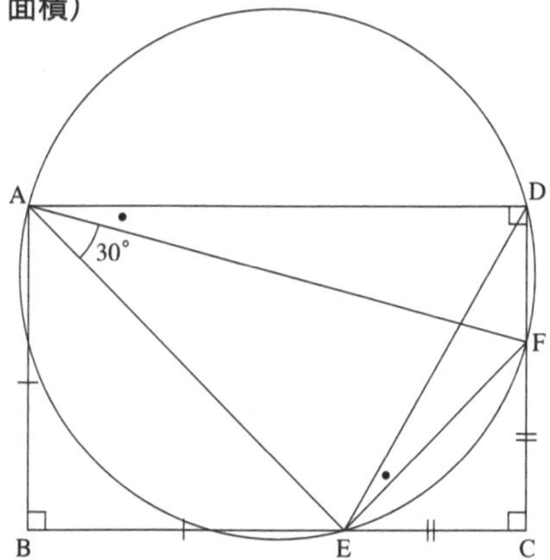

(2)　△AEFは∠EAF＝30°の直角三角形なので，$EF=\dfrac{AF}{2}=\dfrac{5}{2}$　△FECは直角二等辺三角形だから，$CE=\dfrac{EF}{\sqrt{2}}=\dfrac{5}{2}\times\dfrac{1}{\sqrt{2}}=\dfrac{5}{2\sqrt{2}}=\dfrac{5\sqrt{2}}{4}$

重要 (3)　$AE=5\times\dfrac{\sqrt{3}}{2}=\dfrac{5\sqrt{3}}{2}$　△ABEは直角二等辺三角形だから，$AB=BE=\dfrac{AE}{\sqrt{2}}=\dfrac{5\sqrt{3}}{2}\times\dfrac{1}{\sqrt{2}}=\dfrac{5\sqrt{3}}{2\sqrt{2}}=\dfrac{5\sqrt{6}}{4}$　$BC=BE+EC=\dfrac{5\sqrt{6}}{4}+\dfrac{5\sqrt{2}}{4}=\dfrac{5(\sqrt{6}+\sqrt{2})}{4}$　よって，長方形ABCDの面積は，$\dfrac{5\sqrt{6}}{4}\times\dfrac{5(\sqrt{6}+\sqrt{2})}{4}=\dfrac{150+50\sqrt{3}}{16}=\dfrac{75+25\sqrt{3}}{8}$

4 (一次関数の利用－動点)

基本 (1)　t秒後，点Pのx座標は$2t$増え，y座標はt増えるから，$P(2t+a,\ t+b)$

(2)　t秒後，点Qのx座標は$\dfrac{7}{5}t$増え，y座標は$\dfrac{8}{5}t$増えるから，$Q\left(\dfrac{7}{5}t,\ \dfrac{8}{5}t\right)$

(3)　$2\times9+a=\dfrac{7}{5}\times9$から，$a=\dfrac{63}{5}-18=\dfrac{63}{5}-\dfrac{90}{5}=-\dfrac{27}{5}$　$9+b=\dfrac{8}{5}\times9$から，$b=\dfrac{72}{5}-9=\dfrac{72}{5}-\dfrac{45}{5}=\dfrac{27}{5}$

(4)　$A\left(-\dfrac{27}{5},\ \dfrac{27}{5}\right)$　直線ℓの式を$y=\dfrac{1}{2}x+c$として点Aの座標を代入すると，$\dfrac{27}{5}=\dfrac{1}{2}\times\left(-\dfrac{27}{5}\right)+c$　$c=\dfrac{27}{5}+\dfrac{27}{10}=\dfrac{54}{10}+\dfrac{27}{10}=\dfrac{81}{10}$　よって，直線ℓの式は$y=\dfrac{1}{2}x+\dfrac{81}{10}$

★ワンポイントアドバイス★

3(1)は，四角形AEFDが円に内接することに気づくことがポイントである。問題を読みながら，なるべく正確に作図するように心がけよう。

＜英語解答＞

Ⅰ　1 ウ　2 イ　3 ア　4 ア　5 ウ　6 イ　7 ウ　8 ア　9 ア
10 イ　11 エ・カ・キ(順不同)

Ⅱ　1 イ　2 ウ　3 ウ　4 ア　5 エ　6 ア　7 ウ・カ(順不同)

Ⅲ　1 ① A カ　B オ　② A ア　B ウ　2 ③ A イ　B エ
④ A エ　B ア

Ⅳ　1 イ　2 エ　3 ア　4 ア　5 ウ　6 イ

Ⅴ　1 (1) ア　(2) ア　(3) イ　2 (例) Hello, again. I wanted to keep my plan a secret, because it will make you more excited. However, you really wanted to know how we're going to spend for our special day out. OK. Let me tell you briefly. Do you know a Japanese musical instrument Koto? My sister takes its lesson. Actually, I'm planning to take you to a recital of Koto by my sister. Afterwards how about going to a festival in our city? You can try some Japanese food and join local people's traditional dance. I hope you'll get in touch with Japanese culture through these experiences. I can't wait. See you soon. (106語)

○推定配点○

Ⅰ　各2点×13　Ⅱ　各3点×8　Ⅲ　各3点×4(各完答)　Ⅳ　各2点×6
Ⅴ　1. 各2点×3　2. 20点　計100点

＜英語解説＞

Ⅰ　**(長文読解問題・物語:発音問題，指示語，語句解釈，内容吟味，語句補充・選択，要旨把握，分詞，比較，進行形，動名詞，受動態，助動詞，前置詞，不定詞，関係代名詞，現在完了，間接疑問文)**

(大意)　ハンナは16歳で島に住んでいる。休日の間は，彼女はデュバル氏の元，島で唯一のガラス底の船で働いている。人々が魚やサンゴ礁を見るために連れて出すのである。その仕事の収入は良くないが，彼女は彼の元で働くことが好きだ。ある日，ハンナは新しいガラス底の船が，人々を海に運び出し，①それが戻ってくるのを待つ人々の姿を目撃する。デュバル氏は尋ねる。「②なぜ皆は新しい船に乗るのだろうか」

「安いからさ」背後から男が言う。③「まもなく私の船が島で唯一のガラス底船になるだろう」彼はマックスマーカーで，島に邸宅を所有する金持ちである。

「安い理由はわかっているわ。デュバルさんの船を廃業に追い込みたいのね。そうすれば，あなたの船代が上がるから」とハンナは言う。「私の元で働きなさい。大金を手にできるよ」マーカーは言う。「デュバルさんのところで働くのが好きなの。お金がすべてではないわ」ハンナは答える。「④君の考えはまちがっているよ」笑いながら，マックスは言う。

数週が過ぎ去るが，デュバル氏の船を利用する者は誰もいなくなる。「悪いけれど，君にはもう仕事がないよ，ハンナ」デュバル氏は言う。「平気です」ハンナは悲しげに答える。マーカーがデュバル氏に会いにやって来て，尋ねる。「あなたの船を売りたいと思いますか」デュバル氏は非常に⑤腹を立てて叫ぶ。「とんでもない」

翌朝，デュバル氏が自分の船のところへ行くと，それが水中につかっているのを発見する。ラジオではハリケーンが接近していることを告げている。ハンナは言う。「これはマーカーの仕業です。彼はあなたの商売をめちゃくちゃにしたいと思っています」「私は年なので，彼に対抗できないよ」

とデュバル氏は言う。「私が戦います」ハンナは言う。ハリケーンが島を直撃し，マーカーの船は壁に打ちつけられた。ハンナとデュバル氏は家にいて命はとりとめた。

「さて，彼の卑劣な策略に関して彼に会いに行きます」ハンナは言う。デュバル氏は尋ねる。「どうやって彼をやめさせるのかな？」「わかりません。でも，何かできると思います」ハンナは答える。ハンナはマーカーの家に赴くと，その一部が吹き飛んでしまっているのを目撃する。マーカーは石や屋根の一部の下敷きになっていて，助けを求めている。⑥「どうか，助けてくれ」ハンナは重い石を取りのぞき始める。突然，上方から大きな音がして，屋根が崩れ出す。ハンナは飛びのき，屋根は彼女の近くに崩れ落ちる。⑦「家すべてが崩れ落ちるのに，どのくらい時間がかかるかしら」とハンナは考える。マックスは弱っていたが，動けるので，家からはい出る。ハンナは彼が通りの向こう側へ移動するのを手助けする。⑧彼らは振り返る。家が地面に崩れ落ちる！

「ありがとう。どうやってお支払いすることができるだろうか」マックスは言う。「デュバル氏の船の損害を支払ってください。そして，卑劣な策略はやめにして，2隻の船で協力して働きましょう」「わかった。でも，あなたには何を差し上げればよいでしょうか」マックスは尋ねる。「何もいりません」ハンナは答える。「お金ですか？」マックスは尋ねる。「いいえ，結構です。お金はすべてではありません」ハンナは答える。⑨「ええ，今となってはそのことが理解できます」とマックスが応じる。

基本 1　above [ʌ]　ア　across [ɔː]　イ　move [uː]　ウ　something [ʌ]　エ　over [ou]

基本 2　① it を含む文は，「ある日，新しいガラス底の船が人々を海に運び出し，①それが戻ってくるのを待つ人々の姿を，ハンナは目撃する」の意。したがって，it「それ」が指すのは，イ　the new glass-bottomed boat「新しいガラス底の船」。<see + O + 現在分詞[原形 + -ing]>「Oが～［現在分詞］しているところを目撃する」wait for「～を待つ」come back「戻る」　ア「デュバル氏の船」　ウ「魚」　エ「サンゴ礁」

基本 3　設問は「新しい船はデュバル氏の船よりもなぜより人気があるのか」の意。下線部②は「なぜ皆は新しい船に乗るのだろうか」の意。第2段落第1文に It's cheaper. とマックスが述べている。正解は，ア「乗船料金がより安い」。more popular ← popular「人気がある」の比較級／lower ← low「低い」の比較級／cheaper ← cheap「安い」の比較級 Why is everyone going ～？← <be動詞 + -ing>「～しているところだ」進行形　the price of riding a boat ← 動名詞<原形 + -ing>「～すること」　イ「新しい船のデザインがより優れている」nicer ← nice「良い」の比較級　ウ「新しい船の乗務員はより多くの給与が支払われる」get paid「支払われる」<get[become] + 過去分詞>「～される」more ← many／much の比較級「もっと多く(の)」　エ「新しい船の待ち時間がより短い」shorter ← short「短い」の比較級

やや難 4　下線部③は「まもなく私の船が島で唯一のガラス底船になるだろう」の意。マックスマーカーの船が島で唯一のガラス底船になるというのは，どういうことか考えること。正解は，ア「十分な客を得られないので，デュバル氏は彼の商売は閉じなければならないだろう」<be動詞 + going + 不定詞>「～しようとしている，するつもりである」<will + have + 不定詞[to + 原形]>「～しなければならないだろう」　イ「乗船料金を変えることで，その男性はより金持ちになるだろう」richer ← rich「裕福な」の比較級　by changing ／of riding ← <前置詞 + 動名詞[原形 + -ing]>　ウ「デュバル氏の船がまもなく島で唯一のガラス底船になるだろう」マックスマーカーが，自分の船が島で唯一のガラス底船になる，と言っている。　エ「船やサンゴ礁を見るために，その男は彼の船を島に出すつもりだ」<be動詞 + going + 不定詞>「～しようとしている，するつもりである」to look at「～を見るために」不定詞の「目的」(～するために)を表す副詞的用法

やや難 5 マックスが給与を良くするので，自分のところで働くようにハンナに告げたところ，ハンナはデュバル氏のところで働くことが好きで，お金がすべてではない，と答えた。その返答に対して，マックスが④「あなたはまちがっている」と述べている。よって，下線④でマックスが暗に示しているのは，ウ「人生でお金が最も重要なものである」となる。the most important ← important「重要な」の最上級 I like working ← 動名詞「～すること」<原形＋-ing> ア「お金で買えないものがある」something that you cannot buy「お金で買えないもの」← <先行詞＋目的格の関係代名詞 that＋主語＋動詞>「主語が動詞する先行詞」 イ「私のために働くのをやめて，デュバル氏のところへ行くべきだ」should「～するべきだ，～するはずだ」<stop＋動名詞[原形＋-ing]>「～することをやめる」 エ「あなたの仕事をやめて，別の仕事を探すために島を離れるべきだ」should「～するべきだ，～するはずだ」to look for「～をさがすために」← 不定詞の目的「～するために」を表す副詞的用法

基本 6 マーカーがデュバル氏に「あなたの船を売りたいか」と尋ねた際に，「いいえ」と叫んでいるので，その時のデュバル氏の精神状態を考えること。正解は，イ「怒って」。ア「うれしい」ウ「確信して」 エ「うんざりして」

基本 7 質問は「なぜ彼は手助けが必要か」。自宅が倒壊し，がれきに挟まって身動きが取れない人が，なぜ助けを求めているかを考えること。正解は，ウ「彼は家から外へ出たい」。ア「彼はハリケーンで自分の船を失った」has lost ← <have[has]＋過去分詞>(完了・経験・結果・継続)現在完了 イ「両足が折れたので，彼は動けなかった」足が骨折した，とは書かれていないし，Max is weak but can move ～(第6段落最後から第4文)と記されているので，不適。 エ「恐ろしすぎて，彼は屋根から飛び降りることはできない」jump という動詞は，The roof is coming down！ Hannah jumps away and the roof crashes down near her. で使われているが，「屋根が落ちてきて，ハンナは飛びのき，彼女の近くに屋根が崩れ落ちる」の意で，選択肢のような内容の記述はナシ。<too ～＋不定詞[to＋原形]>「～しすぎて，…[不定詞]できない」

やや難 8 下線部⑦は「『家すべてが崩れ落ちるのに，どのくらい時間がかかるかしら』とハンナは考える」の意。直前で，屋根が崩れ落ちていて，ハンナは差し迫った状況に置かれていることから考える。正解は，ア「全ての家が倒壊するまで，それほど時間が残されていない，とハンナは考えている」。there is not much time left ← <There＋be動詞＋S＋過去分詞>「Sが～されている」 イ「マックスマーカーを家から助け出すための十分な時間があるとハンナは確信している」<be動詞＋sure that>「～であることを確信している」<enough＋名詞＋不定詞[to＋原形]>「～[不定詞]するための十分な…[名詞]」 ウ「マックスマーカーの家を破壊するのにどのくらいの時間が必要なのかをハンナは自問する」Hannah asks herself how much time she needs ～. ← 疑問文(How much time does she need?)を他の文に組み込む(間接疑問文)と，<疑問詞＋主語＋動詞>の語順になる。ask oneself「自問する」 エ「デュバル氏がマックスマーカーの家に来るのにどのくらいかかるのかとハンナは考える」Hannah wonders how long it will take Mr. Duval ～ ← 疑問文(How long will it take Mr. Duval ～？)を他の文に組み込む(間接疑問文)と，<疑問詞＋主語＋動詞>の語順になる。<How long does it take＋不定詞～？>「～[不定詞]するのにどのくらい時間がかかるか」

基本 9 「マックスは弱っていたが，動けるので，家からはい出る。ハンナは彼が通りの向こう側へ移動するのを手助けする。⑧彼らは振り返る」以上の文脈から，彼らの居場所を考える。正解は，ア「家から通りの反対側に」。 イ「家の隣」 ウ「通りの真ん中に」 エ「家の前に」

重要 10 Yes, I understand that now. の that は，直前のハンナのせりふ Money isn't everything. を指すが，「はい，お金がすべてではない，ということを今は理解できる」とは，ハンナの助け

を得て，命からがら災難から逃げ出すことができたマックスにとってはどういうことを意味するかを考える。併せて，第3段落で同じせりふを聞いた時には，マックスは笑いながら，You're wrong.「あなたはまちがっている」と答えており，彼の心境の変化の理由にも留意して，判断すること。正解は，イ 「この経験を通して，生命がお金よりも重要であるということを彼は理解している」。more important ← important「重要な」の比較級　ア 「ハンナは貧しくて，彼に親切にすることでお金を得ることを期待している，ということを彼は知っている」by being kind ← <前置詞 + 動名詞[原形 + -ing]>　ウ 「仕事を得るために，ハンナは彼を助けただけ，ということを彼は理解している」<in order + 不定詞[to + 原形]>「～するために」 エ 「ハンナを助けることは，人生においてお金と同様に重要だ，ということに彼は気づいた」has found ← 現在完了<have[has]+ 過去分詞>　helping Hannah ← 動名詞<原形 + -ing>「～すること」～ as important as ～ ← <A + 動詞 + as + 原級 + as + B>「AはBと同じくらい～」

重要 11 ア 「ハンナは，平日だけではなくて休日も，デュバル氏の元で働いている」(×)第1段落第2文に While on holiday, she's working for Mr. Duval ～ とあるので，不適。not only A but also B「AばかりでなくBもまた」 イ 「ハンナは常に最も多くお金を支払ってくれる人の元で働きたいと思っている」(×)第3段落で，たくさんのお金を支払うので，自分の元で働くようにというマックスの誘いを I like working for Mr. Duval. Money isn't everything.(第3段落第4・5文)というせりふと共に断っているので，不一致。like working ←動名詞 <原形 + -ing>「～すること」the person who pays the most「最も多く支払う人」← <先行詞(人)+ 主格の関係代名詞 who + 動詞>「動詞する先行詞」／most ← many／much の最上級「最も(多い)」ウ「良いお金を稼げるので，ハンナはデュバル氏よりもマックスマーカーの元で働くことを好む」(×)たくさんのお金を支払うので，自分の元で働くようにというマックスの誘いを断っているので，不一致。prefer A to B「BよりもAを好む」prefer[like] working ← 動名詞 <原形 + -ing>「～すること」 エ 「マックスがデュバル氏の船を水没させた人物である，とハンナは信じている」(○)自分の船が水没していることにデュバル氏が気づくシーンは，第5段落第1文に記されているが，同段落第7文でハンナは This is Marker's work！と述べているので，一致している。the person who put ～ ← <先行詞(人)+ 主格の関係代名詞 who + 動詞>「動詞する先行詞」 オ 「ハリケーンの助けを得て，マックスマーカーはデュバル氏の商売を破壊しようとする」(×) 第5段落第8文で，ハナはマックスに対して，He wants to destroy your business！と述べているが，オのような事実はナシ。 カ 「ハリケーン後に，マックスマーカーは，デュバル氏の船(の損害)に対して支払うことを約束する」(○)第7段落第3文におけるハンナの Pay for Mr. Duval's boat. という要請に対して，マックスは OK. と答えている。 キ「ハンナはマックスマーカーからいかなるお金も受け取ることも拒否している」(○)マックスの What can I give you? という発言に対して，ハンナは I don't want anything. と答えており，また，マックスの Some money? という申し出に対して，ハンナは No, thank you.「いいえ，結構です」という言葉と共に断っている(第7段落)。 ク 「ハンナによって助けられた後でさえも，マックスはデュバル氏と共働することを拒否している」(×)ハンナの Work together with two boats.「2隻の船で一緒に働きましょう」(第7段落第5文)という提案に対して，マックスは OK. と応じている。is rescued「助けられる」← 受動態 <be動詞 + 過去分詞>「～される，されている」

Ⅱ (長文読解問題・エッセイ：要旨把握，語句解釈，内容吟味，語句補充・選択，受動態，不定詞，前置詞，動名詞，分詞，助動詞，関係代名詞，現在完了，仮定法，接続詞，比較)

(大意)　右手，左手のどちらを使うことを人が好むかということは，科学者達にとって，長年の神秘となってきた。もし皆が両方の手を使ったり，右利きと左利きが半々だったりしたら，もっと自然かもしれないが，実際には，10人に1人のみが左利きである。

20世紀の後半まで，さまざまな点で左利きの人々は苦しんできた。学校では，①机付きのいすが，右利きの人々にとって便利となるように作られていた。これらの机を使う際には，左利きの人々は②苦労した。③左利きの子供達に右手に変えるように強要する親や教師が存在していた。書いたり，食べたりするために左手を使うと，これらの子供達は時には怒られることがあった。

幸運なことに，左利きの人々は以前よりも受け入れられるようになってきている。通常，子供達は選択するどちらの手でも使うことが許されている。左利きの人々は右利きの道具を使うことに以前は苦労していたが，現在では，左手を使うことを好む人々に対して，例えばナイフやはさみなど，デザイナーが特別に設計された道具を生産している。

スポーツによっては，左利きであることが有利なことさえある。右利きの人は，右利きの人と対戦することに慣れており，右利きの人が左利きの人と対戦すると，左利きの人は ④思いがけなさという強みを有することになる。トップレベルの野球選手の30%が左利きだが，上位選手の半分以上が左ききであることから，バスケットボールの方が左利きであることの優位性が際立っている。

けれども，左利きであることは，常に有利であるわけではない。例えば，ゴルフにおいては，左利きのトップレベルの選手の数は非常に少ない。これはおそらくは左利きのゴルフクラブを探すのが困難だからである。

なぜ人々が右利きである傾向が強いのだろうか。人類は互いに協力をし合い，かつ，競い合うことの双方を身につけてきたのであろう。人々は，道具を共有することで，協力してきた。それゆえに，ほとんどの人々が同じ手を使う方が，都合が良かった。でも，競争，戦闘，スポーツでは，左利きの人が優位だった。私達の世界では，競争と協力のバランスがとられているので，少数の左利きの人と多数の右利きの人が必要なのだろう。

基本 1 「この記事によると，人の10パーセントが左利きである」第1段落最終文に Actually, only one in ten people are left-handed. と記されている。

基本 2 下線部①は「机付きのいすが，右利きの人々にとって便利となるように作られていた」の意。質問は「この机付きのいすはどのように見えるか。1番適した図を選びなさい」で，机が右側に付いているいすが，右利きの人にとって便利なので，正解は図ウとなる。were made ← 受動態 <be動詞 + 過去分詞>「～される，されている」to be convenient「便利なように」不定詞の目的「～するために」を表す副詞的用法

やや難 3 下線②を含む文は「これらの机を使う際に，左利きの人は②struggled」の意。「これらの机」(these desks)は，前文の chairs with desks made to be convenient for right-handed people を指す。従って，右利きの人にとって便利であるように作られた机を左利きの人が使うと，どうなるかを考えること。正解は「苦労した」ウ had trouble である。なお，struggle は「もがく，戦う，奮闘する」の意味。 ア 「喜んだ」 イ 「ゆったりとした時間を過ごした」 エ「心配しなかった」

やや難 4 設問は，「当時，左利きの人のことを何と思う人々がいたか」。下線部③は「左利きの子供達に右手に変えるように強要する親や教師が存在した」の意。よって，左利きの子供達を右利きに矯正しようという人達が，どのような感情を左利きの人に対して抱いていたかを考えること。正解は，ア 「それは受け入れられていなかった」<force + O + 不定詞>「Oが～することを強要する」was not accepted ← 受動態 <be動詞 + 過去分詞>「～される，されている」 イ 「それは知的でなかった」 ウ 「それは便利だった」 エ 「それは健全だった」

やや難 5 「右利きの人は，右利きの人と対戦することに慣れている。右利きの人が左利きの人と対戦する

と，左利きの人は(　④　)という強みを有することになる」対右利きとの対戦に慣れている右利きの人は，左利きの人との対戦に不慣れとなる。そのような状況下で，左利きの人が，対右利きの人との戦いにおいて有する優位とはどのようなものかを考える。正解は，エ　surprise「思いがけなさ」。are used to competing against「～と戦うことに慣れている」← <be動詞 + used + 前置詞 to + 動名詞>「～することに慣れている」　ア　「速度」　イ　「興奮」　ウ　「喜び」

基本 6　設問：「昔は，左利きとして生きるには多くの困難があった。1つの例を選べ」第3段落第3・4文に「左利きの人々は右利きの道具を使うことに以前は苦労していた。現在では，左手を使うことを好む人々に対して，例えば，ナイフやはさみなど，特別に設計された道具をデザイナーが作り出している」と記されている。以上から，正解は，ア　「標準のはさみを使うこと」。a lot of difficulties living as「～として生きる多くの困難」←　<名詞 + 現在分詞[原形 + -ing]+ 他の語句>「～している名詞」現在分詞の形容詞的用法 Using standard scissors. ← <原形 + -ing>「～すること」動名詞　<used + 不定詞>「以前はよく～したものだ，以前は～であった」 specially designed tools「特別にデザインされた道具」← <過去分詞 + 名詞>「～された名詞」過去分詞の形容詞的用法　people who prefer「～を好む人々」← <先行詞 + 主格の関係代名詞 who + 動詞>「動詞する先行詞」　イ　「野球のバットを使うこと」　ウ　「デザイナーになること」　エ　「上位のスポーツ選手になること」

重要 7　ア　「科学者はなぜ左利きの人々がいるかという理由を発見した」(×)第1段落第1文に The human preference for using the right or left hand has long been a mystery to scientists. とあるので，不一致。the reasons why ～ ← <(the reason)+ 関係副詞 why>「なぜ～かという理由」has long been ← 現在完了<have[has]+ 過去分詞>(完了・結果・継続・経験)

イ　「最高のバランスは，半分が右利きで，半分が左利きである」(×)左右の利き手が半々であることに関しては，第1段落第2文で，「もし半分が右手を使い，半分が左手を使ったら，もっと自然ではないだろうか」と記されているのみで，それが最高とは述べられていない。一方，バランスに関しては，最終文で，「競争と協力のバランスがとられているので，少数の左利きの人と多数の右利きの人が必要である」と記されているだけなので，不適。仮定法過去 ― 現在の事実に反することを仮定する。「もし～ならば…だろう」<If + 主語 + 過去形, 主語 + 過去の助動詞 + 原形> ～, so …「～である，だから…」　ウ　「最高位のバスケットボール選手の50%未満が右利きである」(○)第4段落最終文に一致。less ← little の比較級「もっと少ない[少なく]」over the half of「～の半分より多い」　エ　「左利きはすべてのスポーツで優位である」(×)第5段落で，左利きが不利な例としてゴルフが挙げられている。not ～ always「いつも～というわけでない」for example「例えば」This is because ～「これは～だからである」<It is hard + 不定詞>「～[不定詞]することは困難である」　オ　「あるスポーツにおいては，偉大な選手は両手を同じくらい巧みに使うことができる」(×)両手を使うことに関しては，第1段落第2文で「もし皆が両手を使ったら，より自然でないだろうか」と述べているのみである。仮定法過去 ― 現在の事実に反することを仮定する。「もし～ならば…だろう」<If + 主語 + 過去形, 主語 + 過去の助動詞 + 原形>　カ　「道具を共用することが，多くの人々が右利きであることの1つの理由であるかもしれない」第6段落第3・4文に一致。may「～してもよい，かもしれない」one reason why ～ ← <(the reason)+ 関係副詞 why>「なぜ～かという理由」better ← good／well の比較級「もっと良い[良く]」

重要 Ⅲ　(文法・作文：語句整序，不定詞，間接疑問文，分詞，関係代名詞，現在完了)

1　①(～ and)it takes me a long time to get to(university now.)<It takes + 人 + 時間+不定詞[to + 原形]>「～[不定詞]するのに…[時間]がかかる」　②(Actually,) I didn't realize how far the university was(.)疑問文(How far was the university?)を他の文に組み込む[間接疑問文]と，<疑問詞 + 主語 + 動詞>の語順になる。(訳)トム：どうしたのですか？　今朝，あなたは授業に出席していなかったですね。／メアリ：先月，千葉県に引っ越しして，[①]今は大学に着くまでに長い時間がかかります。以前よりも，およそ1時間早く自宅を出なければなりません。私はしばしばその日の最初のクラスを出席しそこなってしまいます。実際，[②]大学までどのくらい遠いかを理解していませんでした。／トム：それでは，大学の近くのアパートを借りるのはどうですか。それとも，あなたの家族と暮らしたいですか。

2　③(Judo)is one Japanese sport practiced in many countries(.) one Japanese sport practiced in ～ ← <名詞 + 過去分詞 + 他の語句>「～された名詞」過去分詞の形容詞的用法　④(But I think that)there are few foreigners who have(heard of the sport.) <There + be動詞 + S>「Sがある／いる」few「ほとんどない」few foreigners who have heard ← <先行詞(人)+ 主格の関係代名詞 who + 動詞>「～［動詞］する先行詞」／<have[has]+ 過去分詞>(完了・結果・経験・継続)現在完了(訳)今日は，独自の日本のスポーツについて話そうと思います。柔道は[③]多くの国で行われている1つの日本のスポーツです。「はじめ」や「やめ」のような日本語は，国際試合で使われています。“ポートボール”も日本で生まれたもので，しばしば日本の小学校で行われています。でも，このスポーツに関して[④]聞いたことがある外国人はほとんどいないと思います。

重要　**Ⅳ　(文法：語句補充・選択，受動態，前置詞，比較，現在完了，動名詞)**

1　「彼は先生のように見えますが，実際には，この学校の生徒です」<look like + 名詞>「名詞のように見える」　ア　「見る」　ウ　「～を見る」　エ　「(立ち寄って)を訪ねる，(情報など)を調べる」

2　「私は3つのかばんを持っています。1つは日本で作られていて，他[残りの2つ]はイタリアで作られています」残りが複数で全部を指す場合は the others を使う。　ア　「もう1つ(他にも選択されていないものが存在する場合に使う)」　イ　「残りの1つ」　ウ　「他のもの(複数だが，他にも選択されていないものが存在する場合に使う)」is[are]made ← 受動態 <be動詞 + 過去分詞>「～される，されている」

3　「遅くとも，次の月曜日までに，私の兄[弟]は戻って来るでしょう」「～までには」by　at (the) latest「遅くとも」　イ　「～へ，に」　ウ　「～の中に，～のうちに」　エ　「～まで(ずっと)」

4.「明日，私に会いに来たら，あなたに何かを料理しましょう」時や条件を表す副詞節の中では，たとえ未来の内容でも，現在時制で表す。

5.「わあっ，このカメラを見てください。このような小さなカメラを見たことがありません。本当に機能するのでしょうか」「機能する」work　I’ve never seen ～ ← <have[has]+ 過去分詞>(完了・結果・経験・継続)現在完了　ア　「移動する」　イ　「取る」　エ　「示す」

6.「天気予報によると，明日，雪が降るのはやむだろう」tomorrow があるので，時制は未来。従って，時制が現在のエ　the snow is stopped は不可。「雪が降る」は　It snows. で，it を主語にするので，ウ　the snow will be stopped は不適。「～することがやむ」は<stop + 動名詞>(「雪がやむ」は It stops snowing.)なので，ア　it will stop to snowは不可。したがって，正解は，イ　it will stop snowing。

Ⅴ　(長文読解問題・メール：語句補充・選択，内容吟味，語句解釈，前置詞，動名詞)

(大意)宛先：you@hosei.jp／差出人：astudent@nzschool.nz／テーマ：[①]ア秘密の計画

再び，こんにちは。／あなたの学校のことを教えてくれてありがとう。運動会に生徒は本当に彼らの髪を紫に染めるのですか。私の学校は非常に厳格なので，私が髪の色を変えたら，とても面倒なことになるでしょう。私達の運動会は非常に伝統的で，陸上競技が行われて，上位3位までにメダルが授けられます。去年，私は800mのレースで銀メダルを獲得しました。実は，走ることは私の趣味の1つです。あなたはスポーツをすることが好きですか。

来月，日本へ行くことが信じられません。とても興奮しています。私の小さな町，ワナカに比べたら，東京は別の惑星みたいです。私は鎌倉についてのビデオをいくつか見たことがあります。あなたの家から鎌倉へは簡単に行けますか。私は大仏を見たいです。ともかく，今回メールを書いている主な理由は，あなたが“秘密の計画”について話してくれたからです。あなたは私のために特別な日帰りの小旅行を計画してくれて，その計画は秘密だとあなたが言っていたことはわかっていますが，私達が何をするのか本当は知りたいと思っています。どうか，教えてください！！！　誰にも言わないことを②イ約束します。私は秘密を守ることが上手です。

あなたと直接会えることを楽しみにしています。来月会いましょう―24日から，日数が減り続けますね！！／あなたの友人より

基本　1　(1)　もっともふさわしいメールの subject(話題・テーマ)を選ぶ問題。メールを書いている主な理由をthe main reason I'm writing to you is because you told me about a “secret plan” you have. と述べていることに注目すること。正解は，ア「秘密の計画」。　イ「運動会」　ウ「鎌倉」　エ「ワナカ」

やや難　(2)　設問：「交換留学生はいつ日本に到着するか」See you next month – 24 days and counting!! に注目すること。and counting は，<前述の数値が>絶え間なく変化し続けている，あるいは，文脈に応じて「増え続けている」または「減り続けている」という意味になる。ここでは24日から来日までの日数が毎日減り続けるという意味。正解は，ア「3週間を少し超えた日にちの後に」。　イ「来週」　ウ「数か月後」　エ「3週間より少し少ない日にちの後に」

基本　(3)　空所を含む文の前では，「秘密の計画を教えて欲しい」とのせりふがあり，後続文では，I'm good at keeping secrets. と述べられている。よって，空所を含む文は，「誰にも口外しないと約束します」という意味にすればよいことになる。正解は，イ「約束する」。<be動詞 + good at + 動名詞[原形 + -ing]>「～することが上手である」ア「好き」　ウ「賛成する」　エ「笑う」

やや難　2　留学生と出かける日のプランを説明するメールを100語程度の英語で書く自由・条件英作文。(例大意)あなたがワクワクすると思って計画を秘密にしたかったのですが，簡単にお話しします。日本の楽器，琴を知っていますか。私の姉[妹]が習っています。彼女の発表会へあなたを連れて行こうと思っています。その後に，わが町の祭りに行くのはどうでしょうか。日本食を食べたり，踊りに参加したりすることができます。これらの経験を通じて，日本の文化に触れあえると良いですね。

★ワンポイントアドバイス★

Ⅲの語句整序問題を取り上げる。本校の語句整序問題は独立した中文の中で出題されるのが特徴である。日本語が与えられていないので，与えられた語と文脈から，どのような完成文になるかを想像しながら，問題に取り組むこと。

＜国語解答＞

一　問1　①　よか　②　けったく　③　たいとう　④　と(げ)　⑤　かかん
問2　2　問3　1　問4　3　問5　4　問6　4　問7　2　問8　1　問9　3
問10　3　問11　1　問12　3　問13　2　問14　1　問15　感情移入(させる手法)
問16　2

二　問1　①　甚(だしい)　②　会得　③　実績　④　諦(め)　⑤　不服　問2　4
問3　1　問4　2　問5　3　問6　4　問7　4　問8　能率　問9　2　問10　3
問11　1　問12　1　問13　2　問14　4　問15　3　問16　2　問17　4

○配点○
一　問1　各1点×5　問9・問10　各2点×2　問16　4点　他　各3点×12
二　問1　各1点×5　問4・問16　各2点×2　他　各3点×14　計100点

＜国語解説＞

一　**(論説文−大意・要旨，内容吟味，文脈把握，脱語補充，漢字の読み，語句の意味)**

問1　①　「余暇」は，仕事の合間のひまな時間。「余」の訓は「あま−る・あま−す」。「余剰」「余地」などの熟語がある。「暇」の訓は「ひま」。「休暇」「寸暇」などの熟語がある。　②　「結託」は，たがいに心を通じ合い力を合わせること。「結」には「ゆ−う・ゆ−わえる」の訓もある。「凍結」「完結」などの熟語がある。「託」の熟語には「委託」「信託」などがある。
③　「台頭」は，新しく勢力をのばしてくること。「だいとう」と誤らないように注意する。「台」を「タイ」と読む熟語は「舞台」「台風」などがある。　④　「遂げる」は，しようと思ったことをなし終えるの意味。音は「スイ」。「遂行」「未遂」などの熟語がある。　⑤　「果敢」は，思い切って物事を行う様子。「果」の訓は「は−たす・は−てる・は−て」。「果断」「成果」などの熟語がある。「敢」の熟語には「勇敢」「敢然」などがある。

やや難　問2　「〜への移行によって……へと移行した」という文脈から，A社会＝「モノ」・情報社会＝「コト」という関係であることがわかる。「モノ」と関連するものは「工業」である。「モノ」が価値の中心であった工業社会から，「コト」が価値の中心となる情報社会へ移行したのである。

問3　SNSに「自分の体験」として載せた内容に関して，講師の発言が「さも自分の質問の結果発生した議論であるかのように誤読可能な表現でFacebookに載せる」ような行為を，筆者は批判的に紹介している。そのような事実と異なる誇張した体験に信憑性(しんぴょうせい)を与えるものとして「閉会後にセルフィーに応じてくれた講師が，著名な起業家やアーティストであれば言うことはない(＝これ以上望むことはない)」のであるという皮肉である。

問4　ロレックスの時計の例も事実と異なる誇張した体験の例も，自分を表面的に飾り立てた表層的なものである，と筆者は言うのである。「深い溝に流す」は，二度と浮き上がらないように存在そのものを記憶から流してしまえということで，なかったものにするということ。　1　「人生の可能性を狭める」とは述べていない。　2　「モノ」から「コト」へ移行したのだから，「『モノ』に振り回されていること」にはならない。　4　「モノ」「コト」以外の「別のもの」という事柄は話題にしていない。

やや難　問5　続く部分に「情報を脳で結合し」とある。ばらばらのものを結合するのだから「断片」が入る。

問6　「共有」は，一つの物を二人以上の人が共同して持つこと。「他者」に触れている3・4に絞れる。さらに「虚構」は，事実ではないことを事実のように仕込むこと。「つくりごと」である。すると「作り物」とある4が残る。文脈で確認すると，直前に「つまり」とあるので傍線部と「三次元の，乖離したものを，二次元に統合して共有可能にすること」は同じ内容である。「三次元」は現実世界を指し，「二次元」は小説や映画などの創作物(＝虚構)を指す。「三次元の，乖離したもの」とあるが，「乖離」は「背き離れること」であるから，「本来分かち合えるはずのない他者の『体験』」ということである。それを「二次元に統合して共有可能にする」とは，「作り物の『映像』で表現することによって疑似体験できるようにした」ということである。

問7　筆者は映像について，「魔法の装置」「広く複雑化した社会の維持が可能になった」と評価している。「映像」は「見る人にとって特別な価値のあるもの」だったのである。それが「今ではどこでも手軽に視聴可能な『動画』の一つに変わった」のである。「シェア」は，分かち合う・共有するの意味。「バリエーション」は，変化・変形・変種。特別なものだった映像は，インターネット上で多くの人が共有する「動画」の変種の一つになりつつあるというのである。3が紛らわしいが，「機能をより一層強化する」とは述べていない。

問8　問7で捉えたように，映像によって「広く複雑化した社会の維持が可能になった」のである。傍線部の直前にある「広義の劇映画とその派生物……を通して他人の物語を消費し，内面を養い，そして他の誰かとその(擬似)体験を共有することでかつてない規模と複雑さを備えた社会を維持してきた」も同じ内容を述べている。映像を体験する装置が「スクリーンやモニター」なので，社会をそれで認識していたのである。

基本　問9　「席巻」は，ものすごい勢いで，自分の勢力範囲に収めること。「スマートフォンが世界を席巻する」のように使う。

基本　問10　「寡占」は，少数の大企業で市場の大部分を支配すること。「寡」は，少ないの意味。

問11　「ポップカルチャー」は，大衆文化。「メジャーシーン」は，主要な部分。筆者は，映像を20世紀における大衆文化の中心と捉えている。問7・問8で捉えたように，「他人の物語」を共有するという行為が社会を維持してきたのである。しかし，段落の初めにあるように，20世紀の「他人の物語」から21世紀は「自分の物語」に移行している。そこで，「20世紀の人類を対象に，前世紀の有名作のリブートと続編が再生産され続けるだろう」と述べている。

重要　問12　「帝国」は，強大な力を持つものという意味で比喩的に使われている。どのような意味で強大で「完成された」のかは，「こうして」が指している直前と前の段落とに説明されている。直前では「劇映画はネットワーク上にシェアされる『動画』のジャンルとしてこれまでとは異なる社会的な機能をもつようになった」「劇映画という制度は一度終わることで……より強大で支配的な存在に変貌しつつある」とある。前の段落では「世代の共通体験としての映像文化そのものが熟年期にさしかかっている」「劇映画はその社会的な機能の変化を受け入れることでこれまでとは異なった，しかしより強大な影響力を社会に行使している」とある。この内容を説明しているのは3。　1「統制する役割を担っていた」とは述べていない。　2「新世代の人々の共通体験」でなく，20世紀の人々の共通体験である。　4「新たな社会体制を打ち立てた」のではなく，「強大な影響力を社会に行使している」と述べている。

問13　「凡庸で，L であった」とあるから，「凡庸」と似た意味の語が入ると判断できる。「凡庸」は，平凡なこと。「陳腐」は，ありふれていて新味にとぼしいこと。

問14　文脈を捉える。「しかし」の後では，「僕たちはこれまでのようには『他人の物語』を必要としなくなっているのだ」とある。「しかし」の前には，対立する内容が入る。「人類社会では『他人の物語』を享受する」となる。「享受」は，受け取って十分に自分のものにすること。

問15　※の部分は，「他人の物語」から「自分の物語」への移行について説明している。傍線部を含む段落では，「他人の物語」を「『自分の物語』として読者に錯覚させる手法」について触れている。その手法に関して他の段落での説明を読んでいくと，二つ目の段落に「他人の物語に感情移入する」「自分ではない他の誰かの物語に感情移入する」と繰り返されている。「感情移入」は，芸術作品や自然などの対象の中に自分の感情を投げかけ，対象と自分とが一つに融合することを意識する心理的な作用。つまり，「他人の物語」を「自分の物語」のように錯覚するのである。

重要 問16 2の内容は，2・3・4段落で述べている内容に合致する。 1 「自分の物語」を発信する快楽を知ってしまって，「自分の物語」を語りたかったことに気づいたという因果関係は述べていない。 3 「社会とはスクリーンやモニターの中に存在するものだった」とあるのは，スクリーンやモニターを通して社会を認識したということで，「社会は空想上のものでしかなかった」という意味ではない。 4 「コミュニケーションを取る道具」という観点でメディアを取り上げていない。

二 (随筆文−要旨，内容吟味，文脈把握，脱語補充，漢字の書き，語句の意味，熟語，慣用句，表現技法)

問1 ① 「甚だしい」は，ふつうの程度をひどく超えている様子。「甚」の音は「ジン」。「甚大」「激甚」などの熟語がある。 ② 「会得」は，物事を理解して自分のものにすること。「会」を「エ」と読む熟語は「会釈」「図会」などがある。「得」の訓は「え−る・う−る」。「得失」「拾得」などの熟語がある。 ③ 「実績」は，実際の功績・成績。「績」は同音で形の似た「積」と区別する。「業績」「功績」などの熟語がある。 ④ 「諦」の音は「テイ」。同音で形の似た「締」と区別する。「諦観」「諦念」などの熟語がある。 ⑤ 「不服」は，他の命令・強制などを不満に思うこと。「服」には「服従」「屈服」などの熟語がある。

問2 「観念」は，ある事物を意識したとき，意識のうちに現れる意識内容。頭の中に浮かんだこと。「難渋」は，物事がすらすらとはかどらず困ること。つまり，頭の中に浮かんだことを文字にして表すことがすらすらとできずに困る，ということである。

問3 「その不自由」とは問2で捉えたように，観念を十分に，また，なめらかに表すことができないということである。ここでの観念のありさまは，「私の頭に多彩な想念が逞しく生起し」「私の想念は電光の如く流れ走っているのに」と表現されている。この表現に当てはまるのは，1の「躍動感や鮮明さ」である。「不自由」であるから，「想念を余すことなく書きあらわすこと」ができないのである。

基本 問4 「とみに」は，急に，にわかにの意味。「にわかに」は，物事が急に起こる様子。「にわか雨」は，急に激しく降る雨。

やや難 問5 直前の段落で説明されているのは，問3で捉えたように，想念を余すことなく書きあらわすことができないもどかしさである。もどかしい気持ちを表すのにふさわしい語は「嘆息(＝嘆いてためいきをつくこと)」である。

問6 「専一」は，そのことだけに励むこと。「専」の訓は「もっぱ−ら」。「観念」は，頭の中に浮かんだこと。「推敲」は，詩や文を作るとき，字句を何度も練り直すこと。これらの意味に合うのは，4。

問7 「本来」には「①もともとそうであること。②物事の道理・筋道からみて，初めからそうあるべきこと」の意味がある。問6で捉えたように，「私」は文章というものを，もっぱら自分の考えを吟味し練り直し，育て，整理するものと考えている。それが，文章の初めからそうあるべき姿というのである。つまり，文章というものが存在する理由・意義だというのである。

やや難 問8 直前の段落に「非速力的」とあり，空欄Gを含む段落にも「速力に反逆」とある。さらに「速力やGの逆のこと」とあることから，Gには手の動きの速さ，書く作業の速さと関連する熟語が入ると判断できる。すると「能率」が適切と判断できる。

問9　小説の表現という観点から筆記と速記を比較していることを押さえる。「速記によってのみ可能であった効果」とは，「旺盛な観念の饒舌や，まわりくどくても的確な行き渡り方」である。「旺盛な観念の饒舌」とは「あふれるような観念の流出」であり，「まわりくどくても的確な行き渡り方」とは，論理がまわりくどいものであっても，的確で落ち度のないものであったということを言い表している。そのようなドストイェフスキーの独特な道筋は速記によってのみ忠実にあらわすことができたというのである。

問10　直前に理由が説明されている。「自分だけの速記法」について，「不馴れな文字では血肉がこもらなくて，自分の文字のようには見えず，そらぞらしくて」違和感となって，「観念の生起と表出(＝表れ起こり，表に出すこと)を妨げてしまうから」観念が伸びて行かないのである。

問11　「文字に束縛され，その自由さを不当に歪めている」とは，直前の文の「文字が見えなければ次の観念を育て走らせることが出来ず，速記の文字に文字としての実感がなければ観念の自由な流れを育て捉えることが出来ない」という内容を指している。文字を使わなければ観念が生まれてこない。また，問2・問3で捉えたように，文字を使えば文字に縛られて「想念を余すことなく書きあらわすこと」ができないのである。

やや難 問12　「徒労」は，苦労したことが役に立たないこと。「帰す」は，結果としてそうなるの意味。自分だけの速記法を編みだして小説を書こうとしたが失敗に終わったということを指している。

問13　「速力的」は，電光の如く流れ走っている想念をとらえることのできる文字を書く速さの様子である。速記法の記号を用いると，「文字の数が百字以上になる」，「新たに百近くの文字を覚えるために多大な時間を費やすことになるが」，速力的であることで「思った通りに表現できるようになるだろう」と考えたのである。

問14　直後の文で「～からだ」と理由を述べている。真実の国際語が現れて言語や文字の改革が行われたと仮定して，大きな効果が得られるとしても，「新しく改革されるべき文字に不馴れな私(＝未熟な自分が戸惑うのは必至)は，私の思想活動の能力を減退せしめねばならず，私の生活の重大な意味を犠牲にする(＝想念を推敲し文章にするというもっとも大事な仕事に支障が生じる)」ことが起こるのは確かだろうから，「進んで支持する気にはなれない」というのである。

基本 問15　「先棒」は，二人が棒で物を担ぐとき，前の方を担ぐこと。その意味から，人の手先になること。「お先棒を担ぐ」という言い方もする。

基本 問16　「如く」は，言い切りの形は「如し」で類似している意味を表す。「みたいに」は，言い切りの形は「みたいだ」で，同じく類似している意味を表す。

重要 問17　「いくらかまし」とは，自分の書く文章がいくらかはましになるということ。問9で捉えたように筆者は「速記」について，ドストイェフスキーの独特な道筋は速記によってのみ忠実にあらわすことができたと考えている。そこで，自分も速記者を雇えたら「走り流れる想念も今よりは捉えることができて，少しは上等な作品を残せるかもしれない」と思ったのである。

★ワンポイントアドバイス★

論説文は，筆者の論理とキーワードに沿って説明の内容を正しく読み取ろう。また，原因・結果の関係をしっかりとつかもう。随筆文は，筆者が話題にしている事柄と筆者の考えとの関わりをつかもう。どちらの文章も語彙力がないと内容を理解できない。語彙力をしっかりつけよう。

2022年度

★★★★★★★★★★★★★★★★★★★★★★★★★

入　試　問　題

2022年度

法政大学国際高等学校入試問題

【数　学】（50分）〈満点：100点〉

1　次の問いに答えよ。

(1)　$\dfrac{a+2b}{6}-\dfrac{-a+3b}{8}$ を計算せよ。

(2)　$x^2y-11xy+30y$ を因数分解せよ。

(3)　方程式 $3x^2+4x-5=0$ を解け。

(4)　$(2x-1)(2x+4)=(ax+b)^2+c$ の左辺と右辺が，x についての全く同じ2次式になるように a，b，c の値を定めよ。ただし，$a>0$ とする。

(5)　白球3個，赤球2個，青球1個を1つの袋に入れる。その袋の中から3個の球を無作為に同時に取り出すとき，取り出した3個の中に白球が2個だけ入っている確率を求めよ。

(6)　円Cと，円Cの中心Oを通る直線 l がある。直線 l は円の外の点Pを通る。点Pを通り，直線 l と30°の角をなす直線 m を引いたところ，異なる2点で円と交わった。これらの図形の概略図と各交点の名称は，下図の通りである。∠SOT＝40°のとき，次の角の大きさを求めよ。

①　∠SRT

②　∠QRS

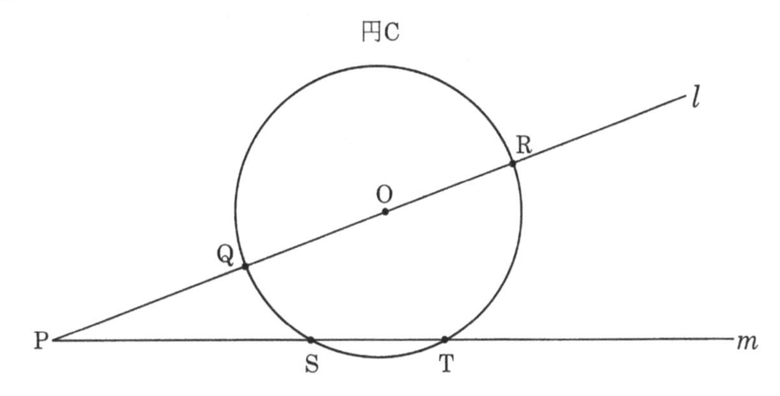

2 放物線$y=ax^2$上に3点A，B，Cがある。点Aの座標は(2，-1)，点Bのx座標は-3，直線BCの傾きは$-\frac{3}{4}$である。このとき，次の問いに答えよ。

(1) aの値を求めよ。

(2) 点Cの座標を求めよ。

(3) 直線BC上に点Dをとったところ，四角形OBCAの面積と三角形OBDの面積が等しくなった。このとき，点Dの座標を求めよ。ただし，点Dのx座標は点Cのx座標よりも大きいものとする。

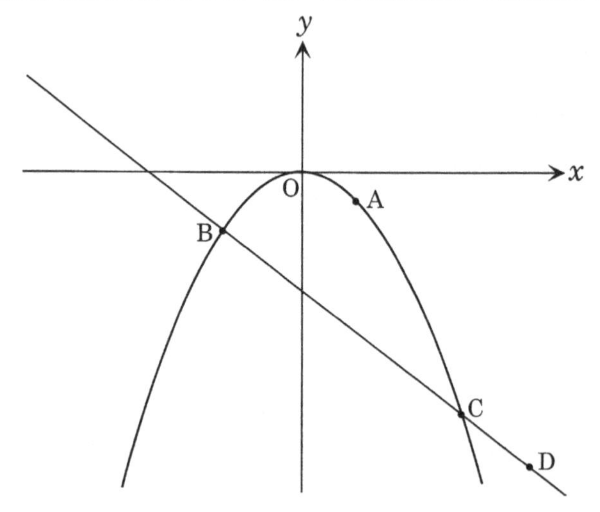

3 下図は，四角形AEFBを底面，辺DAを高さとみなした四角柱AEFB－DHGCである。AB//EF，AE⊥AB，AB＝AE＝AD＝6，EF＝10であるとき，次の問いに答えよ。

(1) この四角柱の体積を求めよ。

(2) 点Eと点Hを通り，四角柱AEFB－DHGCの体積を2等分する平面をPとする。平面Pと辺BFとの交点をMとし，点Mから辺EFに下ろした垂線と辺EFとの交点をNとする。このとき，線分MNの長さを求めよ。

(3) (2)において，四角柱を2等分したときの切り口の面積を求めよ。

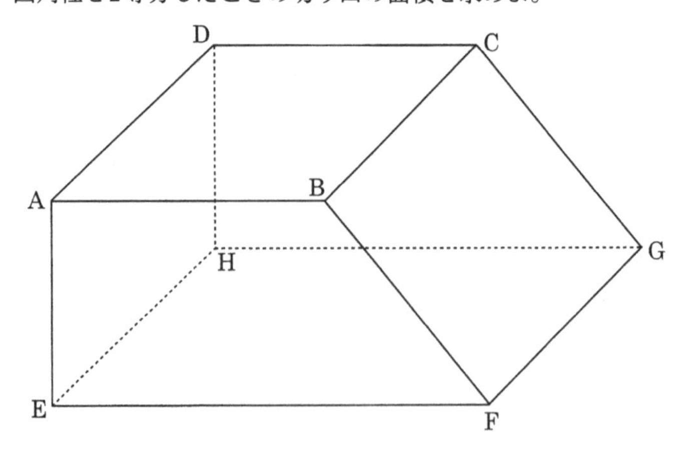

4 縦25 cm，横60 cm，高さ35 cmの直方体の水槽がある。このとき，次の問いに答えよ。

(1) この水槽に，毎分500 cm^3で6分間，水を注いだ。このとき，水槽の底から水面までの高さを求めよ。

(2) (1)のとき，高さ15 cmの三角柱のおもりを，その底面である三角形が下になるように水槽の底に沈めたところ，水槽の底から水面までの高さが2.5 cmとなった。その後，35分間にわたって再び毎分500 cm^3で水を注いだ。このとき，水槽の底から水面までの高さを求めよ。

(3) 水槽の水とおもりをすべて取り除き，水槽の中に(2)のおもりを(2)と同様に置いてから，毎分500 cm^3で水を注いでいく。水を注ぎ始めてからx分後における水槽の底から水面までの高さをy cmとする。yの変域が$15 \leqq y \leqq 35$であるとき，yをxの式で表せ。また，このときのxの変域を求めよ。

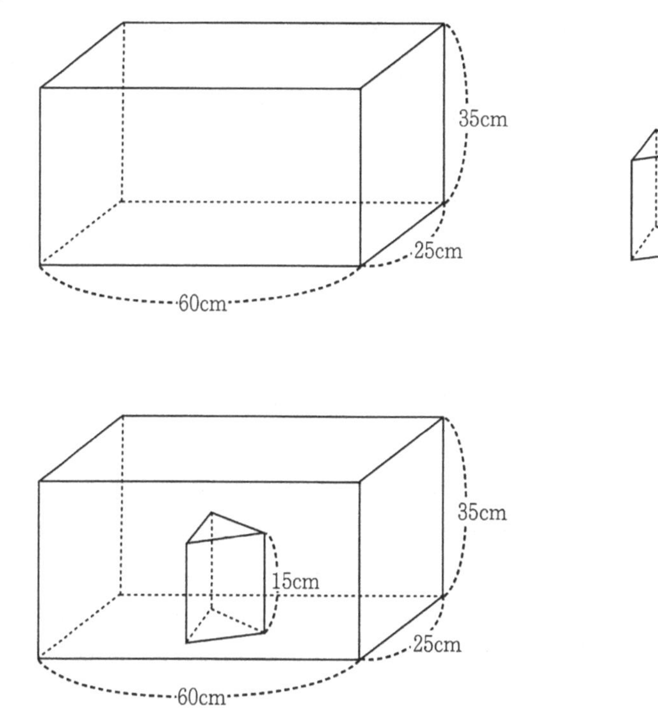

【英　語】（50分）〈満点：100点〉

I　Read the passage and answer the questions below.

Katie Fisher was excited. It was July 15 — the day of the animal *1auction. "Today I'm going to sell my *2lamb," she thought.

Seventeen-year-old Katie lived on a farm in *3Madison County, Ohio. Every July there was an animal auction in Madison County. Children from farms all over the county brought their best animals to an arena. They sold their animals to the farmer who paid the highest price. "I hope I get a good price for my lamb," Katie thought.

On the afternoon of the auction, Katie walked into the center of the arena with her lamb. People were a little surprised when they saw Katie. She had no hair. She had no hair because of *4chemotherapy. Katie had cancer. The chemotherapy had stopped the cancer, and Katie felt much better. But Katie's parents had a lot of medical *5bills to pay. Katie wanted to sell her lamb and pay some of her medical bills.

The *6auctioneer decided to say a few words about Katie. "This young lady needs money for her medical bills," the auctioneer said. "Let's give her a good price for her lamb." Then the auctioneer began the auction.

"Who'll give me one dollar a *7pound for this lamb?" he began.

"One dollar!" a farmer said.

"I hear one dollar," the auctioneer said. "Who'll give me two dollars a pound?"

"Two dollars!" another farmer said.

"I hear two dollars," the auctioneer continued. "Who'll give me three dollars?"

The auctioneer continued to raise the price of the lamb, and the farmers continued to offer more money. Finally, Katie's lamb sold for twelve dollars a pound.

Katie was happy. Lambs usually sold for two dollars a pound, but her lamb sold for twelve dollars a pound! She took her lamb to the farmer who bought it. The farmer paid Katie for the lamb and then said something surprising: "Keep the lamb," he told Katie. "Sell it again."

Katie walked back into the center of the arena with her lamb. Smiling, the auctioneer said, "Well, I guess I have to sell this lamb again." A second farmer bought the lamb, this time for eight dollars a pound.

When the auctioneer sold the lamb for the second time, something amazing happened. The farm families in the arena began ①chanting, "Sell it again! Sell it again!" When Katie took her lamb to the second farmer, he paid her for the lamb. Then he smiled and said, "You heard the people. Keep the lamb. Sell it again."

Katie walked back into the center of the arena with her lamb, and the crowd cheered. The auctioneer sold Katie's lamb again...and again... and again. Every time the auctioneer sold the lamb, the crowd chanted, "Sell it again! Sell it again!"

That afternoon the farmers of Madison County, Ohio, bought Katie's lamb 36 times. All 36 farmers paid Katie, but not one farmer took the lamb. Katie went home with $16,000 — enough money to pay all her medical bills. She also went home with her lamb.

注） *[1]auction：オークション　*[2]lamb：子羊　*[3]Madison County, Ohio：(アメリカ合衆国)オハイオ州マディソン郡
*[4]chemotherapy：化学療法　*[5]bill：請求書(額)　*[6]auctioneer：競売人　*[7]pound：ポンド(重さの単位)

1．What was one reason why Katie was excited?
　ア．Because she was going to sell her youngest lamb.
　イ．Because she had the chance to go to an auction for the first time in her life.
　ウ．Because she expected to earn some money by selling her lamb.
　エ．Because even though she was a child, she was allowed to sell her lamb at the auction.

2．What was the negative effect of chemotherapy on Katie?
　ア．It stopped the cancer from spreading.
　イ．It made her feel sleepy.
　ウ．It caused her hair to fall out.
　エ．It caused her to lose weight.

3．Why did the auctioneer decide to introduce Katie?
　ア．Because the auctioneer wanted to make the farmers more excited.
　イ．Because the auctioneer was impressed by the lamb she was going to sell.
　ウ．Because the auctioneer knew that she was ill and wanted to help her.
　エ．Because the auctioneer was surprised that she was at the auction.

4．After Katie sold her lamb for the first time at the auction, why did she feel glad?
　ア．Because she didn't expect to sell her lamb for such a high price.
　イ．Because the total price of her lamb was 10 dollars higher than usual.
　ウ．Because she knew that she could bring her lamb back home.
　エ．Because so many farmers wanted to buy her lamb.

5．Choose the best answer that has almost the same meaning as ①chanting.
　ア．getting angry　　イ．repeating the same words
　ウ．discussing　　エ．hitting someone

6．Why did the crowd cheer?
　ア．Because they were surprised to see that Katie joined the auction again without her lamb.
　イ．Because they were happy to see that Katie and her lamb returned to the center of the arena.
　ウ．Because they were sad to see that the first farmer didn't take Katie's lamb.
　エ．Because they were excited to see that Katie's lamb was sold more than 30 times.

7．What was something amazing that happened at the auction?
　ア．All of the farmers in the arena bought the lamb to help Katie.
　イ．All of the farmers who bought Katie's lamb agreed that they would share it with the others.
　ウ．Katie's lamb was sold 36 times and the price of it got higher each time.
　エ．36 farmers paid money not because they wanted Katie's lamb, but because they wanted to help her.

8．Choose the two sentences that are true about the passage.
　ア．Children from farms across the U.S.A. could sell animals at the auction which was held in

Madison County, Ohio.

イ. When Katie walked into the center of the arena to sell her lamb, her appearance surprised people.

ウ. When Katie sold her lamb at the auction, the price started at one dollar for the whole lamb but rose to 12 dollars.

エ. Not only the auctioneer but also farmers agreed that Katie could sell her lamb many times.

オ. Katie received $16,000 at the auction and spent all the money to look after her lamb.

カ. Katie seemed to have a hard time saying goodbye to her lamb so the farmers returned it after the auction.

9. After Katie went home with her lamb, reporters heard about this story and they interviewed Katie's mother. This is the comment from Katie's mother. Fill in the blanks by choosing the words from the choices below.

Thanks to the farmers' (①), we were able to pay for Katie's (②). She is taking good care of the (③) we brought to the auction on that day. It is now a family pet.

ア. auction　イ. lamb　ウ. education　エ. treatment
オ. farm　カ. cancer　キ. support

Ⅱ Read the passage and answer the questions below.

Ruth Eisenberg and Margaret Patrick play the piano. They give concerts in the United States and in Canada, and they are often on TV. They are famous.

Why are these women famous? They play the piano well, but they are not famous because they play well. They are famous because Mrs. Eisenberg plays the piano with only her right hand, and Mrs. Patrick plays the piano with only her left hand. They sit next to each other and play the piano together. Mrs. Eisenberg plays one part of the music, and Mrs. Patrick plays the other part.

Mrs. Eisenberg and Mrs. Patrick didn't always play the piano with only one hand. They used to play with two hands. Mrs. Patrick was a piano teacher. She taught hundreds of students. She taught her own children, too. Then, when she was 69 years old, Mrs. Patrick had ①a stroke. She couldn't move or speak. Gradually she got better, but her right side was still very weak. She couldn't play the piano anymore. She was very sad.

Playing the piano was Mrs. Eisenberg's hobby. She often played five or six hours a day. Then, when she was 80 years old, she, too, had a stroke. She couldn't move the left side of her body, so she couldn't play the piano anymore. She was very sad.

A few months after her stroke, Mrs. Eisenberg went to a senior citizens' center. There were a lot of activities at the center, and Mrs. Eisenberg wanted ②to keep busy. Mrs. Patrick wanted to keep busy, too. A few weeks later, she went to the same center. The director was showing her around the center when Mrs. Patrick saw a piano. She looked sadly at the piano. "Is anything wrong?" the director asked. "No," Mrs. Patrick answered. "③The piano brings back memories. Before my stroke, I played the piano." The director looked at Mrs. Patrick's weak right hand and said, "Wait here. I'll be right back." A few minutes later the director came back with Mrs. Eisenberg.

"Margaret Patrick," the director said. "Meet Ruth Eisenberg. Before her stroke, she played the piano, too. She has a good right hand, and you have a good left hand. I think you two can do something wonderful together."

"Do you know *Chopin's Waltz in D flat?" Mrs. Eisenberg asked Mrs. Patrick. "Yes," Mrs. Patrick answered. The two women sat down at the piano and began to play. Mrs. Eisenberg used only her right hand, and Mrs. Patrick used only her left hand. The music sounded good. The women discovered that they loved the same music. Together they began to play the music they loved. They were not sad anymore.

Mrs. Patrick said, "④Sometimes God closes a door and then opens a window. I lost my music, but I found Ruth. Now I have my music again. I have my friend Ruth, too."

注） *Chopin's Waltz in D flat：ショパンのワルツ変ニ長調

1．What does ① mean?

ア．an idea　　イ．a failure　　ウ．a special skill　　エ．a serious sickness

2．What does ② mean?

ア．to relax　　イ．to be excited　　ウ．to stay active　　エ．to enjoy herself

3．What does ③ mean?

ア．The piano makes me think about my past.

イ．The piano reminds me of my children.

ウ．The piano looks like the piano I used to play in the past.

エ．I have some memories of this piano.

4．What does ④ mean?

ア．After something bad happens, something good will come.

イ．There are more good times than bad times in our life.

ウ．A very difficult experience can be taken as positive or negative.

エ．We shouldn't open the door and the window at the same time.

5．Imagine you want to tell the story to a friend. Which one best tells the whole story?

ア．Two old women played the piano together. Their positive attitude has moved so many people. Their powerful message is that a terrible experience will sometimes be a great one in the end. They are so happy to make other people happy. They now think that playing the piano together is more fun than playing alone. They feel their friendship is a special gift from God.

イ．There were two women who liked to play the piano. However, both of them had strokes and one woman couldn't move her left arm, and the other woman couldn't move her right arm. One day when they visited a senior citizens' center, they were introduced to each other by a director. They found that they could play the piano together. One woman plays one part of the music with her left hand, and the other woman plays the other part with her right hand. Now they hold concerts in the U.S. and Canada.

ウ．Two women met at a senior citizens' center. They found that they had many similar interests. For example, they loved playing the piano, listened to the same kind of music, and gave concerts. Both of them had strokes and couldn't move their bodies. However, they were very positive people. Now they are best of friends.

エ. There were two women who liked to play the piano. One woman used to be a piano teacher and she taught so many students and her own children, too. The other woman's hobby was playing the piano and she played five or six hours every day. Unfortunately, both women had strokes around the same time and couldn't play the piano anymore. They were very sad because they knew that they had to give up playing the piano. However, they wanted to do something new, so they went to the senior citizens' center.

6. Choose the two sentences that are true about the passage.

ア. Mrs. Eisenberg and Mrs. Patrick used to be famous pianists and were often on TV before they had strokes.

イ. Mrs. Patrick's right hand didn't recover enough to play the piano like before.

ウ. Mrs. Eisenberg and Mrs. Patrick went to the same center and the director introduced them to each other and suggested they play the piano together.

エ. Mrs. Eisenberg's left hand was badly injured but playing the piano made it better.

オ. Playing the piano helped Mrs. Patrick and Mrs. Eisenberg recover their memories.

Ⅲ 次の英文を読み，後の設問に答えなさい。

舞台は20世紀初めのロンドン。今は落ちぶれた喜劇役者カルヴェロ(Calvero)は，ある日，自殺しかけた若い女性テリー(Terry)を助けます。テリーはバレリーナですが，突然足が麻痺し，踊れなくなってしまっていたのです。人生に絶望しきっているテリーを，カルヴェロは父親のような気持ちで励まします。

"I'll never dance again," Terry said. "Life means ①(ア something / イ nothing) to me."

"You have to fight!" Calvero said. "Think of the power that's in the *1universe. It ②(ア moves / イ moved) the earth. You have the same power! ③All(ア is / イ need / ウ use / エ to / オ you / カ the courage) it. Life can be wonderful if you're not afraid of it."

That night Calvero had a wonderful dream. He was on the stage with Terry. He ④(ア sang / イ was singing) and dancing in front of a large audience.

Some days later, Calvero had a chance to perform at a theater, but nobody laughed. While he was on the stage, the audience got tired (⑤) him and began to leave.

Late that night Calvero walked home in the cold wind. Terry was waiting (⑥) him. Calvero said, "I'm finished."

"*2Nonsense!" Terry said. "Remember the advice ⑦that you gave me. You have to fight now!"

"Calvero, look!" suddenly she shouted. "I'm walking! I'm walking!" Her legs were ⑧(ア weak / イ well) again.

Terry went back to *3the Empire Ballet, and soon she became an important dancer. She was going to play the leading part in the next ballet. She was very happy.

One morning, ⑨(ア Calvero / イ to / ウ asked / エ marry / オ Terry / カ her). She said,

"Calvero, I love you. I have wanted to say it for so long. Please marry me."

"Nonsense!" Calvero said.

"It's not nonsense," Terry said. "I love you with all my heart."

"My dear, I'm an old man. Don't waste your youth on me."

That night Calvero left her.

For years Terry looked for Calvero. Now she was a famous dancer, and she still loved him.

One evening, the manager of the Empire Theater was drinking at a *4saloon in London. In front of the saloon an old street musician and his group (⑩) playing music. After the music was finished, the old musician came in.

The manager recognized him and was ⑪(ア surprising / イ surprised). He said, "Calvero, why don't you come and see me at my office? ⑫(ア have / イ to / ウ you / エ I'd / オ a show / カ like) at my theater again."

Calvero was ⑬(ア found / イ founded) at last. Terry was very happy.

Some days later, Calvero had a special show at the Empire Theater. ⑭The show was very successful. All the audience laughed and *5clapped. Terry was very pleased with the *6applause.

The curtain (⑮). Then suddenly Calvero could not move. He was ⑯(ア dying / イ dead) of a heart attack.

Terry was shocked, but she had to get on the stage. She took Calvero's hand and said, "I'll be back soon." He nodded with a smile.

After she left, Calvero peacefully closed his eyes.

On the stage, Terry was dancing. She was beautiful in the *7limelight.

注） *1universe：宇宙　*2nonsense：ばかげたこと　*3the Empire Ballet：エンパイア・バレエ団
*4saloon：酒場　*5clap：拍手する　*6applause：拍手かっさい　*7limelight：スポットライト

1．空欄①②④⑧⑪⑬⑯に入る適切な語を選び，記号で答えなさい。

2．下線部③が「君に必要なのはそれを使う勇気だけだ」という意味になるように適切な語順に並べ替えたとき，（ A ）と（ B ）に入る語(句)を記号で答えなさい。

All (　　)(　　)(A)(　　)(B)(　　) it.

3．空欄⑤，⑥に入る語を次の選択肢からそれぞれ選び，記号で答えなさい。

ア．on　イ．at　ウ．over　エ．of　オ．to　カ．for

4．下線部⑦と同じ用法のthatを含むものを次の選択肢から選び，記号で答えなさい。

ア．This is the book that I bought last Monday.

イ．I think that everything is okay.

ウ．"Who is that girl?" "She is my cousin."

エ．Erika is getting married next month. Did you know that?

5．下線部⑨を意味の通る英文になるように適切な語順に並べ替えたとき，（ A ）と（ B ）に入る語(句)を記号で答えなさい。

(　　)(　　)(A)(　　)(B)(　　).

6．空欄⑩に入る適切な語を次の選択肢から選び，記号で答えなさい。

ア．am　イ．are　ウ．was　エ．were

7．下線部⑫が「あなたにもう一度，私の劇場で公演を行っていただきたいのですが。」という意味になるように適切な語順に並べ替えたとき，（　A　）と（　B　）に入る語(句)を記号で答えなさい。
（　　　）（　　　）（　A　）（　　　）（　B　）（　　　）at my theater again.

8．次の文が下線部⑭と同じ意味になるように空欄に入る適切な語を次の選択肢から選び，記号で答えなさい。
The show was a great（　　　）.
ア．succeeding　イ．success　ウ．succeed　エ．successfully

9．空欄⑮に入る適切な語(句)を次の選択肢から選び，記号で答えなさい。
ア．falls　イ．is falling　ウ．fell　エ．has fallen

Ⅳ　Read the passage and answer the questions below.

Jenny is British and is 14 years old. Her family has moved from England to Tokyo, Japan.
You are Jenny's friend who lives in the UK. She writes a message to you using a *1messaging application on her phone.

Jenny in Tokyo

How's everything? How's everyone at school? I miss everyone, but of course, I miss you the most. Have you seen my <u>latest</u> comments and pictures on Instagram? Life in Tokyo is nothing like I imagined. Everything is very new, but at the same time I feel quite lonely. Because of *2COVID, I can't *3hang out with anyone. I can only take walks around my neighborhood, which is OK because everything is new, but I really want to go to Disneyland and go to a baseball stadium to watch a game.
Tokyo is so different from our little village in the UK. Now I understand how you felt when you arrived in *4Broadstone!!☺
Because my first *5term classes were online, I still haven't made any close friends yet ☹. But I got some good news yesterday. Classes at school will start from next week! At first, I was really excited but now I'm feeling really nervous.
As you know, I cannot speak much Japanese, so how will I make new friends? Luckily, you taught me some basic words and phrases. They work great at the コンビニ(Did I write that correctly?), but how can I talk to my classmates? Should I join a club?
I really need your help. Can you give me some advice?!　19:34

注）*1messaging application：メッセージアプリ　*2COVID：新型コロナウイルス
*3hang out：ぶらぶらして時間を過ごす　*4Broadstone：ブロードストン(イギリスの地名)　*5term：学期

1．Choose the best answer that has almost the same meaning as 'latest'?
ア．most recent　イ．least　ウ．first　エ．most popular

2．What does Jenny think about living in Tokyo?
ア．She likes nothing about Tokyo.　イ．It is not like she imagined.
ウ．It is more exciting than she imagined.　エ．It is exactly like her friend said.

3．What has Jenny done in Tokyo?

ア．She has been to see a baseball game.

イ．She has taken a walk with her friend.

ウ．She has gone out with her host mother.

エ．She has been to a store to get something.

4．Which statement is false?

ア．Jenny cannot speak any Japanese.

イ．Jenny cannot do fun activities.

ウ．Jenny does not take lessons at school yet.

エ．Jenny cannot make any close friends at her school in Japan yet.

5．Which statement is true?

ア．Jenny lived in a big city in the UK.

イ．Jenny is excited about going to school.

ウ．Jenny has already been to Disneyland.

エ．Jenny has taken pictures of her new life for her friends in the UK to see.

6．You are Jenny's friend who lives in the UK. Write a reply to her. In your reply, include your advice. Write around 80 words.

21:34

2　西洋的・東洋的という範囲を超えたガーナの村でも、存在することのかけがえのなさへの思いは共通している。死者を賑やかに黄泉の国へ送り出すという形で、死者と生者の世界を切り離し、この世に残った人びとの存在の価値を改めて確認している。生きて「ある」ことの価値は、どんな国の人間にとっても共通する考え方であることを示している。

3　ガーナの村での葬送は、歌や踊りで賑やかに死者を送るのだが、その歌の中には生と死は人為の及ばないところにあり、人の死が不可避であるという認識と生きる者への祈りが込められている。生のかけがえのなさと、その消失への不安と祈りは、どのような人でも感じ得る普遍的な思いであることを示している。

4　近年の人類学にとって、伝統的な葬送を行うガーナの村での儀式は発見が多い。死者を太鼓や歌、踊りで賑やかに送り出す様子は、そもそも人間が自分たちの存在のあり方をどのように見つめ、死をどのようにとらえていたのかを表している。こうした儀式の中に、近年議論される存在や実在を考えるきっかけがあることを示している。

問16　［M］に入る漢字二字の熟語を、次の語群から組み合わせて書きなさい。

語群【激・苦・悲・辛・労】

問17　［N］に入る語句としてもっとも適当なものを次の中から選び、番号で答えなさい。

1　西洋と東洋との価値の融合
2　定型性を超越した意味
3　非日常的な出来事への驚嘆
4　互いの生の有り難さ

問18　次の選択肢はこの文章を説明した文である。内容の説明として**間違っているもの**はどれか。一つ選び、番号で答えなさい。

1　「ありがたい」という言葉の内奥の意味は、生の偶有性を感受する態度であるということができる。
2　近年の人類学の議論の背景には、事物の存在は人間には決定できないとする人類学者の態度がある。
3　共通の言葉を持たない者同士であっても、人との交流の中で通じ合う稀有な瞬間があるものだ。
4　日本語の平凡な言葉の中に、日本的な人との関係性や生のあり方の発想を見いだすことができる。

書きなさい。

問11 [I]にあてはまる語としてもっとも適当なものを次の中から選び、番号で答えなさい。

1　確固　　2　現実　　3　宿命　　4　本物

問12 傍線部Jとあるが、筆者はどのように「異なる」と感じているのか。その説明としてもっとも適当なものを次の中から選び、番号で答えなさい。

1　西欧諸語の別れの言葉が、信心深さを基本とした一神教の神を頼るものであるのに対し、日本語のそれは、「神頼みではなく自分の力で生きていこう」という自立した意志を示している。

2　西欧諸語の別れの言葉が、相手の未来の幸福を祈るものであるのに対し、日本語のそれは、「人と人との関係はなるようにしかならない」とあるがままに受け入れようとする姿勢を示している。

3　西欧諸語の別れの言葉が、神の恩寵により未来は作り出せるという希望を込めたものであるのに対し、日本語のそれは、「人の力ではどうにもならない」とすべてを投げ出している態度を示している。

4　西欧諸語の別れの言葉が、相手との再会への期待であるのに対し、日本語のそれは、「次に会う機会はないかもしれない」という一期一会の発想に基づく覚悟を示している。

問13 傍線部K「対になった言葉」にはどのような感情が表されているか。その説明としてもっとも適当なものを次の中から選び、番号で答えなさい。

1　「存在」に対して、あってよかったと安堵(あんど)する気持ちと、どうせなくなるのだからもともとなければよいのにと疎ましく思う気持ち。

2　「存在」するかどうかわからないものに対して、「確かにある」と信じる思いと、「絶対にないはずだ」と認めたくない思い。

3　「存在」しがたいものが「存在」することに対する、驚きの気持ちと、「そうであるのだから」と平静に受け止める気持ち。

4　「存在」に対する、それ自体が奇跡であるという思いと、「存在」できる状況か否かは自分の力ではいかんともしがたいという思い。

問14 [L]に入るもっとも適当な四字熟語は何か。次の四つの中から一つ選び、漢字に直して答えなさい。

【　イッシンドウタイ　・　カンゼンムケツ　・　ヒョウリイッタイ　・　キョウソンキョウエイ　】

問15 ※2[の部分で、筆者はどのようなことを示そうとしているか。その説明としてもっとも適当なものを次の中から選び、番号で答えなさい。

1　ガーナの村では人間が死後も黄泉の国で存在していると信じられ、死者の言葉が歌にのせられている。生き残ったものは賑やかに死者を送り出す歌や踊りをつづけ、人間存在の永遠性を称えようとしている。その姿は現実に生きて「ある」ことの価値をくつがえすような、肉体の死後も途切れることのない人間の生のあり方を示している。

を選び、番号で答えなさい。

1　「ある」という日常的に使用される平凡な言葉が、時に暗示や比喩を含んだ特別な意味内容を込めて使われること。

2　不慮の出来事に巻き込まれたり、また不意の別れに遭遇する人も多い中で、自分は毎日を平穏に過ごすことができていること。

3　日々の出来事や出会いは、さまざまな形で現れ得るのに、いま目の前には他ならぬこの姿・形で現れていること。

4　体験する一つひとつの出来事や出会いは、長い人生からすると一瞬に過ぎず、振り返った時にはもうそこには無いこと。

問5　傍線部**C**とはどのような状態・様子を表す語か。次の中からもっとも適当なものを選び、番号で答えなさい。

1　状況が明確にそれとわかる様子

2　物事が隅々まで把握されている様子

3　状況が順序立てて整理されている様子

4　中心ではなく周辺の物事が浮上する様子

問6　**D**に入る語として、もっとも適当なものを次の中から選び、番号で答えなさい。

1　すぐれて　　2　かえって

3　要するに　　4　まれに

問7　傍線部**E**とあるが、穂村弘の短歌論を読んで筆者がそう考えたのはなぜか。次の中からもっとも適当なものを選び、番号で答えなさい。

1　近代以降の短歌は、歌人の庶民的な感性をもとにしており、あらゆる物事の背後に神々を見いだす日本土着の宗教観をもとにしているから。

2　近代以降の短歌は、日常の何気ない物事がそこにあることに感嘆する感性をもとに、生のかけがえのなさを表現しようとしているから。

3　近代以降の短歌は、人生は一回きりだということをテーマとしており、人生はいつか必ず終わりを迎えるという失望を表現しているから。

4　近代以降の短歌は、歌人の表現力によって非日常的な情景を描写することで、万物に恩寵をもたらした存在を予感させるものであるから。

問8　傍線部**F**のような人類学における判断は、どのような考えを前提としていると筆者は考えているか。次の中からもっとも適当なものを選び、番号で答えなさい。

1　精霊であれ霊魂であれ、その存在は近代科学によって否定できないので、人それぞれの考え方を認めるべきだという考え。

2　現在の世界のあり方をできるだけポジティブにとらえるべきであり、人間には困難を打ち破る力があるという考え。

3　西洋人も非西洋人も等しくその存在を肯定されるべきであり、人類は互いに尊重し合うべきであるという考え。

4　人間には物事を存在させる力があるはずなので、物事の存在についての判断を基本的には認めようという考え。

問9　傍線部**G**とあるが、「それ」が指す語句を本文中から過不足なく抜き出して答えなさい。

問10　**H**にあてはまる五文字の言葉を、※1の中から探し、る。無と有が縒りあわされた糸のように[L]であること、その流転が誰の手をも離れた事柄であることへの感受性。それがごく日常的な、誰しもが何気なく口にする言葉の中にはらまれているということ。それは、ことさらに東洋的や日本的と呼ばれうるような、あるいは欧米の諸文化からみた他者性を示すような何かであるのだろうか？　それはむしろ、「ある」ことや存在しつづけることに至上の価値をおくような見方の陰にありながら、誰しもがふと抱くことのある感慨ではないだろうか。

※2

夜は歌い手たちへの伝言をのせてやって来た。夜の帷が降りた[注6]とき、これはいったいどのような死だというのか？〔……〕かくして彼は去りゆき、皆は黄泉の国への旅に出た。墓を掘る人びと[注7]にこう言いのこして。「生まれてきた者は、誰もが死ななくてはならない。だから私はこの太鼓を、まだ生きている人びとに残していこう」

（オブリティマ村、エウェ民族の葬式講キンカの歌）

かつて暮らしていたガーナの村で、人びとは誰かが亡くなると太鼓の音に合わせて踊り、死者を送る歌を賑やかに歌いつづけていた。幼子を背負い、汗を飛び散らせ、全身を激しく振り動かして。まるで、⑤絡まりあった死と生のための祭りでもあるかのように。そうならなければならないのなら。そうならなければならないからこそ。

「さよなら」についての洞察を書き綴ったアンは、その数年前に幼い息子を失うという[M]を経験していた。彼女はまた、調査飛行中に不時着した国後島で出会った漁師との交流を描いた文章の中で、arigatoという言葉についても触れている。漁師は初め、彼女の発したその言葉の意味を理解できずにいたが、最後の最後に顔を輝かせ、「ああ、ありがとう、ありがとう！」と叫んだ。

それは、共通の言葉を持たない者同士が一瞬の閃きのように通じあった、稀有な瞬間であったに違いない。「さよなら」と同じように、もしもアンがこの言葉に込められた意味への洞察を書き残していたとしたら、それはどんなものになっただろうか。そのシンプルな言葉の響きがもたらすもの、それは彼女にとって、人と人の奇跡のような一瞬の出会い、分断を越えた閃きのような生の交錯であり、何気なくささやかな出来事の中にはらまれた、[N]であっただろうか。

（石井美保『めぐりながれるものの人類学』より）

注1　**モチーフ**　表現の動機となるもの。
注2　**恩寵**　めぐみ。いつくしみ。恩恵。
注3　**縷々**　細く長く、絶えず続くさま。
注4　**偶有性**　存在することもしないこともありうるものの在り方。
注5　**アン・モロー・リンドバーグ**　アメリカ合衆国の飛行家・文筆家。
注6　**夜の帷が降りた**　「夜になった」の意。
注7　**黄泉の国**　死後、魂が行くというところ。死者が住むと信じられた国。

問1　二重傍線部①〜⑤の漢字の読みをひらがなで書きなさい。

問2　傍線部Aとあるが、ここにある「定型」とほぼ同じ意味の語句を、三段落目までの本文中から抜き出して答えなさい。

問3　[a]には品詞名、[b]には該当する活用形が入る。解答欄に合うように、それぞれ漢字で正確に書きなさい。

問4　傍線部Bは何に対する感慨か。次の中からもっとも適当なものと、恩寵を宿したものたちが存在していること、そうしたことどもの儚さへの気づきであり、その消滅への予感でもあるだろう。E短歌とはだから、縷々（るる）[注3]変転する生と、万物をあらしめ、また無（な）からしめる何ものかへの祈りでもあるのかもしれない。

※1

　ひるがえって近年の人類学では、存在や実在が盛んに論じられている。それらの議論のいくつかが提起しているのは、近代合理的な観点からみて「ありえない」と思われるような事柄――たとえば霊魂や妖術といったもの――について、近代人である「私たち」とは異なる「彼ら」の存在論的世界では「ある」ものとして考えよう、という姿勢だ。「私たち」はそうした現象を現実的なものとして感知することができないが、「彼ら」にとってはそうではない。だから、「私たち」はそんなものは存在しないと決めつけるのではなく、かといって自分たちにとっても実在しうると想定するのでもなく、Fそうした現象が存在しうるかどうかについては「彼ら」の自己決定に任せなくてはならない、と。

　こうした議論において無意識のうちに前提とされているのは、「ある」ということへの肯定感と、物事をあらしめる人間の力への（いまだ失われていない）確信ではないかと思われる。私たちにとっての夢幻は他者にとっての現実であるかもしれないのだから、私たちはその実在性を認めつつ、その有無に関する判断は他者自身に②委ねよう。「ある」ことの肯定はこのように、G西洋近代的なそれとは異なる他者の存在論的世界の尊重と肯定に直結しているのだが、同時に、ある現象が現実的なものとして存在しうるかどうかを誰かが決定できるということが前提とされている。

　それはいいかえれば、精霊であれ妖術であれ、現実にはありえないとされてきた物事をこの私が、③否あなたこそが、［　H　］ことができるという見方であるように思われる。対して、先にみた「ありがたい」という言葉の奥底にあるのは、「ある」と見えるものでさえ「ない」のかもしれず、現（うつ）はいつでも幻になりかわるという感覚ではないだろうか。［　I　］としてあるものは何もなく、だからこそ平凡な事物が、周囲の何くれが、私とあなたの生がそのようなものとして「ある」ことに何度でも驚き打たれ、④畏れながら祈り、歌として表現する。人による自己決定の対象とはなりえない、幻と現、無と有の絡まりあった流転への気づき。それは生と存在の偶有性[注4]を感受することであり、「私が在る」という以前にその存在が与えられており、「私が無い」という以前にその存在を奪われているという、能動とも受動ともつかない生のあり方に内在する態度なのかもしれない。

　飛行家であり、文筆家でもあったアン・モロー・リンドバーグ[注5]は、北極を経由した日本と中国への調査飛行を綴（つづ）った著書の中で、日本語の「さよなら」という言葉について書いている。「Good-by（神がともにありますように）」をはじめとするJ西欧諸語の別れの言葉とは異なるニュアンスを、彼女はこの言葉の中に感じとっている。そこに込められているのは、「そうならなければならないなら」という想いなのだと。そうならなければならないなら。何が？……私とあなたの生が、出会いと別れが。

　それは、「ありがとう」というもうひとつの平凡な言葉にはらまれた意味、今ここにこうしてあることへの驚きに打たれながらもその消失を予感し、畏れ、祈ることとK対になった言葉であるように思われあるべき多様性はおのずと捨て去られているということ。

4　近代化にともなう大量生産・大量消費の構造は「洋服」という既製品を生むこととなり、安価で便利になったがその分本当の自分らしさを表現できるものが少なくなってしまったということ。

問15　傍線部Mとはどのようなことか。次の中からもっとも適当なものを選び、番号で答えなさい。

1　「洋服」に代表されるファッションこそが近代特有の機能美を可視化しているということ。

2　近代という時代が私たちに強要している集合意識を、目に見える形で表象しているということ。

3　近代イデオロギーのもとで、目に見える「洋服」は常にデザインの制限を強要され続けたということ。

4　流行に左右されやすいファッションの世界は、激動する近代の歴史的変化を象徴しているということ。

二、次の文を読んで、後の問に答えなさい。

毎日のように口にする言葉が、ふとしたきっかけで奇妙なものに思われてくることがある。たとえば挨拶。「今日は」「さようなら」といった何気ない言葉が、A その定型性を超えてもつ意味などを考えはじめると、いつか耳にした意味のとれない言葉を思いだしたときのように、胸の内が少しざわつく。

とりわけ、「ありがとう」という言葉は奇妙だ。辞書を引くと、「《[a]『ありがたい』の[b]『ありがたく』のウ音便》感謝したり、礼を言ったりするときに用いる言葉」（大辞泉）とある。とすれば、その日常的な用法の奥底にあるのはおそらく、この言葉が用いられるべき状況や対象がそもそも「有り難い」こと、稀有(けう)なものであるにもかかわらず生じていることへの驚きや感嘆なのだろう。

誰しもが日々口にする平凡な言葉の中に、「ある」ということへの驚きが含まれているとしたら。それは、非日常的な出来事への驚嘆というよりも、この日常が日常としてあること、自分と誰かとの関係性がそのようなものであること、自分自身の生がこのようなものであることへの B 驚きと不思議さをその底に宿した言葉であるのかもしれない。それはまた裏を返せば、そうした日常や関係性や生そのものが、永遠には有り難いもの、いつ儚(はかな)く消え去るかもしれないものとして感受されていることを ① 示唆してもいる。

そんなことを思いついたのは、歌人である穂村弘の短歌論を読んだときだ。近代以降の短歌は無限にかたちを変えつつ、ただひとつのものを表現していると穂村は述べる。その「ひとつのもの」とは、C 端的にいえば生の一回性であり、かけがえのなさであると。彼はまた、詩人と引き比べて歌人の多くは[D]庶民的（「歌人の頭は庶民、ハートは庶民の十倍も庶民」）であると言い、その庶民性の根本にあるのは、「田舎のおばあさんなどが、何にでも『ありがたいありがたい』と手を合わせるあの感覚」であると述べている。

つまり、短歌がかたちを変えて表現しつづける根源的なモチーフ[注1]とは生のかけがえのなさであり、それはあらゆる物事の中に何かの恩寵(おんちょう)[注2]をみて驚くような、「有り難さ」への庶民的な感性に根ざしている。

その背面にあるのはおそらく、私とあなたが今こうして生きているこ答えなさい。

1 顕在化　2 内在化　3 合理化　4 同調化

問11 傍線部Iとはどのような「関係」か。その説明としてもっとも適当なものを次の中から選び、番号で答えなさい。

1 個人の「行為や思考」は、集合意識の外部に存在しており、集合意識の強制力に気がつくことはない。

2 ファッションは十人十色であり、集合の中の「個性」を表現するものにほかならない。

3 私たちは集合意識にあくまで進んで同調しているだけであって、強制されているわけではない。

4 私たちは、現在生きている社会に形成された「類型」から逃れることはできない。

問12 傍線部Jとあるが、「権力体系やイデオロギー」が「目で見ることができる」とはどのようなことか。次の中からもっとも適当なものを選び、番号で答えなさい。

1 優れたファッションブランドは、私たちの視覚的な美的感性をわしづかみにし、魅了するということ。

2 私たちの意識が知らず知らずのうちに支配され、従属を余儀なくされているさまを映し出しているということ。

3 メディアに登場する権力者や政治家が好んで着るファッションは、その時代の流行に沿ったものが多いということ。

4 現代を生きる人間としての思想信条の自由を、服装という視覚情報を通して教えてくれるということ。

問13 傍線部Kとはどのようなことか。次の中からもっとも適当なものを選び、番号で答えなさい。

1 私たちは、みずからの身体が「洋服」という形状に合致するのがもっとも合理的であり美的であるという社会的制約のもとで生きているということ。

2 私たちは、「洋服」のもつ機能性と美しい装飾にしばしば圧倒されて、その利便性から自己を引き離すことがもはや困難になっているということ。

3 「洋服」にはどうしても既製のサイズというものが存在するので、私たちは無理にでもそのサイズに身体を合わせなければならないということ。

4 日本には「和服」の文化がありながら、戦後のサラリーマン社会においては「洋服」を着ることが既成事実として常態化してしまっているということ。

問14 傍線部Lとはどのようなことか。次の中からもっとも適当なものを選び、番号で答えなさい。

1 「洋服」という身体様式は、近代化によって日本人のファッションの主流となるが、機能的である分、遊び心に欠け、粋を好む日本人にとってはかえって窮屈に感じる人が多いということ。

2 英国風スーツに代表される「洋服」という身体様式においては、ウエストのくびれた、よりスリムなシルエットが平準化され、それが最先端のファッションとして位置づけられているということ。

3 「洋服」によって規定された私たちの身体は、近代的な社会生活に適応するように標準化されてはいるが、人間として本来ていないかどうか、常に不安を抱いているから。

3　現代人は、ナショナリズムやジェンダーといったわかりやすいアイデンティティの規定を必要としているから。

4　現代人は、直接目にすることができない自我を、他者とは異なる外見の中に見出そうとするから。

問4　傍線部Bとあるが、これはどのような社会か。その説明としてもっとも適当なものを次の中から選び、番号で答えなさい。

1　都市化が進み、周りの人々の素性を知らないまま暮らすようになった社会。

2　インターネット上で、相手の名前を知らないまま人々が自由に言論活動をする社会。

3　個人の名前や能力ではなく、所属する団体の信頼度により評価される社会。

4　互いに認知してはいないが、誰もが助け合って暮らしている社会。

問5　傍線部Cにある「その扱いに熟練」するとは、何ができるようになることか。※[の部分から三十字以上三十五字以内（句読点を含む）で探し出して、最初と最後の五字を答えなさい。

問6　傍線部Dとあるが、これはどのようなことを言っているのか。その説明としてもっとも適当なものを次の中から選び、番号で答えなさい。

1　有名なブランド品を着ることで、自分の名声を周囲に知らしめようとしても、逆効果になるということ。

2　ブランド品を集めている人は、その価値の本質を知らないまま、闇雲に買いあさっているだけだということ。

3　流行の服は、良質で高価なものであってもいずれ古さを帯びてしまうので、買っても無駄になるということ。

4　高級なものは、それ自体が雄弁過ぎて、かえって身に着けている人の存在感を曇らせてしまうということ。

問7　傍線部Eとあるが、この「繰り返し」が生じるのはなぜか。その説明としてもっとも適当なものを次の中から選び、番号で答えなさい。

1　個性的な人物は、多くの人が持っているものには関心が持てず、結果として限定品ばかりを買い求めるから。

2　自己のかけがえのなさと、持っている商品の希少性は本質的に無関係であることを理解していないから。

3　限定品に少しでも関心を持ってしまえば、その人は限定品の「流行」現象に巻き込まれざるをえないから。

4　希少なものを持っていることを称賛された喜びに心を奪われ、それ以外のことが眼に入らなくなったから。

問8　[F]に入るもっとも適当な四字熟語を次の中から選び、番号で答えなさい。

1　付和雷同　　2　唯我独尊
3　唯一無二　　4　千載一遇

問9　傍線部Gは、ここでは何にあたるか。もっとも適当なものを次の中から選び、番号で答えなさい。

1　因習　　2　倫理　　3　常識　　4　教訓

問10　[H]に入るもっとも適当な語を次の中から選び、番号でにはいかない。たかが着るもののようでいて、男らしさや女らしさをどう考えているか、社会のどこに自分を位置づけているか、どういう文化を受け入れているかといったことを、眼に見える形で示さざるをえないのがファッションなのだ。社会が提示しているものの中から選ばなくてはならない以上、それは、デュルケーム[注2]が言うところの「集合意識」が［ H ］したものにならざるをえない。

デュルケームは、個人の「行為や思考」と思われているものは、その類型が個々人の意識の外部、つまり社会に存在しており、個々人はそれに従って行動しているだけだと説く。多くの場合は、みずから進んで同調しているので、その強制力に気がつかないが、だからといって私たちが、集合意識に強制されていないわけではないという。ファッションは、そういう I 集合意識と私たちの関係を、非常にわかりやすく例示してくれていると言える。

ファッションは、十人十色とか、人それぞれとか、好き嫌いで片づけられる問題ではない。J ファッションとは、目で見ることができる権力体系やイデオロギー[注3]である。私たちは、それほどたくさんの選択肢を持っているわけでも、何もかもから自由に考え行動できるわけでもない。私たちが、現在生きている人間として選択できるあり方の範囲を、視覚的情報として教えてくれるのがファッションなのだ。

そうだとすると、どのような選択肢が現在の私たちにはあるのかが重要になる。そしてそれは、どのような服なら、私たちは手に入れることができるのか、という問いに置き換えることができる。表面的な装飾の差異ではなく、どのような基本的な性質を備えている服の中から、私たちは選択しているのかという問いである。

K 現在、私たちは「洋服」という、たった一つの身体様式に押し込められている。それは世界を⑤オオい尽くそうとしている身体様式で、近代化によって作られた、L とても機能的でありながら窮屈な身体である。洋服は西洋由来の衣服だから、洋服と呼ばれるのだが、しかし西洋でも昔から洋服を着ていたわけではない。私たちが現在着ている洋服は、近代化の過程で、ファッションと共に生まれてきたものだ。

つまり、ファッションとは M 可視化された近代であり、私たちはどうあがいても、近代の制度の中からしか、自分を選べないということである。

（井上雅人『ファッションの哲学』より）

注1　フィッシャー　セイモア・フィッシャー。アメリカの心理学者。
注2　デュルケーム　エミール・デュルケーム。フランスの社会学者。
注3　イデオロギー　人々の考え方や行動を根底から支えている信念や思想。

問1　二重傍線部①～⑤のカタカナを漢字で書きなさい。

問2　【 i 】～【 iii 】に入るもっとも適当な語を次の中からそれぞれ選び、番号で答えなさい（一つの選択肢は一度しか使えません）。

1　そのため　　2　しかし
3　たとえば　　4　つまり

問3　傍線部Aとあるが、それはなぜか。次の中からもっとも適当なものを選び、番号で答えなさい。

1　現代人は、鏡に映る自身の顔や身体を通してのみ、自我そのものを認識することができるから。
2　現代人は、自分が周囲と同調しない非常識な人間だと思われも、身体も、衣服も、すべての人が、その扱いに熟練しないわけにはいかないのだ。

自分自身の姿を①シコウサクゴしながら探している現代人にとって、次から次へと新しい身体像を提案してくれる流行の服は、とても役に立つ。とはいえ、高くて良い物なら自分を良く語ってくれるはずだと思ってブランド品を持っても、自分より有名なブランド品が、自分のことを語ってくれるはずはない。D高くて良くなるほど、物が自分に所属するのではなく、自分が物に所属していくことになる。

あるいは同じように希少性を求め、少量生産の限定品を買うことによって、自分が特別限定の人間であることを証明しようとする人もいる。だからと言って、それ一つで自分自身の希少性を証明できるはずはない。そこで、そういった人は、また別の限定品を買うことになる。だが、それでもまだ証明されず、Eさらにまた買う、と繰り返していくことになる。

※

流行(はや)り物を持つことは、同時代の中で孤立していないと確認するためには効果がある。自分は風変わりな人間ではないと、強く感じることができる。しかし、自分が固有の存在であることを語ろうとするのなら、他の人と同じになりやすい流行り物を選んではいけなくなる。特別な身体を社会的に作ることは、非常に難しい。

②ヤッカイなことに、流行り物などに頼らずに、身体をどのような形に作り上げていくかのイメージを、個人個人がゼロから生み出すのは不可能である。それは、社会の中から探して借りてくるしかないのだ。自分がどのような人間であるかは、他者の視線を意識して、社会的に形成されたイメージに合わせることによってしか表現することができない。誰にも、自分が特別な人間であると信じたい瞬間はあるのだから、特別な物の力で、特別な気分になって、少しでも自信を持つことができれば、楽しく生きることができるだろう。しかし、それはなかなか困難なことなのだ。

だが一方で、どんなに天才的な表現者であっても、既存の枠組みの中でしか表現できないのは当たり前のことである。文章を書く人は、日本語などの既存の言語を使って練り上げる。絵を描く人は、絵の具を使って絵筆で描く。音楽を奏でる人は、五線譜の上に作曲し、楽器を使って演奏する。優れた表現は、既存の枠組みのどこかを乗り越えてなされる場合が多いとはいえ、だからといって、道具も、手段も、何もかもを③ジマエで用意して表現するのは無理である。

私たちが［ F ］の存在と思っている芸術作品ですら、そうやって既存の制度や方法に、そのほとんどを頼っているぐらいだから、服を着ることによって自分が誰かを表明することも、同じように既存の枠組みに頼らざるをえない。ファッションは、人間の身体の多様性、つまり人間そのものの多様性を積極的に肯定し、多様な美のあり方を④サイゲンなく提案し続ける表現手段である。しかし、だからといって無制限に提案ができるわけではない。私たちは、街やマスメディアやネットで手に入れることのできる既存のイメージの組み合わせによってしか、日々、自分の姿を形づくることはできない。

要するに私たちは、自由意思に従って選んでいるようでいて、限られたものの中から選んでいるに過ぎない。選び方も自分で決めているようでいて、G社会のルールに従っているだけだ。逆に、ファッションなどどうでもいいと思っている人も、限られた中から選ばないわけ

【国　語】〈五〇分〉〈満点：一〇〇点〉

一、次の文を読んで、後の問に答えなさい。

人間には、自我が存在していると言われている。人間は、自分は人と比べておかしくないか、人と比べて劣っていないかといったことで不安になるが、自我が存在していると思っているばかりに、大勢の中に埋没していないか、自分にしかないものが自分にはないのではないかといったことでも不安になる。人と違っていても、同じでも、いずれ不安に思うのだ。

【　i　】、人と比べておかしくなく、かつ、人と違っているはずの自我は、直接見ることができない。鏡を見ても、そこに映るのは顔であり、体であり、自我そのものではない。それでも、鏡に映っている自分を見て、確かに自分が実在していることを確信して、その外見と同じように、その中には、他者とは違う個性があると納得しようとする。

【　ii　】[A]現在の社会では、見た目に強く個性が求められることになる。だが個性を示すのは困難であり、それでいながら、あまりにも周囲とかけ離れた身体イメージを形成すると、周囲と同調しない非常識な人間だと非難され、当人も周囲と違っていることに不安を覚える。[B]匿名性の高い人々に囲まれている近代社会では、見た目によって自分が誰であるかを伝えなくてはならず、どこかにアイデンティティの帰属先を持ち、それに従って、他人が理解可能なように見た目を作っていかなくてはならない。ナショナリズムやジェンダーといったわかりやすいアイデンティティの規定なくして、生きていくことが難しい理由の一端もそこにある。

自分自身による自分自身へのまなざしは、同時に他人からのまなざしでもあり、他人から見られていることを確認するまなざしでもある。[注1]フィッシャーは、人々が「自分の身体についての内なる不安感」を解消するために、「他者に見られることによって身体についての確かな情報を求めている」と述べている。実際と仮想の視線を感じることによって、自分の身体の輪郭を確認し、外縁を強化しているのだ。

それは【　iii　】、見た目がものを言うということでもある。他者を理解しようとするときには、語り合うことが重要だとされてはいる。それは、言葉こそが人と人を理解させ結びつけると信じられているからである。だが、自分のことを自分に向かって言葉で説明して自分を理解できた、などという話は聞いたこともない。言葉によって自分自身を理解することができないのに、言葉によって他者を理解するなどできるものだろうか。自分が誰であるかを、言葉によって他者に説明できるのであれば、自分に対しても、他者に説明するように言葉によって説明できるはずである。しかし、そんなことは、とても無理なことであろう。言葉によって自我が確認できないのであれば、言葉によって他者を理解することができるかも怪しいものだ。

それゆえに人間は、自分自身を見た目で確認するようにして、他者も見た目によって判断する。そして自分に対しては、姿形を制御することによって、自分の存在を作りあげようとする。表情や仕草だけでなく、化粧や刺青をはじめとした身体加工、さらには衣服も、自分を作り上げる手段である。それは、ファッションに特別関心がある人に限ったことではない。[C]強く意識しようがしまいが、表情も、仕草

2022年度

解　答　と　解　説

《2022年度の配点は解答欄に掲載してあります。》

＜数学解答＞

1 (1) $\frac{7a-b}{24}$　(2) $y(x-5)(x-6)$　(3) $x=\frac{-2\pm\sqrt{19}}{3}$
(4) $a=2$，$b=\frac{3}{2}$，$c=-\frac{25}{4}$　(5) $\frac{9}{20}$
(6) ① ∠SRT＝20°　② ∠QRS＝20°

2 (1) $a=-\frac{1}{4}$　(2) C(6, −9)　(3) $D\left(\frac{26}{3}, -11\right)$

3 (1) 288　(2) $MN=\frac{24}{5}$　(3) $\frac{12}{5}\sqrt{433}$

4 (1) 2cm　(2) $\frac{50}{3}$cm　(3) $y=\frac{1}{3}x+3$　xの変域：$36\leqq x\leqq 96$

○配点○

1 (1)～(3)・(5)　各5点×4　(4)・(6)　各2点×5　2～4　各7点×10　計100点

＜数学解説＞

1 （式の計算，因数分解，2次方程式，確率，角度）

基本 (1) $\frac{a+2b}{6}-\frac{-a+3b}{8}=\frac{4(a+2b)-3(-a+3b)}{24}=\frac{4a+8b+3a-9b}{24}=\frac{7a-b}{24}$

基本 (2) $x^2y-11xy+30y=y(x^2-11x+30)=y(x-5)(x-6)$

基本 (3) $3x^2+4x-5=0$　2次方程式の解の公式から，$x=\frac{-4\pm\sqrt{4^2-4\times3\times(-5)}}{2\times3}=\frac{-4\pm\sqrt{76}}{6}=\frac{-4\pm2\sqrt{19}}{6}=\frac{-2\pm\sqrt{19}}{3}$

(4) $(2x-1)(2x+4)=(2x)^2+(-1+4)\times2x+(-1)\times4=4x^2+6x-4$　$(ax+b)^2+c=a^2x^2+2abx+b^2+c$　$a^2=4$　$a>0$から，$a=2$　$2ab=6$　$b=\frac{3}{a}=\frac{3}{2}$　$b^2+c=-4$　$c=-4-b^2=-4-\left(\frac{3}{2}\right)^2=-4-\frac{9}{4}=\frac{-16-9}{4}=-\frac{25}{4}$

(5) 3個の白球を白1，白2，白3，2個の赤球を赤1，赤2とする。3個の球の取り出し方は，
(白1，白2，白3)，(白1，白2，赤1)，(白1，白2，赤2)，(白1，白2，青)，(白1，白3，赤1)，(白1，白3，赤2)，(白1，白3，青)，(白1，赤1，赤2)，(白1，赤1，青)，(白1，赤2，青)，(白2，白3，赤1)，(白2，白3，赤2)，(白2，白3，青)，(白2，赤1，赤2)，(白2，赤1，青)，(白2，赤2，青)，(白3，赤1，赤2)，(白3，赤1，青)，(白3，赤2，青)，(赤1，赤2，青)
の20通り。そのうち，取り出した3個の中に白球が2個だけ入っているのは，下線が引いてある9通りだから，求める確率は，$\frac{9}{20}$

基本 (6) ① 円周角の定理より，$\angle SRT=\frac{\angle SOT}{2}=\frac{40^\circ}{2}=20^\circ$
② ∠QRS＝xとすると，円周角の定理から，∠QTS＝∠QRS＝x　△QPTにおいて内角と外角の関係から，∠RQT＝∠QPT＋∠QTP＝30°＋x　RQは円Cの直径なので，∠QTR＝90°
△RQTの内角の和の関係から，$x+20^\circ+30^\circ+x+90^\circ=180^\circ$　$2x=40^\circ$　$x=20^\circ$

2 （図形と関数・グラフの融合問題）

基本 (1)　$y=ax^2$に点Aの座標を代入して，$-1=a\times2^2$　$-1=4a$　$a=-\frac{1}{4}$

(2)　$y=-\frac{1}{4}x^2$…①　①に$x=-3$を代入して，$y=-\frac{1}{4}\times(-3)^2=-\frac{9}{4}$　よって，$B\left(-3, -\frac{9}{4}\right)$　直線BCの式を$y=-\frac{3}{4}x+b$として点Bの座標を代入すると，$-\frac{9}{4}=-\frac{3}{4}\times(-3)+b$　$b=-\frac{9}{4}-\frac{9}{4}=-\frac{18}{4}=-\frac{9}{2}$　よって，直線BCの式は，$y=-\frac{3}{4}x-\frac{9}{2}$…②　①と②から$y$を消去すると，$-\frac{1}{4}x^2=-\frac{3}{4}x-\frac{9}{2}$　両辺を-4倍して，$x^2=3x+18$　$x^2-3x-18=0$　$(x+3)(x-6)=0$　$x=-3$，6　①に$x=6$を代入して，$y=-\frac{1}{4}\times6^2=-9$　よって，$C(6, -9)$

重要 (3)　点Aを通り直線OCに平行な直線と直線BCとの交点をDとすると，(四角形OBCA)＝△OBC＋△AOC＝△OBC＋△DOC＝△OBDとなる。　$-\frac{9}{6}=-\frac{3}{2}$から，直線OCの傾きは，$-\frac{3}{2}$　直線ADの式を$y=-\frac{3}{2}x+c$として点Aの座標を代入すると，$-1=-\frac{3}{2}\times2+c$　$c=-1+3=2$　よって，直線ADの式は，$y=-\frac{3}{2}x+2$…③　②と③からyを消去すると，$-\frac{3}{4}x-\frac{9}{2}=-\frac{3}{2}x+2$　両辺を-4倍すると，$3x+18=6x-8$　$3x=26$　$x=\frac{26}{3}$　これを③に代入して，$y=-\frac{3}{2}\times\frac{26}{3}+2=-11$　したがって，$D\left(\frac{26}{3}, -11\right)$

3 （空間図形の計量問題－体積，切断，三角形と比の定理，三平方の定理，面積）

基本 (1)　$\frac{1}{2}\times(6+10)\times6\times6=288$

(2)　2等分された立体は高さが同じなので底面積は$\frac{1}{2}$になる。　$\triangle MEF=\frac{1}{2}\times$(四角形AEFB)$=\frac{1}{2}\times48=24$　$\frac{1}{2}\times10\times MN=24$から，$MN=\frac{24}{5}$

重要 (3)　点Bから辺EFへ垂線BIを引くと，BI＝AE＝6，FI＝10－6＝4　三角形と比の定理から，MN：BI＝FN：FI　$\frac{24}{5}:6=FN:4$　$FN=\frac{24}{5}\times4\div6=\frac{16}{5}$　$EN=10-\frac{16}{5}=\frac{34}{5}$　△MENにおいて三平方の定理を用いると，$ME=\sqrt{\left(\frac{24}{5}\right)^2+\left(\frac{34}{5}\right)^2}=\sqrt{\frac{1732}{25}}=\frac{2\sqrt{433}}{5}$　平面Pは縦がME，横がHEの長方形になるから，求める面積は，$ME\times HE=\frac{2\sqrt{433}}{5}\times6=\frac{12}{5}\sqrt{433}$

4 （1次関数の利用）

基本 (1)　求める高さを$h$cmとすると，$25\times60\times h=500\times6$　$h=3000\div1500=2$(cm)

(2)　三角柱の底面積を$s$cm²とすると，$s\times2.5=25\times60\times(2.5-2)$　$s=750\div2.5=300$　$(1500-300)\times(15-2.5)=15000$　$500\times35=17500$　$(17500-15000)\div1500=\frac{2500}{1500}=\frac{25}{15}=\frac{5}{3}$　よって，$15+\frac{5}{3}=\frac{50}{3}$(cm)

重要 (3)　$1200\times15\div500=36$より，$x=36$のとき$y=15$　$(1200\times15+1500\times20)\div500=96$より，$x=96$のとき，$y=35$　$y=ax+b$に(36, 15)，(96, 35)を代入すると，$15=36a+b$…①　$35=96a+b$…②　②－①から，$20=60a$　$a=\frac{20}{60}=\frac{1}{3}$　これを①に代入して，$15=36\times\frac{1}{3}+b$　$b=15-12=3$　よって，$y=\frac{1}{3}x+3$　xの変域は，$36\leqq x\leqq96$

★ワンポイントアドバイス★

4(2)では，水を注いだ後の水面の高さが，円柱の高さを超えるかどうかを確かめてから，計算しよう。

＜英語解答＞

Ⅰ　1 ウ　2 ウ　3 ウ　4 ア　5 イ　6 イ　7 エ　8 イ，エ
9 ① キ　② エ　③ イ

Ⅱ　1 エ　2 ウ　3 ア　4 ア　5 イ　6 イ，ウ

Ⅲ　1 ① イ　② ア　④ イ　⑧ イ　⑪ イ　⑬ ア　⑯ ア
2 A ア　B エ　3 ⑤ エ　⑥ カ　4 ア　5 A ア　B エ
6 エ　7 A ウ　B ア　8 イ　9 ウ

Ⅳ　1 ア　2 イ　3 エ　4 ア　5 エ
6 （例） Hello, Jenny. I miss you so much. You say you worry about your new school life, but you don't have to worry about it. Because you are a very good girl, you will soon find many friends at school. I'm sur of it. I think you should join a club at school if you can. If you do so, finding new friends will be easier. And also, you can find a new thing you can enjoy a lot.

○配点○
Ⅰ～Ⅳ 5　各2点×40（Ⅲ 2・5・7は各完答）　Ⅳ 6　20点　計100点

＜英語解説＞

Ⅰ　**（長文読解問題・物語文：内容吟味）**

（大意）ケイティ・フィッシャーは興奮していた。7月15日－動物オークション当日だった。「今日私は子羊を売るつもりよ。」と彼女は思った。

17歳のケイティは，オハイオ州マディソン郡の農場に住んでいた。毎年7月にマディソン郡で動物オークションが行われていた。郡中の農場から子供たちは彼らの最高の動物をアリーナに連れてきた。彼らは彼らの動物を最も高い価格を支払った農民に売った。子羊がよい値段になることを願っているわ。」とケイティは考えた。

オークションの午後，ケイティは子羊を連れてアリーナの中心に足を踏み入れた。ケイティを見たとき，人々は少し驚いた。彼女には髪がなかったのだ。彼女は化学療法のために髪がなかった。ケイティは癌にかかっていた。化学療法は癌を止め，ケイティはずっと気分が良くなった。しかし，ケイティの両親はたくさんの医療費を払う必要があった。ケイティは子羊を売り，医療費の一部を支払いたいと思っていた。

競売人はケイティについていくつかの言葉を言うことにした。「この若い女性は彼女の医療費のためにお金を必要としています。」と競売人は言った。「子羊に良い値段を付けましょう。」その後，競売人がオークションを開始した。

「この子羊に1ポンドにつき1ドルを払うのは誰ですか？」彼は始めた。

「1ドル！」農民は言った。

競売人は，「1ドルと聞きました。」と述べ，「1ポンドにつき2ドルを払うのは誰ですか？」と言った。

「2ドル！」別の農民が言った。

「私は2ドルと聞きました。」と競売人は続けた。「誰が3ドル払いますか？」

競売人は子羊の価格を上げ続け，農民はより多くのお金を提供し続けた。最後に，ケイティの子羊は1ポンドあたり12ドルで売られた。

ケイティは幸せだった。子羊は通常1ポンドあたり2ドルで販売されていたが，彼女の子羊は1ポンドあたり12ドルで販売された。彼女は子羊をそれを買った農民のところに持っていった。農民はケイティに子羊の代金を支払った後，驚くべきことを言った。「子羊を持っていなさい。」と彼はケイティに言った。「もう一度売りなさい。」

ケイティは子羊を連れてアリーナの中心に戻った。競売人は微笑んで，「まあ，私はこの子羊をもう一度売らなければならないんだね。」と言った。2人目の農民が子羊を購入した。今回は1ポンドにつき8ドルだった。

競売人が二度目に子羊を売ったとき，驚くべきことが起こった。アリーナの農家の家族は，「もう一度売って！　もう一度売って！」と①唱え始めた。ケイティが子羊を2番目の農家に連れて行ったとき，彼は子羊の代金を彼女に支払った。それから彼は微笑んで「あなたは人々の声を聞いたでしょう。子羊を持っていなさい。もう一度売りなさい。」と言った。

ケイティは子羊を連れてアリーナの中心に戻り，群衆は歓声を上げた。競売人はケイティの子羊を再び…そして何度も…そして何度も売りました。競売人が子羊を売るたびに，群衆は「もう一度売って！　もう一度売って！」と唱えた。

その日の午後，オハイオ州マディソン郡の農家はケイティの子羊を36回購入した。36人の農民全員がケイティに支払ったが，どの農民も子羊を取ろうとはしなかった。ケイティは16,000ドルを持って家に帰った―彼女のすべての医療費を支払うのに十分なお金だった。彼女はまた子羊と一緒に家に帰った。

1 「ケイティが興奮した理由の1つは何であったか？」 ア 「彼女は末の子羊を売ろうとしていたから。」「末の」とは書かれていないので，誤り。　イ 「彼女は生まれて初めてオークションに参加する機会があったから。」「生まれて初めて」とは書かれていないので，誤り。　ウ 「彼女は子羊を売ってお金を稼ぐことを期待していたから。」「今日私は子羊を売るつもりよ」とあるので，答え。　エ 「彼女は子供だったのに，オークションで子羊を売ることを許されたから。」文中に書かれていないので，誤り。

2 「ケイティに対する化学療法の悪影響は何であったか？」 ア 「それは癌が広がるのを止めた。」「悪影響」ではないので，誤り。　イ 「それは彼女を眠く感じさせた。」 文中に書かれていないので，誤り。　ウ 「それは彼女の髪を脱落させた。」「彼女は化学療法のために髪がなかった」とあるので，答え。　エ 「それは彼女の体重を減らした。」 文中に書かれていないので，誤り。

3 「競売人がケイティを紹介することにしたのはなぜか。」 ア 「競売人は農民をもっと興奮させたかったから。」 文中に書かれていないので，誤り。　イ 「競売人は彼女が売ろうとしていた子羊に感銘を受けたから。」 文中に書かれていないので，誤り。　ウ 「競売人は彼女が病気であることを知っていて，彼女を助けたいと思ったから。」競売人は「この若い女性は彼女の医療費のためにお金を必要としています」と言っているので，答え。　エ 「競売人は彼女が競売に参加していることに驚いたから。」 文中に書かれていないので，誤り。

4 「ケイティがオークションで初めて子羊を売った後，なぜ彼女は嬉しかったのか？」 ア 「彼女は自分の子羊をこんなに高い値段で売るとは思っていなかったから。」 ケイティは素相場より高い値段で売ることができたので，答え。　イ 「彼女の子羊の合計価格がいつもより10ドル高かったから。」「合計価格」ではないので，誤り。　ウ 「彼女は自分の子羊を家に持ち帰ることができることを知っていたから。」 持ち帰ることができるとは知っていなかったので，誤り。
エ 「多くの農民が彼女の子羊を買いたがっていたから。」 後から知ったことなので，誤り。

5 「① chant とほぼ同じ意味を持つ一番よい答えを選べ。」 chant は同じことをくり返すという意味を表す動詞なので，イが答え。　ア 「怒る」，イ 「同じ言葉を繰り返す」，ウ 「議論する」，

エ 「誰かを殴る」

6 「なぜ群衆は歓声を上げたのか？」 ア 「ケイティが子羊なしで再びオークションに参加したのを見て驚いたから。」 子羊を連れていたので，誤り。 イ 「ケイティと彼女の子羊がアリーナの中心に戻ってきたのを見て喜んでいたから。」 ケイティにとってよいことを喜んだので，答え。 ウ 「最初の農民がケイティの子羊をとらなかったのを見て彼らは悲しかったから。」「悲しかった」わけではないので，誤り。 エ 「ケイティの子羊が30回以上売られているのを見て興奮していたから。」 後に起こったことなので，誤り。

7 「オークションで起こった驚くべきことは何だったか？」 ア 「アリーナのすべての農家は，ケイティを助けるために子羊を購入した。」「すべて」では ないので，誤り。 イ 「ケイティの子羊を購入した農家は全員，他の農家と共有することに同意した。」 文中に書かれていないので，誤り。 ウ 「ケイティの子羊は36回売られ，そのたびに価格が高くなった。」 価格が高くなっていったわけではないので，誤り。 エ 「36人の農民は，ケイティの子羊が欲しかったからではなく，彼女を助けたかったからといってお金を払った。」 農民たちはケイティを助けたかったので，答え。

重要 8 「この文章について正しい2つの文を選べ。」 ア 「オハイオ州マディソン郡で開催されたオークションでは，米国中の農場の子供たちが動物を売ることができた。」 文中に書かれていないので，誤り。 イ 「ケイティが子羊を売るためにアリーナの中央に足を踏み入れたとき，彼女の外見は人々を驚かせた。」 ケイティの髪の毛がないことに人々は驚いたので，答え。 ウ 「ケイティがオークションで子羊を売ったとき，価格は子羊全体で1ドルから始まったたが，12ドルに上がった。」 全体でではなく1ポンドにつきとあるので，誤り。 エ 「競売人だけでなく農民も，ケイティが子羊を何度も売ることができることに同意した。」 ケイティが子羊を何度も売ることに反対した人はいなかったので，答え。 オ 「ケイティはオークションで16,000ドルを受け取り，すべてのお金を使って子羊の世話をした。」 お金は医療費に使うので，誤り。 カ 「ケイティは子羊に別れを告げるのに苦労したようだったので，農民たちはオークションの後で子羊を返した。」 文中に書かれていないので，誤り。

9 ケイティが子羊と一緒に家に帰った後，記者はこの話を聞き，ケイティの母親にインタビューした。これはケイティの母親からのコメントである。以下の選択肢から単語を選び，空欄に記入せよ。 「農民の(①)支援のおかげで，ケイティの(②)治療費を支払うことができました。彼女は私たちがその日にオークションに持ち込んだ(③)子羊の世話をしています。今では家族のペットです。」 ① 農民はケイティの事情を知って彼女を支えるための行動をとった。 ② ケイティは自分の治療費を払うために子羊を売ろうと思った。 ③ ケイティは売ろうとした子羊を連れて家に帰った。

Ⅱ （長文読解問題・説明文：内容吟味）

(大意)ルース・アイゼンバーグとマーガレット・パトリックがピアノを弾く。彼女らはアメリカとカナダでコンサートを行い，しばしばテレビで放映される。彼女らは有名である。

なぜこれらの女性は有名なのか？ 彼女らはピアノを上手に弾くが，上手に弾くので有名ではない。アイゼンバーグ夫人は右手だけでピアノを弾き，パトリック夫人は左手だけでピアノを弾くので有名なのだ。彼女らは隣同士に座り，一緒にピアノを弾く。アイゼンバーグ夫人が音楽の一部を演奏し，パトリック夫人が他の部分を演奏する。

アイゼンバーグ夫人とパトリック夫人はいつも片手だけでピアノを弾いていたとは限らない。彼女らはかつて両手で弾いていた。パトリック夫人はピアノの先生だった。彼女は何百人もの生徒に教えた。彼女は自分の子供たちにも教えた。そして，69歳の時，パトリック夫人は①脳卒中を起こした。彼女は動くことも話すこともできなかった。徐々に良くなったが，体の右側はまだ非常に弱かった。彼女はもうピアノを弾くことができなかった。彼女はとても悲しかった。

ピアノを弾くのがアイゼンバーグ夫人の趣味だった。彼女はよく1日5時間か6時間弾いた。そして，80歳の時，彼女も脳卒中を起こした。彼女は体の左側を動かすことができなかったので，もうピアノを弾くことができなかった。彼女はとても悲しかった。

脳卒中から数か月後，アイゼンバーグ夫人は高齢者センターに行った。センターではたくさんの活動があり，アイゼンバーグ夫人は②忙しくしたいと思っていた。パトリック夫人も忙しくしたかった。数週間後，彼女は同じセンターに行った。パトリック夫人がピアノを見たとき，監督は彼女をセンターを案内していた。彼女は悲しそうにピアノを見た。「何か問題がありますか？」監督は尋ねた。「いいえ」とパトリック夫人は答えた。「③ピアノは思い出をよみがえらせます。脳卒中の前に，私はピアノを弾いていました。」監督はパトリック夫人の弱い右手を見て，「ここで待っていてください。私はすぐに戻ってきます。」と言った。数分後，監督はアイゼンバーグ夫人と一緒に戻ってきた。「マーガレット・パトリックさん」と監督は言った。「ルース・アイゼンバーグに会いましょう。脳卒中の前に，彼女もピアノを弾きました。彼女は右手がよくて，あなたは左手がよいです。2人で素晴らしいことを一緒にできると思います。」

「ショパンのワルツ変ニ長調を知っていますか？」アイゼンバーグ夫人はパトリック夫人に尋ねた。「はい」とパトリック夫人は答えた。二人の女性はピアノの前に座り，演奏を始めた。アイゼンバーグ夫人は彼女の右手だけを使い，パトリック夫人は彼女の左手だけを使った。音楽は良かった。女性たちは同じ音楽が好きだと気づいた。一緒に彼女らは自分たちが愛した音楽を演奏し始めた。彼らはもう悲しくはなかった。

パトリック夫人は，「④時々，神はドアを閉めてしまい，それから窓を開けます。私は音楽を失いましたが，ルースを見つけました。今，私は再び私の音楽を持っています。私には友人のルースもいます。」と言った。

重要 1 「①は何を意味するか。」 stroke は「脳卒中」という意味なので，エが答え。ア「考え」，イ「失敗」，ウ「特別な技術」，エ「深刻な病気」

2 「②は何を意味するか。」 アイゼンバーグ夫人は時間を持て余すことなく，忙しくしていたかったので，ウが答え。ア「くつろぐこと」，イ「わくわくすること」，ウ「活動的であること」，エ「楽しむこと」

3 「③は何を意味するか。」 ア 「ピアノは私に過去のことを考えさせる。」 ピアノを見て，自分がピアノを弾いていた頃のことを思い出したので，答え。　イ 「ピアノは私の子供たちを思い出させる。」「子供たち」のことは関係がないので，誤り。　ウ 「ピアノは私が昔演奏していたピアノのように見える。」 文中に書かれていないので，誤り。　エ 「このピアノの思い出がある。」 初めて見たピアノなので，誤り。

4 「④は何を意味するか。」 ア 「何か悪いことが起こった後，何か良いことが起こる。」 体が不自由になってピアノを弾けなくなったが，アイゼンバーグ夫人を得てまたピアノを弾けるようになったという内容に合うので，答え。　イ 「私たちの生活には悪い時よりも良い時の方が多い。」 文章の内容に合わないので，誤り。　ウ 「非常に難しい経験は，ポジティブにもネガティブにも見なすことができる。」 文章の内容に合わないので，誤り。　エ 「ドアと窓を同時に開けてはいけない。」 文章の内容に合わないので，誤り。

5 「あなたが友達にこの話をしたいと想像してみなさい。どれが全体の話を最もよく伝えているか。」 ア 「二人の老婆が一緒にピアノを弾いた。彼女らの前向きな姿勢は80人の多くの人々を動かした。彼女らの強力なメッセージは，ひどい経験が最終的には素晴らしいものになることがあるということである。彼女らは他の人を幸せにするのでとても幸せだ。彼女らは今，一緒にピアノを弾くことは一人で遊ぶよりも楽しいと思っている。彼女らは友情が神からの特別な贈り物であると感じている。」「一緒にピアノを弾くことは一人で遊ぶよりも楽しいと思っている」とは書かれていないので，誤り。　イ「ピアノを弾くのが好きな女性が2人いた。しかし，どちらも脳卒中を起こし，一方の女性は左腕を動かすことができず，もう一方の女性は右腕を動かすことができなかった。ある日彼女たちは高齢者センターを訪問した際，所長から紹介された。彼女らは一緒にピアノを弾けることに気づいた。一人の女性が左手で音楽の一部を演奏し，もう一人の女性が右手で他の部分を演奏する。現在，彼らは米国とカナダでコンサートを開催している。」

文章の内容に合うので，答え。　ウ「2人の女性が高齢者センターで会った。彼女らは多くの同様の興味を持っていることに気　づいた。たとえば，彼女らはピアノを弾くのが好きで，同じ種類の音楽を聴き，コンサートをした。どちらも脳卒中があり，体を動かすことができなかった。しかし，彼女らは非常にポジティブな人々だった。今，彼女らは最高の友達である。」「彼女らは多くの同様の興味を持っていることに気づいた」とは書かれていないので，誤り。

エ「ピアノを弾くのが好きな女性が2人いた。一人の女性はかつてピアノの先生で，彼女はとても多くの学生と彼女自身の子供たちも教えた。もう一人の女性の趣味はピアノを弾くことで，彼女は毎日5時間か6時間弾いた。残念ながら，両方の女性がほぼ同時に脳卒中を起こし，ピアノを弾くことができなくなった。彼女らはピアノを弾くことをあきらめなければならないことを知っていたので，彼女らはとても悲しかった。しかし，何か新しいことをしたかったので，高齢者センターに行った。」「両方の女性がほぼ同時に脳卒中を起こし」とは書かれていないので，誤り。

6「この文章について正しい2つの文を選べ。」　ア「アイゼンバーグ夫人とパトリック夫人はかつて有名なピアニストであり，脳卒中を起こす前にしばしばテレビに出演していた。」　文中に書かれていないので，誤り。　イ「パトリック夫人の右手は以前のようにピアノを弾くのに十分回復しなかった。」　文中の内容に合うので，答え。　ウ「アイゼンバーグ夫人とパトリック夫人は同じセンターに行き，監督は彼女らをお互いに紹介し，一緒にピアノを弾くことを提案した。」文中の内容に合うので，答え。　エ「アイゼンバーグ夫人の左手は重傷を負ったが，ピアノを弾くと良くなった。」　良くなってはいないので，誤り。　オ「ピアノを弾くと，パトリック夫人とアイゼンバーグ夫人は思い出を取り戻すことができた。」「想い出を取り戻す」という内容は書かれていないので，誤り。

Ⅲ　(長文読解問題・物語文：語句補充，語句整序，関係代名詞，接続詞，名詞)

(大意)「私は二度と踊らないわ。」とテリーは言った。「人生は私には①何の意味もありません。」「あなたは戦わなければなりません！」カルヴェロは，「宇宙にある力について考えてみてください。それは地球を②動かします。あなたは同じ力を持っています！　③必要なのはそれを使う勇気だけです。あなたがそれを恐れていなければ，人生は素晴らしいものになるでしょう。」と言った。

その夜，カルヴェロは素晴らしい夢を見た。彼はテリーと一緒にステージに立っていた。彼は大勢の聴衆の前で④歌ったり踊ったりしていた。

数日後，カルヴェロは劇場で上演する機会があったが，誰も笑わなかった。彼がステージにいる間，観客は彼に⑤飽きて去り始めた。

その夜遅く，カルヴェロは冷たい風の中家に帰った。テリーは彼を⑥待っていた。カルヴェロは，「私は終わったよ。」と言った。

「ナンセンス！」テリーは言った。「⑦あなたが私に与えたアドバイスを思い出してください。あなたは今戦わなければなりません！」

「カルヴェロ，見て！」突然彼女は叫んだ。「私は歩いている！　私は歩いているの！」彼女の足は再び⑧よくなった。

テリーはエンパイア・バレエ団に戻り，すぐに重要なダンサーになった。彼女は次のバレエで主役を演じる予定だった。彼女はとても幸せだった。

ある朝，⑨テリーはカルヴェロに彼女と結婚するように頼んだ。彼女は「カルヴェロ，愛してる。ずっと言いたかった。結婚してください」と言った。

「ナンセンス！」カルヴェロは言った。

「ナンセンスではありません。心からあなたを愛しています。」とテリーは言った。

「私の愛する人よ，私は老人です。私にあなたの若さを無駄にしないでください。」

その夜，カルヴェロは彼女を去った。

テリーは何年もの間カルヴェロを探した。今では彼女は有名なダンサーであり，今でも彼を愛していた。

ある夜，エンパイアシアターのマネージャーがロンドンの酒場で飲んでいた。酒場の前では，昔のストリートミュージシャンと彼のグループが音楽を⑩演奏していた。音楽が終わった後，老音楽師がやって来た。

マネージャーは彼を認識し，⑪驚いた。「カルヴェロ，私のオフィスに来てくれないか？　⑫また私の劇場でショーをしてほしいんだ。」と彼は言った。

ついにカルヴェロが⑬見つかった。テリーはとても幸せだった。

数日後，カルヴェロはエンパイアシアターで特別ショーを行った。⑭ショーは大成功だった。すべての聴衆は笑って拍手した。テリーは拍手にとても満足していた。

カーテンが⑮落ちた。すると突然，カルヴェロは動けなくなった。彼は心臓発作で⑯死にかけていた。

テリーはショックを受けたが，ステージに上がる必要があった。彼女はカルヴェロの手を取り，「私はすぐに戻ってきます。」と言った。彼は笑顔でうなずいた。

彼女が去った後，カルヴェロは静かに目を閉じた。

ステージでは，テリーが踊っていた。彼女は脚光を浴びて美しかった。

基本 1　①　nothing は「何も～ない」という意味を表す。　②　現在も続くことなので，現在形を選ぶ。　④　直後に dancing があるので，過去進行形を選ぶ。　⑧　テリーは歩けるようになったので，well を選ぶ。　⑪　〈 be surprised 〉で「驚く」という意味を表す。　⑬　「見つける」は find である。found は「設立する」という意味を表す。　⑯　カルヴェロはまだ死んではいなかったので，過去進行形を選ぶ。

2　並べ替えると (All) you need is the courage to use (it.) となる。you need が all を修飾するので目的格の関係代名詞が使われているが，省略されている。

3　⑤　〈 get tired of ～ 〉で「～にうんざりする，～に飽きる」という意味を表す。　⑥　〈 wait for ～ 〉で「～を待つ」という意味を表す。

4　you gave me が advice を修飾するので，目的格の関係代名詞である。イは接続詞の that，ウとエは代名詞である。

5　並べ替えると Terry asked Calvero to marry her (.) となる。〈 ask A to ～ 〉で「A に～するよう頼む」という意味を表す。

6　主語は musician と group であり，また過去の文なのでエを選ぶ。

7　並べ替えると I'd like you to have a show (at my theater again.) となる。〈 would like A to ～ 〉で「A に～してほしいと思う」という意味を表す。

8　a great success で「大成功」という意味になる。

9　カルヴェロの舞台が終わった場面なので，ウを選ぶ。

Ⅳ　**(長文読解問題・メール文：内容吟味，英作文)**

(大意)ジェニーはイギリス人で，14歳である。彼女の家族はイギリスから日本の東京に引っ越した。

あなたは英国に住むジェニーの友達である。彼女は自分の電話のメッセージアプリを使用してあなたにメッセージを書く。

東京のジェニー
調子どうですか？　学校のみんなはどうですか？　私はみんなが恋しいですが，もちろん，私はあなたが一番恋しいです。インスタグラムで私の最新のコメントや写真を見ましたか？　東京での生活は私が想像したようなものではありません。すべてがとても新しいですが，同時に私はとても孤独を感じます。新型コロナウイルスのせいで，誰とも付き合うことができません。近所を散歩するしかありません。すべてが新しいので大丈夫ですが，本当にディズニーランドに行きたいし，野球場に行って試合を観戦したいと思っています。

東京は，英国の小さな村とは大きく異なります。ブロードストーンに到着したときの気持ちがわかりました！

私の最初の学期のクラスはオンラインだったので，私はまだ親しい友人を作っていません。しかし，昨日は良いニュースがありました。学校での授業は来週から始まります！　最初はとても興奮していましたが，今はとても緊張しています。

あなたも知っているように，私は日本語をあまり話せないので，どうやって新しい友達を作れるでしょうか？　幸いなことに，あなたは私にいくつかの基本的な単語やフレーズを教えてくれました。それらは「コンビニ」(私は正しく書きましたか？)でうまく機能しますが，どうすればクラスメートと話すことができるでしょうか？　クラブに参加する必要があるでしょうか？　私は本当にあなたの助けが必要です。アドバイスをもらえますか？
19:34

1「latest とほぼ同じ意味を持つ一番よい答えを選べ。」 latest は「最新の」という意味を表すので，アが答え。ア「最も最近の」，イ「最も少ない」，ウ「最初の」，エ「最も人気のある」

2「東京に住むことについてジェニーは何を思うか。」 ア「彼女は東京について何も好きではない。」「何も好きではない」とは言っていないので，誤り。　イ「彼女が想像したようなものではない。」「東京での生活は私が想像したようなものではありません」とあるので，答え。
ウ「彼女が想像していたよりもエキサイティングだ。」「エキサイティングだ」とは言っていないので，誤り。　エ「彼女の友人が言ったのとまったく同じだ。」 文中に書かれていないので，誤り。

3「ジェニーは東京で何をしたか？」 ア「彼女は野球の試合を見てきた。」 文中に書かれていないので，誤り。　イ「彼女は友達と散歩をした。」「友達と」とは言っていないので，誤り。
ウ「彼女はホストマザーと一緒に出かけた。」「ホストマザーと」とは言っていないので，誤り。　エ「彼女は何かを得るために店に行ったことがある。」 コンビニに行ったとあるので，答え。

4「どの記述が間違っているか。」 ア「ジェニーは日本語が話せない。」 少し話せるので，答え。

イ「ジェニーは楽しい活動をすることができない。」 新型コロナウイルスのせいでしたいことができないと言っているので，正しい。 ウ「ジェニーはまだ学校で授業を受けていない。」「最初の学期のクラスはオンラインだった。」とあるので，正しい。 エ「ジェニーはまだ日本の学校で親しい友達を作ることができない。」「私はまだ親しい友人を作っていません。」とあるので，正しい。

5「どの記述が正しいか。」 ア「ジェニーはイギリスの大都市に住んでいた。」「英国の小さな村」とあるので，誤り。 イ「ジェニーは学校に行くことに興奮している。」「今はとても緊張しています」とあるので，誤り。 ウ「ジェニーはすでにディズニーランドに行ったことがある。」 文中に書かれていないので，誤り。 エ「ジェニーは，英国の友達に見てもらうために，彼女の新しい生活の写真を撮った。」 インスタグラムに最新の写真があると言っているので，答え。

6「あなたは英国に住むジェニーの友達である。彼女への返信を書きなさい。返信には，アドバイスを含めなさい。約80語で書きなさい。」

英作文を書くときには条件を必ず守ること。ここでは「約80語で」とあるので，語数をきちんと守るようにしたい。また，「アドバイスを含めなさい」とあるので，「どうすればクラスメートと話すことができるでしょうか？ クラブに参加する必要があるでしょうか？」というジェニーの疑問に答えたり，新しい学校で幸せに過ごすのに役立つと思われることを書くようにするとよい。

★ワンポイントアドバイス★

Ⅲ 5の〈 ask A to ～ 〉は please を使った命令文で書き換えられる。この文を書き換えると Terry said to Calvero, “Please marry me.” となる。動詞が ask ではなく tell の場合は please がない普通の命令文で書き換える。

＜国語解答＞

一 問1 ① 試行錯誤 ② 厄介 ③ 自前 ④ 際限 ⑤ 覆(い)
問2 i 2 ii 1 iii 4 問3 4 問4 1 問5 他者の視線～わせること
問6 4 問7 2 問8 3 問9 3 問10 1 問11 4 問12 2 問13 1
問14 3 問15 2

二 問1 ① しさ ② ゆだ(ね) ③ いな[いや] ④ おそ(れ) ⑤ から(まり)
問2 日常的な用法 問3 a 形容(詞) b 連用(形) 問4 3 問5 1 問6 1
問7 2 問8 4 問9 存在論的世界 問10 あらしめる 問11 1 問12 2
問13 4 問14 表裏一体 問15 3 問16 辛苦 問17 4 問18 2

○配点○

一 問1・問2 各1点×8 他 各3点×13 二 問1・問3 各1点×7
問5・問6 各2点×2 他 各3点×14 計100点

＜国語解説＞

一　(論説文―内容吟味，文脈把握，接続語の問題，脱語補充，漢字の書き取り)

問1　①「試行錯誤」は，試すことと失敗することの繰り返しによって，目的に進んでいくこと。「試行」を「思考」と誤らない。「錯」は，入りまじってまちがうの意味。「錯覚」「交錯」などの熟語がある。　②「厄介」は，面倒で手数のかかること。「厄」は，苦しみ・災難の意味。「災厄」「厄年」などの熟語がある。「介」の熟語は「介護」「紹介」などがある。　③「自前」は，自分の費用などを自分で持つこと。「自」は同音字の「地」や「字」と区別する。　④「際限」は，物事がこれ以上変化・発展しないという，最終のところ。「際限なく」「際限がない」など「ない」を伴って使われることが多い。同音異義語の「再現」と区別する。「際」の訓は「きわ」。「際物」「水際」などの熟語がある。　⑤「覆」の音は「フク」。「くつがえ－す・くつがえ－る」の訓もある。「覆面」「転覆」などの熟語がある。

やや難　問2　i　空欄の前では，人と自分を比べて不安になると述べ，あとでは，比べているはずの自分は見ることはできないと述べている。前後がすんなりと結びつかないので逆接の「しかし」が入る。　ii　空欄の前で説明している「個性」があることで自分を納得させることを理由として，あとでは，強く個性が求められると述べている。順接の「そのため」が入る。　iii　空欄の前で述べた，自分と他人の視線を感じることで自分の身体を確認し外側を強化するという内容を，あとでは，「見た目がものを言う」と言い換えている。要約の「つまり」が入る。

問3　直前に，鏡に映っている自分を見て，他者とは違う個性があると納得しようとするとある。「他者とは違う個性」は「人と違っているはずの自我」である。直接目にすることができない自我を，他者とは異なる外見の中に見出そうとするから，「見た目に強く個性が求められることになる」のである。

問4　「匿名性」は，本名を隠して知らせない性質。「近代社会」は，現代社会と言い換えることができる。名前を知らせないことは，その人が誰かわからずに「素性(＝その人の生まれや育ち)を知らない」ということにつながる。

問5　「その」が指すのは「表情・仕草・身体・衣服」などである。これらは「自分を作り上げる手段である」と説明されている。傍線部Cが述べているのは，人間は自分を作り上げる手段の扱いに熟練する必要があるということである。つまり，自分を作り上げることができるようになるということである。傍線部Bのあとには「近代社会では，見た目によって自分が誰であるかを伝えなくてはならず」とある。このことを※の部分では「自分がどのような人間であるかは，他者の視線を意識して，社会的に形成されたイメージに合わせることによってしか表現することができない」と説明している。字数指定に合わせて「他者の視線～わせること」の部分を抜き出す。

問6　「物が自分に所属する」とは，直前の「高くて良い物なら自分を良く語ってくれるはずだ」ということである。「自分」が主で「物」は従ということである。「自分が物に所属する」とは，その反対であるから，物が主となって「それ自体が雄弁過ぎて」，自分は従となって「存在感を曇らせてしまうということ」である。

問7　希少な限定品で「自分が特別限定の人間であること(＝自己のかけがえのなさ)」を証明しようとしても，「それ一つで自分自身の希少性を証明できるはずはない」のである。そこで，次々と限定品を買うことになるが，自分自身の希少性・かけがえのなさは証明されない。それでも買い続けてしまうのは，両者は本質的に無関係であることを理解していないからである。

基本　問8　「唯一無二」は，それ一つだけで他にないこと。私たちは，芸術作品はそれ一つだけで他にない存在だと思っている。　1「付和雷同」は，定見がなく，他人の意見や行動に軽々しく同調すること。　2「唯我独尊」は，自分だけがえらいとうぬぼれること。　4「千載一遇」は，千年の間にたった一度しかめぐりあえないほどまれなこと。

問9　自分の「自由意思」と対立するもので「社会のルール」の意味をもつ言葉は「常識(＝一般の社会人が共通に持っているべき知識や判断力)」である。　1「因習」は，昔から続いているならわし。　2「倫理」は，人のふみ行うべき道。　4「教訓」は，教えさとすこと，その教え。

問10「顕在化」は，物事がはっきりした形をとって現れるようになること。直前の文に「眼に見える形で示さざるをえないのがファッションなのだ」とある。空欄Hの前の「それ」が指しているのは「ファッション」である。　2「内在化」は，そのものの内部にあるようにすること。　3「合理化」は，科学的な理論に基づいて無駄を省き能率をよくすること。　4「同調化」は，他人の意見・態度などに調子を合わせるようにすること。

問11　直前の「そういう」が指しているのは，前の部分で述べている内容。個々人は社会に存在している「行為や思考」の類型に従って行動している。多くの場合，みずから進んで同調しているので強制力に気がつかないが，強制されているわけではない。つまり，「行為や思考」の類型から逃れることはできないのである。この内容を説明しているのは4。

問12　問11と関連させて考える。ファッションに関して，私たちはみずから進んで同調しているので強制力に気がつかず，逃れることはできないというのである。

問13「様式」は，社会の営みの中で長い間に自然に定まったやり方。「押し込められている」は，様式に従うように仕向けられているということである。つまり，「『洋服』という形状に合致するのがもっとも合理的であり美的であるという社会的制約」に押し込められているのである。

重要 問14「機能的」は，そのものの能力を発揮する様子。洋服が「機能的」であるというのは「近代的な社会生活に適応するように」作られているからである。それゆえに「世界を覆い尽くそうとしている(＝標準化されている)」のである。しかし，標準化されていることによって「人間として本来あるべき多様性はおのずと捨て去られている」のである。

問15　問11でとらえたように，私たちは集合意識としての「行為や思考」の類型から逃れることはできないのである。「可視化」は，目に見える形にすること。「表象」は象徴していること。ファッションとは，私たちが集合意識としての「行為や思考」の類型から逃れることはできないことを目に見える形で象徴しているというのである。

二　**(随筆文―要旨，内容吟味，文脈把握，指示語の問題，脱語補充，語句の意味，熟語，品詞・用法)**

問1　①「示唆」は，それとなくしめすこと。「示」を「シ」の音で読むのは「示唆」くらいなので熟語で覚えておく。「唆」の訓は「そそのかーす」。「唆」の熟語には「教唆」もある。　②「委ねる」は，すっかり任せるの意味。音は「イ」。「委託」「委任」などの熟語がある。　③「否」は，ここでは，自分の言葉を途中で打ち消して言い直すときに発する言葉として使われている。「いな」「いや」のどちらで読んでもいい。　④「畏れ」は，優れたもの，高貴の人などに対して服しうやまう気持ち。音は「イ」。「畏怖」「畏敬」などの熟語がある。　⑤「絡」の音は「ラク」。「脈絡」「短絡」などの熟語がある。

問2「定型」は，決まった形。「挨拶」の「今日は」「さようなら」と同様の決まった形の言葉の例として「ありがとう」を挙げて「その日常的な用法」と説明している。

基本 問3　a「い」で終わって様子や性質・状態を表す品詞は形容詞。　b「ありがたく」の下には「思う」「いただく」などの用言が続く。連用形。また，音便が発生するのは連用形である。

問4「日常が日常としてあること」とは「日々の出来事や出会い(＝日常)は，(日々・日常に)さまざまな形で現れ得る」ということ。そして，それは日常であるからこそ「いま目の前には他ならぬこの姿・形で現れている」ということである。

やや難 問5「端的」は，わかりやすく，はっきりしている様子。

問6　「すぐれて」は，特に，とりわけて，特に目だっての意味。

問7　穂村弘の短歌のとらえ方について筆者は，短歌の表現の動機となるものは生のかけがえのなさであり，あらゆる物事の中に何かの恩恵を見て驚くような「ありがたさ(＝物事がそこにあることに感嘆すること)」への庶民的な感性に根ざしていると説明している。そのような穂村弘の短歌のとらえ方によれば，短歌は傍線部Eのようなものになるのだろうというのである。このような内容に合うのは2。

問8　直後に，傍線部Fのような議論の前提となるものは，「『ある』ということへの肯定感と，物事をあらしめる人間の力への(いまだ失われていない)確信」であると述べている。その前提をふまえて，物事の存在について「そんなものは存在しないと決めつけるのではなく，かといって自分たちにとっても実在しうると想定するのでもなく」としている。つまり「『彼ら』の存在論的世界では『ある』ものとして考えよう」というのである。この内容に合うのは4。

やや難　問9　問8と関連させて考える。文の初めから見ていくと，「『ある』ことの肯定はこのように，西洋近代的なそれとは異なる他者の存在論的世界の尊重と肯定に直結している」とある。西洋近代的な存在論的世界と異なる他者(＝彼ら)の存在論的世界を尊重し肯定しようということである。

問10　ありえないとされてきた物事をあなたがどうすることができるのかを考える。文の初めの「それ」が指すのは「ある現象が現実的なものとして存在しうるかどうかを誰かが決定できるということ」である。すると，あなたが物事を存在しうるかどうかを決定することができるというつながりになる。この意味を表す言葉を※1から探すと「物事をあらしめる(＝あるようにさせる)」が見つかる。

問11　「『ある』と見えるものでさえ『ない』のかもしれず，現はいつでも幻になりかわる」という状態は，どういう状態としてあるものは何もないのかを考える。すると，しっかりと定まって動かされない様子の意味の「確固」があてはまるとわかる。「宿命」は，生まれる前から決まっていて，避けることのできない運命。生まれる前のことは話題にしていないので当てはまらない。

問12　西欧諸語の別れの言葉は，「Good-by(神がともにありますように)」というように「相手の未来の幸福を祈るものである」。日本語の「さよなら」は，「『そうならなければならないなら』という想い」である。これは「『人と人との関係はなるようにしかならない』とあるがままに受け入れようとする姿勢」である。

問13　「ありがとう」という言葉は，「私とあなたの生が，出会いと別れ」というものが，「今ここにこうしてあることへの驚き」とは，「『存在』に対する，それ自体が奇跡であるという思い」と説明できる。そして，「さよなら」という言葉は，「その消失を予感し，畏れ，祈ること」とは，「『存在』できる状況か否かは自分の力ではいかんともしがたいという思い」と説明できる。

問14　「無と有が縫りあわされた」とは，二つのものの関係が密接で切り離せないことを言い表している。この意味に合うのは「表裏一体」である。「一心同体」は，二人以上の人が心も体も一つであるかのように力を合わせて行うこと。「完全無欠」は，完全で全く欠点のない様子。「共存共栄」は，性質・考えなどの異なる二つ以上のものがある範囲内でともに生存・存在し，ともに繁栄すること。

重要　問15　ガーナの村での葬送における歌や踊りにおける，「生まれてきた者は，誰もが死ななくてはならない。だから私はこの太鼓を，まだ生きている人びとに残していこう」という言葉は，「死」というものが「そうならなければならないのなら。そうならなければならないからこそ」という思いから出たものである。その意味するところは，「生と死は人為の及ばないところにあり，人の死が不可避であるという認識と生きる者への祈りが込められている」と説明できる。このような思いは，「誰しもがふと抱くことのある感慨」であり，そこに込められた「生のかけがえのなさと，その消失への不安と祈りは，どのような人でも感じ得る普遍的な思いであることを示している」というのである。

基本 問16 「辛苦」は，つらいことや難儀なことにあって苦しむこと。

問17 ここで取り上げられている言葉は「ありがとう」である。「共通の言葉を持たない者同士」の「この言葉に込められた意味への洞察」として当てはまるのは「互いの生の有り難さ」である。

重要 問18 1 「生の偶有性」は，生きていることはたまたまそうなっている性質のものであるということ。「ありがたい」について，筆者は「自分自身の生がこのようなもの(＝稀有なもの)であることへの驚きと不思議さをその底に宿した言葉」と述べている。生はたまたまそうなっているのであり，「永遠には有り難いもの，いつ儚く消え去るものかもしれない」というのである。
2 「人間には決定できないとする」が誤り。西洋近代的な存在論的世界に生きる「私たち」とは異なる他者の事物の存在は決定できないと述べている。 3 最後の部分で紹介されているアン・モロー・リンドバーグの調査中の不時着についてのエピソードに関して，「共通の言葉を持たない者同士が一瞬の閃きのように通じあった，稀有な瞬間であったに違いない」とある。 4 第三段落に，日本語の「ありがとう」という言葉について，「誰しもが日々口にする平凡な言葉の中に……自分と誰かとの関係性がそのようなものであること，自分自身の生がこのようなものであることへの驚きと不思議さをその底に宿した言葉」という説明がある。「そのようなもの」「このようなもの」とは「稀有なものであるにもかかわらず生じていること」である。

★ワンポイントアドバイス★

論説文は，筆者の論理に沿って説明の内容を正しく読み取ろう。また，原因・結果の関係をしっかりとつかむことが大切だ。随筆文は，筆者が話題にしている事柄と筆者の考えとの関わりをつかもう。どちらの文章も語彙力がないと内容を理解できない。語彙力もしっかりつけておこう。

2021年度

★★★★★★★★★★★★★★★★★★★★★★★★★★★

入　試　問　題

2021年度

法政大学国際高等学校入試問題

【数　学】（50分）〈満点：100点〉

1 次の問いに答えよ。

(1) $\dfrac{2x-4y}{3}-\dfrac{3x-4y}{5}-x+2y$ を計算せよ。

(2) $\dfrac{\sqrt{12}}{\sqrt{8}}-\dfrac{\sqrt{0.27}-\sqrt{0.32}}{\sqrt{0.5}}$ を計算せよ。

(3) $3a^2b-2a^2c-3b^3+2b^2c$ を因数分解せよ。

(4) $\sqrt{6}$ の小数部分を x とするとき，x^4-100 の値を求めよ。

(5) 円錐の展開図において，側面にあたるおうぎ形の中心角が288°，底面にあたる円の半径が8 cmである。この円錐の体積を求めよ。

(6) 1辺の長さが20 cmの正方形の紙の4隅から同じ大きさの正方形を4つ切り取って，ふたのない箱を作る。この箱の底面積と側面積が等しいとき，切り取る正方形の1辺の長さを求めよ。

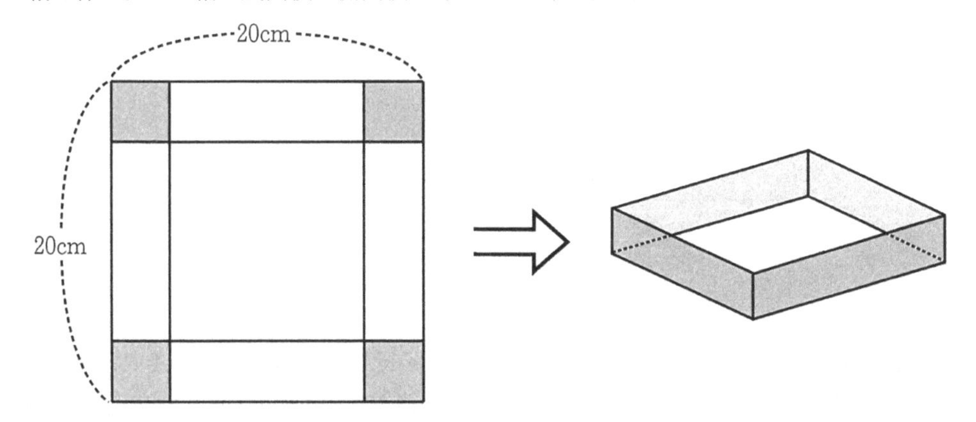

2 A$(-1,\ 0)$，B$(1,\ 0)$とする。図のように，正方形ABCDと，2点C，Dを通る放物線$y=ax^2$ $(a>0)$…①がある。点Dを通り，直線OCに平行な直線と，放物線①の交点のうち，Dと異なる点をEとする。このとき，次の問いに答えよ。

(1) aの値を求めよ。

(2) 点Eの座標を求めよ。

(3) 四角形OCEDの面積を求めよ。

(4) 放物線①上に点Fをとる。△OCFの面積が四角形OCEDの面積と等しいとき，点Fのx座標を求めよ。ただし，点Fのx座標は負であるとする。

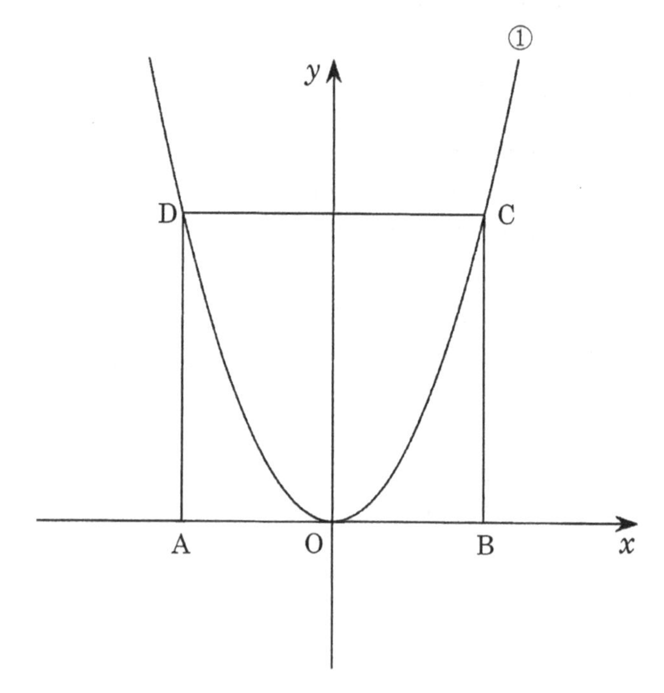

3 平行四辺形ABCDの辺BC上に点Eをとり，辺ABの延長と直線DEとの交点をFとする。線分BF上に点Gをとり，直線DGと辺BCとの交点をH，直線AHと線分DFとの交点をIとする。AB＝5，AD＝8，EC＝2，BG＝4であるとき，次の問いに答えよ。

(1) FGの長さを求めよ。

(2) DE：EIを最も簡単な整数比で表せ。

(3) △BGHと△GHIの面積比を最も簡単な整数比で表せ。

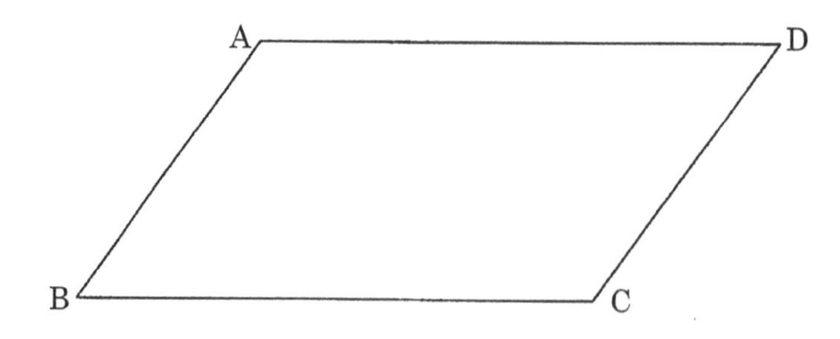

4 図1のように，AB＝2，AD＝1の長方形ABCDと，1辺の長さが1である正三角形PQRがある。はじめ，辺QRが辺AB上にあり，頂点Qと頂点Aが重なっていたとする。1枚の硬貨を投げて表が出たら時計回りに，裏が出たら反時計回りに，△PQRをすべらないように長方形の周りを転がす。例えば，1枚の硬貨を2回投げて2回とも表が出た場合は図2のようになる。このとき，次の問いに答えよ。

(1) 硬貨を3回投げたとき，△PQRの1辺が辺CD上にある確率を求めよ。

(2) 硬貨を5回投げたとき，△PQRの1辺が辺CD上にある確率を求めよ。

(3) 長方形ABCDの辺の長さをAB＝8，AD＝2に変える。硬貨を10回投げたとき，表が出た回数はx回で，△PQRの1辺が辺CD上にあった。xとして考えられる値は何個あるか。

図1

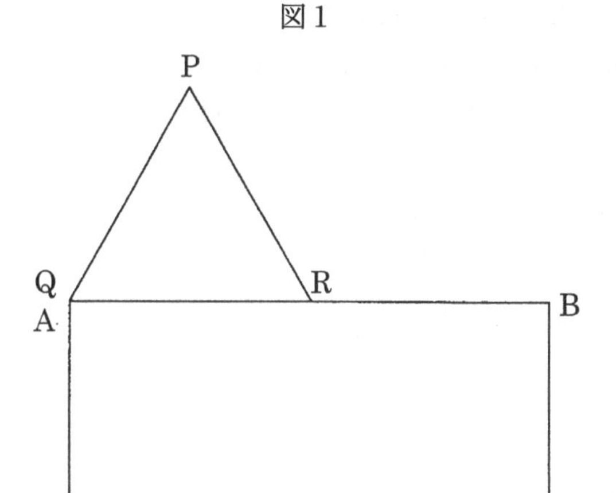

図2

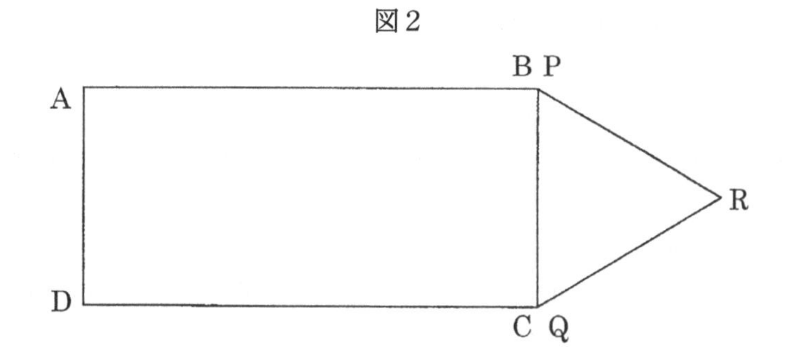

【英　語】（50分）〈満点：100点〉

Ｉ　次の会話を読み，〈**Question**〉の答えとして最も適切なものを１つ選び，記号で答えなさい。

１．Jill　：Where do you want to go for dinner?
John：I don't know. Why don't we go to the curry place on the corner?
Jill　：(　　　)
John：You're right. It's a little bit too hot for me.
Jill　：Well, I still want to eat out tonight. How about that new French restaurant downtown?
John：OK! Let's go!

〈Question〉 Which choice best fits the *blank?　　*注：blank　空らん

ア．I don't like the weather today. It's too humid.
イ．I like their beef curry. They use Japanese beef.
ウ．I don't like their curry. It's too spicy.
エ．I've got some hot news on Indian restaurants.

２．Alex：Hey, Jill. What are you doing?
Jill　：I'm working out. I'm just trying to get in shape.
Alex：(　　　)
Jill　：I usually jump rope.
Alex：Do you play any sports?
Jill　：I like tennis. I'm not very good at it, though.

〈Question〉 Which choice best fits the blank?

ア．Where do you usually exercise?
イ．What kind of exercises do you do?
ウ．What do you call that exercise?
エ．How much weight do you want to lose?

３．Son　　：Dad, I want to keep some *beetles in our home during the summer vacation. Do you know where I can catch them?
Father：Do you mean the ones with a *horn?
Son　　：Yes. Not small green ones that you can find easily. Beetles with a horn look very cool.
Father：I think we should go to Midori Park. It has a lot of oak trees.
Mother：Oh, I don't want any of them in our home. I hate them!
Son　　：Oh, mom, please!
Mother：Well, OK. But only if you finish all your homework by the end of this week.
Son　　：Alright. I promise.

*注：beetle　甲虫　　horn　つの

〈Question〉 Which is true?

ア．The boy's mother hates insects so much that she will never let her son keep any of them.
イ．The boy's father feels the same way about insects as his wife.
ウ．The boy can keep some insects in his home if he does the things that he is told to do.

エ. The boy cannot keep any insects even if he finishes his homework.

4. John : Did you hear there was a big fire in Yokohama last night?

Emma : Yes. Actually it was near my place. The sirens woke me up.

John : Oh, really? (   )

Emma : Yes, but nearly half of the building burned down.

〈Question〉 Which choice best fits the blank?

ア. Was anybody hurt?

イ. Did they put it out?

ウ. Did the whole building burn down?

エ. Did the sirens wake up all your family?

5. George : Hi, how're you doing? You are pretty busy, huh?

Masao : Yeah. My homework is killing me. I have to finish it by the end of this week.

George : Why do you have to finish it by the end of this week? We are still in the summer break for the next three weeks, aren't we?

Masao : Are you kidding? This year, they cut our vacation by two weeks to make up some of the classes we could not do in the first semester.

George : Oh, what! I totally forgot about that!

〈Question〉 Which *is most likely to be true?　　*注：be likely to～　多分～だろう

ア. They have to finish their homework in three weeks.

イ. Their summer vacation is just one week this year.

ウ. George didn't realize that the vacation was almost over.

エ. Both of the students need some help from their teachers.

6. Mark : This fish is really beautiful, isn't it?

Cathy : Yeah, look at this one.

Mark : They seem so real.

Cathy : Yes, it's like I can almost touch them.

Mom : (from downstairs) Hey, you two, come down for dinner. It's eight already.

Mark and Cathy : Okay, Mom ...

〈Question〉 Which is most likely to be true?

ア. Mark and Cathy are playing a virtual reality game.

イ. Mark and Cathy are scuba diving.

ウ. Mark and Cathy are good at swimming.

エ. Their mother woke them up.

7. Boy : What did you do last night?

Girl : After I left school, I went to work.

Boy : Really? You have a part-time job?

Girl : Yeah, I just started. I work at the supermarket near my house. I do 12 hours a week.

Boy : Great. Is it hard?

Girl : Yes, it's very hard, but I only work 3 hours each shift.

〈Question〉 How many shifts does she work a week?

ア. 2　　イ. 3　　ウ. 4　　エ. 6

8. Woman：This is an announcement for the owner of a white truck, number plate G8 345 AFB. Please come to the service desk. You have parked in a *priority parking space. You need to move it immediately. Thank you.
(a few minutes later)

Man：Excuse me. I am the owner of the white truck. I am really sorry. I didn't realize that it was a priority parking space. I've moved it.

Woman：Thank you. Please be more careful next time.

Man：Of course. I am really sorry.

*注：priority parking space　優先駐車スペース

〈Question〉 Which is true?

ア. The man went to the service desk after moving his truck.

イ. The man moved his truck after going to the service desk.

ウ. The man knew that it was a priority parking space when he parked his truck.

エ. The man was sorry that he didn't go to the service desk immediately.

9. Man：Do you have plans for your holiday?

Woman：I am going to meet up with some friends and go camping.

Man：That sounds nice. I am not doing anything. I am just going to *chill out. Where will you go camping?

Woman：We found a great spot in Nagano last year, so we decided to go to another camping site in that area.

Man：How long will you go for?

Woman：Just four days this time. Last year we went for a week. It was wonderful, but we had a couple of days of heavy rain.

Man：I see. Well, I hope you get great weather this year!

Woman：I hope so too!

*注：chill out　くつろいで過ごす

〈Question〉 Which is NOT true?

ア. The woman will go to the same area for camping this year as she did last year.

イ. The woman will go camping for the same amount of time as she did last year.

ウ. The woman and man both want the weather to be good this year.

エ. The woman had a great time last year.

10. Husband：Welcome home!

Wife：Hi!

Husband：How was your day?

Wife：Oh, don't get me started.

Husband：That bad, huh?

Wife：Yeah. My boss did not like the article that I wrote about that new building in Tokyo.

Husband：Oh, really. Will they still use it?
Wife　　：Maybe. But I will probably have to make a lot of changes.

〈Question〉 Where is the wife likely to work?

ア. At a school.
イ. At a newspaper company.
ウ. At a hospital.
エ. On a farm.

11. Man　　：It's hot today, isn't it?
Woman：Yes. Make sure you drink lots of water.
Man　　：Thank you. I will. Actually, (　　　)
Woman：That's kind of you, but I've just had one.
Man　　：OK.

〈Question〉 Which choice best fits the blank?

ア. will you get something to drink?
イ. can I get you something to drink?
ウ. don't get *heatstroke.
エ. here's a pair of sunglasses.

*注：heatstroke　熱中症

Ⅱ　次の英文を読み，質問に答えなさい。

この英文は，英国人作家Christopher Belton氏によるエッセイThe Affair of the Discarded Sock「捨てられた靴下にまつわる出来事」です。Belton氏はロンドンに生まれ，1978年に来日し，日本人女性と結婚しました。なお，このエッセイはBelton氏個人の経験に基づく意見を述べたものであり，多様な意見の1つの例として取り上げました。

*1Responsibility is something that is viewed *2slightly differently between cultures. Actions that are *3considered responsible in one country are sometimes not considered to be responsible in others. ①<u>This divide</u> is particularly *4obvious between Eastern and Western cultures, I believe. When I first arrived in Japan and saw on the news that another Japanese president had *5resigned in order to "take responsibility" for poor performance or some sort of scandal, I always thought, 'Huh?' To my mind, accepting responsibility meant to work every hour of the day to make things right ; not pick up a large *6retirement payment and then spend the rest of one's life playing golf.

But, my view of the Japanese sense of responsibility has changed over the course of the years. I now realize that the actions that I used to think not responsible are, in fact, *7the very height of responsibility.

An example of this *8occurred after we had lived in Japan for about 18 months ; an *9incident that I call The Affair of the Discarded Sock.

I woke up one fine autumn morning and, as was my custom, took my coffee and newspaper out into the garden. Something white in the corner of the garden caught my eye. I checked ②<u>it</u> out, and discovered it to be an *10Yves St. Laurent sock with a hole in the *11toe. My wife, Michiyo,

[*12]denied all knowledge of it, so we decided that it must belong to one of the other five apartments in our block of six.

We asked everyone, but they all said it did not belong to them. I therefore suggested that she throw it away.

My wife was deeply shocked. 'Oh, I couldn't do that!' she said in surprise, '③It's not mine to throw away.'

I told her that I realized this, but as it did not belong to anyone living in our block, it was our responsibility to throw it away.

'It might belong to the people who live over in the house at the back,' she said thoughtfully.

'Why don't you go and ask?'

'No, that's no good. I don't know them.'

'Do you need to know somebody before you can ask them if they've lost a sock?'

'But it might not be theirs, and then they would be [*13]offended that I had imagined them to be the owner of a sock with a hole in it.'

'Lots of people have holes in their socks. So what? I've got a few myself.'

'Yeah, I've noticed,' she replied [*14]drily.

However, it was finally decided that we should hang the sock over the fence so that the woman could come out in the middle of night and take ④it without [*15]embarrassment, and there the matter rests.

Until the next morning.

I arrived in the garden with my coffee and newspaper, and the sock, [*16]about which I had completely forgotten, was still there. [*17]The more I tried to read my newspaper, the more it caught my eye.

In the end I gave up and finished reading the newspaper inside, but ⑤I could not get the sock out of my mind. I felt [*18]guilty for not taking a more responsible line. I looked out of the window [*19]every now and again throughout the day to see [*20]if it had gone. But, it never moved.

The first thing I did the following morning was hurry to the window. The sock was still there. Before I could stop myself, I ran out into the back yard, took it from its position on the fence, and threw it into our neighbor's garden.

I felt so much better that day. I knew that my wife would just think I was being foolish, but I really did feel [*21]as if I had taken a responsible course and solved a problem. If the sock did belong to [*22]the woman into whose garden I had thrown it, then she could pick it up without anybody seeing her.

The next morning the sock was back on the fence. Our neighbor seemed to know the rules.

[*23]Feeling the things had gone too far, I took the sock from the fence and threw it into the trash. ⑥Peace at last!

When I explained what I had done to my wife, she [*24]shrugged as if it didn't matter, but I [*25]sensed that she was a little uncomfortable with my action. From my British point of view, I had accepted the responsibility for solving a problem, and the problem was now solved. What could be wrong with that?

In Britain we are given the *26impression that being responsible means coming to an *27immediate decision and putting that decision into immediate (⑦). *28Whether the decision arrived at is the correct decision or not is usually secondary. The most important thing is to take action. *29Could it be that being responsible in Japan *30required a *31collective decision? Could that require the problem *32to be placed on a table so that other people may provide their opinions in order to reach the correct decision? Could it be that the final decision takes other people's feelings into consideration?

⑧If so, then it was social responsibility *33at its very best, and when my wife had placed the sock on the fence, *34all she had really done was place the problem on a table so that other people could provide their opinion.

I questioned my wife on this one day, but she told me that she had never really thought about it. 'Being Japanese is not something that you can explain,' she said. 'It's a feeling. A state of mind.'

I thought about this and realized how deep it was. ⑨Bein born into an culture is being born into a *35state of mind. I can't explain why I act in my British way. *36Nor can I explain why I think the way I do or view situations the way I do. I am simply under the control of my British state of mind.

At that time, however, I failed to understand this, and my British state of mind told me that my wife lacked the *37courage to make a responsible decision. One afternoon a few days later, however, she managed to get her *38revenge.

'Will you go and pick up *39Shane from *40nursery school?' she asked sweetly.

'Sorry! No time! I've arranged to meet some people for drinks, and I need to get ready.'

My wife looked at me strangely, and with her head on one side, she said, 'You Englishmen are okay, but *41I do wish you would take a little more responsibility around the house.'

注） *1responsibility：責任　*2slightly：わずかに　*3consider：～だとみなす　*4obvious：明らかな
*5resign：辞職する　*6retirement payment：退職金　*7the very height of ～：まさに～の極み　*8occur：起こる
*9incident：出来事　*10Yves St. Laurent：イヴサンローラン（フランスのファッションブランドの1つ）　*11toe：つま先
*12deny：～を否定する　*13offend：感情を害する　*14drily：そっけなく　*15embarrassment：困惑，きまり悪さ
*16 ～, about which I had completely forgotten,：～は私がすっかり忘れていたものだったが，
*17the 比較級 S＋V, the 比較級　S'＋V'：SがVすればするほど，S'はV'する　*18guilty：罪
*19every now and again：時々　*20if it had gone：それが無くなったかどうか
*21as if ～：まるで～である（であった）かのように
*22the woman into whose garden I had thrown it：私がそれを投げ込んだ庭の持ち主の女性
*23feeling the things had gone too far：一連の事柄に関して十分に手を尽くしたと感じたので　*24shrug：肩をすくめる
*25sense：～を感じる，気付く　*26impression：印象　*27immediate：即時の
*28whether the decision arrived at is the correct decision or not ～：たどり着いた決断が正しい決断か否かは～
*29Could it be that ～：～ということはあり得るだろうか　*30require：～を必要とする
*31collective decision：共同で決定すること　*32to be placed on a table：議論するため公の場に置かれる
*33at one's (its) best：最高の状態で
*34all she had really done was (to) place ～：彼女が本当に行った全てのことは～を置くことだった

[*35]state：状態　[*36]nor can S＋V：Sは～も出来ない　[*37]courage：勇気　[*38] revenge：仕返し
[*39]Shane：シェイン（人名）　[*40]nursery school：保育所
[*41]I do wish you would ～：あなたが～してくれたら良いのにと私は心から思う

1．What does ①“This divide” *refer to?　*注：refer to ～　～について述べる，～を指す

ア．The difference in attitudes toward people who are not responsible.
イ．The difference in views of people who act responsibly.
ウ．The difference in what actions are considered responsible.
エ．The difference in the *outcome of responsible actions.　*注：outcome　結果

2．What does ②“it” refer to?

ア．something white
イ．the corner
ウ．the garden
エ．my eye

3．What does ③“It's not mine to throw away” mean?

ア．I want to throw it away.
イ．I want you to throw it away.
ウ．I have to throw it away.
エ．I don't have the right to throw it away.

4．What does ④“it” refer to?

ア．the sock
イ．the fence
ウ．the newspaper
エ．the matter

5．What does ⑤“I could not get the sock out of my mind” mean?

ア．I couldn't throw away the sock.
イ．I couldn't forget about the sock.
ウ．I couldn't find the sock.
エ．I couldn't return the sock to its owner.

6．What does ⑥“Peace at last!” mean?

ア．Finally, the writer could stop thinking about the sock.
イ．Finally, the owner received the sock.
ウ．Finally, the writer gave up thinking about the sock.
エ．Finally, the owner of the sock was found.

7．Choose the best one that fits in（　⑦　）.

ア．problem
イ．responsibility
ウ．action
エ．decision

8. What does ⑧"If so," refer to?

ア. If all Japanese people are responsible,

イ. If a collective decision is necessary for Japanese people to take responsible actions,

ウ. If all Japanese people's actions need to be responsible,

エ. If it is difficult for Japanese people to find correct decisions,

9. What does ⑨"Bein born into any culture is bein born into a state of mind" mean?

ア. Everyone has a different state of mind even if they are born into the same culture.

イ. People cannot understand the state of mind of people from different cultures.

ウ. You are born into a culture and it influences how you see the world.

エ. People around the world should have the same state of mind but respect their own culture.

10. Choose TWO sentences which are true.

ア. According to the writer, the Japanese sense of responsibility has changed over the years.

イ. When the writer's wife found the sock with a hole, she knew whose sock it was.

ウ. The writer thought that throwing the sock away was a responsible act.

エ. When the writer threw the sock into the trash can, his wife got angry because she wanted to hand it back to its owner.

オ. The writer's wife wanted her husband to help her more.

Ⅲ 次の文の(　　)内に入る最も適切な語(句)を1つ選び，記号で答えなさい。

1. (　　) your brother and sister in the swimming club?

ア. Is　　イ. Are　　ウ. Do　　エ. Does

2. Tom：(　　) do you eat out with your family?
Ellen：Twice a month.

ア. How much　　イ. How often　　ウ. How long　　エ. How many

3. Roy (　　) dinner when his son came home.

ア. was having　　イ. is having　　ウ. has　　エ. has had

4. We use (　　) paper at our school.

ア. recycle　　イ. recycling　　ウ. recycled　　エ. to recycle

5. (　　) juice in the *fridge?　　*注：fridge　冷蔵庫

ア. Are they some　　イ. Are there any　　ウ. Are they any　　エ. Is there any

6. I'm interested in (　　) French lessons.

ア. take　　イ. totake　　ウ. taking　　エ. taken

7. My bike is very old, but (　　) looks even older.

ア. your　　イ. you　　ウ. yours　　エ. yourself

8. My cousin (　　) her life in Sweden at dinner last night.

ア. talked me about　　イ. told me about　　ウ. said　　エ. said me about

9. I'm cold. Can I have (　　)?

ア. hot something to eat　　イ. to eat hot something

ウ．something to eat hot　　エ．something hot to eat

10. Bill：When can you get back?
Jen：I will be back（　　）two hours.
ア．at　　イ．in　　ウ．by　　エ．for

Ⅳ　日本文の意味を表すように，［　　］内の語(句)を並べ替え，（A）（B）に入るものを記号で答えなさい。なお，文頭にくるべき語も小文字になっている。

1．メアリーはテッドを無理やり買い物に同伴させた。
［ア　shopping / イ　with / ウ　made / エ　her / オ　Mary / カ　go / キ　Ted］.
（　　）（　A　）（　　）（　B　）（　　）（　　）（　　）.

2．プールで泳いでいる女性はあなたのいとこですか。
［ア　the woman / イ　cousin / ウ　the pool / エ　your / オ in / カ　is / キ　swimming］?
（　　）（　　）（　A　）（　　）（　　）（　B　）（　　）?

3．どの教科が一番好きですか。
［ア　the / イ　subject / ウ　do / エ　best / オ　which / カ　you / キ　like］?
（　　）（　A　）（　　）（　　）（　　）（　B　）（　　）?

4．言語は人間と他の動物を区別する特殊な技能である。
［ア　from / イ　language / ウ　the special skill / エ　separates / オ　which / カ　human beings / キ　is］other animals.
（　　）（　　）（　　）（　A　）（　　）（　　）（　B　）other animals.

5．留学をして自分自身のことがよくわかりました。
［ア　a lot / イ　about / ウ　studying abroad / エ　me / オ　taught］myself.
（　　）（　A　）（　　）（　B　）（　　）myself.

6．将来，この本が役に立つとわかるでしょう。
［ア　useful / イ　find / ウ　this book / エ　the / オ　in / カ　you / キ　will］future.
（　　）（　　）（　　）（　A　）（　B　）（　　）（　　）future.

7．熱があるなら医者に行った方がいい。
You［ア　you / イ　a doctor / ウ　have / エ　if / オ　better / カ　see / キ　to / ク　had / ケ　go］a fever.
You（　　）（　　）（　A　）（　　）（　　）（　　）（　B　）（　　）（　　）a fever.

8．私はリンズィほどたくさんの本を読んでいない。
I［ア　have / イ　as / ウ　books / エ　as many / オ　not / カ　read］Lindsay.
I（　　）（　　）（　A　）（　　）（　B　）（　　）Lindsay.

Ⅴ　以下についてあなたの経験を100語程度の英文で書きなさい。

Tell us about an important *decision that you have made.　*注：decision　決断

たわけではない。だとすると、人はいつの世も先の見えない状況の中で生の歩みを進めていたのではないか。

2　コロナウィルスという「見えない」存在が登場して以降、わたしたちの世界は中身が「見えない」「箱」を運んでいるような状況にある。「箱」が開いて、その正体が「可視化」されたとしても、コロナの「恐怖」から解放されないだろう。むしろ、世界はいっそう不安定化して混乱に陥るのではないか。

3　「箱」と「ラジオ」は類似性と差異を併せ持っている。両者は形状的には近いと言えるが、前者は人類に不安を与えるもので、後者は希望を与えるものだという大きな違いがある。わたしも創作を通じて人々を励ますメッセージを発し続けていきたい。

4　浦島太郎が、「玉手箱」を開けて一気に年を取ったことからも分かるように、「箱」の中身は所有者に想像を超えた事態を引き起こす。いま人類が持っている「箱」が開いてしまえば、未曾有の恐怖がもたらされるかもしれない。だからこそ、わたしたちは慎重に「箱」を運んでいるのではないか。

問14　この文章の表現と構成に関する説明としてもっとも適当なものを次の中から選び、番号で答えなさい。

1　筆者の政治的な主張を主軸とした硬質な文体に終始支えられており、現在の社会の状況を冷静に見据えた上で、こうした状況下において顧みられることのない人々の声なき声をすくい上げた告発記事のように書かれている。

2　筆者の連想の流れをそのまま写し取ったかのような自由な筆致で書かれている一方、「天から降ってきた公共の声」と「海底の小さなラジオ」という形で文章の首尾呼応がなされ、構成上の工夫がほどこされている。

3　筆者は浦島太郎や和歌のエピソードと、筆者自身のそれらの解釈を積極的に文章に取り入れ、現在の日本を取り巻く状況を伝統文化の流れに接続させて、普遍性と幅広い大衆性を獲得させようとしている。

4　一見変わることのない日々を淡々と綴る身辺雑記風の文章ではじまるが、結末では荒廃した日々の光景が「海底」の様子を通じて示されることで、冒頭と結末部が対照的に響き合い、文章のリアリティを高めている。

1　夢のようなきらめきに満ちた海中の世界を経験して、筆者は地上の世界に虚しさを覚えるようになり、現実に絶望した浦島太郎の気持ちに共感するようになったから。

2　目に映る全てのものが明確な像を結ぶことのない海の中の世界は、不確定さで満ちあふれたこの地上の世界を端的に象徴しているものだと筆者が受け止めたから。

3　海中のきらめきを未知の言葉として感受した経験は、筆者にとって、これまでに書いてきた自分の詩や文章を反省的にとらえ直すきっかけになったから。

4　海中を満たす光と色彩の鮮やかさは、地上では決して目にすることのないものであったため、筆者はシュノーケリングをしている最中、異界に引き込まれていく感覚になったから。

問11　――線部Jとあるが、コロナ禍におけるどのような体験が、ここで筆者に「浦島太郎」を想起させるに至ったのか。その説明としてもっとも適当なものを次の中から選び、番号で答えなさい。

1　一人で読んだり書いたりする毎日をずっと過ごしていたので、家の中に閉じこもっていても案外平気だと気づいた体験。

2　他者との関係が断ち切られた中で過ごす静寂の日々が続いていくうちに、もはや元の生活には戻れないという感覚を味わった体験。

3　「緊急事態」とアナウンスされたにもかかわらず、思いのほかのんびりとした雰囲気の漂う世間に身を置くことになった体験。

4　孤独な状況を強いられたことで、他者との抱擁を通じて得られる人間のあたたかさがこれまでになく希求された体験。

問12　――線部Kとあるが、筆者が二条院讃岐の歌をこのように評しているのはなぜか。その説明としてもっとも適当なものを次の中から選び、番号で答えなさい。

1　恋人を思う自分の姿を、遠い沖合の一個の石に託すという歌人の「見えないもの」を表現する手法に驚き、筆者自身も「見えないもの」を言語化するための手がかりを掴んだと感じたから。

2　新型コロナウィルスの脅威によって「見えないもの」の可視化の必要性を強く感じている筆者にとって、遠い沖に眠る石という現実には存在しないものを詠んで恋心を表現する歌人の機知は感心するものであったから。

3　恋人への思いの深さを何百年も黙って濡れ続ける小石にたとえ、叶わぬ思いであることを遠い沖合という距離で表現した歌人の感性と想像力に圧倒されたから。

4　遠い沖合の一個の石を詠んだこの歌には、感傷のない無機的な距離ではなく、自分と一体化しているものを対象化するまでの時間の膨らみとしての距離が表現されていると感じたから。

問13　本文中①［・②［・③［の段落に「箱」（「玉手箱」）という言葉が出てくるが、その言葉を通して筆者はどのようなことを語っているか。その説明としてもっとも適当なものを次の中から選び、番号で答えなさい。

1　わたしたちの生は、中身の判然としない「箱」を運ぶことと比喩的に重なるものである。コロナが脅威となって「箱」の中身は大きく変わったとしても、不可知性それ自体に変化があっ

1　また　　2　まるで
3　かえって　　4　けれど　　5　ふと

問4　――線部Cとあるが、ここでいう「距離」とはどのようなことか。その説明としてもっとも適当なものを次の中から選び、番号で答えなさい。
1　「母」や「ふるさと」やそれを想う自身の在り方を見つめ直し、客観性を帯びるまでに必要な時間の積み重ねのこと。
2　かつて自身と一体化していた「母」や「ふるさと」を、時間の隔たりを越えてそのままの姿で再び取り戻そうと願うこと。
3　すでに失われた「母」や「ふるさと」を取り戻すことはできない、ということを徐々に悟って潔く諦めること。
4　「母」や「ふるさと」に対する気持ちが、物理的な距離の中で次第に霧散し、埋没していく時間の経過のこと。

問5　D　に入るもっとも適当なものを次の中から選び、番号で答えなさい。
1　抽象的・世間的　　2　科学的・構造的
3　物理的・社会的　　4　強制的・法律的

問6　E　に入るもっとも適当な語を次の中から選び、番号で答えなさい。
1　即物的　　2　限定的　　3　理想的　　4　機能的

問7　――線部Fとあるが、これはどのようなことを言っているのか。その説明としてもっとも適当なものを次の中から選び、番号で答えなさい。
1　筆者にとって、言葉にできない「目には見えない何か」と格闘することは得体のしれない恐怖を感じるものであり、新型コロナウィルスの脅威がそのような体験と同一のものであったということ。
2　筆者は、創作活動の中で常に「目には見えない何か」を言葉にすることに取り組んできたため、新型コロナウィルスが蔓延する中での「見えないもの」への対し方が既知のものに感じたということ。
3　「目には見えない何か」に対する恐れは文学の題材として古くから使われているので、新型コロナウィルスという新しい脅威は筆者にとってみるとかつてどこかで聞いたものと大差なく、新鮮味を感じないということ。
4　筆者は、「目には見えない何か」に対して想像力を働かせることを喜びとしており、新型コロナウィルスの「見えないものに対する恐怖」に対して創作意欲をかき立てられているということ。

問8　G　に入る適切な漢字二字の熟語を、次の語群から組み合わせて答えなさい。
語群【　対・面・所・断・局・正　】

問9　――線部Hの意味としてもっとも適当なものを次の中から選び、番号で答えなさい。
1　おろおろとして　　2　もうろうとして
3　うっとりとして　　4　嬉々として

問10　――線部Iとあるが、筆者がこのように言うのはなぜか。その説明としてもっとも適当なものを次の中から選び、番号で答えなさい。

にかわたしは、浦島太郎のことを書いていて戸惑っている。どこかでつながっている話なのだろうか。

静まり返ったこの日常と、水面下の異世界。孤独の感触が、どこか似ている。人のなかへ出て行かず、親しい誰とも話さず、家に閉じこもっていたが、誰かに会いたいと思わなかった。案外、わたしは平気だった。ただその平気さが、段々と重くなっていって、いつしか海の底にいるような気分になった。海の上にまた出られるだろうか。出られたとして、そのときには、何かが根本から変っているのではないだろうか。

百人一首に、注5二条院讃岐の詠んだ、次のような歌がある。

わが袖は潮干に見えぬ沖の石の
人こそ知らね乾く間もなし

恋歌である。――あなたは知らないでしょう。わたしの袖は、あなたを思って涙で濡れたまま乾くことがない。ちょうど潮が引いたときも、海水をかぶってずっと濡れたままの、遠い沖に眠る石のように――。K何度読んでも心震える。ここに歌われた恋に、ではない。遠い沖合の一個の石に想像力を飛ばす、人間のその営為に。

誰にも見えない沖の石を思うとき、なぜか、気持ちが鎮まってくる。何百年も黙って濡れ続けた、求心力のある小石のイメージは、やがてわたしのなかで、海底の小さなラジオにすりかわる。そこから流れてくる微弱な電波。水圧に押し潰され、聞きとりにくいが、それは確かに人の声だ。「世界は終わったわけではない、抱擁できる日がきっとやってくる、想像せよ」。

（小池昌代「抱擁」）

注1　**吉田一穂**　一八九八～一九七三。大正・昭和時代の詩人。
注2　**クリムト**　一八六二～一九一八。オーストリアの画家。
注3　**フローティングベスト**　シュノーケリング（浅い水中を遊泳するマリンスポーツ）をする際に着用するライフジャケット。
注4　**シュノーケル**　シュノーケリングの際に着用する、水中で呼吸を行うための道具。
注5　**二条院讃岐**　平安時代末期から鎌倉時代初期に活躍した女性歌人。

問1　［A］に入る語としてもっとも適当なものを次の中から選び、番号で答えなさい。

1　うらはらに　　2　ばらばらに
3　ちぐはぐに　　4　つれづれに

問2　――線部Bとはどういうことか。その説明としてもっとも適当なものを次の中から選び、番号で答えなさい。

1　衛生観念が急激に人々の間に高まり、身の回りにあるモノに対する恐怖心が増すようになったということ。
2　世間が重苦しい雰囲気に包まれていくと同時に、人々の関係性も徐々に冷淡なものになったということ。
3　これまでの日常が急速に失われたことで、人々は日々の生活に対する具体的な目標を見失ったということ。
4　マスクにより人々の表情が見定められないことに加え、実感をともなう直接的な交流が喪失したということ。

問3　【 i 】～【 iii 】に入るもっとも適当な語を次の中からそれぞれ選び、番号で答えなさい（一つの選択肢は一度しか使えません）。

②
しかしそもそもわたしたちは、この怖ろしいウィルスに遭遇する前から、同じように手探りで、生の不確定さのなかを手探りで歩いていたのではなかったか。そうだった。なにもかも、わかったつもりでいたが、実は中身のことなど、何も知らないで「箱」を運んでいた。

以前、沖縄・宮古島の海で、魚と泳いだ経験がある。そのとき、わたしは四十歳を過ぎていた。もう若くはなかった。わたしは、二十メートルを無呼吸で泳ぐのが精一杯という、カナヅチだ。そんなわたしでも、なかに空気の入った注3フローティングベストを着用し、注4シュノーケルとマスクさえあれば、海の世界へ降りていくことができる。

そのときの衝撃は大きなものだった。水面下の世界を初めて見たのだ。鮮やかな視界が、めりめりと、頭蓋を破るほどの衝撃で現れた。色とりどりの海の魚たち。抜群の透明度をほこる綺麗な海に、太陽光が差し込んでくる。水は揺れ、角度を変えて、きらきらと、どこまでも無言できらめいていた。敏捷な魚たちが、するりするりとなめらかに逃げる。岩場が見えてくる。ゆらゆらとゆらめく海の草もあった。こんな世界が、この世にあった。

そこではすべてが定まらず、揺れ動いていて、一つとして、定まったものはなかった。わたしは自分を、裏返されたと思った。海のなかに差し込んでくる光は、地上に降り注ぐそれと、同じ光でもまったく違う。海中には、言葉という言葉が存在しないが、光を受けた水のきらめきこそ、言葉を超えた言葉だった。

そして音はなかった。かすかに泡立つ水音や流水の他には。水面上と水面下では、これほどまでに世界が違う。喧騒の世界と無音の世界。わたしはH陶然とし、いつまでもこの世界にたゆたっていたいと願った。艶めかしい魔力をたたえた秘密の世界。それは水面の上で、肺呼吸をしながら生きるわたしたちには、本来、見えない世界だった。海面の上と下には、このように、世界を隔てる絶対的な一線が引かれていて、しかし人類は、こういうあらゆる境界線を、突破し侵入してきたのだとも思った。

Iふいに浦島太郎を理解した。浦島は、こんな魅惑的な世界を見てしまったのだ。帰りたくなくなるのは当然だろう。わたしの経験は、ごく浅瀬の話で、本来ダイバーたちがめざすのは、もっと深い漆黒の海の底。そして浦島が訪れた龍宮城も、海底に広がる秘密の魔宮だった。

そこにはおそらく、哀しくなるような無時間の悦楽が、口を開いていただろう。それを知ってしまったら、もう同じ人間ではいられない。陸に生きる、肺呼吸のヒトには、本来届かない夢の世界。浦島は禁忌に触れてしまったのだ。見てはならない秘境を、見てしまった。だからこそ思う。よくぞ彼は浜へ戻ってこられたなあ。わたしは海の底にひきずりこまれ、ついに帰って来なかった人々を知っている。海は怖ろしい未知の世界だ。潮の流れも波の威力も、パワフルで容赦がなく予測できない。

③
浦島は、浜へ帰り着いたとき、開けてはいけないと乙姫に言われたにもかかわらず、もらった玉手箱を開け、一気に年をとってしまった。帰ってきたら、百年がたっていた。知り合いも家族もみんな死んでいた。彼はなにもかもが変わってしまった世界に絶望したのだろうか。自爆テロみたいな気持ちで、玉手箱を開けてしまったのか。

J新型コロナウィルスについて書き始めたにもかかわらず、いつのまむかし、注1吉田一穂という詩人が、「母」という詩の冒頭で、「あゝ麗はしい距離／つねに遠のいてゆく風景」と書いた。すべて詩に連想が飛ぶのは、悪癖だが、ウィルス対策で、ヒトとの距離を開ける必要があると聞いたとき、思いだしたのは、あの一行だった。

母もふるさとも、幼い頃は、自分と一体化したものだった。長じるにつれ、故郷を出、母のもとを離れ一人で立つ。そこに初めて距離が生まれる。思慕や郷愁、懐かしさや憎しみ。あらゆる感情も、そのなかに湧いてくる。C<u>距離とはすなわち、場所や人を対象化するまでの、時間の膨らみを言うのだろう。</u>

ウィルス対策における、ヒトとヒトとの距離に、そういう情緒はない。最初から、開けることが要請されている［ D ］な距離だ。「距離」を詠嘆調で歌ったあの一行を、わたしは前世ほどに遠く無力なものに感じた。吉田一穂には何の罪もない。改めて、道ゆく人々を眺めやった。情緒が押しつぶされ、偽善の入り込む余地もない距離には、むしろ［ E ］な清々しさがある。気づくと、わたしのなかには、怖れがあった。すでに充分、一人だったのに、わたしはさらに、一人になりたいと思った。

新型コロナウィルスをうまく乗り越えられたとき、その象徴的な風景は、ヒトとヒトとの抱擁であるという気がした。そして注2クリムトの、同名の絵画を思い出したりした。向こうから、わーっと大きく手を広げながらやって来るヒト。迎え入れるヒト。背中に回された手。肩の上からのぞく顔。一対の人々。閉じられたまぶた。がっしりと組み合わせられた静かな抱擁。

以前、長い欧米生活を終え、帰国した友人から、そんな抱擁を受けたわたしは最初、戸惑ったものだったけれど、あっという間に距離が縮まり、相手の肉体を通して、確かにじわじわと、あたたかい物質が流れ込んだ。人間は、そんな挨拶をして、距離を押しつぶさなければならないほど、寂しく孤独な存在なのだと思う。

新型コロナウィルスの脅威が、「見えないものに対する恐怖」という文脈で語られ始めたとき、不謹慎なことだが、F<u>何か知っているものにつきあたった気がしていた。</u>もちろん、わたしは、このウィルスについて、巷に流れる情報以外のことは何も知らない。ただ、わたしのアンテナは、「見えないもの」という言葉に反応したに過ぎない。詩や文章を書くなかで、わたしはいつも目には見えない何かを可視化しようとしたり、想像力を働かせて感じとろうとしてきたような気がする。それで、「見えないもの」に対する「身構え」だけは、体に覚えがあるような気がしたのである。

もし仮に、新型コロナウィルスを、赤い染料で染めることができたら、世界はどうなるだろう。一気に新型コロナウィルスが可視化するが、それはそれでまた、怖い世界が現れる。今度は怖さの質が、違う［ G ］になる。あそこもここも、汚染されていると気づいてしまう。わたしはきっと発狂するだろう。ウィルスは人間の視力では見えないから、人間世界はとりあえず安定しているともいえる。だからこそ、積極的にできる限りのことをして、身を守るしかないのだが、その防御が、一体全体、どの程度、有効なのかも、見えない相手では、手探りで進むしかない。わたしたちの恐れは、そうした不確定さのなかから、きりもなく湧いてくるものだ。

1　自己の個別性を守ろうとする思いに駆（か）られるため。
2　他者を攻撃することで自己を守ろうとするため。
3　もともと外的拘束力を疎ましく感じていたため。
4　共同体の倫理崩壊（ほうかい）を暴露したい衝動に駆られるため。

問14　[M]に入るもっとも適当な語を次の中から選び、番号で答えなさい。

1　拒絶　　2　維持　　3　強制　　4　推察

問15　次の**1**～**5**の説明のうち、本文の内容に合っているものには○を、合っていないものには×を、それぞれの解答欄に書き込みなさい。（全て○、全て×の解答は不可）

1　「義理と人情」の対立や葛藤は、人類にとって普遍的な現象であって、事新しく問題とするにはあたらない。
2　「義理」の自己矛盾的性格とは、その観念が同一の人間に拒絶反応を起こさせたり、好意反応を起こさせたりすることから由来する。
3　「人情」とは、もっぱら普遍的な人間性に根ざした欲望や感情の自然なはたらきをいう。
4　「人情」が個別主義的な性格をもつのは、それが関係において成立する倫理、外的規範であるからにほかならない。
5　「義理」や「人情」は、その対象となる人との関係性の良し悪しによって、「温かい」あるいは「冷たい」性質を帯びる。

三、次の文を読んで、後の問に答えなさい。

連休のさなか、女性による人工音声で、町にアナウンスが流れた。「緊急事態宣言が出されています。不要不急の外出はお控えください」。近隣の学校から、スピーカーを通して流れているらしい。天から降って来た公共の声は、その内容とは[A]、間延びしていて、のどかに聞こえる。

買い物のために外へ出た。降り注ぐ太陽の光。マスクをつけたヒトが歩いている。地上は虚無的で、不思議なよそよそしさに満ちている。これが「緊急事態」というものの素顔なのか。ヒトとの接触が断たれてしまうと、B日常は抽象的（ちゅうしょう）で曖昧（あいまい）なものになった。日頃から、部屋にこもって読んだり書いたりをしてきたわたしは、同じような生活を続ければいいとも言えた。実際、生活は何も変わっていないように見える。【　i　】、芯（しん）のところが以前と違う。

①わたしたちは、外見も匂いもその重さも、一見、いつもと変わらない、同じ箱を持ち運んでいるのだが、その中身が、【　ii　】違ってしまった。そのことに気づいてもなお、いつもどおりの作法で、いつもどおりに見える箱を、いつもより慎重に持ち運ばなければならない。

【　iii　】、想像が戦時中に移る。空襲警報を告げるアナウンスがあったはずだ。その声はどんな感じだったのだろう。男性の声か、あるいは女性の声？　緊迫した声だったのか、それとも冷静な？　想像しさえすれば、その声に到達できるとでもいうように、わたしは聞いたこともないその声に思いを巡（めぐ）らし、そんなことをしているうちには、その声を、まるで聞いたことがあるような気がしてくるのだ。

問6　E 日に入る語としてもっとも適当なものを次の中から選び、番号で答えなさい。

1　ずうずうしい　　2　なれなれしい
3　とげとげしい　　4　よそよそしい

問7　――線部**F**とあるが、そこに「冷たさ」があるのはなぜか。もっとも適当なものを次の中から選び、番号で答えなさい。

1　その行為は健全な社会の一員としての責任を全うするために行われるものであるから。
2　その行為は他者との関係性とは無縁な個人の信条に基づいてなされるものであるから。
3　その行為はもっぱら社会との関係で自分が不利益を被らないためになされるものであるから。
4　その行為は他者に対する配慮よりも自身の利益を優先して行われるものであるから。

問8　G に入るもっとも適当なものを次の中から選び、番号で答えなさい。

1　秩序を重視する社会
2　規範意識が薄い社会
3　閉鎖的な共同体
4　拘束力が弱い共同体

問9　――線部**H**とあるが、筆者はこうした規範意識が日本社会のどのような特徴を土台にして発生したと捉えているか。それを示す八文字以内の語句をこの箇所の**次の段落中から**見いだし、解答欄に当てはまるように答えなさい。

問10　I に入る適切な漢字二字の熟語を、次の語群から組み合わせて答えなさい。

語群【　同　・　通　・　協　・　異　・　共　・　特　】

問11　――線部**J**は、ここではどういうことを言っているのか。もっとも適当なものを次の中から選び、番号で答えなさい。

1　「義理」とはどんな条件下でも発生する規範ではなく、ある特定の条件が偶然にも整った時に確認される約束事であるということ。
2　「義理」は誰もが想像できる概念ではなく、特定の経験を持つ者がその経験を通じて初めて理解のできるものであるということ。
3　「義理」は人間を平等に捉えようとする人には無縁のもので、偏見を持って人を仕分けるような人に生じる見方であるということ。
4　「義理」とは特定の関係の中で生じるものであって、関係性を持たない者同士の間にこれが発生することはないということ。

問12　――線部**K**とあるが、それはなぜか。その根本的な理由としてもっとも適当なものを次の中から選び、番号で答えなさい。

1　「人情」も外的強制力の支配から無縁ではないから。
2　「義理」も情的な紐帯でつながれているから。
3　「義理」が情的な拒絶反応を生じさせる原因にもなるから。
4　「人情」の自己矛盾的な性格が自己抑制へと傾くから。

問13　――線部**L**とあるが、それはなぜか。もっとも適当なものを次の中から選び、番号で答えなさい。

義理は温かい義理となり、K義理と人情の区別は厳密にはつかなくなる。なぜなら、このとき義理は規範とはいっても、心情の倫理なのだから。しかし、このだれかとの関係が好ましくないが、われわれが生きていくためにやむを得ずこの関係を維持しようとするとき、義理は冷たい義理となり、義理と人情は対立するのである。義理はこのとき、われわれにとってよそよそしい、外的拘束力であり、外的規範である。そして人情はそれに対応して、他者との共感的関係を閉じて、L自己の欲望の主張を始めようとする。もしくは生きる条件がもっときびしいときには、注7擬制（ぎせい）された共感関係を［M］しようと努力するのである。

（源（みなもと） 了圓（りょうえん）『義理と人情』より）

注1 人倫　人間としてとるべき態度。
注2 ベネディクト　一八八七年～一九四八年。アメリカ合衆国出身の文化人類学者。
注3 紐帯　人と人とを結びつける大切なもの。
注4 傾向性　人の性質の傾向。性格的な特徴。
注5 格律　世間で広く認められている行為の基準。
注6 輪廓　「輪郭」と同じ意。
注7 擬制　ここでは、本質は違っているのに見せかけだけでとりつくろうこと。

問1 ——線部A「自明」と同じ意味で「自」が使われている熟語を次の中から　つ選び、番号で答えなさい。

1 自賛　2 自炊（じすい）　3 自動　4 自治

問2 ——線部Bの「これ」は何をさすか。もっとも適当なものを次の中から選び、番号で答えなさい。

1 「義理と人情」と「公と私」とが概念上対立するものとして置かれること。
2 「義理」と「人情」を対義語として当たり前のように使うこと。
3 「義理と人情」を慣用句として扱い、厳密な意味を考えないこと。
4 「公と私」を「義理と人情」と同じ意味の対概念とすること。

問3 【ⅰ】～【ⅲ】に入るもっとも適当な語を次の中からそれぞれ選び、番号で答えなさい（一つの選択肢は一度しか使えません）。

1 しかし　2 すると
3 たしかに　4 たとえば

問4 ［C］に入る語としてもっとも適当なものを次の中から選び、番号で答えなさい。

1 規格化　2 一般化　3 矮小化（わいしょう）　4 相対化

問5 ——線部Dは具体的にどのような行動としてあらわれるか。その例としてもっとも適当なものを次の中から選び、番号で答えなさい。

1 もう何年も会っていないが、小学校時代の恩師には毎年年賀状を出している。
2 駅までの道がわからず困っている老人に出会ったので、一緒に駅まで行くことにした。
3 町内会のきまりで月に一度は公園の掃除当番をやっている。
4 優勝に向けて団結力を高めるため、クラス全員でおそろいのTシャツを買うことになった。

かによって、その一員として認めるかどうか、ということを判定する。こうした人類に普遍的な社会現象が、たんにその場かぎりのものに終わらず、一つの習俗として、その社会の生活規範になったものが義理なのである。

このように義理という生活規範には、好意を与えた人と好意を受けた人とのあいだの人間関係が長期にわたって存続すること、さらに彼らの所属する社会が［　G　］であることが、その成立の基本条件である。

ところでこのさい、好意を与えた人と好意を受けた人の関係も時には親しく、時にはうとましくなる。また好意を返そうと思う人とそれを見守る社会の関係も、情的な紐帯でつながれたり、それが切れて、外的強制によるつながりになったりする。H われわれの生活の場で経験する義理は、相反した性格の、温かい義理と冷たい義理なのである。

このように、義理は一見相反した性格をもっている。義理が、外国人にとってはもちろん、われわれ日本人にとってもわかりにくいのも、また義理という観念が同一人間に拒絶反応をおこさせたり、好意反応をおこさせたりするのも、義理のもつ、このあいまいな自己矛盾的性格によることが多い。しかし、この二つの相反した性格をもつ義理に一つの［　I　］性がある。それは、この義理が、だれかへの義理、何物かへの義理であって、そうした関係を超えた普遍的格律ではない、ということだ。友人や仲間への義理、知人への義理、主君への義理、恩人への義理、隣り近所への義理、取り引き関係への義理、組合への義理、――義理の現象形態は無数にあるが、それはわれわれのだれかへの義理、何物かへの義理、という基本性格をもっている。すなわち J 義理は、普遍主義（universalism）の立場に立つ倫理ではなく、個別主義（particularism）の立場に立つ倫理である。このようなタイプの倫理がなぜ成立したか。それは、われわれの社会が個別主義的社会であったからにほかならない。今この問題に深入りすることは避(さ)けよう。ここではさしあたって、義理が、関係において成立する倫理、規範であることを指摘(してき)しておけばよい。

われわれのいう人情にもこれに似た性格がある。さきにしるしたように、人情というとわれわれはふつう、ある普遍的な人間性を考える。そしてこの普遍的な人間性に根ざした欲望や感情の自然なはたらきを人情と考えている。人情に国境なし、とよくいわれるように、人情が基本的にこのような性格をもつことは否定できない。しかし、われわれが義理・人情というときの人情には、それとは異なったニュアンスが含まれているのではなかろうか。他にたいする思いやりとか共感の念を、われわれは人情ということばで呼んで、人間としてのさまざまの欲望とは異なるニュアンスをそこにもたせているようである。もしこうした意味の人情ということばを英訳すれば、human nature と訳すよりも、sympathy とか empathy とか訳した方がぴったりくることが多いのである。

こうしてみると、義理も人情もともに個別主義的性格の社会や文化の産物であることが推察される。われわれがだれかとの、そして何ものかとの関係を重要視し、これとの関係を積極的にもしくは消極的に維持(いじ)強化しようとするとき、その関係の規範的側面が義理であり、心情のはたらきの面が人情である。そしてこの関係が好ましいときに、らは、親子や夫婦や恋人同士のような特定の親密な関係は除かれねばならないが、 E 人間関係とは異なる情的なパーソナルな人間関係をつなぐ精神的[注3]紐帯(ちゅうたい)という意味で、義理ということばを今日でも使っているのである。たとえばわれわれが、友人や自分を信頼してくれている人びとのことを思い浮かべながら、「Aにたいして義理が悪いから」と言って、あることをしたり、しなかったりするばあいのごときが、それである。義理がこのような意味で使われるとき、義理と人情とは公と私というように対立したものではなく、「義理人情」は一組のものとして使われ、情的でパーソナルな人間関係に成立する一種の人倫、心のありかたを意味する。このばあい、義理と人情とはともにある温かい、ウェットな性格をもった人間関係に根ざした心情道徳、ということになる。

この二つは今日の義理の二つの相反した極における用法であるが、いずれにしても、義理は個人の[注4]傾向性に反した義務とか、道徳的[注5]格律とか、社会的責務という性格をもっていない。「傾向性―義務」が西欧(せいおう)社会の内面道徳の軸であるとすれば、「権利―義務」ということもやはり西欧社会の他の軸、すなわち外的社会規範の軸であろうが、情的でパーソナルな人間関係において成立する「義理―人情」はそれとも異なる。だとすれば、われわれは「義理と人情」を、西欧的な意味での「公と私」とに置きかえる試みを放棄(ほうき)しなければならない。

では義理とは何だろう。今まで見てきた義理の今日的用法から判断すれば、義理には「冷たい義理」と「温かい義理」の二種類がありそうだ。冷たい義理というのは、われわれがいわゆる「お義理でする」ばあいの義理――われわれの主観的気持にそくしていえば、「する」というより、むしろ「させられる」と言ったほうがぴったりする――のことである。すなわち、われわれの心に、あるやりきれなさを感じさせる制裁力や拘束力をもつ社会規範や習俗という意味の義理がこれにあたる。F義理自身の冷たさとともに、義理的行為をするわれわれの心の冷たさもそこにある。温かい義理というのは、情的でパーソナルな人間関係において成立する心情道徳、われわれの内的規範、という意味での義理である。おそらくわれわれの生活の中に機能している義理の大半は、この二つの義理の世界にまたがって、明瞭(めいりょう)な[注6]輪廓(りんかく)をもたないもやもやしたものであろうが、われわれが義理の性格をはっきりさせようと思うならば、このような二つのタイプの義理に分類することが、大切な作業だと思う。

しかしなぜ義理という一つのことばにこうした相反した意味が含まれているのだろうか。この問題に答えるためには、義理とは何か、ということをもう一度考え直してみなければならない。

私は、義理についてこう考えている。義理とは、もともとわれわれが親子とか夫婦とか恋人同士とかの特定の親密な関係(このばあい、自と他とのあいだに障壁(しょうへき)を感じないことが重要な条件である。この障壁を感じ始めたら、親子の関係にも夫婦の関係にも、義理の風がはいりこむ)以外の他の人から何らかの好意をうけたばあい、これにたいして応え、なんらかの仕方で返しをしようという人間の自然な感情に由来している。しかしこれだけではまだ十分ではない。この好意を与えた人、受けた人はたがいに顔を知っている狭いサークル(共同体)に所属している。このサークルの人びとは、好意を受けた人が与えた人にその返しをすることを期待し、好意に応え、返しをするか否

【国　語】〈五〇分〉〈満点：一〇〇点〉

一、次のA・Bの問に答えなさい。

A　次の①～⑤の各文中の――線をつけた漢字の読み方を、ひらがなで書きなさい。

① 決勝戦で惜敗した。
② 前途を嘱望される。
③ 薄氷を踏む思い。
④ 気分を損ねる。
⑤ 心情を吐露する。

B　次の⑥～⑩の各文中のカタカナを漢字で書きなさい。

⑥ 書類がサンランしている。
⑦ 経営フシンにあえぐ。
⑧ 犯罪組織を一網ダジンにする。
⑨ 現代社会へのケイショウ。
⑩ 夜空に星がマタタく。

二、次の文を読んで、後の問に答えなさい。

「義理と人情」ということばは、われわれが日常A自明のこととして使っていることばである。しかし、その厳密な意味を探ろうとすると、これほど厄介(やっかい)なことばもまた少ない。常識的に考えると、義理とは義務であり、公的世界にかかわる注1人倫(じんりん)である。それにたいして人情は、人間の欲望や感情の自然なはたらきであって、私的世界にかかわるものである。すなわち「義理と人情」という対概念を、同じ意味の異なった対概念に置き換えると「公と私」ということになる。

ごく大まかに事をすませようとする人には、Bこれでよいのかもしれない。【　i　】、われわれが「義理と人情の板ばさみ」などと言うとき、社会的責務と、自己の人間性にもとづく要求や情緒との葛藤(かっとう)に悩むわれわれの心的状態を示すことがかなりにあるのである。

【　ii　】、問題はそれですむのだろうか。もしそうであれば、「義理と人情」の対立や葛藤ということは人類に普遍(ふへん)的な現象であって、事新しく問題とするにはあたらない。しかし、義理・人情の問題を簡単に人類的・普遍的現象とみなすわけにはいかない。まず第一に義理が公に相当するとしても、日本の公ということばは、西洋でいう公共(public)とは意味がちがう。さらにまた、われわれは「義理と人情」とを対立させて使っている一方、「あの男は義理人情を解する男だ」とか、「近ごろの若い者は義理人情を解さなくなった」などというように、義理・人情をわかちがたい同性質の一組の概念として使っている。こうなると、「義理と人情」を簡単に「公と私」というように　C　するわけにはいかない。

義理は、西洋でいうような「義務」と全面的に一致するものではない。【　iii　】「お義理でする」などと言うときには、一種の社会的制裁があるために厭々(いやいや)すること、注2ベネディクト流にいえば「不本意ながらもそれに従わねばならぬもの」を意味する。このとき義理は、われわれの心とは無関係な外的な社会的制裁力や拘束(こうそく)力をもつ社会的規範(きはん)や習俗(しゅうぞく)を意味する。

しかし他方、義理は、われわれのD情的なパーソナルな人間関係において成立する人倫という意味合いをもっている。この人間関係か

2021年度

解 答 と 解 説

《2021年度の配点は解答欄に掲載してあります。》

<数学解答>

1 (1) $\frac{-14x+22y}{15}$ (2) $\frac{\sqrt{6}+4}{5}$ (3) $(a+b)(a-b)(3b-2c)$ (4) $96-80\sqrt{6}$

(5) $128\pi\,\text{cm}^3$ (6) $\frac{10}{3}$cm

2 (1) $a=2$ (2) E(2, 8) (3) 8 (4) $\frac{1-\sqrt{33}}{2}$

3 (1) 11 (2) 25:11 (3) 100:99

4 (1) $\frac{1}{4}$ (2) $\frac{5}{16}$ (3) 5個

○配点○

1 各5点×6　2～4 各7点×10　計100点

<数学解説>

1 **(数・式の計算，平方根の計算，因数分解，式の値，立体の体積，方程式の応用)**

(1) $\frac{2x-4y}{3}-\frac{3x-4y}{5}-x+2y=\frac{5(2x-4y)-3(3x-4y)-15x+30y}{15}=\frac{10x-20y-9x+12y-15x+30y}{15}=\frac{-14x+22y}{15}$

(2) $\frac{\sqrt{12}}{\sqrt{8}}-\frac{\sqrt{0.27}-\sqrt{0.32}}{\sqrt{0.5}}=\frac{\sqrt{3}}{\sqrt{2}}-(\sqrt{0.27}-\sqrt{0.32})\div\sqrt{0.5}=\frac{\sqrt{6}}{2}-\left(\frac{3\sqrt{3}}{10}-\frac{2\sqrt{2}}{5}\right)\div\frac{\sqrt{2}}{2}=\frac{\sqrt{6}}{2}-\frac{3\sqrt{3}}{5\sqrt{2}}+\frac{4}{5}=\frac{5\sqrt{6}-3\sqrt{6}+8}{10}=\frac{2\sqrt{6}+8}{10}=\frac{\sqrt{6}+4}{5}$

(3) $3a^2b-2a^2c-3b^3+2b^2c=a^2(3b-2c)-b^2(3b-2c)=(a^2-b^2)(3b-2c)=(a+b)(a-b)(3b-2c)$

(4) $\sqrt{4}<\sqrt{6}<\sqrt{9}$，$2<\sqrt{6}<3$より，$\sqrt{6}$の整数部分は2で，小数部分$=\sqrt{6}-$整数部分より，$x=\sqrt{6}-2$　$x^4-100=(x^2+10)(x^2-10)$に代入すると，$\{(\sqrt{6}-2)^2+10\}\{(\sqrt{6}-2)^2-10\}=(6-4\sqrt{6}+4+10)(6-4\sqrt{6}+4-10)=(20-4\sqrt{6})\times(-4\sqrt{6})=96-80\sqrt{6}$

(5) 側面にあたるおうぎ形の半径を$r$cmとすると，おうぎ形の弧の長さと，底面の円周の長さは等しいので，$2\pi r\times\frac{288}{360}=2\pi\times8$　これを解くと，$\frac{4}{5}r=8$　$r=10$(cm)　円錐の高さを$x$cmとすると，三平方の定理より，$x=\sqrt{10^2-8^2}=\sqrt{36}=6$(cm)　よって，円錐の体積は，$\frac{1}{3}\pi\times8^2\times6=128\pi$(cm^3)

(6) 切り取る正方形の1辺の長さを$x$cmとすると，底面の1辺の長さは，$(20-2x)$cm，高さは$x$cmとなり，底面積と側面積(立体の高さ×底面の周りの長さ)が等しいので，$(20-2x)^2=x\times4(20-2x)$　整理すると，$400-80x+4x^2=80x-8x^2$　$12x^2-160x+400=0$　$3x^2-40x+100=0$　解の公式より，$x=\frac{-(-40)\pm\sqrt{(-40)^2-4\times3\times100}}{2\times3}=\frac{40\pm20}{6}=\frac{10}{3}$，10

$0<x<10$より，$x=\frac{10}{3}$(cm)　よって，切り取る正方形の1辺の長さは$\frac{10}{3}$cm

2 (図形と関数・グラフの融合問題)

(1) 四角形ABCDは正方形なので，BC＝AB＝2より，Cのy座標は2　よって，C(1, 2)　$y=ax^2$に代入すると$a=2$

(2) C(1, 2)より，D(−1, 2)　点Dを通り直線OCに平行な直線は，直線OCと傾きが等しいので，傾きは2　よって，$y=2x+b$にD(−1, 2)を代入して，$2=-2+b$　$b=4$より，$y=2x+4$　点Eの座標は，$y=2x^2$と$y=2x+4$の連立方程式を解くと，$2x^2=2x+4$　$x^2-x-2=0$　$(x-2)(x+1)=0$　$x=2, -1$　$x=2$　$y=2x^2$に代入して，$y=8$より，E(2, 8)

(3) 四角形OCED＝△OCD＋△ECD＝$2\times2\times\frac{1}{2}+2\times(8-2)\times\frac{1}{2}=2+6=8$

(4) 点Fを通り直線OCと平行な直線と，y軸の交点をG(0, t)とすると，△OCF＝△OCG＝8となる。△OCG＝$t\times1\times\frac{1}{2}=8$より，$t=16$　G(0, 16)　よって，直線FGは$y=2x+16$　点Fのx座標は，$y=2x^2$と$y=2x+16$の連立方程式を解くと，$2x^2=2x+16$　$x^2-x-8=0$　解の公式より，$x=\frac{-(-1)\pm\sqrt{(-1)^2-4\times1\times(-8)}}{2}=\frac{1\pm\sqrt{33}}{2}$　$x<0$より，$x=\frac{1-\sqrt{33}}{2}$

やや難
3 (平面図形の計量問題)

(1) △FBE∽△FADより，FB：FA＝BE：AD　FG＝xとすると，$(x+4):(x+9)=6:8$　これを解くと，$6(x+9)=8(x+4)$　$6x+54=8x+32$　$x=11$　よって，FG＝11

(2) △BFE∽△CDEより，FE：DE＝BF：CD＝15：5＝3：1…①　△GBH∽△GADより，BH：AD＝GB：GA＝4：9なので，BH：HC＝4：(9−4)＝4：5　△ABH∽△JCHより，AB：JC(＝BH：HC)＝4：5なので，5：JC＝4：5　JC＝$\frac{25}{4}$　△AFI∽△JDIより，FI：DI＝AF：JD＝$(5+4+11):\left(\frac{25}{4}+5\right)=20:\frac{45}{4}=80:45=16:9$…②　①，②より，DE：EI＝DE：(DI−DE)＝$\frac{1}{4}$DF：$\left(\frac{9}{25}\text{DF}-\frac{1}{4}\text{DF}\right)=\frac{1}{4}\text{DF}:\frac{11}{100}\text{DF}=25:11$

(3) AH：HI＝DE：EI＝25：11　△BGH＝$\frac{\text{GB}}{\text{AG}}$△AGH＝$\frac{4}{9}$△AGH　△GHI＝$\frac{\text{HI}}{\text{AH}}$△AGH＝$\frac{11}{25}$△AGHより，△BGH：△GHI＝$\frac{4}{9}$△AGH：$\frac{11}{25}$△AGH＝$\frac{4}{9}\times225:\frac{11}{25}\times225=100:99$

4 (図形と確率)

(1) 硬貨を3回投げたとき，起こりうる場合の数は全部で，$2^3=8$(通り)　△PQRの1辺が辺CD上にある場合の数は，3回とも表または3回とも裏のときの，1＋1＝2(通り)　よって，求める確率は$\frac{2}{8}=\frac{1}{4}$

(2) 硬貨を5回投げたとき，起こりうる場合の数は全部で，$2^5=32$(通り)　△PQRの1辺が辺CD上にある場合の数は，表が4回で裏が1回または，裏が4回で表が1回の，5＋5＝10(通

り）よって，求める確率は，$\frac{10}{32}=\frac{5}{16}$

やや難 (3) 硬貨を10回投げたとき，時計回りで△PQRの1辺が辺CD上にあるのは，表が10回出たとき，いわゆるx＝10のとき。また，反時計回りで辺CD上にあるのは，AD＝2なので，裏が表より3回以上多く出たときである。よって，表が0回で裏が10回，表が1回で裏が9回，表が2回で裏が8回，表が3回で裏が7回のとき，いわゆるx＝0，1，2，3のとき。したがって，xとして考えられる値は全部で5個。

★ワンポイントアドバイス★
問題文に図が書かれてなくて，自分で作図できないと解けない問題や，図を書くことで解きやすい問題がある。日頃から図を書く練習をしておこう。

<英語解答>

I　1 ウ　2 イ　3 ウ　4 イ　5 ウ　6 ア　7 ウ　8 ア
9 イ　10 イ　11 イ

II　1 ウ　2 ア　3 エ　4 ア　5 イ　6 ア　7 ウ　8 イ
9 ウ　10 ウ，オ

III　1 イ　2 イ　3 ア　4 ウ　5 エ　6 ウ　7 ウ　8 イ
9 エ　10 イ

IV　1 A ウ　B カ　2 A キ　B エ　3 A イ　B ア
4 A オ　B ア　5 A オ　B ア　6 A ウ　B ア
7 A ケ　B エ　8 A カ　B ウ

V　（例） I have been playing the piano for about ten years. I like to play it, but I was not good at playing in front of other people. I always became nervous. When I was eleven years old, I decided to take part in a piano concert and try my best to win. I wanted to change myself. I asked my piano teacher about how to play in front of people without being nervous and practiced it very hard. Sometimes I practiced for ten hours a day. At the concert, I could not win, but I really enjoyed playing there. Now, I do not become nervous, and I like playing the piano better than before. （114語）

○配点○

I 各2点×11　II 各2点×11　III 各2点×10　IV 各2点×8　V 20点
計100点

<英語解説>

I　（会話文：文補充，内容吟味）

（大意） 1. ジル（以下 Ji）：夕食はどこに行きたい？／ジョン（以下 Jo）：わからない。角にあるカレー屋さんはどう？／Ji：ウあそこのカレーは好きじゃないわ。辛すぎるの。／Jo：そうだね。僕にとっても少し辛いな。／Ji：ええと，でもやはり今夜は外で食べたいわ。下町のフレンチレストランはどう？／Jo：いいね！　行こう！

2. アレックス（以下A）：やあ，ジル。何をしているの？／Ji：運動をしているの。体力をつけたいの。／A：イどんな運動をするの？／Ji：たいてい縄跳びをするわ。／A：スポーツはするの？／Ji：テニスが好きよ。あまり得意ではないけれどね。

3. 息子：父さん，夏休みの間にカブトムシを飼いたいな。どこで捕まえられるか知ってる？／父：角があるやつかい？／息子：そうだよ。簡単に見つけられる小さくて緑のではなくて。角があるカブトムシはとてもかっこいい。／父：ミドリ公園に行くべきだろうな。柏の木がたくさんあるよ。／母：ねえ，私は一匹でも家にいて欲しくないわ。大嫌いなの！／息子：お母さん，お願いだよ！／母：ええと，いいわ。でももし今週末までにあなたが宿題を全部終えたらね。／息子：わかった。約束だよ。　<質問>正しいのはどれか。　ウ「少年は，彼がしなければならないと言われたことをすれば虫を家で飼うことができる。

4. Jo：昨夜横浜で大きな火事があったこと聞いた？／エマ（以下E）：ええ。実は私の家の近くなの。サイレンで目が覚めたわ。／Jo：え，本当に？　イ火は消えたの？／E：ええ，でも建物の半分は焼けてしまったわ。

5. ジョージ（以下G）：やあ，元気かい？　かなり忙しいみたいだね。／マサオ（以下Mas）：ああ。宿題が大変なんだ。今週末までに終わらせないといけない。／G：なぜ今週末までに終えないといけないの？　まだあと3週間は夏休みがあるよね？／Mas:冗談でしょ？　今年は，一学期にできなかった授業をするために，休みを2週間短くされたじゃないか。／G:なんだって！　完全にそれを忘れていたよ！　<質問>もっとも本当らしいのはどれか。　ウ「ジョージは休暇がほとんど終わったことに気付いていなかった。」

6. マーク（以下Mar）：この魚は本当にきれいだよね。／キャシー（以下C）：ええ，これを見て。／Mar：本物みたいだね。／C：ええ，触れられそうだわ。／母：（下の階から）ねえ二人とも，夕食だから降りてきて。もう8時よ。／MarとC：わかったよ，お母さん…。<質問>正しいのはどれか。　ア「マークとキャシーは仮想現実ゲームをしている。」

7. 男の子：昨夜は何をしたの？／女の子：学校から帰って，仕事に行ったわ。／男の子：本当に？　アルバイトをしているの？／女の子：ええ，始めたばかりなの。家の近くのスーパーで働いているの。週12時間働いているのよ。／男の子：すごいね。仕事は大変？／女の子：ええ，とても大変よ，でも毎シフト3時間しか働かないの。　<質問>彼女は週に何回のシフトで働いているか。　ウ「4」週12時間を1日3時間で働くので，シフトは4回であるとわかる。

8. 女性：白のトラックで，G8 345 AFBのナンバーでお越しの方へのアナウンスです。サービスデスクへお越しください。優先駐車スペースに駐車しています。すぐに移動してください。ありがとうございます。／男性：すみません。白いトラックの所有者です。すみませんでした。優先駐車スペースだとは気づきませんでした。車は移動しました。／女性：ありがとうございます。次回はお気をつけください。／男性：もちろんです。すみませんでした。　<質問>正しいのはどれか。　ア「男性はトラックを移動した後にサービスデスクへ行った。」

9. 男性：休暇の予定は決まっているの？／女性：友達に会ってキャンプに行くの。／男性：楽しそうだね。僕は何もしないんだ。ただくつろいで過ごすよ。キャンプはどこへ行くの？／女性：昨年長野に良い場所を見つけたから，そのエリアの別のキャンプ場に行くことにしているの。／男性：どのくらい行くの？／女性：今回は4日間だけよ。昨年は1週間だったの。

素晴らしかったけれど，大雨の日が2日あったの。／男性：そうなんだ。じゃあ今年は天気が良いといいね！／女性：私もそう思うわ！<質問>正しくないのはどれか。　イ「女性は昨年と同じ期間でキャンプに行く。」

10. 夫：おかえり！／妻：ええ！／夫：今日はどうだった？／妻：ねえ，話させないでよ。／夫：そんなに悪かったのかい？／妻：ええ。上司が私の書いた東京の新しいビルについての記事を気に入らなくて。／夫：本当かい。でもそれを使うんだろ？／妻：多分ね。でもかなり修正しないといけないかも。　<質問>妻はどこで働いていると思われるか。　イ「新聞社。」

11. 男性：今日は暑いね。／女性：ええ。水をちゃんとたくさん飲んでね。／男性：ありがとう。そうするよ。さて，イ何か飲み物を持ってこようか？／女性：優しいわね。でもちょうど飲んだところなの。／男性：わかった。　<質問>空欄に最も適するのはどれか。

Ⅱ （長文読解・エッセイ：内容吟味，語句補充，指示語）

（全訳）　責任は文化間でわずかに異なって見られるものである。ある国で責任感があると思われる行動も，他の国ではそうでないことが時にはある。この分離は，東洋と西洋の文化間で特に明らかであると私は思う。私が初めて日本にやってきて，日本の総理大臣が仕事ぶりの悪さやスキャンダルか何かの「責任を取って」辞職したというニュースを見たとき，私はいつも「はぁ？」と思ったものだ。私が思うに，責任を受け入れるということが意味するのは，物事をうまく行かせるために毎時間働くことであり，大きな退職金をもらい，ゴルフをしながら残りの人生を過ごすことではなかった。

しかし，時がたつにつれて日本人の責任に対する感覚への私の見方は変わってきた。私がかつて責任感があるとは思えなかった行動は，今ではまさに責任の極みであると思っている。

これを表す一例が，私たちが日本に住み始めて約18ヶ月後に起こった。これを私は「捨てられた靴下にまつわる出来事」と呼んでいる。

ある気候の良い秋の朝に目覚め，普段の通り，コーヒーと新聞を持って庭へ出た。庭の角にある白いものが私の目に入ってきた。それが何かを確認してみると，それはつま先に穴の開いたイヴサンローランの靴下であるとわかった。妻のミチヨはそれを全く知らないと言ったので，全6軒のアパートのうち他の5軒のいずれかの人のものに違いないとの結論になった。

私たちは全員に尋ねたが，みな自分たちのものではないと言った。そのため，私は彼女に捨ててしまおうと提案した。

妻はとてもショックを受けていた。「私にはとてもできないわ！」と驚いた声で言い，「捨てるかは私には決められない」と言った。

私は彼女に，私がそれに気づき，このブロックに住んでいる全員のものではないとわかったのだから，捨てるのは私たちの責任だと言った。

「後ろの家の向こう側に住んでいる人のものかもしれないわ。」彼女は思慮深く言った。

「尋ねに行ってみたら？」

「いいえ，それはダメよ。私は彼らを知らないわ。」

「靴下をなくしたかを尋ねるために，彼らが誰かを知る必要があるのかい？」

「でも，それは彼らのものではないかもしれないし，そうしたら私が穴の空いた靴下を彼らのものだと想像したと彼らの感情を害するかもしれないわ。」

「多くの人が靴下に穴が空くことはあるよ。だからどうしたの？　僕もいくつか持っているよ。」

「ええ，私も気付いていたわ。」彼女はそっけなく答えた。

しかしながら，最終的に靴下を塀にかけて，向こうに住む女性が夜中に出てきてきまりの悪い思いをすることなく持っていき，それきりにすることに決まった。
翌朝までは。
私は庭にコーヒーと新聞を持ってきて，私はすっかり忘れていたものだったが，靴下はまだそこにあった。新聞を読もうとすればするほど，靴下が目に入ってきた。
最後には，私は諦めて室内で新聞を読み終えたが，靴下を忘れることができなくなっていた。より責任感のある行動をしなかったことを罪深く感じていた。その日は時々窓から外を見てはそれが無くなったかどうか確かめた。しかし，それは決してなくならなかった。
翌朝に私が最初にしたことは，急いで窓に向かうことだった。靴下はまだそこにあった。自分自身を止められずに，裏庭まで駆けて行き，塀の上からそれを取り，隣人の庭へと投げ込んだ。
その日はかなり気分が良くなった。妻は私が馬鹿なことをしたと思うだろうと思ったが，私は自分がまるで責任ある行動を取り，問題を解決したと本当に思っていた。もし靴下が，私がそれを投げ込んだ庭の持ち主の女性のものだったら，彼女は誰にも見られることなくそれを拾うだろう。
翌朝，靴下は塀の上に戻っていた。隣人はルールをわかっているようだ。
一連の事柄に関して十分に手を尽くしたと感じたので，私は靴下を塀から取り，ゴミ箱へと捨てた。ついに平穏がやってきた！
妻に私がしたことを説明すると，彼女はそのことは重要でないと言いたげに肩をすくめたが，私は彼女が私の行動を少し不快に感じていることに気づいた。私のイギリス人としての視点から言えば，問題を解決するための責任を受け入れ，そして問題は今や解決された。その何が悪いと言うのだろうか。
イギリスでは，責任感があるということは，即時に決断し，その決断を即時の行動に移すことを意味する。たどり着いた決断が正しい決断か否かはたいてい二の次だ。最も重要なのは行動することだ。日本で責任感があるということは，共同で決定することが必要だったということはあり得るだろうか。他の人が意見を出し，正しい決断に達するために，問題を議論するため公の場に置くことが必要だったろうか。最終的な決断には他の人の感情も考慮に入れる必要があったろうか。
もしそうなら，それは社会的責任の最高の状態であり，妻が塀の上に靴下を置いたとき，彼女が本当に行ったすべてのことは他の人が意見を出せるようにすることだった。
ある日私はこのことを妻に質問した。しかし彼女は，そこまで考えたことはないと言った。「日本人であるということは，説明できることではないのよ。」彼女は言った。「感覚なの。精神のあり方よ。」
私はそのことについて考え，なんて深いことなんだと気づいた。ある文化の中に生まれるということは，ある精神のあり方の中に生まれるということだ。私はなぜイギリス式に行動するか説明できない。また，なぜ私の考え方や物の見方がこうなのかも説明できない。私は単にイギリス式の精神のあり方に支配されているのだ。
当時は，しかしながら，このことを理解できずに，私のイギリス式の精神のあり方により，妻は責任ある決断をする勇気がないと思った。しかし，数日後のある午後，彼女はどうにか仕返しをしてきた。
「シェインを保育園に迎えに行ってもらえる？」彼女は優しく言った。
「ごめん！ 時間がないんだ！ 食事に行く約束をしていて，準備をしないといけない。」
妻は私をおかしな感じで見て，横を向きながら言った。「あなたたちイギリス人はいいわよね，でも家のことについてもあなたが少しは責任を持ってくれたら良いのにと私は心から思うわ。」

1. 「この分離」は何を指すか。　ウ「どのような行動が，責任感があるとみなされるかの違い。」 第1段落1，2文目の内容と一致する。
2. ②の it は何を指すか。　ア「何か白いもの」 第4段落第2文目参照。
3. 「捨てるかは私には決められない」とは何を意味するか。　エ「私にはそれを捨てる権利はない。」 直前の内容と一致する。
4. ④の it は何を指すか。　ア「靴下」 直前の内容を参照。
5. 「靴下を忘れることができなくなっていた」とは何を意味するか。　イ「私は靴下について忘れられなかった。」 直後の1文から，自分が責任を果たしていないことが気になっていることがわかる。
6. 「ついに平穏がやってきた！」とは何を意味するか。　ア「ついに，筆者は靴下について考えなくて良くなった。」 前後の内容より，靴下を捨てることによって筆者は責任を果たしたと考えていることがわかる。
7. ⑦に入る最も適切なものを選べ。　ウ「行動」 2文後に「最も重要なのは行動すること」と言っていることからわかる。
8. 「もしそうなら」とは何を指すか。　イ「共同で決定することが日本人にとって責任感ある行動をするために必要なら」 前段落で筆者が述べている疑問を踏まえて解答を選ぶ。
9. 「ある文化の中に生まれるということは，ある精神のあり方の中に生まれるということだ。」とは何を意味するか。　ウ「あなたはある文化の中に生まれ，それはあなたの世界の見方に影響する。」 前段落の筆者の妻による発言と，直後の内容に一致する。
10. 正しい文を2つ選べ。　ウ「筆者は靴下を捨てることは責任感ある行動だと思った。」 ⑥ Peace at last! に続く段落の内容と一致する。　オ「筆者の妻は夫にもっと彼女を手伝ってもらいたがっていた。」 最終段落の内容と一致する。

Ⅲ （語句補充：be動詞，疑問詞，進行形，分詞，There is の文，動名詞，代名詞，文型，不定詞，前置詞）

1. 主語が your brother and sister と複数の疑問文で，動詞が出ていないので，be 動詞の Are を選ぶ。
2. 「月2回」と応答しているので，回数を尋ねる「How often」を選ぶ。
3. 「ロイは息子が帰ってきたとき，夕食を食べていた。」という意味の文。Came と過去形が使われているので，過去進行形を選ぶ。
4. recycle は「リサイクルする」という意味の動詞。過去分詞にして recycled paper「リサイクルされた紙」という意味になる。
5. juice は数えられない名詞。単数形が使われているエを選ぶ。
6. in は前置詞なので直後には名詞・動名詞がくる。
7. 「私の自転車」に対する「あなたのもの」を表す yours を選ぶ。
8. 〈tell＋人＋about ～〉で「人に～について話す」という意味。talk や say は直後に人を置くことができない。
9. 〈something＋形容詞＋to 不定詞〉で「～するための…なもの」という意味。
10. イ 〈in＋時間の表現〉で「～後」という意味。

Ⅳ （語句整序：使役，分詞，比較，関係代名詞，助動詞）

1. Mary made Ted go to shopping with her (.) 〈make＋人＋動詞の原形〉で「人に～させる」

という意味。

2. Is the woman swimming in the pool your cousin（?） swimming in the pool は woman を後ろから修飾している現在分詞句。
3. Which subject do you like the best（?） like ～ the best で「～が一番好き」という意味。
4. Language is the special skill which separates human beings from（other animals.） which 以下は skill を修飾する関係代名詞句。Separates ～ from …で「～と…を区別する」という意味。
5. Studying abroad taught me a lot about（myself.）「私に～を教えた」を「～がわかった」と読み替える。
6. You will find this book useful in the（future.） find ～ … で「～を…だと思う」という意味。
7. （You）had better go to see a doctor if you have（a fever.）〈had better＋動詞の原形〉で「～すべき」という意味。
8. （I）have not read as many books as（Lindsay.）〈as many＋複数名詞＋as ～〉で「～ほど多くの…を」という意味。

V （英作文）

「あなたがした重要な決断について述べなさい。」

（解答例全訳）

私はピアノを約10年弾いています。ピアノを弾くのは好きですが，他の人の前で弾くことは苦手でした。いつも緊張してしまいました。私が11歳のとき，ピアノのコンサートに出て，一等を取るためにベストを尽くすことを決めました。私は自分自身を変えたかったのです。私は緊張せずに弾くことについてピアノの先生に尋ね，とても一生懸命練習しました。時には1日10時間練習しました。コンサートでは一等を取ることはできませんでしたが，そこで弾くことをとても楽しみました。今では緊張することはなく，今までよりピアノを弾くことが好きになりました。

与えられたテーマである「重要な決断」について，その決断をした理由や目的と，決断をしたことでどのような変化が起こったかを書こう。難しい表現を使う必要はなく，伝えたいことをシンプルな英文にすることが大切だ。

★ワンポイントアドバイス★

分詞や関係代名詞による後置修飾の表現を確認しよう。長い英文でも，短く区切って読むことで意味を理解しやすくなる。

<国語解答>

一 A ① せきはい ② しょくぼう ③ はくひょう ④ そこ（ねる） ⑤ とろ

B ① 散乱 ② 不振 ③ 打尽 ④ 警鐘 ⑤ 瞬（く）

二 問1 3 問2 4 問3 i 3 ii 1 iii 4 問4 2

問5 1 問6 4 問7 3 問8 3

問9 （日本社会が）個別主義的社会（であったから。）　問10 共通　問11 4
問12 2　問13 1　問14 2
問15 1 ×　2 ○　3 ×　4 ×　5 ○

三 問1 1　問2 4　問3 i 4　ii 2　iii 5　問4 1　問5 3
問6 1　問7 2　問8 局面　問9 3　問10 4　問11 2
問12 3　問13 1　問14 2

○配点○
一 各1点×10　二 問2，問7，問9～問13 各3点×7　他 各2点×14
三 問1，問3，問5，問6，問9 各2点×7　他 各3点×9　計100点

＜国語解説＞

一 （漢字の読み書き）

A ①「惜」と「敗」は訓読みでそれぞれ「お（しい）」「やぶ（れる）」と読む。
②「嘱望」とは「人の将来や前途に希望をかける」という意味で，「嘱」を用いた熟語には，「委嘱」「嘱託」などがある。③「薄氷を踏む」とは，「とても危険な状況に臨む」という意味。④「損ねる」の類義語は「害する」「傷める」など。⑤「吐露」とは，心に思っていることを，隠さずうちあけること。

B ①「散乱」の類義語は「乱雑」。②「不振」とは，勢い，成績，業績などがふるわないこと。③「一網打尽」とは，犯人や一味の者を一度に全部捕まえること。④「警」を使う熟語は「警報」「警笛」「警告」など。⑤「瞬（く）」は音読みで「シュン」と読み，「瞬間」「瞬時」「瞬発力」など。

二 （論説文―熟語，指示語，内容吟味，接続詞，脱語補充，文脈把握，理由説明，要旨）

基本 問1 「自明」の「自」とは，「おのずから」という意味。3が適当。1，2，4は「みずから」「自分で」という意味。

基本 問2 「これ」とは第一段落末文を指す。4が適当。1「対立するもの」，2「対義語として当たり前のように使うこと」がそれぞれ不適当。筆者は「義理」と「人情」の「厳密な意味を探ろうとしており，「慣用句として扱」うつもりではないので，3は不適当。

基本 問3 i 第一段落で提示した一般論を受けて，i直前の一文で筆者が自身の主張とは異なる内容で譲歩していることがわかる。3には譲歩を表す接続詞「たしかに」が入る。ii 第二段落で譲歩した事柄について，第三段からは冒頭の疑問を呈し，以降，筆者の論を展開するので，1には逆接の接続詞「しかし」が適当。iii 「お義理でする」という言い方は，iii直前の一文の例示である。4「たとえば」が適当。

やや難 問4 2 第一段落では，「常識的に考えると」と，一般論が提示されている。Cを含む「『義理と人情』を簡単に～Cする」までの部分は，第一段落をまとめたものである。2の「一般化」が適当。第一段落では「規格化」はしていないので1は不適当。3「矮小」とは，物事が小さくなる，過小評価するという意味。小さくも過小評価してもいないので不適当。4「相対化」とは，「客観視する」，「他との比較で成り立つ様子」を表す。「義理と人情」を「公と私」と比べているわけではないので不適当。

基本 問5 ――線部Dを含む文の三文後にある，「たとえばわれわれが，友人や自分を信頼してくれ

ている人びとのことを思い浮かべながら，～あることをしたり，しなかったりするばあい」の具体例が解答となる。1が適当。2，3，4は「友人や自分を信頼してくれている人びとのことを思い浮かべながら」の行動ではないので不適当。

重要 問6　Eには，「情的でパーソナルな人間関係」という言葉と対になる言葉が入るはずである。以下，それぞれ，1「自分勝手に振る舞い，他人に迷惑をかけてもきにしないような態度や行動」，2「非常に親しい様子，あるいは遠慮がなさすぎる様子」，3「態度や言葉遣いにとげがある様子」，4「親しみがない。他人行儀である」という意味。4が適当。

やや難 問7　―― 線部Fは「冷たい義理」の説明である。「冷たい義理」について述べられている第四段落に，「一種の社会的制裁があるために厭々すること」とある。3が適当。1の「健全な社会の～全うする」のは，義理を大まかに説明した常識的な説明，2の「他者との関係性とは無縁な個人」には義理の対象ではない，4「他者に対する配慮よりも～優先して」義理がなされるとの記述は本文中にないので，それぞれ不適当。

問8　Gを含む段落は，一つ前の段落のまとめである。従って，Gには，一つ前の段落に書かれている二つの「条件」のうち，「所属する社会が」「好意を与えた人，～狭いサークル（共同体）」であることが入るので，1，2は不適当。4「拘束力が弱い」が不適当。3が適当。

重要 問9　指定された段落の「すなわち」から始まる三文に答えがある。また，Hを含む段落から三つ目の段落冒頭の一行にその答え「個別主義的性格」があるので，これがJの次の段落から見つかればよい。

重要 問10　二つの相反した性格である「冷たい義理と温かい義理」のどちらもが持っているものが，Iを含む文の二文後「義理の現象形態は～，それはわれわれのだれかへの義理，何物かへの義理，という基本性格をもっている」とある。また，この次の段落で人情について説明した部分に，人情にも義理と似た性格があり，「人情に国境なし，とよくいわれる」とある。この二つを意味する言葉を，「～性」に続くように，選択肢の中の漢字を使って二字の熟語で答える。「共通」が適当。

やや難 問11　Jを含む段落の末文にあるように，義理は，「関係において成立する倫理，規範」であり，その二つ後の段落にあるように，「われわれがだれかとの，～するとき，～規範的側面」として義理がはたらく。義理は特定のだれかや何物かとの関係性を超えたところで成立するわけではない。4が適当。義理は，1「ある特定の条件が～約束事」ではないので不適当。筆者は義理とは「人間の自然な感情に由来している」と考えており，2「特定の経験」や3「偏見」を前提にしていないので不適当。

重要 問12　設問で指示されている「根本的な理由」という言葉がポイント。第五段落に，われわれは今日でも，義理ということばを「E人間関係とは異なる～精神的紐帯」という意味で使っており，「義理がこのような意味で使われるとき，～『義理人情』は一組のものとして使われ」るとある。それが，―― 線部Hの直前の一文「情的な紐帯でつながれたり，～なったりする」ことで，「温かい義理」か「冷たい義理」になる。2が適当。1「外的強制力の支配」と関係するのは「義理」であるから，不適当。3「同一人物に拒絶反応をおこさせたり，好意反応をおこさせたりする」原因を，筆者は，義理の「自己矛盾的性格によるところが多い」とは言っているが，根本的な理由とは言い難いので不適当。4「自己矛盾的な性格」を持つのは「義理」なので不適当。

やや難 問13　Lは「冷たい義理」がなされる場合の「人情」について述べている。「冷たい義理」がなされるとき，人は「他者との共感的関係を閉じる」。そこには，「他にたいする思いやりとか共感の念」はなくなり，「外的拘束力」や「外的規範」に属しながらも，それとは相反する自身の「欲望や感情の自然なはたらき」が表れると言っている。1が適当。2「他者を攻撃」はしない，3「もともと～疎ましく感じていた」わけではない，4外的拘束力や外的規範に属してはいるので，「暴露したい衝動」ではない。それぞれ不適当。

問14　Mを含む文の三文前に「われわれが～維持しようとするとき」とある。また，この段落の二文目にも「これとの関係を積極的にもしくは消極的に維持強化しようとするとき」とある。2「維持」が適当。「外的拘束力や外的規範に属してはいる」ので，1は不適当。3「強制」する主語と対象が不明である。4「推察」するだけでは，関係の維持にはつながらないので不適当。

問15　1　第三段落二文目にこの記述があるが，直後で筆者はそれを否定している。(×)　2　傍線部Jを含む段落の二文目にこの記述がある。(○)　3　傍線部Jを含む段落の次の段落にこの記述があるが，直後に筆者は「異なるニュアンスが含まれている」と説明している。(×)　4　「人情」→「義理」(×)　5　傍線部Kを含む段落にこの記述がある。(○)

三　(随筆一脱語補充，文脈把握，内容理解，内容吟味，熟語，理由説明)

基本　問1　緊急事態宣言を知らせるアナウンスが，間延びしていてのどかに聞こえたのだから，「正反対」を意味する1「うらはら」が適当。2はまとまりがない様子，3は物事が不揃いである様子，4は退屈な様子を表すので，不適当。

基本　問2　緊急事態により，皆マスクをつけ，ヒトとの接触が断たれ，よそよそしくなったと言っているので，4が適当。1「身の回りにあるモノに対する恐怖心が増すようになった」，という記述は本文中にない。2「人々の関係性も徐々に冷淡なものになった」とまでは言及していない。3　筆者はこれまで通りの生活を続ければよいかと思っているので，「人々は日々の～具体的な目標を見失った」は不適当。

基本　問3　ⅰ　空欄ⅰの前後の二文，「生活は～変わっていないように見える」が「以前と違う」と述べているので逆接の接続詞4「けれど」が適当。ⅱ　ⅱの前後，「意見，いつもと変わらない」→「違ってしまった」と続いているので，2「まるで」が適当。「まるで」は，下に否定的な表現を伴うと，「全く」の意味になる。ⅲ　緊急事態宣言下にある現在から，ⅲ後，戦時中に想像が移っている。5「ふと」が適当。

重要　問4　「母のもとを離れ一人で立」って，「距離が生まれ」，「思慕や郷愁，懐かしさや憎しみ」などの「あらゆる感情」が湧いてくると言っている。「場所や人を対象化する」とは客観的に見られるようになるという意味。1が適当。2「そのままの姿で再び取り戻そう」とは考えていないので不適当。3「潔く諦める」という記述はない。4「気持ちが，物理的に霧散し，埋没して」はいないので不適当。

問5　Dは，ウィルス対策で「最初から，開けることが要請されている」ヒトとヒトとの距離なので，3「物理的・社会的」が適当。1「抽象的」ではなく，2「科学的・構造的」を意味する根拠も記述がない。4「強制」と，則る「法律」に関する記述もないので，それぞれ不適当。

問6　ウィルス対策下の地上でのヒトとヒトとの距離に関して述べているので，「限定的」ではない。2は不適当。「情緒が押しつぶされ，偽善の入り込む余地もない」と言っているので，3も不適当。1「即物的」とは，主観を排して実際の事物に即して考えたり行ったりする様子で，利害重視で行動する様子を意味する。4「機能的」とは，機能が優れている様子で，実用的で無駄のないようにしつらえてある様子を意味する。ここでは「情緒が押しつぶされ，偽善の入り込む余地もない距離」の説明なので，1が適当。

重要　問7　――線部Fから二～四文後に具体的記述がある。2が適当。1同一の体験という記述はない。3「新鮮味を感じない」，4「創作意欲をかき立てられる」とまでは言っていないので不適当。

やや難 問8 筆者がはじめに「怖れ」を感じたとき,第七段落「すでに充分,～一人になりたいと思った」が,第十一段落では「もし仮に,～怖い世界が現れる」ことにより,「今度は怖さの質が,違う」と,「怖さ」の中身や実態が変わると言っている。「場面,状況」を意味する「局面」が適当。

問9 「陶然」とは,うっとりとよい気持ちになっている様子を表す。3が適当。

重要 問10 ―― 線部Iの一つ前の段落の三,四文目がヒント。4が適当。1「筆者は地上の～共感するようになった」とまでの記述は本文中にない。2 非常事態宣言下の日常を「水面下の異世界」と似ているとは言っているが,「海の中の世界は,～象徴している」とまでは言っていない。3 「これまでに～きっかけになった」という記述は本文中にない。

重要 問11 ―― 線部Jの次の段落に,「静まり返ったこの日常と,水面下の異世界」の「孤独の感触」が似ているとある。「人のなかへ～閉じこもってい」る生活から「海の上に～ではないだろうか」と感じている。2が適当。1「案外平気」,3「のんびりとした～置くことになった」と思っているだけでは不十分。4は,人との距離を縮める経験であり,浦島太郎を想起させた体験ではないので不適当。

重要 問12 ―― 線部Kの二文後に答えがある。3が適当。1「筆者自身も～感じた」という記述はない。2「『見えないもの』の可視化の必要性を」,筆者は強く感じてはいない。4「沖合の一個の石を詠んだこの歌」に筆者が感じたものは,「自分と～時間の膨らみ」ではない。

重要 問13 ②に,主に筆者の考えが述べられている。1が適当。2,3,4ともに,②の要素が含まれていないので不適当。

重要 問14 2「連想の流れをそのまま～筆致」であり,「首尾呼応がなされ」ているので適当。1「筆者の政治的な主張を主軸」にした文章ではなく,「告発記事」のような文章にもなっていないので,不適当。3「浦島太郎や和歌のエピソード～取り入れ」たのは,「伝統文化の～獲得させよう」としたことが目的ではないので不適当。4「海底の様子」を記述したのは,「荒廃した日々の光景」との対比ではなく,現在のコロナウィルス対策下の状況が,水面下と似ていることを説明するためなので不適当。

★ワンポイントアドバイス★

論説文,随筆文ともに,例示や比喩,言い換えた表現部分などをしっかりと捉えながら,筆者の説明や主張を文脈をたどって読み取ろう。段落ごとの要旨を理解しよう。

2020年度

★★★★★★★★★★★★★★★★★★★★★★★

入　試　問　題

2020年度

法政大学国際高等学校入試問題

【数　学】（50分）　＜満点：100点＞

1　次の各問いに答えよ。

(1)　$x=\sqrt{5}$，$y=-\sqrt{15}$のとき，$6x^3y\times\dfrac{y^2}{x}\div\dfrac{3}{2}xy^2$の値を求めよ。

(2)　連立方程式 $\begin{cases}3x-4y=a\\-2ax+17y=-2a\end{cases}$ の解の比が$x:y=3:2$であるとき，aの値を求めよ。

ただし，aは0でない数とする。

(3)　$y=\dfrac{7x+5}{2x-3}$ をxについて解け。

(4)　$4a^2-9b^2+6bc-c^2$ を因数分解せよ。

(5)　3人でじゃんけんの勝負を2回行う。2回ともあいこになる確率を求めよ。ただし，3人がグー，チョキ，パーのどれを出すことも，同様に確からしいとする。

(6)　$\sqrt{58-6n}$が整数となるような正の整数nの値をすべて求めよ。

2　図のように，放物線$y=\dfrac{1}{2}x^2$…①と，直線$y=\dfrac{1}{2}x+3$…②が2点A，Bで交わっている。ただし，点Aのx座標は，点Bのx座標より小さいとする。このとき，次の各問いに答えよ。

(1)　2点A，Bの座標をそれぞれ求めよ。

(2)　点Bを通り，△OABの面積を2等分する直線の方程式を求めよ。

(3)　放物線①上の$x<0$の部分に点Cをとる。△ABCの面積が△OABの面積の3倍となるとき，点Cのx座標を求めよ。

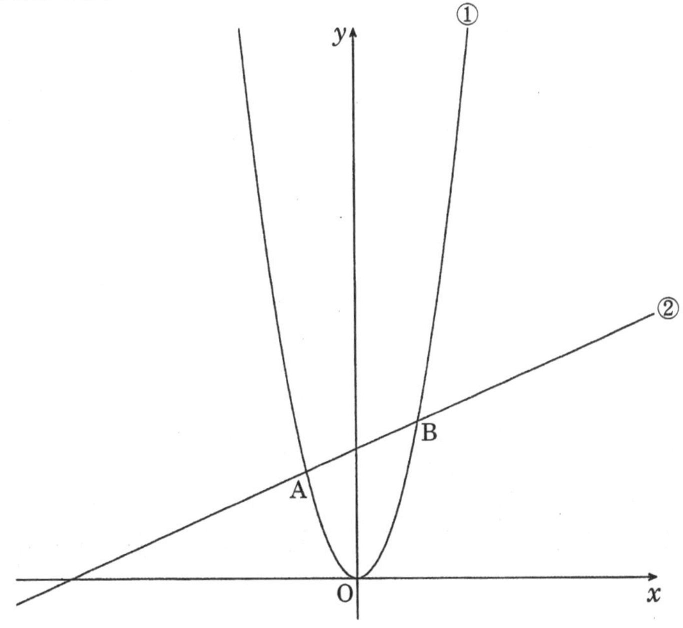

3 図1のような，高さが$6\sqrt{2}$，体積が$18\sqrt{2}\pi$である円錐がある。このとき，次の各問いに答えよ。

⑴ この円錐の底面の半径を求めよ。

⑵ この円錐の側面の展開図である扇(おうぎ)形の半径と中心角を求めよ。

⑶ 母線ABの中点をCとする。点Cから，この円錐の側面を一周させて点Bまで糸をかけた（図2）。このとき，最短となるような糸の長さを求めよ。

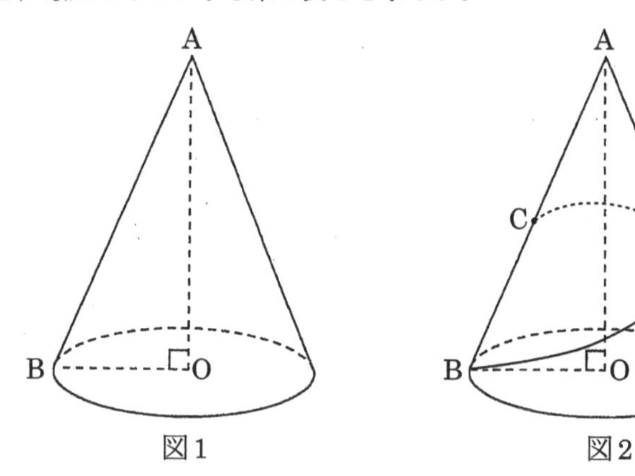

図1　図2

4 △ABCと△DEFがあり，∠C＝90°，△ABC∽△DEFである。辺AC，DFは直線l上にあり，頂点Cと頂点Dが重なっている（図1）。その状態から△ABCが直線lに沿って，頂点Fに向かって毎秒1の速さで，頂点Cが頂点Fに重なるまで進んでいく（図2）。出発してからx秒後の，△ABCと△DEFの重なった部分の面積をyとする。AC＝4，BC＝3，DF＝a（ただし，$a>4$），EF＝bとするとき，次の各問いに答えよ。

⑴ bをaの式で表せ。

⑵ $0 \leqq x < 4$のとき，yをxの式で表せ。

⑶ $a=6$のとき，xとyの関係を表すグラフはどれか。図3の（ア）～（エ）から選べ。

⑷ 図3の（エ）のグラフを，x軸を中心に1回転させてできる容器の容積を求めよ。

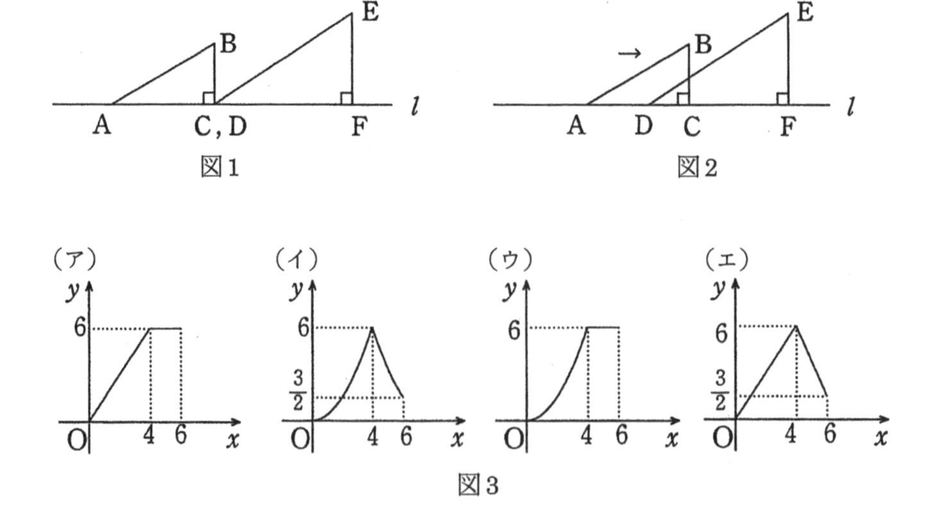

図1　図2

図3

【英　語】（50分）　<満点：100点>

Ⅰ Listening Section

これから英語による短い会話，およびアナウンスが流れます。それぞれの質問に対する答えとして最も適切なものを1つ選び，記号で答えなさい。英語は2度流れます。

1．What is the woman showing the man?
　ア．A glass bottle.
　イ．A re-usable bag.
　ウ．An item of clothing.
　エ．A can of drink.

2．Where are the two people?
　ア．At home.　　　イ．In a meeting room.
　ウ．At a picnic.　　エ．In a train station.

3．What is the woman talking about?
　ア．Butterflies.　イ．Spiders.　ウ．Snakes.　エ．Birds

4．What will the man buy?
　ア．A sports drink.
　イ．Nothing.
　ウ．A watermelon.
　エ．A sports drink and a watermelon.

5．According to the teacher, what is NOT literature?
　ア．A novel.　イ．A poem.　ウ．A play.　エ．A newspaper.

6．Where is the yellow lighter?
　ア．On the dining table.　イ．By the entrance.
　ウ．In the bag.　　　　エ．In the backyard.

<リスニングスクリプト>

Number 1

Mary: Have you seen this?
Tom: No, what is it? It's tiny.
Mary: When I open it up... Let me just show you.
Tom: Oh! Wow. That's a great design.
Mary: Isn't it? It easily fits in my jeans pocket. I always have it with me when I go shopping.
Tom: It's good to see that you are doing something to save the environment. I'll have to get one.

What is the woman showing the man?
　ア．A glass bottle.　　　イ．A re-usable bag.
　ウ．An item of clothing.　エ．A can of drink.

Number 2

Mary: Are you ready?

Tom: Five minutes.

Mary: Really? You are always late.

Tom: Don't worry. I just need to make the sandwiches.

Mary: Hurry up then.

Where are the two people?

ア. At home. イ. In a meeting room.

ウ. At a picnic. エ. In a train station.

Number 3

Mary: This is an insect. There are many varieties. Some of them have long thin bodies. Some have brightly colored wings. They all have six legs, but most of them only use four. They mostly feed on nectar, but some feed on rotting fruit. It is unusual for them to be seen in the middle of winter. These insects are very similar to moths.

What is the woman talking about?

ア. Butterflies. イ. Spiders. ウ. Snakes. エ. Birds.

Number 4

Mary: What are you going to get for your sister?

Tom: Well, my mother said she has been sleeping all day and hasn't eaten or drunk anything.

Mary: It is good to get plenty of sleep when you have a cold, but she needs to drink something, like a sports drink. I know, how about getting her some fruit, like watermelon?

Tom: That's a good idea, but we have about five at home, already. Maybe I will just get her a sports drink.

Mary: Well, in that case, have one of mine.

Tom: Really? Thanks.

What will the man buy?

ア. A sports drink. イ. Nothing.

ウ. A watermelon. エ. A sports drink and a watermelon.

Number 5

Teacher: The assignment you will have to do this week is about the history of Chinese literature.

Student: Excuse me sir, what do you mean by "literature"?

Teacher: To put it simply, writing that is well known.

Student: Okay, does it include newspaper and magazine articles?
Teacher: Actually not. Literature includes novels, plays and poems.
Student: I see. Thank you. What do we have to do?
According to the teacher, what is NOT literature?
ア. Novels. イ. Poems. ウ. Plays エ. Newspapers.

Number 6
Tom: Have you put the large lighter in the bag for camping?
Mary: Not yet. Actually, I can't find it. The last time I saw it, it was on the dining table.
Tom: I remember we used it last night for the fireworks in the backyard. Have you checked there?
Mary: Yep. But I couldn't find it. Oh, now I remember. Dad told us that he would put it near the shoe rack.
Tom: I saw a yellow one by the front door. Is that the one you are talking about?
Mary: Maybe. Let me check.
Where is the yellow lighter?
ア. On the dining table. イ. By the entrance.
ウ. In the bag. エ. In the backyard.

Ⅱ 次の会話を読み，〈Question〉の答えとして最も適切なものを１つ選び，記号で答えなさい。

1. Café staff: Hi. May I help you?
Customer: We will have two large-sized iced milk teas and three medium-sized iced milk teas.
Café staff: Large drinks are 550 yen and medium ones are 300 yen. If you want to add a spoonful of tapioca, it will cost an extra 80 yen.
Customer: Okay, I'll have tapioca in one large and in one medium.
〈Question〉 How much will the customer pay for the order?
ア. 1,010 yen. イ. 2,000 yen. ウ. 2,160 yen. エ. 2,400 yen.

2. Tom: How was your trip to Asia?
Mary: Great. I got some great souvenirs. I got these two pictures from Thailand, this hat from Vietnam, and the three T-shirts from India.
Tom: Can I have a look at the hat? Oh, it's really nice, but the tag says it's from India!
Mary: Oh you're right... I'm glad you like it because I got one for you, too!
〈Question〉 How many items did Mary talk about?
ア. 5 items. イ. 6 items. ウ. 7 items. エ. 8 items.

3. Tom: I'm looking for the computer lab because I want to use the free Wi-Fi. Do you know it is?

Mary: (　　)

Tom: Thanks, I'm really bad at following directions.

Mary: No problem. Actually, the lab is the room freshmen have most trouble finding.

〈Question〉 Which response could go in the blank? Choose the best answer.

ア. I am sorry I'm a stranger here. Could you ask someone else?
イ. Excuse me? You want to go where?
ウ. I'm on my way there, too. I will take you there if you like.
エ. Go down here, turn left, then right, and the lab is on your right.

4. Tom: My family and I moved here last month.

Mary: Oh, really? (　　)

Tom: Well, it's still pretty new to me, but it's great so far.

〈Question〉 Which response could go in the blank? Choose the best answer.

ア. How long are you staying?　　イ. Where are you from?
ウ. Why did you move here?　　エ. How do you like Tokyo?

5. Tom: I've just finished reading the novel I borrowed from the library.

Mary: Oh, really? (　　)

Tom: Four weeks. I had to renew it once.

Mary: I'm not surprised. It's a thick book. Did you enjoy reading it?

〈Question〉 Which response could go in the blank? Choose the best answer.

ア. Have you read it yet?
イ. How long did it take you to finish it?
ウ. Why did you choose it?
エ. When did you start reading it?

6. Tom: Good afternoon. I'd like to see Mr. Tanaka, please. My name is Tom Baily.

Mary: (　　)

Tom: No, I don't. I just came here because I was nearby. May I still meet him?

〈Question〉 Which response could go in the blank? Choose the best answer.

ア. Could you wait for his call?　　イ. Have you visited here before?
ウ. Would you like to have a seat?　　エ. Do you have an appointment?

7. Mary: So, this is your first visit to Kyoto?

Tom: Yes. That's right.

Mary: (　　)

Tom: Well, it is similar to Kawagoe except for the temples.

Mary: Yes, the temples here are gorgeous.

〈Question〉 Which response could go in the blank? Choose the best answer.

ア. Did you enjoy your stay?　　イ. Did you go somewhere fun?

ウ. Where are you staying?　　エ. What do you think of it?

8. Tom: I had to study until very late last night. I have a test today.

Mary: I can see by the way you look. You look really tired. (　　)

Tom: Soon, during the second period. I hope I won't forget anything because I need to get at least a "B" for this course.

Mary: Good luck!!

〈Question〉 Which response could go in the blank? Choose the best answer.

ア. When do you usually study?　　イ. When is the test?

ウ. When did you get to school?　　エ. When did you have a test?

9. Tom: How did your presentation go?

Mary: The audience seemed to enjoy it, (　　).

Tom: That's natural. Speaking in front of people usually makes everyone nervous.

〈Question〉 Complete the conversation. Choose the best answer.

ア. and I did too

イ. but I look forward to the next chance

ウ. and I felt very comfortable

エ. but I was still a little nervous

10. Tom: I'm hungry. Let's go for lunch now.

Mary: We don't have time. The club meeting will start very soon.

Tom: (　　)

Mary: That's right. Let's hurry. Everyone is probably waiting.

〈Question〉 Which response could go in the blank? Choose the best answer.

ア. Why will we be late for the meeting?

イ. What? Do you mean we can't have lunch today?

ウ. Where do you want to eat?

エ. When will it start?

Ⅲ 次の英文を読み，質問に答えなさい。

Scientists have found a way to use brain signals to make a computer speak the words a person is trying to say. Their method could one day help people who have lost the ability to speak.

Some illnesses or injuries can cause people to lose the ability to speak. In many cases, a person's brain may be fine, but they are unable to control the parts of their body used for speaking.

There are some ways for these people to communicate, but they are slow. One method allows a person to "type" by moving their eyes from letter to letter to spell out words. The top speed with ① this method is about 10 words per minute. Normal human speech is about 150 words per minute.

Much recent research has focused on a direct connection between someone's brain and a computer. This is called a "Brain Computer Interface" (BCI). For many BCIs, people have wires *1attached to their brains. This allows scientists to track the *2electrical signals in the brain and connect them to computers. BCIs have led to some amazing discoveries, but they haven't made communicating much faster.

Scientists at the University of California, San Francisco (UCSF) decided to focus on the *3muscles people were trying to use when they spoke.

The UCSF scientists worked with a group of five people with epilepsy. Epilepsy is *4a condition where unusual electrical activity in the brain can cause problems with a person's control of their body or senses. These people could speak normally, but already had *5temporary BCIs.

The scientists recorded the brain signals of the people as they read hundreds of sentences like "Is this seesaw safe?" The collection of sentences included all the sounds used in English.

There are about 100 muscles in the tongue, lips, jaw, and throat that are used for speaking. The scientists knew *6roughly what the shape of the mouth would have to be to make each sound. ② This allowed them to *7figure out how the brain signals controlled the speaking muscles.

With that information they could "*8decode" the brain signals to find out how the person was moving their mouth. Then the scientists were able to "synthesize" (create computer speech sounds), based on the position of the speaking muscles. Special computer programs helped in this process. ③ The scientists were surprised at how close to real speech the synthesized speech was.

As a test, ④ one person didn't make sounds when he read the sentences. He just moved his mouth as if he were saying them. The system was still able to re-create the sounds he was trying to make, based on his brain patterns.

One important discovery is that though each person's brain signals are different, the muscles used to make each sound are the same for everyone. That will make it easier for a system like this to help many people.

There's much to learn before a system like this could be used in everyday life, but it's still exciting progress.

＊1 attached to ～：～にくっついた　＊2 electrical：電気の　＊3 muscles：筋肉
＊4 a condition where ～：～の状態　＊5 temporary：一時的な　＊6 roughly：おおよそ
＊7 figure out ～：～が分かる　＊8 decode ～：～を解読する

1．What does ① this method mean?
ア．The method which helps a person to focus their eyes on a screen.
イ．The method which makes it possible for a person to "type" words on a screen.
ウ．The method which uses a computer to help someone move their body.
エ．The method which helps a person to speak.
2．Which TWO sentences are true about Brain Computer Interfaces?
ア．BCIs make it possible for scientists to track the electrical signals in the person's brain.
イ．BCIs let scientists send signals to a person's brain.
ウ．Using BCIs, a person can communicate about a hundred words per minute.
エ．BCIs have made communicating a little faster than earlier methods.
オ．All BCIs need wires attached to the brain.
カ．BCIs make people's mouth muscles move.
3．According to the text, what kind of problem do people with epilepsy have?
ア．They have no control of their speech.
イ．They cannot move their body by themselves.
ウ．They cannot speak with others without BCIs.
エ．They sometimes have some trouble controlling their body.
4．What does ② This refer to?　※ refer to ～：「～について言う，～を指す」
ア．The knowledge of how people create the sounds used in speech.
イ．The knowledge of how electrical signals control the brain.
ウ．The knowledge of how people use their tongue.
エ．The knowledge of how people control their brain signals.
5．In underline ③, why were the scientists surprised?
ア．Because even when people had their mouth closed, the computer could make the sounds people use in speech.
イ．Because the speech sounds made by the computer were totally different from the speech sounds people made.
ウ．Because the speech sounds made by the computer were very similar to the speech sounds made by people.
エ．Because the computer could type the words that people wanted to say even when their mouth was closed.
6．In underline ④, why didn't he make sounds?
ア．Because the scientists wanted to see if they would get the same result as with sounds.
イ．Because he couldn't pronounce any words.
ウ．Because he didn't know how to read.
エ．Because the computer cannot read the brain signals when a person makes sounds.

7．According to the article, which THREE sentences are true?

ア．All the people who have lost the ability to speak have some brain damage.

イ．One method of communicating makes it possible for people to communicate what they want to say without using their mouth.

ウ．Scientists at the UCSF have studied how muscles in a whole body are used.

エ．Sentences used in the experiment included all the sounds of the English language.

オ．A system that can translate one language into another by recording an individual's brain activity has already been created.

カ．It was found that everybody uses the same muscles to make speech sounds.

キ．Some scientists say that we will never be able to help people who have difficulty in speaking.

Ⅳ　次の文の（　）内に入る最も適切な語（句）を１つ選び，記号で答えなさい。

1．I'm very much interested in (　　) work.
ア there　イ their　ウ them　エ theirs

2．It's a secret just (　　) us.
ア between　イ in　ウ into　エ with

3．A：Why don't you talk to Dr. Kato?
B：(　　)
ア Yes, I do.　イ No, I don't.
ウ That's a good idea.　エ Because I want to get to know him.

4．Don't open the box (　　) you are told to do so.
ア until　イ through　ウ or　エ and

5．The bookstore next to my apartment has (　　) open since 1972.
ア not　イ had　ウ to　エ been

6．They will give flowers to everyone (　　) to the party.
ア invite　イ invites　ウ inviting　エ invited

7．A：How (　　) do you go swimming at the pool?
B：At least twice a week.
ア long　イ often　ウ far　エ much

8．The town is famous (　　) its beautiful lake.
ア in　イ as　ウ for　エ to

9．Is there any student (　　) name hasn't been called?
ア that　イ who　ウ whose　エ what

Ⅴ　日本文の意味を表すように，［　］内の語（句）を並べかえ，（A）（B）に入るものを記号で答えなさい。なお，文頭に来るべき語も小文字になっている。

1．あなたの誕生日がいつなのか私に教えてくれませんか。

[ア know / イ is / ウ you / エ your birthday / オ me / カ could / キ when / ク let]?
(　　)(　　)(A)(　　)(　　)(　　)(B)(　　)?

2．あそこにある壊れた自転車はリサイクルされるだろう。
The [ア will / イ recycled / ウ bike / エ over there / オ be / カ broken].
The (A)(　　)(　　)(　　)(B)(　　).

3．車で15分行ったら，私たちは美しい湖に着いた。
[ア us / イ the beautiful lake / ウ drive / エ to / オ brought / カ a fifteen-minute].
(A)(　　)(　　)(B)(　　)(　　).

4．この曲を聴くといつも祖父のことを考える。
I never [ア to / イ my grandfather / ウ this song / エ without / オ listen / カ thinking of].
I never (　　)(　　)(A)(　　)(B)(　　).

5．これは私がこれまで登った中で最も高い山だ。
This is [ア ever / イ I / ウ highest / エ have / オ the / カ that / キ climbed / ク mountain].
This is (　　)(　　)(　　)(A)(　　)(B)(　　)(　　).

Ⅵ Writing section

Answer the question below in 80 —100 words.
Imagine there is a computer which can translate what animals say. What animal do you want to communicate with and why? (You can choose an animal from the examples below.)

[Examples]
亀 turtle /キリン giraffe / イルカ dolphin / ウサギ rabbit / 金魚 goldfish / 鹿 deer / インコ parakeet / ヤギ goat / ワニ crocodile /牛 cow /ニワトリ chicken / 象 elephant / アライグマ raccoon / カバ hippopotamus /カンガルー kangaroo / きつね fox / コアラ koala / ゴリラ gorilla / サイ rhinoceros / しまうま zebra / 白熊 polar bear / トナカイ reindeer / トラ tiger / ハムスター hamster / パンダ panda /モグラ mole / ライオン lion / ラクダ camel / リス squirrel / ロバ donkey

1　嘘を認めないまま態度を硬化させた妻の開き直りに接して、どうにかして彼女の気持ちを和ませられたらと柔らかい物腰で対応するよう努めている。

2　どんなに記憶と照らし合わせても辻褄の合わない説明を聞かされた上に、それが撤回される様子がうかがえないので、妻にいら立ちを感じている。

3　うそ鳥を逃がした不手際を妻は誤魔化そうとしているが、心の奥では後ろめたい思いを抱いていると分かっているので、強く叱責することを躊躇している。

4　やんわりと諭そうとしている彼の優しい態度に乗じて、自分の正しさを言い募っている妻の様子に煩わしさを覚えている。

問16　――線部Nとあるが、ここでの「彼」の状況を説明したものとしてもっとも適当なものを次の中から選び、番号で答えなさい。

1　労苦を共に乗り越えてきたにもかかわらず、ささいな嘘で夫婦関係に破綻をもたらそうとしている妻の浅はかさに失望している。

2　何気ない顔で嘘をつかれたことで、これまでの妻の言動は全部偽りだったと思えてしまい、「結婚」そのものに虚しさを感じ始めている。

3　思いも寄らなかった裏の顔をはじめて見せられたようで、妻とのこれからの生活に影が差したように感じられ、憂いを覚えている。

4　妻の全てを知り尽くしているという自信が揺らいで、自分は本当に人を見る眼を持っているのかどうか判然としなくなっている。

問17　この作品に関する説明としてもっとも適当なものを次の中から選び、番号で答えなさい。

1　「夢うつつ」でうそ鳥の啼き声を聞いたという幼少期の記憶と、大人になった現時点での心理が交互に語られていて、妻との争いによって生じた彼の葛藤の深さは、かつての思い出の甘美さとの対比によって際立たせられている。

2　人物間の会話や彼の心情は細やかに描いている一方で、妻の言葉の真偽は最後まで明確にしていない。こうした作品の語り口から、家族とは不透明性を抱えた他者とのつながりであるという現実が浮かび上がってくる。

3　作者は、作品全体を通して彼に寄り添う立場にあり、妻という「虚偽に満ちた女」との生活のために、不安な気持ちを押し隠しながら「何事もなかった」振りを続けていくことになる彼の未来に対して、強い同情を抱いている。

4　逃げ出した雄鳥を一途に思い続けた雌鳥の様子と、彼の許しを得ようと雄鳥を探し出した妻の甲斐甲斐しい様子とを重ね合わせることで、妻の夫に対する献身的な愛情を重層的に描いている。

3　几帳面な彼は、時間に関してもかなりうるさい。
4　この絵は背景がうるさいので、描き直してください。

問7　――線部Fとあるが、「彼」は何を案じていたのか。もっとも適当なものを次の中から選び、番号で答えなさい。
1　素人には野鳥を飼うのは難しくて、悪戦苦闘すること。
2　野鳥の飼育に飽きて、最後は手放す結果に終わること。
3　妻の手には負えなくて、結局は自分に世話の負担が回ってくること。
4　無断で野鳥を飼っていることが周囲に知られてしまうこと。

問8　――線部Gは、どのような状態・動作を譬えた表現か。もっとも適当なものを次の中から選び、番号で答えなさい。
1　無理な体勢　　2　無邪気なしぐさ
3　不気味な動き　　4　一心不乱な様子

問9　――線部Hのここでの意味として、もっとも適当なものを次の中から選び、番号で答えなさい。
1　無邪気に微笑んで　　2　ひどく悲しそうに
3　怒りをあらわにして　　4　納得がいかず不審げに

問10　[I]に当てはまる語としてもっとも適当なものを次の中から選び、番号で答えなさい。
1　殊の外　　2　意外にも　　3　案の定　　4　不思議と

問11　――線部Jとあるが、この「微笑」から、「彼」のどのような様子や性質を読みとることができるか。次の中からもっとも適当なものを選び、番号で答えなさい。
1　妻の勘違いを温かく受け止めて傷つけないように配慮した余裕ある態度。
2　いつもながらの素直ではない妻の反応を苦々しく思いつつも表面だけは繕った狡猾さ。
3　鳥を逃して悲しみに暮れているであろう妻を慰めようとする優しさ溢れる人柄。
4　いかにも見当違いで間の抜けた妻の反応をほほえましく思うほどの愛情の深さ。

問12　――線部Kとあるが、なぜ「真顔」になったのか。もっとも適当なものを次の中から選び、番号で答えなさい。
1　妻の強情さにあきれ果てたため
2　意外にも妻が反論してきたため
3　嘘をついた妻を諭そうとしたため
4　真剣さが必要だと反省したため

問13　[L]に入るもっとも適当な語を次の中から選び、番号で答えなさい。
1　因子　　2　格子　　3　調子　　4　拍子

問14　《ア》《イ》《ウ》に入る語の組み合わせとしてもっとも適当なものを次の中から選び、番号で答えなさい。
1　ア　たぶん　イ　やはり　ウ　いや
2　ア　やはり　イ　たぶん　ウ　すると
3　ア　いや　イ　すると　ウ　やはり
4　ア　すると　イ　いや　ウ　やはり

問15　――線部Mとあるが、ここでの「彼」の心情の説明としてもっとも適当なものを次の中から選び、番号で答えなさい。

いるのに妻が気づいた。そのとき彼は浴室にいたが、急いで腰にタオルを巻きつけて縁側へ出てみると、なるほど妻の指さす庭木の枝に喉の朱色がちらついている。例の口笛もきこえていた。

「珍しいな。逃げた野鳥が舞い戻るなんて。」

「やっぱり雌鳥が恋しいんだわ。なんとか誘(おび)き寄せましょうよ。」

二人は相談して、縁側のガラス戸を十センチほどの隙間だけ残してそろそろと閉め、その隙間の内側に雌鳥の籠を移して、彼は外で待機した。予想通り、庭の雄鳥は口笛を鳴らしながらすこしずつ雌鳥の籠に近寄ってきて、やがてガラス戸の隙間から縁側へ入った。彼は急いで庭へ回ってガラス戸を閉めた。

「啼かなくなるとかいってたけど、別々にしておくのは可哀相(かわいそう)よ。やっぱり夫婦は一緒に暮らすべきだわ。」

妻はそういって、捕えた雄鳥を雌鳥の籠に入れた。

うそ鳥の啼き声はそれきり絶えたが、夫婦は何事もなかったように暮らした。

（三浦哲郎著『完本　短篇集モザイク』より）

注1　**うそ鳥**　鳥の名。名前の由来は口笛を意味する古語「うそ」から来ている。
注2　**鉤の手に**　直角に、の意。
注3　**動顛**　「動転」と同じ意。
注4　**かぶり**　頭のこと。

問1　――線部①～⑤の漢字の読みをひらがなで書きなさい。

問2　――線部Aのここでの意味としてもっとも適当なものを次の中から選び、番号で答えなさい。

1　夢の中にいたまま
2　夢なのか現実なのかわからずに
3　夢のようなうっとりとした気分で
4　夢から覚める瞬間に

問3　**B** に入る語としてもっとも適当なものを次の中から選び、番号で答えなさい。

1　もっぱら　2　いっぽう　3　そもそも　4　とりわけ

問4　――線部Cはどういうことか。もっとも適当なものを次の中から選び、番号で答えなさい。

1　都会の人がどのようなものを好むのか、事情がよくわからない、ということ。
2　都会ではどこに行けばどのようなものが買えるのかわからない、ということ。
3　都会で暮らすための生活必需品がどのようなものか知るすべがない、ということ。
4　都会に魅力を感じるが暮らそうとは思ったことがない、ということ。

問5　**D** に入るもっとも適当な文を次の中から選び、番号で答えなさい。

1　本音をもらした　2　ご機嫌を伺った
3　お愛想をいった　4　お小言をいった

問6　――線部Eと同じ意味で「うるさい」が使われている文を次の中から一つ選び、番号で答えなさい。

1　隣から漏れてくる楽器の音がうるさいから、耳を塞いだ。
2　蝿(はえ)がずっとまとわりついて、なんともうるさい。

「だけど、なんで籠のなかに手を入れたりしたの？」
「水の容器を取り出すつもりだったの。あんまり汚れてたから、替えてやろうと思って。」
「だったら、籠を回して、口をこっちへ向ければよかったのに。庭の方へ向けたまんまじゃ、不自然だし、不用心だよ。姿勢が無理だから、どうしたって手のまわりに隙間ができる。」
妻はH訝しそうに彼を見た。
「手のまわりって？」
「はっきりいえば、甲の下のところにね。ほら、こんなふうに。」
彼は、さっき妻がそうしたように、空の鳥籠の上へ覆いかぶさるように身を屈めて、伸ばした右腕の先を籠の口から差し入れて見せた。
［ I ］、上を向いた手のひらには、ただ押し上げるだけの格子戸がひとりでに落ちて隙間を塞ぐが、反対側の甲の下には、確かに思いのほかの空間が生じる。
「ね？鳥はここから飛び出したんだよ。」
すると、意外にも、妻は真顔で注4かぶりを振った。
「違うわ。そこから逃げたんじゃないの。」
J彼は微笑した。
「いや……君はびっくりしてよく憶えてないんだろうけど、僕は上から見てたんだ。鳥は確かに君の手の甲の下から逃げたよ。」
「違うわ。それはあなたの見間違いよ。」
K思わず彼も真顔になって、妻を見詰めた。
「じゃ、どこから逃げたんだ？」
「籠の下の方からよ。」と妻はいった。「ちょっと手首が引っ掛かって、上の方だけが持ち上がったんだわ。」
その手作りの鳥籠は、床の部分と籠の部分とが二本の竹釘で繋がれていた。もし竹釘の一本が抜けて上の部分だけが持ち上がれば、籠全体が大きく口を開けることになる。
見ると、庭の方に向いた竹釘がいつの間にかそばに抜け落ちていた。抜いたのは妻でも彼でもないから、なにかの［ L ］に、ひとりでに抜け落ちたのだと思うほかはない。
そういえば、さっき妻が悲鳴を上げた直後に、籠ががたんと音を立てたな、と彼は思い出した。《 ア 》、あれは斜めに持ち上がった上の部分が元へ戻ったときの音だったろうか。《 イ 》、そうではない。箱ががたんと鳴ったとき、妻はすでに身を起こしていた。妻は思わず鳥を追いかけようとして、ちょっと籠に躓いただけだ。
彼は、《 ウ 》自分の目を疑うことができなかった。鳥は間違いなく、妻の手の甲すれすれに飛び出したのである。それをこの目ではっきり見たのだ。籠は決して斜めに持ち上がったりなどしなかった。
「ねえ、君」と、彼は押し黙っている妻にいった。「M僕は君をとがめてるんじゃないんだよ。僕は怒ってなんかいやしない。だから、正直にいえよ。」
「正直にいってるわ。鳥は籠の下から逃げたのよ。」
妻は平然とそういったが、嘘をついているのは明らかであった。彼には妻という人間が急にわからなくなった。二年前から親しんできて、ようやく結婚まで漕ぎつけた相手が、N全く未知の、虚偽に満ちた女に見えてきて、彼は暗澹とした。
ところが、夕方近くなって、逃げたうそ鳥がいつの間にか戻ってきても、頬から喉にかけてが朱色で、胸と腹とが青味を帯びた灰色の雄鳥の方がずっと美しい。

「ちょうど、あんたら夫婦と逆でやんすな。」

幼馴染みは、妻の無邪気な喜びように満足したとみえて、柄にもなくそんな［　D　］。それから、ジャンパーのポケットを膨らませていた餌の荏胡麻の袋を取り出して、ざっと飼い方を伝授すると、まんず夫婦喧嘩もほどほどに、と笑って、近くの空地に停めてあるというトラックの方へ引き揚げていった。

夫婦は顔を見合わせた。

「……厄介なものを貰ったな。どうする？」

「どうするって、飼うほかないでしょう。」

「でも、近頃はEうるさいからな。無許可で野鳥を飼っちゃいけないんだ。」

「だけど、せっかくの贈物よ。すぐ逃がしたりしたら贈ってくれた人に悪いわ。野鳥といっても、命を助けて保護していた害鳥でしょう？それに、誰に迷惑をかけるわけでもないんだし。しばらく飼ってて、飽きたり手に負えなくなったりしたら放してやりましょうよ。」

世話を引き受けると妻がいうので、彼は結局飼うことに同意した。

飼いはじめてみると、F別段案ずるほどのこともなかった。籠を④軒下に吊るしたりしない限りは、道から見咎められるおそれはまずなかったし、啼き声も、鳥の姿さえ見えなければ妻の下手な口笛としかきこえなかった。

ある晴れた日曜日の午後のことである。

彼は、狭い庭を注2鉤の手に囲んでいる二階の窓から読み疲れた目をぼんやり下へ投げていて、妻が縁側に並べてある鳥籠の一つへ手を差し入れるのを見た。

その鳥籠の口は、そのとき庭の方に向いていた。部屋から縁側へ出てきた妻は、籠を覗き込んでなにか呟き、そのまま籠の上に覆いかぶさるようにして、G庭に向いた口から象の鼻のように伸ばした右手の先を差し入れたのである。

見ていて、危なっかしいな、と彼は思った。籠のなかに用があるなら、口を自分の方へ向ければいいのに。彼は声をかけてやろうかと思ったが、もう遅かった。妻の手の甲の下に思わぬ隙間ができたのだろう、籠のなかの鳥が一直線に庭へ飛び出るのが見えた。

あ、と妻はちいさな悲鳴を洩らして身を起こした。鳥籠ががたんと鳴った。同時に彼も口を開けたが、声にはならなかった。彼は急いで階下へ降りた。

妻は、まだ驚きから醒めない顔で、両手の拳を顎の下に並べていた。

「ごめんなさい、逃がしちゃった。」

「見ていたよ、二階の窓から。どうも危ない恰好だと思ってたんだ。」

逃げたのは雄鳥で、隣の雌鳥は注3動顛してばたばたと籠のなかを飛び回っている。

「やっと馴れてきたのに……まさか逃げられるとは思わなかったわ。」

「馴れてきたころが危ないんだよ。野鳥は油断がならないんだ。」

二人は、縁先から、塀際に並んでいる背の低い数本の植木の枝々を⑤丹念に見たが、うそ鳥の姿は見当らなかった。あたりに耳を澄ましてみたが、啼き声もきこえなかった。

二、次の文を読んで、後の問に答えなさい。

注1 うそ鳥の啼き声は、若い女の口笛に似ている。

すこし厚目の、艶やかで柔かそうな唇をまるくすぼめて、躊躇いがちに、ひょうと低く鳴らしてみせる可憐な口笛。口笛というよりも、こっそり洩らした溜息が思いのほかに深すぎて、つい音になったというふうな、なにやらうるおいを帯びた、ひそやかな音色。

彼は、毎朝、そんなうそ鳥の啼き声で目醒めた。

初めのうちは、A夢うつつに聞いて、すると郷里の生家に寝ているのだという錯覚に何度も陥った。郷里で暮らした子供時分は、よく寝床のなかでうそ鳥の口笛を耳にしたからである。［B］、春の花時には、朝っぱらからうるさいほどであった。生家のあたりには桜の樹が多くて、うそ鳥が好物の蕾を啄みに群れをなしてやってくるのだ。

けれども、いまは桜の季節でもないし、ここは郷里の生家ではない。東京近郊の①裾を切り崩した丘の谷間に、形も色も似たような屋根をぎっしり並べている建売住宅の一軒である。勿論、彼も子供ではなくて、そばには結婚したばかりの相手が寝ている。うそ鳥も、戸外の樹木の枝や電線ではなくて、枕許の障子を②隔てた縁側のはずれの、竹の鳥籠のなかで啼いている。

起き出す前に、腹這いになって、癖の目醒まし煙草をふかしていると、隣からは妻の寝息が、縁側からは、口笛のほかに、飛び移った鳥の重みで止まり木が軽やかに③弾む音もきこえる。その音が、時々、もつれるように乱れるのは、縁側の小鳥が一羽だけではないからで、もう一つの籠にはおなじうそ鳥の雌がいるのだ。けれども、啼いているのは雄鳥だけで、雌鳥の方はただ黙々と止まり木を行きつ戻りつするばかりである。

彼にも、妻にも、もともと小鳥を飼う趣味などなかった。それが、こうして啼かない雌鳥までも飼っているのは、彼の幼馴染みのひとりが、結婚祝いに、わざわざ郷里から手作りの鳥籠に入れて運んできてくれたからであった。

「わしら、C都会の暮らしには不案内でのう、どんな贈物がええやら見当がつかん。あれこれ考え迷ったあげくに、いっそ、なによりも田舎臭いものを、ちゅうことになったんじゃ。」

この家で妻と暮らしはじめて間もなくのころ、突然ジャンパー姿であらわれた幼馴染みはそういって、両脇に抱えてきたむき出しの鳥籠を縁側に置いた。長距離トラックの運転手をしている男で、ついでがあったから助手席にのっけてきたのだという。

その幼馴染みの話によれば、この春、郷里の桜という桜が例年になくおびただしい数のうそ鳥に蕾を食い荒らされて、花見もあやぶまれるほどであった。こうなると、うそ鳥も一種の害鳥で、町の誰もが駆逐に頭を悩ましたが、実はここに持参した二羽も、そのとき捕えて殺さずに保護しておいたもののうちから選んできたのである。

「結婚祝いじゃから番にしたっけが、一緒の籠に入れると雄鳥が啼かなくなるんでな。このまま別々に飼いなされ。」

幼馴染みはそういって、これが雄で、こっちが雌、と都会育ちの妻に教えた。妻は雄鳥の籠を覗き込み、まあ、綺麗、と目を輝かせて嘆声を上げた。

うそ鳥は、雀よりもひとまわり大きく、ぼってりと太った軀つきで、雄雌ともに頭と翼と尾は黒いが、あとは全体に地味な灰褐色の雌鳥より問11　Ｉ［は小林秀雄の『無常といふ事』の一部であるが、ここで「記憶」はどのようなものとして扱われていると**筆者は**読みとっているだろうか。もっとも端的に表した**六文字**の語句を、**Ｉ［より後の本文中から**探し、答えなさい。

問12　**Ｊ**に入る語としてもっとも適当なものを次の中から選び、番号で答えなさい。

1　技能　　2　裁量　　3　職能　　4　本領

問13　――線部Ｋとあるが、次の中から「想起的記憶」の例と言えるものを**二つ**選び、番号で答えなさい。

1　教室でクラスメートと机を並べて数学の公式を暗記していた光景を思い出した。

2　歴史の授業で習った「長篠の戦い」が、一五七五年に起こったことを思い出した。

3　数年ぶりに自転車にまたがった途端、乗り方を思い出した。

4　今朝の雨の匂いに導かれて、昔別れた恋人と京都の街を歩いたときの風景を思い出した。

問14　**Ｌ**に当てはまるもっとも適当なものを次の中から選び、番号で答えなさい。

1　過去を乗り越えさせる　　2　過去を立ちあらわれさせる

3　過去を意図的に改変させる　　4　過去を未来へと移行させる

問15　――線部Ｍの例として当てはまるものを、次の中から一つ選び、番号で答えなさい。

1　ハードディスク　　2　Wi-Fi

3　ＵＳＢケーブル　　4　タッチパネル

問16　――線部Ｎとあるが、ここでの「すぐれて」の意味として適当なものを次の中から一つ選び、番号で答えなさい。

1　どちらかというと　　2　きわだって

3　いずれにせよ　　4　おしなべて

問17　――線部Ｏとあるが、それはなぜか。その説明としてもっとも適当なものを次の中から選び、番号で答えなさい。

1　想起的記憶の中に習慣的な行動の記憶が紛れ込んでしまう事態は、偶然にすぎないから。

2　想起的記憶とは、身体に残された感覚を思い出すことであり、精神よりもむしろ身体に依存しているから。

3　想起的記憶とはいっても、身体なしに精神は成立し得ないため、完全に身体を省くことなどできないから。

4　想起的記憶は、断片的な記憶を統合する必要があるので、意識的に想起させる行動が必要だから。

問18　次の文章は本文について述べたものである。本文の内容と**合致しないもの**を一つ選び、番号で答えなさい。

1　英語のスーヴェニアには「想い出」の意味があるが、日本語の〈みやげ〉にはその意味はない。

2　「旅は人生のメタファ」であると言えるのは、旅において境界を越えることが、人生の通過儀礼と重なるからである。

3　小林秀雄氏は、形式的な記憶を人間らしい思い出に変えることで、記憶が人間生活に価値をもたらすと述べている。

4　想起的記憶は無意識的なものだが、我々のアイデンティティの確立に影響する記憶である。

問1　——線部①～⑤のカタカナを漢字に直しなさい。

問2　［A］に当てはまる文として、もっとも適当なものを次の中から選び、番号で答えなさい。

1　自分のためではなくて、他人のためのものであろう
2　他人のためではなくて、自分のためのものであろう
3　自分のためでもなく、他人のためでもないだろう
4　他人のためでもあり、自分のためでもあるだろう

問3　［B］に入る語としてもっとも適当なものを次の中から選び、番号で答えなさい。

1　依然と　2　自然と　3　漠然と　4　悠然と

問4　《a》～《c》に入る語としてもっとも適当なものをそれぞれ次の中から選び、番号で答えなさい（一つの選択肢は一度しか使えません）。

1　ところで　2　しかも　3　なぜなら　4　すると

問5　——線部Cとあるが、これはどのようなことを言っているのか。その説明としてもっとも適当なものを次の中から選び、番号で答えなさい。

1　旅の楽しい体験の想い出を通して、自分がたしかにその時そこにいたと再確認することで、過去の記憶に浸ることができるということ。
2　旅をしたときのことを思い出してその時と同じ楽しい気分になることで、過去の自分と今の自分との連続性を感じることができるということ。
3　旅の想い出を通して過去の自分が抱いた感情を知ることができるだけでなく、現在の感情との比較によって成長を感じることができるということ。
4　旅の想い出に浸っている間は理想の自分になることができ、そうすることで自分が何者であるかを知ることができるということ。

問6　［D］には漢字二字の熟語が入る。次の語群から二つを選び、組み合わせて答えなさい。

【連・属・付・係・帰・関】

問7　——線部Eの例と言えるものを、次の中から**二つ**選び、番号で答えなさい。

1　故郷のなまり言葉に接すると、妙にほっとする。
2　警官の求めに応じ、運転免許証を提示する。
3　卒業アルバムに自分を見つけ、懐しさを感じる。
4　十八歳になり、選挙の投票用紙をもらう。

問8　［F］に当てはまる松尾芭蕉の作品名を書きなさい。

問9　——線部G「深層の生」についての説明として、もっとも適当なものを次の中から選び、番号で答えなさい。

1　架空の記憶によって、死者を美化する生の在り方。
2　自らを救済するために、死者を忘却する生の在り方。
3　死を肯定することで、死者の側へ限りなく接近していく生の在り方。
4　死者についての記憶を携え、死者とともにある生の在り方。

問10　［H］に入る語として、もっとも適当なものを次の中から選び、番号で答えなさい。

1　相対的　2　象徴的　3　感傷的　4　典型的

ではないし、また、なんらかの意味で記憶されていなければ、それをひとは想い出すことができないだろう。だからむしろ、記憶には二種類のものがあるというべきなのである。そして記憶と思い出についての小林氏のこの刺激的な区別は、K[注3]ベルクソンの習慣的記憶（機械的記憶）と想起的記憶（純粋記憶）という区別に多くを負っている。

　そこで、そのベルクソン（『物質と記憶』）の記憶の区別を見ておくと、それは次のようにいわれている。記憶には二種類のものがある。一つは身体運動の反復によって得られる習慣的な記憶である。それはたとえてみれば、繰りかえし練習して身につけたタイプライターの技術のようなものだ。この種の記憶も、われわれの過去の経験をなぞりはするが、この場合にはそれを[注4]表象としてよび起こすことはしない。もう一つは、自発的で想起的な記憶である。それは過去を表象として思い浮かべる精神の記憶であり、しかも記憶の本来の姿なのでわれわれはこれを純粋記憶と呼ぶことができる。この想起的記憶においては、われわれは過去の或(あ)る時点に自分自身を位置づけるのである、と。

　たしかに、いわゆる知識のつめこみや丸暗記は、習慣的で機械的な記憶の一種といっていいだろう。また他方で想起的記憶とは、イメージ的な全体としての世界を地平として、［　L　］記憶であるといっていいだろう。ところで現在、電子工学(エレクトロニクス)のめざましい発達によって、人間の記憶の多くはコンピュータに委譲されてきている。すなわち、昔から人間は技術にかかわる自己の身体器官――つまり手、足、眼、耳など――の働きを道具や機械に委譲しつつ、次々に外化してきたのだが、その機械が力学機械から情報機械へと発達するにしたがって、人間の神経系統や予知能力にあたる働きまでも持つようになり、ここにM機械による記憶の外化が行なわれるようになったものである。とはいえ、人間の記憶は、このような機械的な記憶につきるものではない。なぜだろうか。それはなによりも、想起的で表象的な記憶がイメージ的な全体性にかかわるからである。さらにいえば、この場合、自己の身体＝精神を介して、想起的記憶がひとそれぞれの生活史および世界と結びついているからである。

　想起的記憶はたしかに、Nすぐれて人間的な記憶である。けれどもそれは、これまでしばしば考えられてきたように――ベルクソンの場合も小林秀雄氏の場合もそうだ――必ずしもO身体を排除した精神の純粋記憶であるとはいえない。あらためていうまでもなく、私たち人間は、高次の統合活動をそなえた生命存在であり、人間において精神は身体の基礎の上に、それと⑤フカブンなものとして成り立っている。想起的記憶はそのような人間存在の全体的な仕組みと活動にかかわっているのである。とくにそのことをよく示すのは、想起的記憶が、表象的で無意識的な記憶であることである。そういうものとして想起的記憶は、すぐれて[注5]コスモロジカルでもあり身体的でもあるのである。

（中村雄二郎・山口昌男著『知の旅への誘い』より）

注1　**ファン・ヘネップ**　アルノルト・ファン・ヘネップ。一八七三―一九五七年。フランスの文化人類学者、民俗学者。
注2　**小林秀雄**　一九〇二―一九八三年。文芸評論家。
注3　**ベルクソン**　アンリ・ベルクソン。一八五九―一九四一年。フランスの哲学者。
注4　**表象**　心に思い浮かべる像。イメージ。
注5　**コスモロジカル**　宇宙論的な、の意。

まことに旅においては、私たちは実にいろいろな意味、いろいろなかたちで、自己同一性、自分が自分であることが問われるのである。そして旅をメタファ（隠喩）とする私たちの一生には、節目をなすいくつかの時期があって、それらの時期をきちんと通過することが人間としての自己確立＝アイデンティティ強化のために必要なものと考えられている。すなわち、〈通過儀礼〉と呼ばれているものがそれにほかならない。注1ファン・ヘネップ（『通過儀礼』綾部恒雄他訳、弘文堂）もいうように、「集団にとっても個人にとっても、人生というものは、解体と再構成、状況と形態の変化、および死と再生の絶え間ない連続である。人生とはまた、行動と休止、待つことと休むこと、そしてふたたび、しかしこんどはちがうやり方で行動を開始することでもある。そして、いつでも越えていくべき新しい敷居がある」。そしてヘネップのいう敷居＝通過儀礼の主なるものは、人間の誕生、思春期、成人、結婚、死などに際してのものである。

けれども私たちは、それらにさらに、入学、卒業、入社、退職なども加えることができる。それらの一つ一つの節目における自己の確認は、それらの想い出をとおして、人それぞれにおのれの一生を厚みをもった手応えのあるものにするのである。まことに〈通過儀礼〉とは、人の一生を過ぎゆく旅の①**ドウテイ**として捉えている点で、芭蕉（ばしょう）（『 F 』冒頭）のあまりにも有名なことば――「月日は百代（はくたい）の過客（かかく）にして、行（ゆき）かふ年も又旅人也（なり）」――と相応じ、結びつく。

さて、想い出によって甦らせ現前させうるのは、なにも自分の過去だけではない。他人の過去、とくに亡くなった人間＝死者の過去を甦らせる働きをするのも想い出である。死者たちは私たちの想い出によってはじめて私たちとつながり、私たちの心のなかで生きているのである。もともと死者たちを②**ホウム**ったのが人類文化のはじまりであった。およそとむらいとは、亡き人の過去の想い出を③**センメイ**に現前させ、新たにすると同時に区切りをつけるための儀礼であるといえよう。私たちが想い出すことで死者は甦るが、そのとき私たち生者もまた、日常の生とはちがったG深層の生を生きることになるのである。

想い出とは、しばしば誤って考えられるような、単なる H な追憶などではない。それはもっと積極的な精神態度なのである。人間生活における想い出の働きの並々ならぬ意味を逸早（いち）く捉えて④**スルド**く指摘したのは、注2小林秀雄氏（『無常といふ事』）であった。すなわち

I

……思ひ出となれば、みんな美しく見えるとよく言ふが、その意味をみんなが間違へてゐる。僕等が過去を飾り勝ちなのではない。過去の方で僕等に余計な思ひをさせないだけなのである。思ひ出が、僕等を一種の動物である事から救ふのだ。記憶するだけではいけないのだらう。思ひ出さなくてはいけないのだらう。多くの歴史家が、一種の動物に止まるのは、頭を記憶で一杯にしてゐるので、心を虚しくして思ひ出す事が出来ないからではあるまいか。

上手に思ひ出す事は非常に難かしい。だが、それが、過去から未来に向つて飴（あめ）の様に延びた時間といふ蒼ざめた思想（僕にはそれは現代に於ける最大の妄想と思はれるが）から逃れる唯一の本当に有効なやり方の様に思へる。

小林氏の J がよく発揮されたスルドい指摘である。そしてここではなによりも、「頭を記憶で一杯にする」ような記憶と、すぐれて人間的な営みとしての思い出（想い出）とが対置されて、記憶が動物的なものとして退けられている。しかしなにも、記憶のつめこみだけが記憶

【国語】（五〇分）〈満点：一〇〇点〉

一、次の文を読んで、後の問に答えなさい。

旅に出たとき、どうしてひとはお土産を買うのだろうか、自分をも含めての話だけれども。あるいは言いかえて、旅のお土産というのは誰のためのものであろうか、としてもいい。さてその問いへの答えだが、まずお土産をお土産として考えるかぎり、それは誰かへのお土産だから、他人のためだということになるだろう。ところでお土産品のことを英語ではスーヴェニアという。この場合のスーヴェニア＝想い出は、明らかに［ A ］。そうだとすると、お土産とスーヴェニアはもつ意味がちがったものになる。そんなことをずっと、また［ B ］思っていて、あるとき気になったので、日本語の〈みやげ〉ということばの語源を調べてみた。

《 a 》、〈みやげ〉はみあげ＝見上げに由来し、「よく見、えらんで、人に差し上げる品物」を意味するとあった（『岩波古語辞典』）。〈みやげ〉が結構なもの、価値のあるものと無関係ではないと思っていたとはいえ、「よく見、えらんで」というのがやや意外であり、それだけに面白かった。そしてこの「よく見、えらんで」というところに注目すると、近年の日本人のいわゆるショッピング旅行つまり外国の高級品を安く買うために出掛ける旅行にも結びついてくる。そういう旅行も、別に近年になって急に現われたのではなくて、日本人の旅の古くからの型の一つが甦ったのかも知れないと思われてくる。

《 b 》、とくに旅において想い出が問題になるのは、未知のところ、珍しいところを訪れることが多いからでもあるが、実はそれにもまして、愉しい自分の過去がそこにあるからであろう。Cそのような過ぎ去ったかつての自分をふたたび現前させ、それによっておのれのアイデンティティ（自己同一性、存在証明）を確認することができるからであろう。アイデンティティとは自分が自分であることにほかならないが、あらためてそれを根拠づけようとすると、なかなか難しい。自分が自分であることを根拠づけるためには、少なくとももう一つ別の確実な自分、存在感のある自分がどうしてもなければならない。《 c 》、そのもう一つの自分との関係のなかで、はじめて、自分が自分であることが根拠づけられるからである。

旅券（パスポート）による〈身分証明〉の場合は、そのいちばんわかりやすい例である。パスポートを持って外国を歩いているときほど妙に自分が日本政府と結びついていること、日本という国家に［ D ］していることを感じさせられることはない――そういう思いをしたことのある人は少なくないだろう。

さて国（政府）が発行するパスポートは、照合のための写真を貼付することで、世界中のどこの国にいっても、国籍と本籍から自分が自分であることを証明してくれる。それはE心理的、精神的なアイデンティティ＝自己同一性ではなくて、外的、現実的な自己同一性にかかわるものではある。けれども、身分証明書＝アイデンティティ・カードとしての旅券を落としたり盗まれたりした場合のことを考えれば、右の精神的と現実的という自己同一性の区別はそれほど決定的なものではないことがわかる。自分が自分であることを公的に証明するものが失われるとき、ひとはいわば顔のない生活を強いられかねないし、そのときの不安はたちまち精神的な自己同一性を脅かしてくるからである。

2020年度

解　答　と　解　説

《2020年度の配点は解答欄に掲載してあります。》

＜数学解答＞

1 (1) $-20\sqrt{3}$ (2) $a=6$ (3) $x=\dfrac{3y+5}{2y-7}$ (4) $(2a+3b-c)(2a-3b+c)$

(5) $\dfrac{1}{9}$ (6) $n=7,\ 9$

2 (1) $A(-2,\ 2)$，$B\left(3,\ \dfrac{9}{2}\right)$ (2) $y=\dfrac{7}{8}x+\dfrac{15}{8}$ (3) $\dfrac{1-\sqrt{97}}{2}$

3 (1) 3 (2) (半径) 9 (中心角) 120度 (3) $\dfrac{9\sqrt{7}}{2}$

4 (1) $b=\dfrac{3}{4}a$ (2) $y=\dfrac{3}{8}x^2$ (3) (ウ) (4) $\dfrac{159}{2}\pi$

○配点○

1 各6点×6　2 (1) 各4点×2　(2)・(3) 各6点×2

3 (1) 6点　(2) 各4点×2　(3) 6点　4 各6点×4　計100点

＜数学解説＞

1 (式の値，連立方程式，等式の変形，因数分解，確率，数の性質)

基本 (1) $6x^3y\times\dfrac{y^2}{x}\div\dfrac{3}{2}xy^2=6x^3y\times\dfrac{y^2}{x}\times\dfrac{2}{3xy^2}=4xy=4\times\sqrt{5}\times(-\sqrt{15})=-20\sqrt{3}$

(2) $3x-4y=a$…①　$-2ax+17y=-2a$…②　$x:y=3:2$より，$2x=3y$　$x=\dfrac{3}{2}y$
これを①，②にそれぞれ代入して，$\dfrac{9}{2}y-4y=a$より，$y=2a$…③　$-3ay+17y=-2a$…④
③を④に代入して，$-6a^2+34a=-2a$　$a^2-6a=0$　$a(a-6)=0$　$a\neq0$より，$a=6$

(3) $y=\dfrac{7x+5}{2x-3}$　$y(2x-3)=7x+5$　$2xy-7x=3y+5$　$x(2y-7)=3y+5$　$2y-7\neq0$
のとき，$x=\dfrac{3y+5}{2y-7}$

基本 (4) $4a^2-9b^2+6bc-c^2=4a^2-(9b^2-6bc+c^2)=(2a)^2-(3b-c)^2=(2a+3b-c)(2a-3b+c)$

重要 (5) 1回のじゃんけんで3人の手のだし方の総数は，$3\times3\times3=27$(通り)　このうち，あいこになるのは，3人とも同じ手をだす場合が3通りあり，3人ともちがう手をだす場合が$3\times2\times1=6$(通り)あるから，その確率は，$\dfrac{3+6}{27}=\dfrac{1}{3}$　よって，2回ともあいこになる確率は，$\dfrac{1}{3}\times\dfrac{1}{3}=\dfrac{1}{9}$

(6) $\sqrt{58-6n}=\sqrt{2(29-3n)}$より，題意を満たすのは，$29-3n=2m^2$　$n=\dfrac{29-2m^2}{3}$のときである。$m=1,\ 2$をそれぞれ代入して，$n=9,\ 7$

2 (図形と関数・グラフの融合問題)

基本 (1) $y=\dfrac{1}{2}x^2$と$y=\dfrac{1}{2}x+3$からyを消去して，$\dfrac{1}{2}x^2=\dfrac{1}{2}x+3$　$x^2-x-6=0$　$(x+2)(x-3)=0$　$x=-2,\ 3$　よって，$A(-2,\ 2)$，$B\left(3,\ \dfrac{9}{2}\right)$

重要 (2) 線分OAの中点をMとすると，$M(-1,\ 1)$　求める直線BMの式を$y=ax+b$とおくと，2点B，Mを通るから，$\dfrac{9}{2}=3a+b$，$1=-a+b$　この連立方程式を解いて，$a=\dfrac{7}{8}$，$b=\dfrac{15}{8}$　よっ

て，$y=\frac{7}{8}x+\frac{15}{8}$

重要 (3) 直線ABとy軸との交点をDとすると，D(0, 3)　y軸上にDE=3ODとなる点Eを点Dより上側にとると，OE=4OD=4×3=12より，E(0, 12)　このとき，△ABE：△OAB=DE：OD=3：1　よって，点Eを通り直線ABに平行な直線と放物線①との交点をCとすれば，CE//ABより，△ABC=△ABEとなるから，題意を満たす。$y=\frac{1}{2}x^2$と$y=\frac{1}{2}x+12$からyを消去して，$\frac{1}{2}x^2=\frac{1}{2}x+12$　$x^2-x-24=0$　解の公式を用いて，$x=\frac{-(-1)\pm\sqrt{(-1)^2-4\times1\times(-24)}}{2\times1}=\frac{1\pm\sqrt{97}}{2}$　$x<0$より，点Cのx座標は，$\frac{1-\sqrt{97}}{2}$

3 (空間図形の計量)

基本 (1) 底面の半径をrとすると，体積について，$\frac{1}{3}\times\pi r^2\times6\sqrt{2}=18\sqrt{2}\pi$　$r^2=9$　$r>0$より，$r=3$

重要 (2) 母線ABの長さは，$\sqrt{3^2+(6\sqrt{2})^2}=\sqrt{81}=9$　おうぎ形の中心角の大きさを$x°$とすると，$2\pi\times9\times\frac{x}{360}=2\pi\times3$　$x=360\times\frac{3}{9}=120$　よって，半径は9，中心角の大きさは，120°

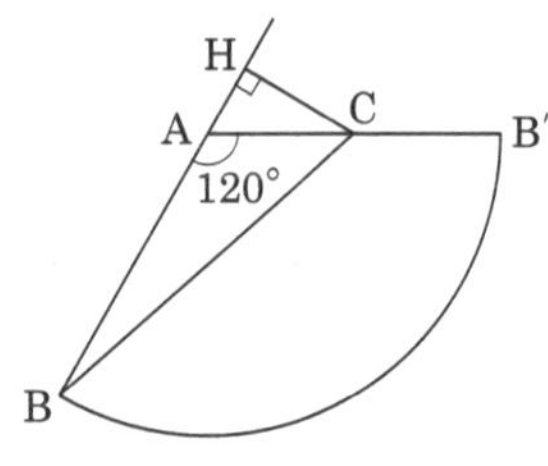

重要 (3) 右の図で，Cから直線BAにひいた垂線をCHとすると，∠CAH=180°−120°=60°だから，$AH=\frac{1}{2}CA=\frac{1}{2}\times\frac{9}{2}=\frac{9}{4}$　$CH=\sqrt{3}AH=\frac{9\sqrt{3}}{4}$　よって，$BC=\sqrt{BH^2+CH^2}=\sqrt{\left(9+\frac{9}{4}\right)^2+\left(\frac{9\sqrt{3}}{4}\right)^2}=\frac{9}{4}\sqrt{28}=\frac{9\sqrt{7}}{2}$

4 (図形の移動と面積)

基本 (1) △ABC∽△DEFより，AC：DF=BC：EF　4：a=3：b　$4b=3a$　$b=\frac{3}{4}a$

重要 (2) $0\leqq x<4$のとき，図2で，辺BCとDEとの交点をGとすると，△DGC∽△ABC　DC：AC=GC：BC　ここで，DC=1×x=xだから，x：4=GC：3　$GC=\frac{3}{4}x$　よって，y=△DGC$=\frac{1}{2}\times x\times\frac{3}{4}x=\frac{3}{8}x^2$

基本 (3) $4\leqq x\leqq6$のとき，y=△ABC$=\frac{1}{2}\times4\times3=6$　よって，グラフは(ウ)

重要 (4) (エ)において，$4\leqq x\leqq6$のとき，$y=mx+n$とすると，点(4, 6)と$\left(6, \frac{3}{2}\right)$を通るから，$6=4m+n$，$\frac{3}{2}=6m+n$　この連立方程式を解いて，$m=-\frac{9}{4}$，$n=15$　よって，$y=-\frac{9}{4}x+15$　この式に$y=0$を代入して，$x=\frac{20}{3}$　求める容器の容積は，底面の半径が6，高さが4の円錐と底面の半径が6，高さが$\frac{20}{3}-4=\frac{8}{3}$の円錐の体積の和から，底面の半径が$\frac{3}{2}$，高さが$\frac{20}{3}-6=\frac{2}{3}$の円錐の体積をひいたものになるから，$\frac{1}{3}\pi\times6^2\times4+\frac{1}{3}\pi\times6^2\times\frac{8}{3}-\frac{1}{3}\pi\times\left(\frac{3}{2}\right)^2\times\frac{2}{3}=48\pi+32\pi-\frac{1}{2}\pi=\frac{159}{2}\pi$

★ワンポイントアドバイス★

出題構成，難易度ともほぼ例年どおりである。基礎を固めたら，過去の出題例を研究して慣れておこう。

<英語解答>

Ⅰ 1 イ　2 ア　3 ア　4 イ　5 エ　6 イ

Ⅱ 1 ウ　2 ウ　3 ウ　4 エ　5 イ　6 エ　7 エ　8 イ　9 エ
10 イ

Ⅲ 1 イ　2 ア，エ　3 エ　4 ア　5 ウ　6 ア　7 イ，エ，カ

Ⅳ 1 イ　2 ア　3 ウ　4 ア　5 エ　6 エ　7 イ　8 ウ　9 ウ

Ⅴ 1 A ク　B エ　2 A カ　B オ　3 A カ　B ア　4 A ウ
B カ　5 A カ　B エ

Ⅵ I want to communicate with giraffes. I have three reasons. First, they are tall, so I want to know the sight from their eyes. Second, I want to know how to communicate with other giraffes because they cannot speak any languages. Third, I think that their necks are so long that they cannot sleep. For example, I'm afraid that they cannot lie down on the ground. I want to know how to sleep. That is why I want to communicate with giraffes.

○配点○
Ⅰ～Ⅴ　各2点×40　Ⅵ　20点　計100点

<英語解説>

Ⅰ　リスニング問題解説省略。

Ⅱ　(会話文)

1　カフェスタッフ：こんにちは。いらっしゃいませ。
お客さま　：Lサイズのアイスミルクティー2個とMサイズのアイスミルクティー3個をください。
カフェスタッフ：Lサイズは550円，Mサイズは300円です。スプーン一杯のタピオカを入れたい場合は80円かかります。
お客さま　：わかりました。タピオカを1つのLサイズと1つのMサイズに入れてください。
(質問)「お客さまは注文にいくら支払うか」 550円×2個と300円×3個にタピオカに80円×2かかるので，2,160円かかる。

2　トム　：アジア旅行はどうだった？
メアリー：すばらしい。素敵なお土産を持ってきました。タイからこれら2枚の写真，ベトナムからこの帽子，そしてインドから3枚のTシャツを持ってきたよ。
トム　：帽子を見てもいい？それは本当に素晴らしいね，しかしタグはそれがインドからであると書いてあるよ！
メアリー：ああ，そうね…あなたのためにそれを手に入れたので，あなたがそれを気に入ってくれてうれしいわ！
(質問)「メアリーはいくつのものについて話しているか」 タイの写真，ベトナムの帽子，インドの帽子，インドのTシャツについて話している。

3　トム　：無料のWi－Fiを使いたいので，コンピューター室を探しています。どこか分かりますか？

メアリー：私もそこに向かっています。よろしければ，お連れします。
トム　　：ありがとう，方向音痴なんです。
メアリー：問題ありません。実際，新入生が見つけるのが最も難しい部屋です。
（質問）「空欄にはどの返答が入るか」 この後，「ありがとう」と言っているため，連れていってくれていると判断できる。

4 トム　　：私の家族と私は先月ここに引っ越しました。
メアリー：ああ，そうですか？　東京はどうですか？
トム　　：ええと，それはまだ私にはかなり新しいですが，今のところ素晴らしいです。
（質問）「空欄にはどの返答が入るか」 How do you like ~？ 「~はどうですか」

5 トム　　：図書館から借りてきた小説を読み終えたところだよ。
メアリー：ああ，そうですか？　読むのにどれくらいかかったの。
トム　　：4週間。一度更新しなければなりませんでした。
メアリー：驚いていないわ。厚い本ね。読んで楽しかった？
（質問）「空欄にはどの返答が入るか」「4週間」と答えているので，期間をたずねていると分かる。

6 トム　　：こんにちは。田中さんに会いたいのですが。私の名前はトム・ベイリーです。
メアリー：約束はありますか？
トム　　：いいえ。私は近くにいたのでここに来ました。会えますか？
（質問）「空欄にはどの返答が入るか」 近くに来たから寄っただけなので，約束はしていないと分かる。

7 メアリー：京都への初めての訪問ですか？
トム　　：はい。そのとおりです。
メアリー：どう思いますか？
トム　　：神社以外は川越に似ています。
メアリー：はい，ここのお寺は豪華です。
（質問）「空欄にはどの返答が入るか」 問いに対する返答から，京都の感想を聞かれていると判断できる。

8 トム　　：私は昨晩とても遅くまで勉強しなければならなかったです。今日はテストがあります。
メアリー：私はあなたの見た目で分かるわ。本当に疲れて見えます。テストはいつ？
トム　　：すぐ後の2時間目。少なくとも「B」を取得する必要があるので，忘れないようにしなきゃ。
メアリー：頑張って！
（質問）「空欄にはどの返答が入るか」 テストがある時間を答えていることから判断できる。

9 トム　　：あなたのプレゼンテーションはどうだった？
メアリー：聞いている人は楽しんでいるようでしたが，私はまだ少し緊張していました。
トム　　：それは当然だよ。人の前で話すと，みんな緊張します。
（質問）「会話を完成させなさい」「人前で話すと，緊張する」と言っているので，メアリーは緊張していたと判断できる。

10 トム　　：お腹がすいた。今から昼食に行こう。
メアリー：時間がないわ。クラブの会議はまもなく始まります。
トム　　：え？　今日は昼食が取れないってこと？

メアリー：そうよ。急ぎましょう。みんな待っていると思います。

（質問）「空欄にはどの返答が入るか」「急ぎましょう」と言っていることから，昼食を食べる時間がないと判断できる。

Ⅲ （長文読解問題・説明文：語句解釈，指示語，内容吟味）

（大意） 科学者たちは，脳の信号を使用して，人が話そうとしている言葉をコンピュータに話させる方法を発見した。彼らの方法は，いつか話す能力を失った人々を助けることができた。

一部の病気や怪我は，人々が話す能力を失う原因となる。多くの場合，人の脳は元気であるかもしれないが，話すために使用される自分の体の部分を制御することはできない。

これらの人々がコミュニケーションする方法はいくつかあるが，遅い。1つの方法は，人が目を文字から文字に移動して単語を綴ることで「タイプ」できる。①この方法の最高速度は毎分約10ワードだ。通常の人間の発話は毎分約150ワードである。

最近の多くの研究は，誰かの脳とコンピュータの間の直接的な接続に焦点を当てている。これは「ブレイン コンピュータ インターフェース」(BCI)と呼ばれる。多くのBCIでは，脳にワイヤーが取り付けられている。これにより，科学者は脳内の電気信号を追跡し，コンピュータに接続することができる。BCIはいくつかの驚くべき発見につながっているが，コミュニケーションをそれほど速くしていない。

カリフォルニア大学サンフランシスコ校(UCSF)の科学者たちは，人々が話すときに使用しようとしていた筋肉に焦点を合わせることにした。

UCSFの科学者はてんかんの5人のグループと協力した。てんかんは，脳内の異常な電気的活動が人の体や感覚の制御に問題を引き起こす可能性がある状態だ。これらの人々は普通に話すことができたが，すでに一時的なBCIがあった。

科学者は「このシーソーは安全か？」のような何百もの文章を読んでいる人々の脳信号を記録した。文のコレクションには，英語で使用されるすべての音が含まれていた。

話すには，舌，唇，顎，喉の約100の筋肉が使用される。科学者たちは，それぞれの音を出すために口の形がどうあるべきかを大まかに知っていた。②これにより，脳の信号が話している筋肉をどのように制御しているかを理解することができた。

その情報があれば，脳の信号を「解読」して，人がどのように口を動かしているかを知ることができる。その後，科学者たちは，話す筋肉の位置に基づいて「合成」(コンピュータの音声を作成)することができた。このプロセスには，特別なコンピュータープログラムが役立った。合成音声が実際の音声にどれほど近いかに③科学者たちは驚いた。

テストとして，1人の人が文章を読むときに④音を出さなかった。彼はちょうどそれらを言っているかのように口を動かした。システムは，脳のパターンに基づいて，彼が出そうとしていた音を再現することができた。

重要な発見の1つは，各人の脳の信号は異なるが，各音を出すために使用される筋肉は誰にとっても同じであることだ。これは，このようなシステムが多くの人々を助けるのを容易にする。

このようなシステムを日常生活で使用できるようになる前に，学ぶべきことはたくさんあるが，それでもワクワクする進歩だ。

1 「人が目を文字から文字に移動して単語を綴ること」を指している。

2 多くのBCIは，脳にワイヤーが取り付けられ，脳内の電気信号を追跡し，コンピュータに接続することができるが，BCIはコミュニケーションをそれほど速くしていない。

3 てんかんとは，脳内の異常な電気的活動が体や感覚に問題を引き起こす状態である。

4 「これ」とは，音を出すために口の形がどうあるべきかということである。

5　科学者は，「合成音声が実際の音声にどれほど近いか」に驚いたのである。

6　彼が出そうとしていた音を再現することができるかどうかを確認するために，音を出さなかったのである。

7　ア 「話す能力を失ったすべての人は，いくつかの脳の損傷を持っている」 第2段落第1文参照。一部の病気や怪我は，人々が話す能力を失う原因となるとあるので不適切。 イ 「コミュニケーションの一つの方法は，人々が口を使わずに自分の言いたいことを伝えることを可能にする」 第3段落第2文参照。人が目を文字から文字に移動して単語を綴ることができるので適切。 ウ 「UCSFの科学者たちは，全身の筋肉がどのように使われているかを研究している」 第5段落参照。人々が話すときに使用しようとしていた筋肉に焦点を合わせているので不適切。 エ 「実験で使用した文章には，英語の音がすべて含まれていた」 第7段落第2文参照。英語で使用されるすべての音が含まれていたので適切。 オ 「個人の脳活動を記録することで，ある言語を別の言語に翻訳できるシステムはすでに作成されている」 第9段落第1文参照。脳の信号を「解読」して，人がどのように口を動かしているかを知ることができるので不適切。 カ 「誰もが同じ筋肉を使ってスピーチの音を出すことがわかった」 第11段落第1文参照。各音を出すために使用される筋肉は誰にとっても同じなので適切。 キ 「一部の科学者は，話すことが困難な人々を助けることはできないと言っている」 第11段落第2文参照。脳の信号を読み取ることは，多くの人々を助けるのを容易にするので不適切。

Ⅳ （語句補充問題：助動詞，接続詞，現在完了，分詞，前置詞，関係代名詞）

1　名詞 work が後ろにあるため，所有格を選ぶ。

2　between ～ 「～の間」

3　Why don't you ～？ 「～するのはどうですか」 That's a good idea.「それはいいですね」

4　until ～ 「～まで」

5　現在完了は<have［has］＋ 過去分詞>になる。

6　invited to the party は前の名詞を修飾する分詞の形容詞的用法である。

7　How often は回数をたずねる疑問文になる。

8　be famous for ～ 「～で有名だ」

9　後ろに，名詞があるため所有格の関係代名詞 whose を用いる。

Ⅴ （語句整序問題：間接疑問文，分詞，文型，動名詞，関係代名詞，比較）

1　Could you let me know when your birthday is (?)　let me know 「私に教えてください」

2　(The) broken bike over there will be recycled (.)　分詞1語で名詞を修飾する場合には，名詞の前に置く。

3　A fifteen-minute drive brought us to the beautiful lake (.)　A fifteen-minute drive が主語となる無生物主語の文になる。

4　(I never) listen to this song without thinking of my grandfather (.)　never ～ without …ing「～すると必ず～する」

5　(This is) the highest mountain that I have ever climbed (.)　先行詞に最上級が含まれているので，関係代名詞はthat を用いる。

やや難 **Ⅵ （自由英作文）**

書きたい文を書くのではなく，今の英語力で書ける英文を心がけること。また，80－100語と語数も多いため，どのような内容を書くのか整理をしてから解くようにしたい。また，理由も問われているので，どの部分が理由にあたるのかわかりやすく書こう。I have two (three) reasons.

を用いて理由を書き始めると，整理された英文になる。以下の点に注意したい。

① スペルミスはないか。

② 時制があっているか。

③ 名詞の形は正しいか(単数形か複数形か)。

④ 主語と動詞が入っているか。

⑤ 正しく冠詞(a，an，the など)を使っているか。

★ワンポイントアドバイス★

英作文の分量が多いため，十分な時間を費やすようにしたい。そのためには，長文読解問題をすばやく処理できるよう，過去問や問題集を用いて，練習を重ねるようにしよう。

＜国語解答＞

㊀ 問1 ① 道程 ② 葬(った) ③ 鮮明 ④ 鋭(く) ⑤ 不可分 問2 2
問3 3 問4 a 4 b 1 c 3 問5 2 問6 帰属 問7 1・3
問8 奥の細道 問9 4 問10 3 問11 動物的なもの 問12 4 問13 1・4
問14 2 問15 1 問16 2 問17 3 問18 3

㊁ 問1 ① すそ ② へだ(てた) ③ はず(む) ④ のきした ⑤ たんねん
問2 2 問3 4 問4 1 問5 3 問6 3 問7 4 問8 1 問9 4
問10 3 問11 1 問12 2 問13 4 問14 4 問15 2 問16 3
問17 2

○配点○

㊀ 問1・問7・問13 各1点×9 問2・問5・問6・問8・問9・問11・問14・問17 各3点×8
問18 4点 他 各2点×8

㊁ 問1 各1点×5 問2・問3・問5・問8・問9・問10・問13 各2点×7 問17 4点
他 各3点×8 計100点

＜国語解説＞

㊀ **(論説文－漢字，脱文・脱語補充，接続語，文脈把握，内容吟味，文学史，語句の意味，要旨)**

問1 ① 「道程」は，道のり，という意味。「程」を使った熟語はほかに「過程」「日程」など。訓読みは「ほど」。 ② 「葬」の音読みは「ソウ」。熟語は「葬儀」「火葬」など。 ③ 「鮮」を使った熟語はほかに「鮮度」「生鮮」など。訓読みは「あざ(やか)」。 ④ 「鋭」の音読みは「エイ」。熟語は「鋭利」「鋭敏」など。 ⑤ 「不可分」は，分けることができないこと。「不」を使った熟語はほかに「不可能」「不十分」など。

問2 直前に「スーヴェニア＝想い出」とあるので，「自分のためのもの」とある2が適切。「お土産」が他人のためのものであるのに対し，「想い出」は自分のものなので，「お土産」と「スーヴェニア」はもつ意味が違うというのである。

問3 直後の「思って」を修飾する語としては，とりとめなく，ぼんやりと，という意味の「漠然と」が適切。ぼんやりと思っていたことが，あるとき急に気になった，という文脈である。

問4　a　直前に「日本語の〈みやげ〉ということばの語源を調べてみた」とあり，直後で「〈みやげ〉は……」と順当に続いているので，順接を表す「すると」が入る。　b　直後で「とくに旅において想い出が……」と新たなテーマに入っているので，転換を表す「ところで」が入る。
c　後の「～からである」に呼応する語として，「なぜなら」が入る。

やや難　問5　直前に「愉しい自分の過去がそこにあるから」とあり，後には「そのもう一つの自分との関係のなかで，はじめて，自分が自分であることを根拠づけられる」とあるので，「過去の自分と今の自分との連続性を感じることができる」とする2が適切。

問6　直前の「自分が日本政府と結びついていること」と同様のことを表現しているので「帰属(していること)」とするのが適切。「帰属」は，特定の団体・国などの所有となること。

問7　直前に「国籍と本籍から自分が自分であることを証明してくれる」とあり，これを「現実的(アイデンティティ)」とし，「心理的，精神的なアイデンティティ」と区別している。1・3は，「心理的・精神的アイデンティティ」にあてはまり，2・4は，「現実的アイデンティティ」にあてはまる。

やや難　問8「月日は百代の過客にして，行きかふ年も又旅人也」で始まるのは，江戸時代に成立した松尾芭蕉による俳諧紀行文『奥の細道』。

問9　直前に「日常の生とはちがった」とあり，前に「想い出によって甦らせ，現前させうるのは，なにも自分の過去だけではない。他人の過去，とくに亡くなった人間＝死者の過去を甦らせる働きをするのも想い出である。死者たちは私たちの思い出によってはじめて私たちとつながり，私たちの心のなかで生きているのである」とあるので，4が適切。

問10　直後の「追憶」を修飾する語としては，物事に心を動かされやすい様子を意味する「感傷的」が適切。「追憶(ついおく)」は，過ぎ去ったことを思い出すこと。

問11　「記憶」については，Ⅰの直後で「記憶が動物的なものとして退けられている」と述べられているので，「動物的なもの(6字)」が適切。

問12　直後に「発揮された」とあるので「本領」が適切。「本領を発揮する」は，持ち前のすぐれた性質・特質を外に出して見せること。

問13　直前の「記憶と想い出」を「習慣的記憶(機械的記憶)と想起的記憶(純粋記憶)」と言い換えていることを押さえる。「想起的記憶」は「想い出＝すぐれて人間的な営み」を指すので，1・4があてはまる。2・3は「習慣的記憶(機械的記憶)」にあてはまる。

問14　前に「想起的記憶とは」とあるので，2の「過去を立ちあらわれさせる」が入る。「想起」は，前にあったことを思い起こすこと。

問15　直後に「機械的な記憶」と言い換えられているので，磁気記憶装置を意味する「ハードディスク」があてはまる

問16　「すぐれて」は，特に目立って，という意味なので，2が適切。

問17　直後に「私たち人間は，高次の統合活動をそなえた生命存在であり，人間において精神は身体の基礎の上に，それとフカブンなものとして成り立っている。想起的記憶はそのような人間存在の全体的な仕組みと活動にかかわっているのである」と説明されているので，「身体なしに精神は成立し得ないため……」とする3が適切。

やや難　問18　3は「小林氏の……」で始まる段落に，小林秀雄の『無常といふ事』の引用をふまえ，「記憶が動物的なものとして退けられている」と説明されていることと合致しない。

二　(小説－漢字，語句の意味，脱文・脱語補充，文脈把握，情景・心情，表現，接続語，大意)

問1　①「裾」は，衣服の下のふち。熟語は「裾野」など。　②「隔」の訓読みは「へだ(たる)」

「へだ(てる)」。音読みは「カク」。熟語は「隔離」「遠隔」など。　③「弾」の訓読みは「たま」「はず(む)」「ひ(く)」「はじ(く)」。音読みは「ダン」。熟語は「弾圧」「弾力」など。　④「軒」を使った熟語はほかに「軒先」「軒端」など。音読みは「ケン」。熟語は「軒数」「軒灯」など。
⑤「丹」を使った熟語はほかに「丹精」「丹頂」など。

問2 「うつつ」は「現」と書き，現実，という意味。「夢うつつ」は，夢なのか現実なのか意識がはっきりしない状態，という意味なので，2が適切。

問3　直前に「うそ鳥の口笛」とあり，直後に「春の花時には，朝っぱらからうるさいほどであった」とあるので，なかでも，殊に，という意味の「とりわけ」が入る。

問4　直後に「どんな贈物がええんやら見当がつかん」とあり，「不案内」は，事情がよわからない，という意味なので，1が適切。

問5　直前に「妻の無邪気な喜びように満足したとみえて」とあるので，相手を喜ばすこと，お世辞，という意味の「お愛想」が入る。「雄鳥のほうがずっと美しい」うそ鳥を指して，「『ちょうど，あんたら夫婦と逆でやんすな』」と，妻にお世辞を言ったのである。

問6 「うるさい」には，しつこくていやになる，入り組んでいて面倒，耳障りでやかましい，忠告・批評などいろいろと言う，などの意味があるが，直後に「無許可で野鳥を飼っちゃいけないんだ」とあるので，いろいろと言うことを意味すると分かる。同様の意味で使われているのは，3の「時間に関してかなりうるさい」。

問7　前に「無許可で野鳥を飼っちゃいけないんだ」とあるので，4が適切。直後に「籠を軒下に吊るしたりしない限りは，道から見咎められおそれはまずなかったし，……」とあり，無許可で野鳥を飼うことについて咎められるようなことはなかった，というのである。

問8　直後に「見ていて，危なっかしいな，と彼は思った。籠のなかに用があるなら，口を自分の方へ向ければいいのに」とあるので，1が適切。

問9 「訝しむ」は，疑わしく思う，不審に思う，という意味。後に「以外にも妻は真顔でかぶりを振った」「『違うわ。そこから逃げたんじゃないの』」とあることから，「妻」が納得していない様子が読み取れるので，4が適切。

問10　直後に「上を向いた手のひらには，ただ押し上げるだけの格子戸がひとりでに落ちて隙間を塞ぐが，反対側の甲の下には，確かに思いのほかの空間が生じる」とあり，「『ね？　鳥はここから飛び出したんだよ』」と言っているので，思ったとおり，という意味の「案の定」が入る。

問11 「『いや……君はびっくりしてよく憶えていないんだろうけど，僕は上から見ていたんだ。確かに……逃げたよ。』」と微笑んで言う様子からは，「『違うわ……』」と真顔で反抗する妻への配慮が読み取れるので，1が適切。

問12　直前の「『違うわ。それはあなたの見間違いよ。』」という妻の言葉に対する反応である。「『いや……鳥は確かに君に手の甲の下から逃げたんだよ。』」と微笑みながら言った「彼」に対して，思いがけず「妻」が強い態度で言い返してきたことに驚いて「真顔」になっているので，2が適切。

問13　直後に「ひとりでに抜け落ちたのだ」とあるので，「なにかの拍子に」とするのが適切。「拍子」には，ある動作をしたはずみに，という意味がある。

問14　ア　直前に「籠ががたんと音を立てたな」とあり，「あれは斜めに持ち上がった上の部分が元へ戻ったときの音だったろうか」と推測しているので，順接を表す「すると」が入る。　イ　直後の「そうではない」につながる語としては，自分の言葉を途中で打ち消して言い直すときの「いや」が適切。直前の「あれは……だろうか」という考えを「いや，そうではない」と打ち消しているのである。　ウ　後に「鳥は間違いなく，……飛び出したのである」と確信しているので，予想どおり，という意味の「やはり」が入る。「やはり……疑うことができなかった」と，自分の考えを肯定しているのである。

やや難 問15　直前に「鳥は間違いなく，妻の手の甲すれすれに飛び出したのである。それをこの目ではっきり見たのだ」とあることから，自分の判断に確信を持ったことがわかる。あくまでも「あなたの見間違いよ」と言う「妻」に対して，「『……正直に言えよ』」と強い口調で言っているので，「妻にいら立ちを感じている」とする2が適切。

やや難 問16　直前に「嘘をついているのは明らかであった，彼には妻という人間が急にわからなくなった」とある。二年前から交際を続け結婚に至った相手であり理解しているつもりでいたが，平然と嘘をつく様子を見て「虚偽に満ちた女」に見えてしまった，という心情を「暗澹とした」と表現しているので，3が適切。「暗澹」は，暗く絶望的な様子のこと。

やや難 問17　本文に描かれているのは，結婚したばかりの妻に対して，「妻という人間が急にわからなくなった」「全く未知の，虚偽に満ちた女に見えてきて，彼は暗澹とした」という感情を抱くが，「夫婦は何事もなかったように暮らした」と終わっているので，「不透明性を抱えた他者とのつながり」とある2が適切。

★ワンポイントアドバイス★

語彙力を高め，決められた時間内に2種類の長文を読みこなす力を身につけよう！
問題数が多いので，集中を切らさず最後までしっかりやり抜く持久力を身につけておこう！

2019年度

★★★★★★★★★★★★★★★★★★★★★★★★

入　試　問　題

2019年度

法政大学国際高等学校入試問題

【数　学】（50分）　＜満点：100点＞

1 次の各問いに答えよ。

(1) $(8x^2y-12xy^2)\div\left(-\frac{4}{7}xy\right)$ を計算せよ。

(2) $\frac{6+\sqrt{2}}{\sqrt{3}}+\sqrt{3}(\sqrt{8}+4)$ を計算せよ。

(3) $(5x-3y)^2-56+3y-5x$ を因数分解せよ。

(4) 3直線 $l:y=3x+10$, $m:y=-\frac{1}{2}x+3$, $n:y=ax-4$ が1点で交わるとき，定数 a の値を求めよ。

(5) 濃度20%の食塩水をA，濃度15%の食塩水をBとする。60gの食塩水Aに食塩水Bを何g加えると，濃度18%の食塩水となるか。

(6) 図のように，円周上に異なる8個の点が等間隔に並んでいる。このとき，$\angle x$, $\angle y$ の大きさを求めよ。

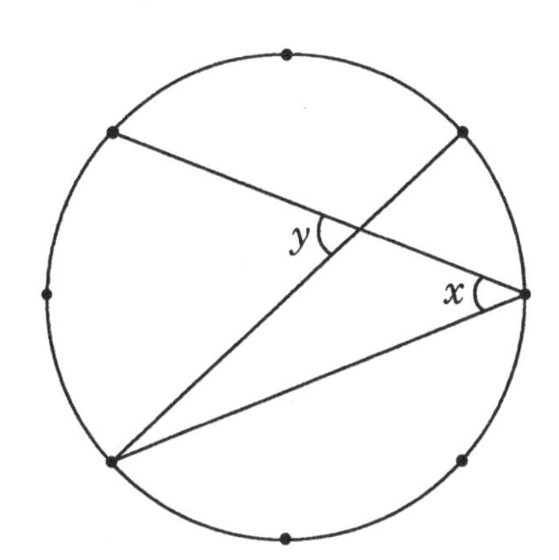

2 次のページの図のように，放物線 $y=\frac{1}{2}x^2$…①，$y=-2x^2$…② がある。点Aは放物線①上の点で，x 座標は2であり，点Bは放物線②上の点で，y 座標は－2である。ただし，点Bの x 座標は負とする。このとき，次の各問いに答えよ。

(1) 点Aの座標を求めよ。

(2) 点Bの座標を求めよ。

(3) △OABの面積を求めよ。

(4) 放物線①上に2点P，Q，放物線②上に2点R，Sをとる。四角形PQRSが正方形となるような点Pの座標を求めよ。ただし，点Pの x 座標は正とする。

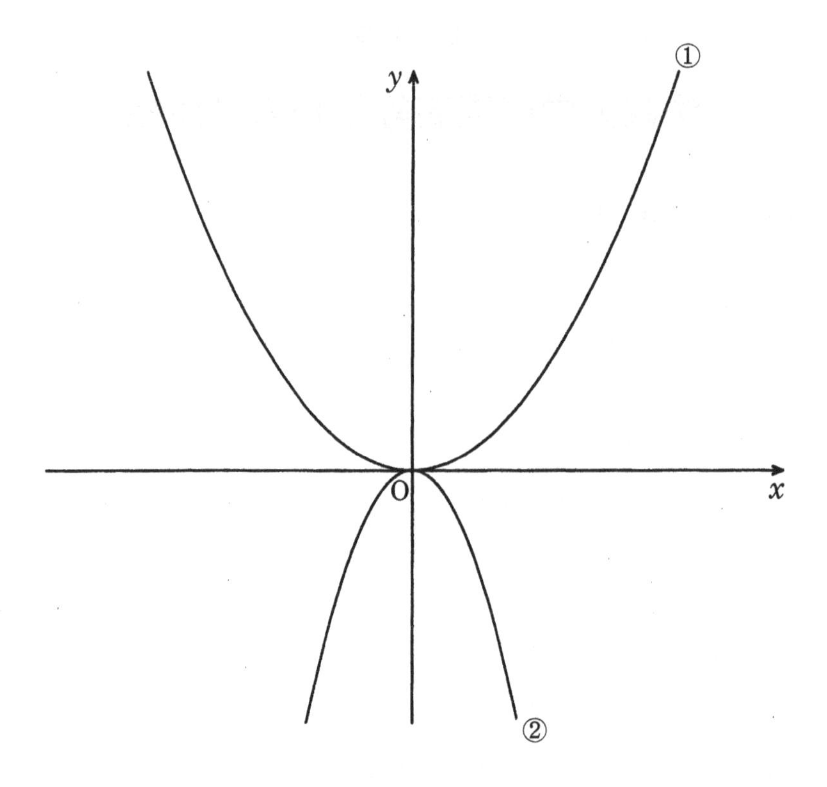

3 ＡＢ＝ＡＣ＝ＡＤ＝６，ＢＣ＝ＣＤ＝ＤＢ＝４ の四面体Ａ－ＢＣＤがある。このとき，次の各問いに答えよ。

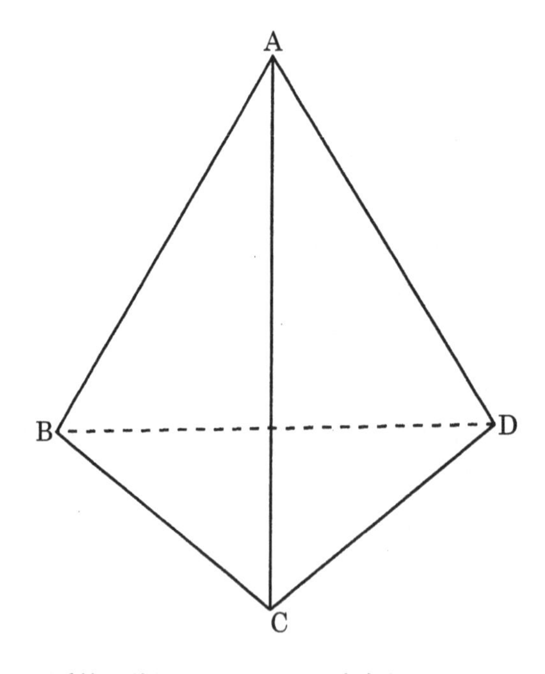

⑴ 頂点Ａから△ＢＣＤに垂線を引き，△ＢＣＤとの交点をＥとするとき，ＡＥの長さを求めよ。

⑵ △ＡＢＣに内接する円の半径を求めよ。

(3)　(2)の円の中心をＦとする。Ｆから△ＢＣＤに垂線を引き，△ＢＣＤとの交点をＧとするとき，ＦＧの長さを求めよ。

(4)　Ｆから△ＡＣＤに垂線を引き，△ＡＣＤとの交点をＨとするとき，ＦＨの長さを求めよ。

4　４点Ｏ（０，０），Ａ（５，０），Ｂ（５，２），Ｃ（０，２）を頂点とする長方形ＯＡＢＣがある。２点Ｐ，Ｑが頂点Ａを同時に出発し，長方形の周上を一定の速さで進む。点Ｐは反時計回りに点Ｃまで進み，点Ｑは点Ｐの２倍の速さで時計回りに進む。このとき，次の各問いに答えよ。

(1)　点Ｐが頂点Ｂと重なったときの点Ｑの座標を求めよ。

(2)　点Ｐが頂点Ｃと重なったときの直線ＰＱの方程式を求めよ。

(3)　線分ＰＱが長方形ＯＡＢＣの面積を２等分するとき，2点Ｐ，Ｑの座標を求めよ。ただし，点Ｐが頂点Ｃと重なったときは除く。

【英　語】（50分）　<満点：100点>

Ⅰ Listening Section

これから英語による短い会話が流れます。それぞれの質問に対する答えとしてもっとも適切なものを１つ選び，記号で答えなさい。英語は２度流れます。

1．What will the man paint next?

ア．A pineapple Japanese temple.　　イ．A lion Italian church.

ウ．A potato American university.　　エ．A peach German castle.

2．When there are no delays, how long does it take to get to London?

ア．1 hour 5 minutes.　　イ．50 minutes.

ウ．1 hour 20 minutes.　　エ．45 minutes.

3．What message will the man give to Ms. Collins?

ア．Ms. Walker called.　She will pay for the flights tomorrow.

イ．Ms. Collins called.　She will pay for the flights tomorrow.

ウ．Ms. Walker called.　She is busy at work today.

エ．Ms. Collins called.　She is busy at work today.

4．Where is the woman's hotel?

ア．Opposite the electric store.　　イ．Next to the museum.

ウ．Across the street from the coffee shop.　　エ．Next to the coffee shop.

5．When do the students believe that Mr. Tanaka will leave the school?

ア．At the end of this term.

イ．Only when the school finds a new teacher.

ウ．At the end of next term.

エ．They are not sure.

6．Where is the conversation taking place?

ア．In the computer lab.　　イ．In a public library.

ウ．In the school cafeteria.　　エ．In a computer store.

<リスニングスクリプト>

Number 1

Woman: What are you painting?　Can I have a look?

Man: Sure! What do you think?　Can you guess what it is?

Woman: Wow! It's really interesting.　It's like a pineapple and Japanese temple mixed together.

Man: Yeah.　My idea for my next series of paintings is to paint buildings as fruit.

Woman: That's a great idea.　I haven't seen that before.　How did you come up with this idea?

Man: Well, a few months ago, I was surfing the Internet and came across a funny photo.　It was a picture of a carrot that looked like an elephant, so it got me thinking.

Woman: It's definitely an original idea. Are you just going to do Japanese buildings and fruit? What about vegetables?

Man: I'm going to keep with fruit, but I plan to do pictures of buildings from all over the world.

Question 1

What will the man paint next?

Number 2

Tourist: Excuse me, I couldn't catch the last announcement. Could you repeat it?

Station staff: Are you going to London?

Tourist: Yes. I have a ticket for the 9:35 express.

Station staff: OK. The 9:35 train will now depart from platform 2. It will arrive in London about 15 minutes late, so that means it'll get to London at 10:40.

Tourist: So... the train will now leave from platform 2, not 1. Right?

Station staff: That's right, sir. And I'm afraid it will be 15 minutes late.

Tourist: OK. Thank you for your help.

Station staff: Not at all. Have a good journey.

Tourist: Thank you.

Question 2

When there are no delays, how long does it take to get to London?

Number 3

Man: HK Travel, Mr.Smith speaking. How may I help you?

Woman: Hello, may I speak to Ms. Collins, please? This is Ms.Walker.

Man: Hello. I'm sorry, she's not here today. May I take amessage?

Woman: OK. Thank you. Could you tell her that I'll pay for the flights tomorrow?

Man: OK, Ms. Walker, I'll pass on the message.

Woman: Thank you. Goodbye.

Man: Goodbye.

Question 3

What message will the man give to Ms. Collins?

Number 4

Man: Where are you staying?

Woman: At the Plaza Hotel.

Man: Is that the hotel near the large electric store?

Woman: Yeah. It's next door to it. There's also the Turner Art Museum opposite, so I'm hoping to go while I'm here.
Man: Ah, that's right. I know the place. There's a great coffee shop next to the museum. You should check it out. They make an amazing cappuccino.
Woman: Sounds great. Maybe, I'll have breakfast there tomorrow.

Question 4

Where is the woman's hotel?

Number 5

Boy: Did you hear Mr. Tanaka is leaving at the end of this year?
Girl: Yeah, but I thought that it was at the end of this term.
Boy: Really? Where did you hear that?
Girl: I think it was on the school's electronic message board.
Boy: Well, that's how I found out, too. Both of us can't be right.
Girl: Let's log in to find out.
Boy: Ahh... we're both right... kind of.
Girl: If the school can find a new teacher in the next few weeks, he will leave at the end of this term. If not, he'll leave next term.
Boy: But, if they don't find someone by the end of next term, what's going to happen?
Girl: Good point. It doesn't say. Let's ask him.

Question 5

When do the students believe that Mr. Tanaka will leave the school?

Number 6

Man: Excuse me, Ms. Jones. I'd like to use a laptop for my book review.
Woman: Sure. What do you have to do?
Man: I need to give a presentation in my next class.
Woman: Okay. Every laptop we have in the cupboard over there has presentation software installed.
Man: Great.
Woman: All you have to do is write your name, class and student number on this form. Do you have any photo identification?

Question 6

Where is the conversation taking place?

Ⅱ 次の会話を読み，〈Question〉の答えとして最も適切なものを１つ選び，記号で答えなさい。

1．Man: How long have you been playing the drums?
Woman: Oh, forever!

Man: What got you interested?

Woman: My father and my grandpa play.

Man: Do you play together?

Woman: Oh yeah. When the family gets together in the holidays.

Man: That must be fun. So... are you in a band?

Woman: Well, I was in a band a few years ago, but I am not in one right now.

Man: Well, if you are interested, a friend of mine, John, is looking for a drummer for his jazz band.

Woman: Well, actually, I'm really into rock.

〈Question〉 Which sentence is true?

ア. The woman wants to join a new band.

イ. The woman has never played the drums in a band.

ウ. The woman is interested in joining John's band.

エ. The woman has had many years of experience playing the drums.

2. Man: What do you think of this?

Woman: Wow, it's very striking. I love the use of color.

Man: Yes, she is well known for colorful pieces. Can you guess how it was made?

Woman: I have no idea. What did she use?

Man: Well, she used wooden chopsticks.

Woman: No way! That's amazing.

Man: Isn't it?

Woman: Well, how much does she want for it?

Man: Let me just check.

〈Question〉 Where are they?

ア. In a convenience store. イ. In a restaurant.

ウ. In a university. エ. In a gallery.

3. Man: This has definitely broken, now.

Woman: Throw it here. I can fix it for you.

Man: Here you go!

Woman: Look! It's working fine.

Man: What did you do? What did you do?

〈Question〉 What is the item they are talking about?

ア. A remote controller. イ. A rice cooker.

ウ. A coffee maker. エ. A PC monitor.

4. Teacher: When you have finished reading the article, please discuss it with your partner.

Student A: Have you finished yet?

Student B: ________________ ... two seconds.
Student A: No worries.
Student B: OK. I'm done. What did you think?
〈Question〉 Which phrase could go in the blank? Choose the best answer.
ア. Totally. イ. For sure. ウ. Nowhere near. エ. Just about.

5. Mami: Hi. Are you on your way home yet?
Vicky: Yeah. I'll be home in 10 minutes.
Mami: Oh, good timing. Can you go to the shops for me? I need an onion, a couple of large eggplants and a can of coconut milk. I'll send you a list.

—— 5 minutes later ——

Vicky: ··· Hi. I'm in the supermarket now and they don't have any coconut milk.
Mami: Oh no, really? Well, just get the other things and I'll make something else.
Vicky: And you're not going to believe this, there's only one small eggplant.
Mami: You're joking.
Vicky: Have you started making anything yet?
Mami: No.
Vicky: OK. Don't worry. I'll pick up something from next door.
Mami: Thanks.
〈Question〉 What does Vicky buy from the supermarket?
ア. An onion.
イ. An onion and a small eggplant.
ウ. Something that was not on the list.
エ. Nothing.

6. Man: How's it going? You look a bit tired.
Woman: Yeah. I have an assignment due today, so I was up all night trying to finish it.
Man: So, did you finish it?
Woman: Yeah, but I'm not very happy with it.
Man: Well, you'll have to start your homework earlier.
Woman: I did about half of it, but my hard drive broke and I lost everything.
Man: No way! Nightmare!
Woman: I know. I was going to back it up on another disk, but I forgot.
Man: Well, you won't do that again, will you?
Woman: No!
〈Question〉 Why did she have to stay up all night?
ア. Because she forgot to do her homework.

イ. Because she lost some of her work.
ウ. Because she lost all of her work.
エ. Because she did not save her data.

Ⅲ 次の英文を読み，質問に答えなさい。

How to Use a Self-Checkout Machine at a Store

1 Bring your items to the self-checkout line. Place your basket in the *1designated area.
2 Press the Start button on the touchscreen.
3 *2Confirm whether you brought your own bags. Many self-checkout machines ask you to add your bags to the bagging platform before scanning any items.
4 Scan your items by lining up the barcode with the red light of the scanner. An electronic beep sounds when the scan is successful.
5 Place each scanned item onto the bagging platform *3immediately after you scan it. Keep the item there until after you pay.
6 When you are done, press the large PAY button and select your method of payment. Some self-checkout machines do not accept cash so you may need to use a credit card.
7 Remove your items from the bagging platform. Do not remove any items from the bagging platform before completing the above steps because the machine will *4detect this and an alarm will ring.

Tip

Before choosing self-checkout, check attitudes of people in the lines. Are some people *5giggling or looking nervous, like they have never tried it before? This may mean delays. Look for relaxed customers and join their line.

Warnings

① Attendants will still be around to prevent *6theft and assist with operation of the machines.
② Self-checkout lines can take longer than traditional ones because some people may not know how to use the machines.

*1designated：指定された　*2confirm whether ～：～かどうか確認する
*3immediately：直ちに　*4detect：見つける，感知する　*5giggle：くすくす笑う
*6theft：窃盗

1. What do the customers need to do just after they scan an item?
ア. They need to place the item on the bagging platform.
イ. They need to place the item into the basket in the designated area.
ウ. They need to press the PAY button and select the payment method.
エ. They need to put their bags onto the bagging platform.

2. What will happen if customers take items off the bagging platform before they

pay?

ア. The electronic beep will sound.

イ. An alarm will ring.

ウ. The police will come to the store.

エ. Customers have to scan all their items again.

3. Why should customers follow the advice in the Tip section?

ア. The customers with a relaxed look may be faster at using a self-checkout machine.

イ. The customers with a relaxed look will not worry if there is a problem with the self-checkout machine.

ウ. The customers with a relaxed look are not in a hurry.

エ. The customers with a relaxed look have never used a self-checkout machine.

4. Which sentence is true about using the self-checkout machines?

ア. The self-checkout line always moves faster than the traditional cashier line.

イ. The customers are asked to pay by credit card.

ウ. The prices of all products in the store will be reduced if many customers use the self-checkout machines.

エ. Attendants will help the customers who have trouble using the self-checkout machines.

Ⅳ 次の英文を読み，質問に答えなさい。

For thousands of years people dreamed of traveling to the moon.

Until a few hundred years ago people weren't even sure what the moon was. They watched it *1gleam in the darkness, (1)They saw it change its shape and sometimes disappear. Was it a god or goddess? Was it the home of strange, magical *2beings? Was it a world like our own? It seemed there was no way to find out except by going there.

People had some unusual ideas about how to do that. One man thought a giant *3spout of water could lift a ship and send it up to the moon. Others thought birds were the answer. Why couldn't someone climb on the back of a big eagle? Or train swans to carry a passenger to the moon in a basket?

The moon was such a mystery that many people came to believe it had magical powers. Dangerous powers.

The invention of the telescope in the 1600s gave people a better idea of what the moon was really like. They saw mountains and *4craters and *5valleys on the moon. They made out dark areas that they thought were oceans and seas. They even gave them names like the Sea of Clouds and the Sea of Tranquility. Later, when telescopes improved, scientists decided the dark areas were really dry

[*6]plains. But the names stayed.

(2)Telescopes taught people a little more about the moon. But that didn't get them any closer.

As the years passed there were other inventions. In the 1800s [*7]explorers went [*8]floating high over the countryside in hot-air balloons. The [*9]telegraph let people send messages over many miles in just a few seconds.

Science was making impossible dreams come true. This gave a writer named Jules Verne an idea. In 1865 he wrote a book called *From the Earth to the Moon*. In it a spaceship was shot to the moon by a giant [*10]cannon! Verne was wrong about the cannon. That would never work. But (3)he was right about other things. Verne's imaginary ship was [*11]steered by rockets. People had been using small rockets for centuries, both as war [*12]weapons and for [*13]fireworks. But no one had ever thought of using rockets in space before.

Children from different parts of the world read Verne's book. They liked his idea of space travel and rockets. Some grew up to become scientists. In the 1920s and 1930s an American scientist named Robert Goddard did important experiments with rockets. He even wrote a report that said rockets could reach the moon.

Scientists kept improving rockets. By the 1940s rockets could travel about 200 miles. They were used by Germany to bomb England in World War Ⅱ. After the war, scientists tried to develop rockets for space travel. But the moon? That was still a distant dream.

Then, in 1961, something happened. President John F. Kennedy made a speech. He told the world that America would send a man to the moon before the 1960s ended. Going to the moon was no longer a dream. It was a goal.

Why did President Kennedy set this [*14]deadline? The reason had to do with another country — [*15]the Soviet Union. America had a space program. But the Soviet Union had a better one. It sent up the world's first [*16]satellite. Then it sent the first man into space. Newspapers said the two countries were in a space race and America was losing. President Kennedy decided there was one sure way to win — be first on the moon.

Kennedy had made a promise. But could America keep it?

By 1961 some rockets had flown a few hundred miles up into space. But the moon was almost a [*17]quarter of a million miles away!

A trip to the moon and back would take eight days. By 1961 only one American had even been up in space — and for only fifteen minutes!

Just [*18]aiming for the moon was a problem in itself. A rocket couldn't be aimed at where the moon was in the sky because the moon moves about 50,000 miles each day. Scientists would have to aim at an empty spot in space where the moon was going to be by the time the spacecraft got there. (4)<u>It would take some very careful figuring</u>. If there was a mistake, the spacecraft would go off into space forever!

Was it safe to land on the moon? Many scientists thought the moon was covered with *19a layer of dust fifty feet deep. A spacecraft would be *20swallowed up in it!

Scientists needed answers. They decided to send robot spacecrafts with cameras to the moon. They called (5)<u>them</u> *probes*. Scientists tried but failed − twelve times! Sometimes the probes just fell back to Earth *21in flames. Two got as far as the moon, then (6)<u>missed it</u>. Off they went into space − never to return.

*1gleam：かすかに光る　*2being：生き物　*3spout：噴出　*4crater：クレータ，くぼみ
*5valley：谷　*6plain：平原　*7explorer：探検家　*8float：浮かぶ　*9telegraph：電報
*10cannon：大砲　*11steer：舵をとる　*12weapon：武器　*13firework：花火
*14deadline：最終期限　*15the Soviet Union：ソビエト連邦　*16satellite：人工衛星
*17quarter：４分の１　*18aim：目指す　*19a layer of dust：塵（ちり）の層
*20swallow up：飲み込む　*21in flames：炎に包まれて

1．下線部(1)の意味として最も適当なものを選択肢から選び，記号で答えなさい。
ア．月の明るさの変化　イ．月の魔法　ウ．月の消滅　エ．月の満ち欠け

2．What do the underlined sentences (2) mean? Choose the best one.
ア．Although people came to learn more about the moon through using telescopes, they didn’t have the technology to get there.
イ．People learned how to get to the moon, because they could see the moon in more detail.
ウ．People tried to go to the moon because they got more information about it.
エ．As the telescopes showed people the real shape of the moon, they lost their interest in the moon.

3．Read the underlined part (3). What was he right about? Choose the best one.
ア．Using cannons for space travel.
イ．Using rockets to travel in space.
ウ．Making impossible dreams come true.
エ．The influence of Verne’s book on scientists.

4．下線部(4)の意味として最も適当なものを選択肢から選び，記号で答えなさい。
ア．慎重に計算する必要がある。　イ．精密に形を作る必要がある。
ウ．正確な模型を入手する必要がある。　エ．十分な資金を調達する必要がある。

5．What does the underlined word (5) mean? Choose the best one.
ア．The cameras.
イ．The answers.
ウ．The robot spacecrafts.
エ．The scientists.

6. What does the underlined part ⑹ mean? Choose the best one.

ア. Scientists failed so many times.

イ. Scientists made mistakes in calculating the movement of the moon.

ウ. Two probes traveled the correct distance.

エ. Two probes couldn't land on the moon.

7. Which is the correct order of the historical events? Choose the best one.

A. From his experiments, Robert Goddard found that rockets could reach the moon.

B. President John F. Kennedy announced America would send a man to the moon.

C. The telescope was invented.

ア. C－B－A　イ. C－A－B　ウ. B－A－C　エ. A－C－B

8. 次の英文の（A）（B）に入る数字を書きなさい。

By 1961, an American astronaut had traveled in space. It was just a (A)-minute flight and he traveled a few hundred miles. The distance from the Earth to the moon is about (B) miles.

9. Choose TWO correct sentences that fit the content of this story.

ア. There were various beliefs related to the moon, such as people believed it had magical powers.

イ. With the invention of the telescope, people finally found out exactly what the moon was made of.

ウ. In the 17th century, people thought there were seas and oceans on the moon.

エ. All the imaginary things in Jules Verne's book came true in the 20th century.

オ. In World War Ⅱ, England used rockets as weapons for the first time.

Ⅴ 次の文の（ ）内に入るもっとも適切な語（句）を１つ選び，記号で答えなさい。

1. There is a cat ( ) under the sofa in the living room.

ア lies　イ laying　ウ to lie　エ lying

2. The sun sets ( ) the west.

ア at　イ in　ウ to　エ under

3. Don't leave the door ( ).

ア unlock　イ unlocking　ウ unlocked　エ to unlock

4. The Yamanote-Line comes ( ).

ア every two minute　イ every two minutes

ウ each two minute　エ each two minutes

5. Do you want to ( ) Ellen?

ア marry　イ marry with　ウ get married　エ get married with

6. Some of ( ) live in Saitama Prefecture.
ア we イ our ウ us エ ours

7. You can borrow a red pen from this box if you need ( ).
ア some イ any ウ one エ this

8. There is a lot of ( ) such as chairs, tables and beds in this room.
ア furniture イ furnitures ウ luggage エ luggages

9. Ken realizes she is becoming ( ) important to him.
ア important and イ more and more
ウ more important and エ more important and more

10. When I was a little child, I ( ) twice.
ア went abroad イ went to abroad
ウ have gone abroad エ have been to abroad

Ⅵ 日本文の意味を表すように，［ ］内の語（句）を並べかえ，（A）（B）に入るものを記号で答えなさい。なお，文頭に来るべき語も小文字になっている。

1. 桃子は私の３倍の数の折鶴を折った。
Momoko ［ア times / イ made / ウ paper cranes / エ many / オ as / カ three ］ as I did.
Momoko ( )(A)( )( )(B)( ) as I did.

2. 哲夫が探していた本屋はあの建物の５階にあります。
［ア Tetsuo / イ of / ウ looking / エ that / オ was / カ for / キ the book store / ク is / ケ on the fifth floor ］ building.
( )(A)( )( )( )(B)( )( )( ) building.

3. 宇宙ステーションで働くのってどんな感じですか。
［ア is / イ like / ウ in / エ working / オ what / カ a space station ］?
( )( )(A)( )( )(B)?

4. 今すぐにトムにコンピュータを修理してもらうべきだ。
［ア should / イ you / ウ fix / エ have / オ Tom / カ right / キ the computer ］ now.
( )( )(A)( )(B)( )( ) now.

5. シンディはお気に入りの店がセール中だというメールを受け取った。
Cyndi ［ア an e-mail / イ having / ウ that / エ received / オ saying / カ was / キ her favorite store ］ a sale.
Cyndi ( )( )(A)( )( )(B)( ) a sale.

Ⅶ 以下の **Question** についてあなたの意見とその理由を60語程度の英文で書きなさい。

〈Question〉

Which do you like better, going shopping alone or with friends?

問9 ――線部Gとあるが、「逆説的」な内容を持つことわざを次の中から一つ選び、番号で答えなさい。

1 帯に短し襷に長し　2 急がば回れ
3 頭隠して尻隠さず　4 好きこそものの上手なれ

問10 H に入るもっとも適当な語を次の中から選び、番号で答えなさい。

1 合理化　2 効率化　3 抽象化　4 視覚化

問11 ――線部Iを言い換えた表現をこれよりあとの本文中より探し、七字で抜き出しなさい。

問12 次の一文は本文中の【a】～【d】のどこに置くことがもっとも適当か。記号で答えなさい。

【しかも、何時いつに訪ねるという事前の申し入れも約束も、電話のなかの訪問には要らないし、不可能である。】

問13 ――線部Jとはどういうことか。次の中からもっとも適当なものを選び、番号で答えなさい。

1 視覚的な制約から自由になった声は、身なり身ぶり以上に潜在的願望や内的真実を吐露することが可能となるということ。
2 緩急や高低で様々な表情を見せる声ではあるものの所詮情報としては限界があり、身なり身ぶりで表現できるものの豊潤さには到底及ばないということ。
3 相手の都合と無関係に侵入する声の非礼と、それなりに整えられた身なり身ぶりとの不一致が、受け手の思考を混乱させるということ。
4 視覚的な情報を捨象した音のみの声と、「ローカルな対面」から得られるはずの、身なり身ぶりが表現するものとが対応していないということ。

問14 K に入るもっとも適当なものを次の中から選び、番号で答えなさい。

1 制限された「部分性」　2 拡散された「遍在性」
3 保護された「機密性」　4 徹底された「整合性」

問15 次の1～4のうち、本文の内容に合致するものを一つ選び、番号で答えなさい。

1 「ケータイ」が一般家庭に普及するまでは、「固定電話」は電話線の制約により「玄関」に固定され、そこから動くことはなかった。
2 「電話回線上の訪問や応接」においては互いに相手の目を気にする必要がないため、服装や態度、声によるふるまいについて、勝手気ままが許容されている。
3 電話における「バーチャルであるという技術の特質」は、空間の制約を超越して「距離の消滅」をもたらした点にあるのではなく、空間を共有しないという意味での「隔離」を生んだ点にある。
4 外部の社会と接続するためのメディアである電話が私的な空間の内部へと移動してきたのは、地域社会から切り離された個人がその居場所を家庭内に求めようとしたことの現れである。

る自由を感じている現代人にとっては、「固定」という形容はいかにも不自由で人々の暮らしを縛り付けるものと感じられるから。

問3 ——線部Bには筆者のどんな思いが込められているか。次の中からもっとも適当なものを選び、番号で答えなさい。

1 電話線からの解放に「自由」を見いだす人々の考えは、固定電話を家族みんなで共有することで得ていた家族の時間や空間の大切さを顧みておらず、素直に賛同はできない。

2 どこにでも電話を設置できるようになったことを「自由」を獲得したかのように評価するのは、あまりにも大げさで、不便な暮らしを強いられてきた古い人間の物言いでしかない。

3 固定電話が生活空間にあった時代にプライバシーを侵害された経験を持つ人間が、電話線の自由化を「解放」と言うのは個人的体験に基づいた判断に過ぎず、一般的な見解とするわけにはいかない。

4 電話線に制約があることを不自由だと認識していなかった時代の人々が、制約がなくなったことを「解放」ととらえ「自由」を得たかのように評価しているが、そのまま受け入れるわけにはいかない。

問4 ——線部Cとは、ここではどういうことか。次の中からもっとも適当なものを選び、番号で答えなさい。

1 電話が通話だけでなく多様な機能を持つようになったということ。

2 電話と設置場所とのつながりが弱まったということ。

3 電話を共有することで得ていた家族のつながりが、失われたということ。

4 電話を設置する室内空間の性質が変わっていったということ。

問5 D に入るもっとも適当な語を次の中から選び、番号で答えなさい。

1 分断　2 媒介　3 解体　4 共有

問6 E に入るもっとも適当な二字の熟語を、**これより前の本文中より抜き出して答えなさい。**

問7 ——線部Fとあるが、この筆者の意見と本文中に参照されている吉見・若林・水越の三氏の見解との相違について正しく説明したものを次の中から一つ選び、番号で答えなさい。

1 電話をかける側と受ける側の双方が意識を回線上の特定の場へ向かわせるという三氏のとらえ方に対して、受ける側がかける側を「家に招き入れる」意識を持つ点を筆者は指摘している。

2 電話をかける側と受ける側では持つ意識に相違があるという三氏の見解に対して、かける側も受ける側も意識のありようは同じであると筆者は反論している。

3 固定電話が個室へと分散していった理由について、三氏が親子電話やコードレス電話の普及によると断定していることに対して、筆者はそのような因果関係はないと主張している。

4 固定電話が個室へと分散していった原因が回線上の身体と現実の身体との分裂にあると考えている点は三氏と共通しているが、筆者はさらに居間には電話を引き寄せる力のあったことを付け加えている。

問8 《ア》～《ウ》に入る語を次の中からそれぞれ選び、番号で答えなさい（ただし、一つの選択肢は一度しか使えません）。

1 たぶん　2 まったく　3 しだいに　4 なぜ

バーチャルであるという技術の特質は、ここで何を生みだしているのだろうか。

「距離の消滅」ではない。ある種のバーチャル・メディア論は、距離の制約がなくなり、現実の空間の制約を超越しえた側面だけを強調した。しかし、実際に生みだされていることは、むしろ逆である。ある特殊で不思議な「距離の創出」が、ここにある。声における「近接」がある一方で、身体が近づいて、空間が共有されることは決してない。むしろバーチャルな『隔離』による安心や安直さが、ここでは訪問者にも応対者にも共有されている。

つまり、電話空間における接続は、ローカルな現実空間における「共存」にともなう相互性と拘束性からの、ある種の切断を保証した。バーチャルであることによって、二次的な再構成であることによって、視覚の相互性が切断されている。そうしたコミュニケーションの［K］こそが、この電話という機器の家庭内部への浸透を抵抗なく受け入れさせた、重要な仕掛けである。見えない他者であるだけでなく、視覚をもたず身体をもたない他者であればこそ、受け入れられた。すなわち玄関よりも奥に深く招き入れられ、声だけで成立する親密で私的な空間に、何の抵抗もなく侵入することができたのである。

電話の移動は、地域社会から切りはなされ、私的な空間として閉ざされつつあった家庭の、まさに「私」に退いていく力と共振していた。

（佐藤健二『ケータイ化する日本語』より。なお、出題に際して、一部省略した箇所がある。）

注1　「電電公社」…正式名称は「日本電信電話公社」。国が出資し監督した通信団体。一九八五年に民営化された。

注2　「ここで私が論じてきた」…筆者は本書の中で、日常生活の必需品となった携帯電話を社会学者の視点から取り上げてきた。

注3　「『メディアとしての電話』」…吉見俊哉・若林幹夫・水越伸の共同執筆によるメディア論。吉見・若林・水越の三氏はいずれも社会学者である。

注4　「電話の特定の場所の結びつきの解体、すなわち電話の遍在化」…注3にある『メディアとしての電話』中にある見解。

注5　「電話が家庭に普及し始めてからしばらく～外部社会に媒介するようになるのである」…この段落は筆者が『メディアとしての電話』から引用した部分である。

注6　「親子電話」…一台の電話機（親機）を軸に、それにいくつかの電話機（子機）がつながるように作られた電話機。

問1　＝＝線部①～⑤のカタカナを漢字に直しなさい。

問2　――線部Aで筆者が「わずらわしい」と言うのはなぜか。次の中からもっとも適当なものを選び、番号で答えなさい。

1　「固定」しているのが当たり前で、特にその性質を示す名称を持たなかった通信機器に、後に登場した「移動体通信」との区別のために、わざわざ「固定」であるとの形容がつけられているから。

2　「移動体」という聞き慣れない形容と同時に「固定」という形容が用いられてしまっては、機器のどちらが移動型でどちらが固定型なのかわからなくなって、混乱をきたすから。

3　すでに姿を消しつつある旧式の通信機器に「固定」という形容をつけることで、あらためて人々の意識の中に残そうとする態度が、いかにも懐古趣味の表れのように感じられるから。

4　携帯電話などの移動体通信機器が普及し、どこからでも通話できびつけられて語られる、その居間という空間に③アンジュウせず、すぐに個室へと分散してしまったのか。

私の解答は、かなり単純である。

第一に電話が招き入れたのが、「二次的な声」だけの見えない訪問者だったからである。それは、④カタワらの他者をふくめて、家にいる誰からも見えない。そして受話器を持つ一人以外の、誰にも話しかけようとしない。まさに共有されにくいバーチャルな訪問者であった。

そして第二に、電話空間は、回線上の身体と現実の身体との亀裂・分断を抱えこんでいる。その構造化された亀裂こそが、G逆説的ではあるが、玄関から家屋内部空間への電話の進出を支えた、といえる。

すなわち、居間への電話の移動と個室への分裂は、家のなかに住まう身体の変容を表象し、その個体化を予言している。一見単純な「利便」の問題だけのように思われている電話の移動は、じつは、都合よく【H】され、I存在意義を制限された他者の受容形態であった。すなわち、声によって構築されうる親密なリアリティの世界と、ローカルな対面関係が伴わざるをえない視覚的な相互性からの切断とを、まさに二つながらに受容した結果である。

どういうことか。

電話を通じて、声だけの訪問者がやってくる。その対応に、視覚は《イ》関わらない。だからこそ、双方ともにどんな格好であろうと構わない。

相手のお宅への現実の訪問であれば、それにふさわしい正装が必要であった。「突然お邪魔して申し訳ありません」「近くまで参りましたついでにお寄りしたのですが」と言いつつも、実際に訪ねるのだから、普段着以上の公式の服装を選ぶだろう。【a】女性の衣服に、礼装の「晴れ着」である「留め袖」や「振り袖」とは別に「訪問着」や「付け下げ」という略式礼装のカテゴリーがあったのも、その⑤キハンに対応している。訪ねられたほうは、もちろん「普段着」で構わない。【b】しかしながら、突然の来訪だとしても、まさか布団のなかそのままの「寝間着」で応対するというわけにはいかない。ひととおりの服装であっても、不意の来客を前に「こんな格好で失礼します」という奥ゆかしい言い訳が「たしなみ」として望ましい。口うるさい礼儀作法の本には、《ウ》そう書いてあるだろう。

ところが、電話空間においては、そうした配慮がまったく必要でない。応接の部屋を用意し掃除しなくてよいというだけではない。身につけるものがいかなる服装であっても、相手には見えない。だから気にする、差しつかえるということがない。自由という以上に、双方の勝手気ままが許容されている。【c】

電話回線上の訪問や応接は、その電話空間の内部でだけ成立し、その局面だけで完結する。だから視覚による「礼儀」や事前の「配慮」の相互審査から、電話空間は徹底して自由である。それぞれのローカルな現実は見えない。こちらで気にしないでいられるのとまったく同じ確かさをもって、向こうからもわからない。他者の目を気にしなくてもよいことがそのまま、自分が気にせずともよいことに反射し、投影される。だから、部屋着のままであっても着替えることなく、気ままな身なりを気がねすることもなく、切り離された声だけの時空で来客と親しく、あるいはフォーマルな丁寧さにおいて対話できる。【d】J声でのふるまいが、身なり身ぶりとの整合性から離れていくことになった。

らには各人の個室へと分裂していった事実を記憶している。

この局面については、すでに『メディアとしての電話』[注3]での吉見俊哉・若林幹夫・水越伸の先駆的な指摘と考察があり、電話についての日本での多くの研究が、そこでの考察を引用している。私もこの現象をあらためて素材にしつつ、電話の移動の問題を考えてみたい。〈中略〉

かつて電話が置かれていた「玄関」は、なるほど外部との境界であった。外からの訪問者を応対する場として意識され機能していた点に、吉見俊哉や若林幹夫は注目している。そして一九七〇年代後半から一九八〇年代にかけて起こった、家族共同体内部への電話の移動侵入は、電話経験の日常化に裏打ちされた浸透であると同時に、[注4]「電話の特定の場所の結びつきの解体、すなわち電話の遍在化」であったと論じた。すなわち、ローカルな現実空間としての家庭空間のそれぞれの場所が持つ意味との対応が、②キハクになっていく。電話が玄関を離れて家族空間の中心へと侵出し、やがて個室へと持ち込まれた。その背後には、C遍在化という一面での「無意味化」があったことを指摘する。

電話[注5]が家庭に普及し始めてからしばらく、多くの家庭ではこのメディアを、玄関、それも下駄箱の上などに置いていた。このことはたんなる偶然ではない。電話は、家族のひとりひとりを外部の社会へ接続させていくメディアである。われわれは電話をしているとき、物理的には家の中にいても、意識としては家から出て、会話相手と回線上の場を［ D ］してしまっている。つまり電話は、住居空間にとって玄関や勝手口と同様のもうひとつの〈［ E ］〉なのである。〔中略〕ところが、この電話の位置が、電話利用の頻繁化・日常化とともに、次第に応接間や台所、そしてリビングルームへと移動し始める。つまり、共同体としての家族の空間のより中心部へと侵入していくのだ。そしてさらに、親子電話[注6]やコードレス電話の普及とともに、電話は両親の寝室や子ども部屋にも置かれ、家族の各々の成員を直接、外部社会に媒介するようになるのである。

外部社会との境界領域という意味づけの指摘は、その通り正しい。また各々の成員の個室に置かれるようになった電話が、個と外部とを直接に結びつけるようになった変化も重要であろう。ただし電話での会話を支える意識が、「家から出て」いく方向のものであったかの記述には、Fまだ検討の余地がある。電話をかける側と、受ける側とでは、異なる意識の方向性を持つだろう。なによりも「回線上の場」が、家から出た外部の空間として、本当に「共有」されているのかどうか。また共有されているとしても、どの範囲での共有現象なのか。その内実が問われなければならない。

指し示す方向の微妙なちがいだが、家の中に存在している身体にとって、「家から出る」というよりも「家に招き入れる」という受容の意識のほうが強かったのではないか。しかも電話を通じて迎え入れられた他者は、家族共有の空間であるはずの居間にゆっくりと落ち着くことができず、それぞれの居場所である個室へと、すぐに分解してしまった。であるからこそ、玄関から固定電話を引き寄せていった引力が、「共同体としての家族」の「中心部」に自動的に向かうものであったかのようなイメージにも、微妙な修正が必要だと私は思う。

《 ア 》電話は居間へと移動しながらも、しばしば家庭の団らんと結によって実現が阻まれたのだということ。

2　日本という国は、「平和」を唱えながら戦争の道を突き進み、敗戦にまで至ったのだということ。

3　国民の「人権」を国として保障する姿勢を持っていれば、日本には戦争に勝つ可能性があったのだということ。

4　日本の敗戦は、「平和」を尊重する国が「平和」を軽視する国を打ち破ったという歴史的な意義があるのだということ。

問16　――部Nとあるが、ここで言う「直観力」とはどういう力か。次の中からもっとも適当なものを選び、番号で答えなさい。

1　対象を細かく切り分けることで、特質を正確に把握する力。

2　ものごとの本質を瞬時につかみ、その理解を率直に表明する力。

3　全体と細部の双方に目を配り、曇りのない目で公平に判断する力。

4　既存のものの見方にとらわれることなく、対象をありのままにとらえる力。

二、次の文を読んで、後の問に答えなさい。

家や職場の机の上にある電話を、あえて「固定電話」というようになったのは、さていつ頃からであろうか。この用語は、おそらく「移動体通信」という、こなれない日本語と同じくらいに新しい。

「移動体通信（mobile communication）」は、たぶん通信行政の現場で工夫された新しい専門用語である。定義としての「移動体」は、交信の片方または両方の「端末機器」が通信線につながれていないことをゆるやかに意味し、使い手が使う場所を自由に移動できるような通信手段を指す。自動車電話のサービスが首都東京の区内で開始されたのが一九七九年一二月で、その五年後には全国主要都市をカバーし、通信自由化という電電公社[注1]の民営化などを経て、「キャリア（通信事業者）」各社がこうした事業に本腰を入れはじめるのが一九九〇年代だから、このことばの一般への普及はその頃だろう。[注2]ここで私が論じてきたケータイも、そうした移動体通信のひとつで、基地局のネットワークという社会資本（インフラストラクチャー）の整備を通じて、移動の自由を実現している。

あらためていうまでもなく「移動」を実感してはじめて、「固定」という<u>A わずらわしい形容</u>が、すでに使い慣れていた電話に付け加えられた。電話機が有線で回線に固定されていることが当たり前であったときには、そうした形容それ自体がとりわけて必要なく、<u>①コショウ</u>としても意味がなかった。だからケータイのモバイル性において、固定された一定の場所との関わりが薄まったと論じられる事実を、ただただ「いつでもどこでも自由につながるようになった」という脳天気な理解で漠然と片付けてよいかどうかには、議論の余地がある。その「自由」の評価には、電話線の長さにしばられていることからの「解放」の価値として、後から構成され、<u>B 回顧的に色揚げされた要素</u>が混じっているからである。

固定電話は電話線に制約されていた。そのことは事実である。多くの場合、この無粋な電話線は家のなかの壁や柱にそって這（は）わされて、ある一定の場所までしか動かなかった。では、ずっと固定されて動かなかったのかというと、そうでもない。多くの人びとは、日本の家庭の固定電話すなわち「家電（いえでん）」あるいは「宅電（たくでん）」が、玄関から居間へと移動し、さものであったということ。

問10 ――部Hとはどういうことか。次の中からもっとも適当なものを選び、番号で答えなさい。

1 分析的に戦争を語るには、体験者の恐怖による心の硬直化がいまだに解けぬ段階であるということ。

2 戦争を学問的対象にするのは難しく、学者たちも身動きできない状態にあるということ。

3 戦争中の生々しい体験をリアルに語り継ぐことは難しく、いつでも緊張を強いられるということ。

4 いまだ戦争を客観的にとらえることができず、手つかずのまま各自の心から消え去ることがないということ。

問11 ――部Iとあるが、何を「表出」しているのか。**当てはまらないもの**を一つ選び、番号で答えなさい。

1 戦争への悲しみ　2 よろつく躰

3 生命の重さ　4 ひとりの人の魂の重さ

問12 ――部Jとあるが、それはなぜか。その説明としてもっとも適当なものを次の中から選び、番号で答えなさい。

1 実現が困難だからこそ、その困難を乗り越えなければならないという考えがいつまでも消えることがないから。

2 神のごとき平等性とは、いつの時代にあっても人間性や人間社会を超越したところに存在せざるを得ないから。

3 自分の痛みばかりを重要視し他人の痛みを軽く見る傾向は、人間にとって永久平和の実現を阻むものであるから。

4 人間たちが戦争を回避するには、国の平和のために個人を超えて万人が身を捧げる必要があるから。

問13 ――部Kとあるが、筆者がこのように言うのはなぜか。その説明としてもっとも適当なものを次の中から選び、番号で答えなさい。

1 さまざまな「思想家」の「思想」が日々の生活の足下に根をおろしていることに、私たちはなかなか気づかないから。

2 「思想」が疎んじられてしまうと、人々の人生を破壊する戦争の悲劇が繰り返されることになるはずだから。

3 「思想」とは、平穏な日々の暮らしを何よりも尊重したいという誰もが持っている思いにほかならないから。

4 衣食住という生活の基本が常に快適かつ上質でなければ、人々の「思想」は堕落して不健全さを帯びるから。

問14 ――部Lとあるが、これは具体的にどのようなものだと言えるか。次の中からもっとも適当なものを選び、番号で答えなさい。

1 等身大の自分からは目を背けて、いたずらに空威張りをしながら強者の論理に迎合する姿勢。

2 国の戦争責任を不問に付したいがために、生々しい戦争の現実を軽んじようとする姿勢。

3 歴史を振り返ることなく、平和で安泰な現在の生活をとにかく満喫しようとする姿勢。

4 かつての若者が持っていた軍人としての誇りに共鳴して、愛国心を自ら鼓舞しようとする姿勢。

問15 ――部Mとは具体的にはどういうことか。次の中からもっとも適当なものを選び、番号で答えなさい。

1 日本は「平和」という普遍的価値の構築を目指していたが、西洋なさい。

1　不本意な　　2　無作法な　　3　無秩序な　　4　不思議な

問5　――部Cとはどういうことか。その説明としてもっとも適当なものを次の中から選び、番号で答えなさい。

1　忠臣蔵は、お年寄りたちの子供時代には映画や村芝居などで上映・上演されてきたが、戦後は家庭にもテレビが普及し、しばしば放映されるようになった。それに伴って変化してきた忠臣蔵の物語をお年寄りたちは享受してきたということ。

2　忠臣蔵の物語は日本人の精神に寄り添う物語であり、時代時代に合わせて日本人らしさを表出するものとして解釈され、上演されてきた。お年寄りたちは、そこで表現される日本人の精神性に感化されてきたということ。

3　忠臣蔵は政治的に利用されたり、喜劇化されて楽しまれたり、その時々で異なるテーマを植え付けられ、上演されてきた。しかし、激動の時代を生きてきたお年寄りは、このような物語の変遷に気づくことはなかったということ。

4　忠臣蔵の物語はお年寄りたちに子供時代から親しまれており、だれもが忠臣蔵のどこかの場面を記憶にとどめている。しかし、忠臣蔵の物語は、時代や地域によって微妙に違った内容に変更されているため、人それぞれ独自の忠臣蔵の物語を持っているということ。

問6　D に入る語としてもっとも適当なものを次の中から選び、番号で答えなさい。

1　ふと　　2　ありありと　　3　ぼんやりと　　4　まじまじと

問7　――部Eとはどういうことか。次の中からもっとも適当なものを選び、番号で答えなさい。

1　悲惨な戦争の思い出に比べるとそれ以降の人生は取るに足らないものであるということ。

2　過酷な戦争を生き抜いた経験が戦後を生きる原動力になっているということ。

3　戦争中の凍り付くような出来事への恐怖がその後の人生を支配し続けているということ。

4　戦争下の体験を抜きにしては自分自身の人生をもはや語ることができないということ。

問8　――部Fとはどういうことか。次の中からもっとも適当なものを選び、番号で答えなさい。

1　修復するのはきわめて困難だということ。

2　悲惨な出来事を忘れることができないということ。

3　もう二度と元通りにはできないということ。

4　報復することなどとうてい不可能だということ。

問9　――部Gとはどういうことか。次の中からもっとも適当なものを選び、番号で答えなさい。

1　自らの心のうちに封じ込めるしかなかった兵士たちの悲哀が自然と伝わってくるものであったということ。

2　悲しげなメロディには戦場へ飛び立つ少年航空兵たちの未来への絶望が込められていたということ。

3　生きることへの懸命さが求められた戦争中の時代精神を控えめに表現したものであったということ。

4　少年航空兵が象徴する戦争の悲惨がどこか遠慮がちに表現された

無力だから。

けれども人びとが、もし、思想を生活化して、自分の国だけが生きたいわけではないのだ、と考える力を活用したならば事態はかわるだろう。私たち日本人は千数百年のあいだ人権というものを知らずに生きてきたといっても過言ではない。人間を超越した唯一神の前で、ひとりで真向かったことなどなく、いつも集団で、集団の長の前で自己を無にして生きてきた民族である。家や、村や、国の、かしらのまにまに[注12]、つまりそれらの権力の意志に従ってきた民族だった。人権主張は私が子ども時代までは悪とされた。だからこそ、M国権による平和論と心中したのだった。

それほどに私たちの思想性――すべての人が生きたいと願っている、と考える力は、未熟である。大人のほうが熟しているなどとは言えないほど、それは、N直観力を必要とするものなのだ。だから、日本人の未来について楽観するのはいいことではない。日本人は他人の中に人間を発見する力は弱く、人の属性である集団（組織。たとえば企業とか民族・人種・国家等々）を見て、その人を理解した気になりやすい。それは習性に依存し、いきいきした直観を働かせようとしないからである。

それでも有史以来初めてという敗戦を経験したことで、一時期は自分で人間や世界について考えようとしたのだ。

（森崎和江「すべての人が生きたがっている」より）

注1 「忠臣蔵」・『仮名手本忠臣蔵』。赤穂藩の浪士たちが、藩主の仇を討った史実をもとに作られた物語。

注2 「少年航空兵」…未成年の航空兵。徴兵の年齢前に兵役に就くことを志願した。

注3 「元禄十五年十二月十四日」…元禄十五年（一七〇三年）のこの日、赤穂浪士たちは藩主の仇を討った。

注4 「村芝居」…村々を回って興行する芝居。

注5 「浪曲」…三味線を伴奏にして、独特の節回しで物語をすすめる語り芸。

注6 「教育勅語」…明治天皇の署名がある文言で、戦前の教育における基本理念となった。

注7 「仮名手本の十段目」…『忠臣蔵』の一部。仇討ちを目指す赤穂浪士たちに協力を惜しまない人物を描いている。

注8 「おかる勘平」…おかると勘平。ともに『忠臣蔵』の登場人物。

注9 「きさまとおれとは同期のさくら……」…太平洋戦争期によく歌われた軍歌「同期の桜」の冒頭部の歌詞。

注10 「千人針」…千人の女性が赤い糸で一針ずつ縫った布。戦地でのお守りになるとされた。

注11 「装甲車」…ここでは街宣車のこと。軍歌や演説を大音量で流す車。

注12 「かしらのまにまに」…ここでは、それぞれの長の思うままに、の意。

問1 ＝線部ア～オの漢字の読みをひらがなで書きなさい。

問2 ――線部Aとあるが、筆者は「戦時下の心がまえ」と結びつけて「忠臣蔵」からどのようなものを読み取ったのか。本文中から二十字以上二十五字以内で探し、最初と最後の五字を書きなさい。

問3 【a】【b】に入る語の組み合わせとして、もっとも適当なものを次の中から選び、番号で答えなさい。

1 a 軽視 b 教育　　2 a 排除 b 強調

3 a 敵視 b 賞賛　　4 a 排斥 b 脅迫

問4 ――部Bの語のここでの意味を次の中から一つ選び、番号で答えが、戦争とはひとりひとりの日常性を根底からこわすものだったのだ。なんのためにこわすのかといえば、国家の平和のためである。私たちは小学校で、しばしば平和という文字を書いた。習字の時間に東洋平和などと書いたのだ。つまり個人の平和な暮らしを守るのではなく、個人の日常性を国の平和のためにささげるのが、戦争であった。だから、真の平和をのぞむなら、私たちは日常の暮らしの中のひとりひとりを大切にすること、を、自分の思想として生きる以外にない。そこが平和の原点である。

日本の憲法は戦争を否定している。戦争というものがいかに悲惨であり、また、むなしいものであったかを、終戦直後は世界大戦を経験した諸国の者はすべて考えたのだ。そして人権を守りぬくことを国家の意志とするよう希望した。それは人類の悲願であるといっていい。しかし人権というと、これまた日常からはずれたことであるかのような、ことさらな主題でもあるように思いがちなほど、まだ私たちにこなれていない。そしてそのことばかりがはなばなしい。

おそらく人間とは、本来矛盾した存在なのだろう。自分の痛みばかりが重大であり、他人の痛みは軽いのだ。いつの時代も、そしていくら年齢を重ねても。

けれども、永久平和の悲願を持つとともに神のごとき平等性は手のとどかぬ存在だからこそ、人間社会は危機もはらみ、かつ、Jその超越も持つのである。神でも悪魔でもない、ふつうの人間たち。その人間のひとりひとりの日常性とは、食べて眠る暮らしである。それが平安につづくことを願うのは、万人であって自分ひとりではない。そのことを、私たちは暮らしの思想としないかぎりは、自分の痛みだけが重大になってしまうのだ。

私たちにとって思想というものも、ごく新しい意識性である。庶民にとってはたかだか百年くらいのもの、いや、ここ三十年ばかりのものといっていい。こなれていなくて当然だともいえる。けれども、たとえば老人ホームで日々お年寄りを世話している寮母の中には、口では、しょうもない年寄りだね、わがままばかり言って、と言い捨ててはいても、そのしぐさに生命尊重の意識が生きているのを見たりする。

現代とは、おそらく、思想なしに生きていると、自分の身ひとつ、食べて眠らせることが困難になる時代なのだ。つまり、K思想は生きるための必要条件で、空気みたいなものなのだ。それは遠くにあって、思想家の特権みたいなものではないのだ。老人でも中年でも子どもでも、それこそひとりひとりがもっていなくてはならない、へそのおであるだろう。地球につながるへそのおである。むずかしいことではなくて、すべての人が生きたがっている、と意識しながら自分を生かすこと、ただそれだけである。

今日このごろ、時折町の中で「きさまとおれとは……」とすごいボリュームで歌を流しつつ行く装甲車[注11]がある。その装甲車には車椅子の老人はいない。つまり、その歌を青春と引きかえにせねばならなかった魂たちの、悲哀はないのだ。そこにあるのは、Lひとりひとりの日常性よりも尊いとする国権への媚(こび)があるばかりである。

私をふくめて、戦争が個々の人生を破壊するものだということを知っている世代は遠からずいなくなる。そして、体験なしの平和論が、人権と国権との立場で問いあわされるだろう。どちらの平和論が強いかといえば、当然、国権の立場である。なぜなら国家は権力を持ち、人びとは思えばテレビからさまざまにアレンジした忠臣蔵とジングルベルの[B]野放図な流れが影をひそめたのは、七〇年代のなかばごろからだった。

こういうぐあいだからホームのお年寄りの人生には、[C]ニュアンスを替えた忠臣蔵がその幼少年期からずっと身近につづいていたことになる。

少年航空兵は「[注9]きさまとおれとは同期のさくら……」のメロディが静かに流れさえすれば、あの時期は D よみがえる。舞台では手作りの飛行機が夕焼けに輝き、車椅子のお年寄りがじっと見送る場面があった。また、他の寸劇では[エ]町角で千人針[注10]を縫ったり、[オ]出征兵士を見送るお年寄りがいたりして、バックにそのメロディが流れた。

これは忠臣蔵の芝居とはちがって、老人たちが自分の人生を表現しているものだった。私は舞台を見ながら思い出していた。それは、あるホームの老婦人のベッドの枕元にあった写真である。少年航空兵の姿をした息子の写真だった。あの女性にかぎらず、古老たちはみな、[E]戦争が人生であったといって過言でない心をかかえていたのだ。私の父が生きていたなら、車椅子に乗っている方々と同年である。その父が言ったことばが思い出された。ぼくの人生の半分は戦争が打ちくだいた、と。それは、[F]とりかえしのつかぬものがあることを語っていたのだ。

舞台に流れる少年航空隊のメロディは戦争讃美とは全く別のものだった。また、戦争反対運動ともちがって、[G]より深く魂のささやきを伝えた。孤独な姿で。

昔忠臣蔵、今少年航空兵、という対句が私に湧いた。国民的な共通体験の演劇化である。しかし忠臣蔵は年月をかけて名優によって演じられながら完成したからこそ、今も歌舞伎で上演されぬ年はないほど親しいものとなったのだ。一方、少年航空兵が象徴する戦争の悲惨は、まだその時代の体験者の心に深く沈んだままで、関連した歌を口ずさむことすら自分にゆるせぬ思いがするほど、[H]戦争の対象化は困難で凝固しているのである。そして、たまたま、こうして老人ばかりの交流の折に、失った青春の痛みを語るのだ。家族も見ることのない舞台の上で。

お年寄りたちはよろつく足を支えられたり、車椅子に乗ったりして、「きさまとおれとは同期のさくら……」とメロディが流れる中で、踊りながら去って行く少年航空兵を見送っている。踊るのは寮母である。照明を当てているのもホームの職員たちである。つまり戦争を知らない世代である。そこには戦争讃美のかげなどない。むしろそれへの悲しみを感ずるのは、よろつく躰（からだ）をぼんやりとさらしている古老の全身が発するものがあるためである。生命の重さ、ひとりの人の魂の重さ、過去の歴史の、とりかえしのつかない歳月などが、そのまま肉体化してそこにあるのだった。これは[I]見事な表出でなくてなんだろう。平和への祈願は、平和のための集会で語ることより、消えゆかんとするいのちをめぐって、その年月を無駄でなかったことを後につづく世代が自分の生き方で伝える時にこそ、生きると思うほどであった。

毎年八月の終戦記念日が近くなると戦争についての催しが、さまざまな形でマスコミにとりあげられる。それはしらじらしくさえあるのだが、日頃老人に接している人びとの思いの中には、しらずしらずのうちに育った、いたわりをこめた反戦の心があるのをみる。記念日的行事にはこうした日常性が失われているので、平和のことばがつらく聞こえるのだろう。

戦争に反対するのは日常性とは別の次元のことのように思われがちだ

【国　語】（五〇分）〈満点：一〇〇点〉

一、次の文を読んで、後の問に答えなさい。

とある地域で、老人ホームの交流会があったとき、私は招かれて年配の方々と一緒に数時間をたのしんだ。それは大ホールの舞台でくりひろげられる歌や寸劇や踊りだった。特別養護老人ホームからも車椅子(いす)に乗って寮母さんに支えられた古老が幾人も見に来ておられた。いや、見ているだけではない。舞台での発表はどれもホームのお年寄りと、世話に当たる職員や寮母の共演なのだった。

流行の唄にあわせて、ペアとなって踊る老人をとりかこんで若い人が踊ったり、揃(そろ)いの白いブラウスと黒のロングスカートで楽器を演奏する老婦人や、タキシードの老紳士のまわりで、若い寮母たちも共演する。それは心あたたまる交流会で、若い人たちのこの日のための華やぎもみられて、単なる老人ア慰問ではない様子は私をよろこばせもしたのだった。

ところで、この交流会にそれぞれの施設は思いをイ凝らして、いくつかの出しものを持ってきていたのだが、それらの中に共通する素材があった。それは忠臣蔵[注1]と少年航空兵[注2]である。どちらも老人たちに親しいものと思われた。忠臣蔵が国民的な演劇の素材として一般に知られているのは、歌舞伎を通して地方にも普及したからであり、少年航空兵は今日のお年寄りがなまなましく体験した戦争を、何よりも痛々しく語るものだったから。眺めている私に感慨が湧いた。お年寄りの心に寄りそう若い職員たちの気持ちも伝わってきた。ふりかえれば私もその両方に縁のある過去を持っている。

小学生のころ、元禄[注3]十五年十二月十四日の赤穂浪士討入り(うちい)の日というのは、しばしば耳にした。Aそれは戦時下の心がまえと結びつけて語られていた。そして十二月十四日の夜は、小学校で肝だめしの催しがあった。電灯のない校庭の隅まで、一人ずつ歩いて行って名前を書いた紙を置いてくるのである。私たちは結構愉快な気分も持ったが、それは担任教師のおかげで、先生は、おばけェ、などとおどしては私たちを遊びの気分に引き入れてくれた。

しかしそのような遊び気分に忠臣蔵が使われることは、まれであったろう。戦時中は映画や村芝居[注4]や浪曲[注5]などに忠臣蔵がくりかえし演じられ、その名の通り、個人の人権よりもはるかに大切な君主への忠義を教えたのだった。それは学校教育における教育勅語[注6]のように、社会教育に使われた。歌舞伎が追求した美意識は【　a　】され、軍隊精神によって忠誠が【　b　】されたのである。

では敗戦のあとはどうだったろう。

いつぞや私は海辺の村を歩いていたときに、つい近年まで漁船に乗って大衆芸能のウ一行がやって来ていたという話を聞いた。どんなお芝居でしたか、とたずねると、年配の女性がにっこり笑って答えた。いろいろあったけど、忠臣蔵だけは毎年していたよ、あれがないと面白うはないから。わたしは仮名手本[注7]の十段目なんか、すらすら語れるよ、と。

それは義士の討入りの場面よりも、義理にからんだ情念が戦後の地方意識にはぴったりしていたことを語るのだろう。私も喜劇化したおかる勘平[注8]を婦人会が集まってたのしんでいる温泉センターで見たことがある。それに、テレビでは十二月に入るとしばしば放映されて、忠臣蔵の季節が終わると引きつづいてジングルベルがひびくという按配(あんばい)だった。

2019年度

解　答　と　解　説

《2019年度の配点は解答欄に掲載してあります。》

＜数学解答＞

1　(1)　$-14x+21y$　(2)　$6\sqrt{3}+\frac{7\sqrt{6}}{3}$　(3)　$(5x-3y-8)(5x-3y+7)$　(4)　$a=-4$

(5)　40g　(6)　$\angle x=45°$，$\angle y=67.5°$

2　(1)　(2，2)　(2)　(−1，−2)　(3)　1　(4)　$\left(\frac{4}{5}, \frac{8}{25}\right)$

3　(1)　$\frac{2\sqrt{69}}{3}$　(2)　$\sqrt{2}$　(3)　$\frac{\sqrt{69}}{6}$　(4)　$\frac{3\sqrt{46}}{16}$

4　(1)　(1，0)　(2)　$y=-\frac{2}{5}x+2$　(3)　$\mathrm{P}\left(\frac{14}{3}, 2\right)$，$\mathrm{Q}\left(\frac{1}{3}, 0\right)$

○推定配点○

1　(1)～(5)　各5点×5　(6)　各4点×2　2　各6点×4

3　(1)　5点　(2)～(4)　各6点×3　4　(1)・(2)　各6点×2　(3)　各4点×2

計100点

＜数学解説＞

1　（数・式の計算，因数分解，グラフと関数，方程式の文章題，角度，円の性質）

(1)　$(8x^2y-12xy^2)\div\left(-\frac{4}{7}xy\right)=(8x^2y-12xy^2)\times\left(-\frac{7}{4xy}\right)=8x^2y\times\left(-\frac{7}{4xy}\right)-12xy^2\times\left(-\frac{7}{4xy}\right)=$
$-14x+21y$

(2)　$\frac{6+\sqrt{2}}{\sqrt{3}}+\sqrt{3}(\sqrt{8}+4)=\frac{6}{\sqrt{3}}+\frac{\sqrt{2}}{\sqrt{3}}+\sqrt{24}+4\sqrt{3}=\frac{6\times\sqrt{3}}{\sqrt{3}\times\sqrt{3}}+\frac{\sqrt{2}\times\sqrt{3}}{\sqrt{3}\times\sqrt{3}}+2\sqrt{6}+4\sqrt{3}=2\sqrt{3}$
$+\frac{\sqrt{6}}{3}+2\sqrt{6}+4\sqrt{3}=6\sqrt{3}+\frac{7\sqrt{6}}{3}$

(3)　1つの式の中に同じ形の部分をみつけたら，かたまりとして扱うとよい。$5x-3y=\mathrm{A}$とおくと
$(5x-3y)^2-56+3y-5x=(5x-3y)^2-56-(5x-3y)=\mathrm{A}^2-\mathrm{A}-56=(\mathrm{A}-8)(\mathrm{A}+7)=(5x-3y-8)(5x-3y+7)$

(4)　3直線が1点で交わる，という問題文を，直線ℓとmの交点が，直線n上にあると読みかえればよい。ℓとmの交点は$3x+10=-\frac{1}{2}x+3$　$6x+20=-x+6$　$7x=-14$　$x=-2$　$y=3\times(-2)+10=4$より(−2，4)である。これをnの式に代入すれば$-2a-4=4$　$-2a=8$　$a=-4$

(5)　求めるものをxgとおくと，食塩の量について，$60\times0.2+x\times0.15=(60+x)\times0.18$　両辺を100倍すると$60\times20+15x=18(60+x)$　$1200+15x=1080+18x$　$-3x=-120$　$x=40$

(6)　円の中心をOとおくと，$\overset{\frown}{\mathrm{AB}}$に対する中心角$\angle\mathrm{AOB}=360\times\frac{2}{8}=90$

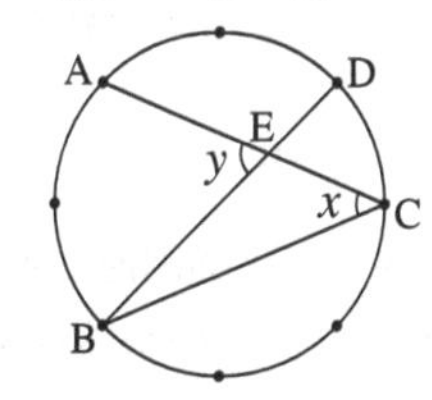

よって，$\angle x=\angle\mathrm{ACB}=\frac{1}{2}\times\angle\mathrm{AOB}=90\div2=45$　$\overset{\frown}{\mathrm{CD}}$に対する中心角
$\angle\mathrm{COD}=360\times\frac{1}{8}=45$　よって，$\angle\mathrm{CBD}=\frac{1}{2}\times\angle\mathrm{COD}=45\div2=22.5$

△EBCについて外角の定理より，$\angle y=\angle ACB+\angle CBD=45+22.5=67.5$

2　(図形と関数・グラフの融合問題)

基本　(1)　Aは$y=\frac{1}{2}x^2$上の点で，$x=2$なので，$y=\frac{1}{2}\times 2^2=2$　　A(2, 2)

(2)　Bは$y=-2x^2$上の点で$y=-2$なので，-2　　$x^2=-2$　　$x^2=1$　　$x<0$より$x=-1$　　B(−1, −2)

重要　(3)　直線ABの式を$y=ax+b$とおくと，Aを通ることから$2a+b=2$…①　　Bを通ることから$-a+b=-2$…②　　①−②は$3a=4$　　$a=\frac{4}{3}$　　②に代入すると$-\frac{4}{3}+b=-2$　　$b=-\frac{2}{3}$

直線ABの式は$y=-\frac{4}{3}x-\frac{2}{3}$　　この直線とy軸の交点をCとするとC$\left(0, -\frac{2}{3}\right)$　　△OAB＝△OBC＋△OAC＝$\frac{1}{2}\times\frac{2}{3}\times 1+\frac{1}{2}\times\frac{2}{3}\times 2=\frac{1}{3}+\frac{2}{3}=1$

(4)　Pは①上の点なので，P$\left(p, \frac{1}{2}p^2\right)$とおくことができる。PQRSが正方形になるとき，PQはx軸と平行になるので，QはPとy軸に関して対称な位置にあるのでQ$\left(-p, \frac{1}{2}p^2\right)$　　PSはy軸と平行になるので，Sのx座標はPのx座標と等しく，また，Sは②上の点なので，S$(p, -2p^2)$

$PQ=p-(-p)=2p$，$PS=\frac{1}{2}p^2-(-2p^2)=\frac{5}{2}p^2$となるがPQ＝PSなので，$2p=\frac{5}{2}p^2$　　両辺を2倍してpでわると$4=5p$　　$p=\frac{4}{5}$　　$y=\frac{1}{2}p^2=\frac{1}{2}\times\left(\frac{4}{5}\right)^2=\frac{8}{25}$　　P$\left(\frac{4}{5}, \frac{8}{25}\right)$

3　(空間図形の計量)

(1)　与えられた条件から，Eは△BCDの重心の位置にある。BCの中点をMとし，DMを結ぶと，DE：EM＝2：1　　△BDMは30°，60°，90°の角をもつ，辺の比1：2：$\sqrt{3}$の直角三角形であり，$BM=4\times\frac{1}{2}=2$　　$DM=2\sqrt{3}$　　$DE=\frac{2}{3}\times 2\sqrt{3}=\frac{4\sqrt{3}}{3}$　　△AEDは∠AED＝90°の直角三角形であり，三平方の定理より，$AE^2=AD^2-DE^2=6^2-\left(\frac{4\sqrt{3}}{3}\right)^2=36-\frac{16}{3}=\frac{92}{3}$　　$AE=\frac{\sqrt{92}}{\sqrt{3}}=\frac{2\sqrt{69}}{3}$

重要　(2)　円FがABと接する点をJとする。∠AMB＝∠AJF＝90°　　∠BAM＝∠FAJ　　2組の角がそれぞれ等しいので△ABM∽△AFJ　　BM：FJ＝AB：AF　　FJ＝rとおくと，これが求めるものである。2：r＝6：AF　　AF＝$3r$　　AM＝AF＋FM＝$3r+r=4r$　　△ABMについて三平方の定理より$AM^2=(4r)^2=AB^2-BM^2=6^2-2^2=32$　　$AM=4\sqrt{2}$　　$16r^2=32$　　$r^2=2$　　$r=\sqrt{2}$

(3)　∠AME＝∠FMG，∠AEM＝∠FGM＝90°　　2組の角がそれぞれ等しいので，△AME∽△FMG　　AM：FM＝AE：FG　　$4r:r=\frac{2\sqrt{69}}{3}:FG$　　$FG=\frac{2\sqrt{69}}{3}\div 4=\frac{\sqrt{69}}{6}$

やや難　(4)　三角錐A−CDMの体積＝△CDM×AE×$\frac{1}{3}=\frac{1}{2}\times 2\times 2\sqrt{3}\times\frac{2\sqrt{69}}{3}\times\frac{1}{3}=\frac{4\sqrt{23}}{3}$　　Mから△ACDに垂線を引き，△ACDとの交点をIとする。△ACD＝△ABC＝$\frac{1}{2}\times 4\times 4\sqrt{2}=8\sqrt{2}$

△ACD×MI×$\frac{1}{3}$＝三角錐A−CDM　　$8\sqrt{2}\times MI\times\frac{1}{3}=\frac{4\sqrt{23}}{3}$　　$MI=\frac{\sqrt{46}}{4}$　　AF：AM＝FH：MI　　$3:4=FH:\frac{\sqrt{46}}{4}$　　$FH=\frac{\sqrt{46}}{4}\times\frac{3}{4}=\frac{3\sqrt{46}}{16}$

4　(平面図形，動点)

基本　(1)　点Pが頂点Bと重なるのはPがAからAB＝2動いたとき，速さがPの2倍であるQは2×2＝4動い

たときで，Qのx座標は$5-4=1$　Q(1，0)

(2)　PがCと重なるのはPがA→B→Cと$2+5=7$動いたときでP(0，2)，Qは$7\times2=14=5+2+5+2$動いたときで，Qは一周してAに戻っているので，Q(5，0)　よって，求める直線の式を$y=ax+b$とおくと，Pを通ることから$b=2$…①　Qを通ることから$5a+b=0$…②　①を②に代入すると$5a+2=0$　$a=-\frac{2}{5}$　直線PQの式は$y=-\frac{2}{5}x+2$

やや難　(3)　Pが出発してからBにつくまでの間，(1)よりQはAO上にあり，このときPQが長方形OABCの面積を2等分することはない。QがOにつくのは出発から5移動したときだが，このときPはBで向きを変えてBC上にある。QがOにつくまでの間で，PがBC上にあるときを考える。PがAからp移動したとすると，$BP=p-2$でPのx座標$=5-(p-2)=7-p$　P$(7-p，2)$　このときQは出発してから$2p$移動しており，Q$(5-2p，0)$　この間で，PQABが長方形OABCの面積を2等分するときのことを考えればよい。台形PQAB$=\frac{1}{2}\times$長方形OABC　$(PB+QA)\times AB\times\frac{1}{2}=\frac{1}{2}\times CO\times OA$　$(p-2+2p)\times2\times\frac{1}{2}=\frac{1}{2}\times2\times5$　$3p-2=5$　$p=\frac{7}{3}$　P$\left(\frac{14}{3}，2\right)$，Q$\left(\frac{1}{3}，0\right)$
このあと，PがCにつくまでの間に，直線PQが長方形OABCの面積を2等分することはない。

★ワンポイントアドバイス★

問題数が少ないので，1問1問をじっくり考える時間があるようだが，2～4はいずれも，与えられた条件をもとにして自分で図を描くことからはじめなければいけない。日頃から自分で図を描くことに慣れていないと，必要以上に時間がかかるかもしれない。

<英語解答>

Ⅰ　1 エ　2 イ　3 ア　4 ウ　5 エ　6 ア

Ⅱ　1 エ　2 エ　3 ア　4 エ　5 エ　6 ウ

Ⅲ　1 ア　2 イ　3 ア　4 エ

Ⅳ　1 エ　2 ア　3 イ　4 ア　5 ウ　6 エ　7 イ
8 (A) 15　(B) 250,000　9 ア，ウ

Ⅴ　1 エ　2 イ　3 ウ　4 イ　5 ア　6 ウ　7 ウ　8 ア　9 イ
10 ア

Ⅵ　1 A カ　B エ　2 A ア　B ク　3 A エ　B イ
4 A エ　B ウ　5 A オ　B カ

Ⅶ　I like going shopping with friends better. I have two reasons. First, it is a lot of fun for me to go shopping with friends. For example, I can talk a lot with friends while we are shopping. Second, I ask friends to choose clothes which suit me very well. That's why I like going shopping with friends. (58語)

○配点○

Ⅰ　各3点×6　Ⅱ～Ⅵ　各2点×36　Ⅶ　10点　計100点

＜英語解説＞

Ⅰ　リスニング問題解説省略。

Ⅱ　〔会話文〕

1　男性：どのくらいドラムを演奏していますか？
　女性：ああ，ずっとです！
　男性：何に興味を持ったのですか？
　女性：父と祖父が演奏しています。
　男性：一緒に演奏しますか？
　女性：そうですね。家族が休日に集まるときに。
　男性：それは楽しいに違いない。それで…バンドに参加してますか？
　女性：数年前にバンドに入っていましたが，今は入っていません。
　男性：もし興味があるなら，私の友人のジョンは，彼のジャズバンドのドラマーを探しています。
　女性：実は，私はロックに夢中です。
〔質問〕「どの文が本当か」 女性はずっとドラムの演奏をしているので，何年も行っていると判断できる。

2　男性：これをどう思う？
　女性：うわー，それは非常に印象的です。私は色の使い方が大好きです。
　男性：はい，彼女はカラフルな作品でよく知られています。作り方がわかりますか？
　女性：私は見当がつきません。彼女は何を使ったのでしょう？
　男性：そうですね，彼女は木の箸を使いました。
　女性：まさか！すごいですね。
　男性：そうですよね？
　女性：いくらしますか？
　男性：確認してみます。
〔質問〕「彼らはどこか」 カラフルな作品について話しているので，ギャラリーだと分かる。

3　男性：これは間違いなく壊れています。
　女性：こっちに投げてください。私はあなたのためにそれを修正することができます。
　男性：はい，どうぞ。
　女性：見て！　動いているよ。
　男性：何をしたのですか？　何をしたのですか？
〔質問〕「彼らが話しているアイテムは何か」 投げて渡せるものなので，リモコンだと判断できる。

4　先生　：記事を読み終わったら，パートナーと話し合ってください。
　学生A：もう終わりましたか。
　学生B：だいたい。…あと2秒。
　学生A：心配ないよ。
　学生B：はい。もう終わったよ。どう思った？
〔質問〕「どのフレーズが空白に入る可能性があるか。最も良い答えを選べ」 だいたい読み終わっていることから判断できる。

5　マミ　　：もしもし。もう家に帰る途中？
　ビッキー：うん。10分で家に着くよ。

マミ　　：いいタイミングだね。お店に行ってもらえる？　タマネギ1個と大きなナス2本とココナッツミルクの缶が必要なの。リストを送るよ。

—5分後—

ビッキー：もしもし。今スーパーだけど，ココナッツミルクはないよ。

マミ　　：本当に？まあ，他のもの手に入れて，私は何か他のものを作るよ。

ビッキー：信じられないだろうけど，小さなナスが1本しかないよ。

マミ　　：冗談でしょ。

ビッキー：もう何か作り始めたの？

マミ　　：いいえ。

ビッキー：わかった。心配しないで。隣から何かもらうよ。

マミ　　：ありがとう。

（質問）「ヴィッキーはスーパーで何を買うか」 ココナッツミルクもなく，小さなナスしかないので，何も買わないと判断できる。

6　男性：調子はどう？　少し疲れているようですね。

女性：はい。今日が期限の宿題があるので，一晩中起きて終わらせようとしました。

男性：それで，あなたはそれを終えましたか？

女性：はい，しかし，私はそれにあまり満足していません。

男性：さて，あなたは早く宿題を始めなければならないでしょう。

女性：私は約半分をやったのですが，ハードドライブが壊れ，私はすべてを失ったんです。

男性：まさか！　悪夢だ！

女性：わかっています。別のディスクにバックアップするつもりだったのですが，忘れていました。

男性：まあ，二度としないですよね？

女性：しません！

（質問）「なぜ彼女は一晩中起きていなければならなかったのか」 宿題を半分終えたら，ハードドライブが壊れて全てが消えたからである。

Ⅲ　**（資料読解問題：内容吟味）**

（大意）　店舗の自動清算機の使い方

1　自動清算機の列に商品を持参してください。指定された部分にバスケットを置きます。

2　タッチスクリーンのスタートボタンを押します。

3　自分のバッグを持って来たかどうか確認します。多くの自動清算機では，商品をスキャンする前にバッグを袋詰めプラットフォームに追加するよう求めています。

4　スキャナの赤いライトでバーコードを並べて商品をスキャンします。スキャンが成功すると電子音が鳴ります。

5　スキャンした各商品は，スキャンした直後に袋詰めプラットフォームに置きます。お支払い後まで，商品を置いたままにしてください。

6　完了したら大きな支払ボタンを押して，お支払い方法を選択します。一部の自動清算機は現金を受け付けていないため，クレジットカードを使用する必要があります。

7　袋詰めプラットフォームから商品を取り外します。機械がこれを感知し，アラームが鳴るので，上記の手順を完了する前に，袋詰めプラットフォームから商品を取らないでください。

ヒント

自動清算機を選ぶ前に，列の人々の態度をチェックしてください。一部の人々がくすくす笑ったり，以前試したことがないように緊張していたりするように見えますか？これは，遅延を意味する可能性があります。リラックスした顧客を探し，彼らの列に並んでください。

警告

① 窃盗を防ぎ，機械の操作を補助するために，店員が周りにいます。

② 一部の人々は，機械の使用方法を知らないかもしれないので，自動清算機は従来のものよりも長い時間がかかることがあります。

1 「お客様は商品をスキャンした直後に何をする必要があるか？」 使い方の5参照。袋詰めプラットフォームに商品を置く必要がある。

2 「お客様が支払う前に袋詰めプラットフォームから商品を取り出した場合，何が起こるか？」 使い方の7参照。アラームが鳴るとある。

3 「お客様はなぜヒントセクションのアドバイスに従う必要があるか？」 リラックスした顧客だと自動清算機を使うのが速いからである。

4 「自動清算機の使用に関して，どの文が正しいですか？」 警告の①参照。店員が自動清算機の使い方に困っている顧客を助けるとある。

Ⅳ （長文読解問題・説明文：語句解釈，指示語，内容吟味）

（大意） 何千年もの間，人々は月に旅行することを夢見ていた。

数百年前まで，人々は月が何であるか分からなかった。彼らは暗闇の中でかすかに光るのを見た。(1)彼らはそれが形状を変え，時には消えるのを見た。神か女神か？ 奇妙な，魔法使いの家だったか？ 私たち自身のような世界だったか？ そこへ行く以外に見つける方法はないようだった。

人々はそれを行う方法について普通でない考えを持っていた。ある男性は，巨大な水を噴き出して船を持ち上げて月に送ることができると思った。他の人は鳥が答えだと思った。

月はとても神秘的だったので，多くの人が魔法の力を持っていると信じるようになった。

1600年代の望遠鏡の発明によって，彼らは月に山とクレーターと谷を見た。それらは海だと思っていた暗い領域を作り出した。彼らは雲の海や静寂の海のような名前を与えた。その後，望遠鏡が改良されたとき，科学者たちは暗い領域が本当は乾燥した平原であると判断した。

(2)望遠鏡は月についてもう少し人々に教えた。しかし，それは彼らを近づけなかった。

年月が経つにつれて，他の発明があった。1800年代に探検家は熱気球で高く浮かんで行った。電信は，人々がわずか数秒で何マイルにもわたってメッセージを送信することができるようにした。

科学は不可能な夢を実現させていた。これはジュール・ヴェルヌという作家にアイデアを与えた。1865年，彼は「地球から月へ」と呼ばれる本を書いた。その中で宇宙船は巨大な大砲によって月に撃たれた！ ヴェルヌは大砲のことで間違っていた。それは決してうまくいかないだろう。しかし，(3)彼は他のことについて正しかった。ヴェルヌの架空の船はロケットで操縦された。人々は，戦争の武器と花火の両方に，小さなロケットを使用していた。しかし，これまで宇宙でロケットを使う考えはなかった。

世界の異なる地域の子供たちはヴェルヌの本を読んだ。彼らは彼の宇宙旅行とロケットのアイデアが好きだった。一部の人々は成長して科学者になった。1920年代と1930年代に，ロバート・ゴダードというアメリカの科学者がロケットで重要な実験を行った。彼はロケットが月に到達できると言った報告書を書いた。

科学者たちはロケットを改良し続けた。1940年代までにロケットは約200マイルを移動することができた。彼らは第一次世界大戦でイングランドを爆撃するためにドイツによって使用された。戦後，科学者たちは宇宙旅行用のロケットを開発しようとした。でも月は？ それはまだ遠い夢だった。

そして1961年，何かが起こった。ジョン・F・ケネディ大統領がスピーチを行った。アメリカは

1960年代が終わる前に人を月に送ると世界に言った。それは目標だった。

ケネディ大統領はなぜこの最終期限を設定したのか？　その理由は他の国と関係があった？　ソ連とアメリカは宇宙計画を持っていた。しかし，ソ連はより良いものを持っていた。世界初の人工衛星を送り出した。その後，最初の人類を宇宙に送った。新聞は，両国は宇宙競争にありアメリカは負けている，と語った。ケネディ大統領は，月面で最初に勝つ確実な方法が一つあると決めた。ケネディは約束をした。

1961年までに，いくつかのロケットは数百マイル上空を飛んでいた。しかし，月は25万マイル離れているのだ！

月への旅行は8日かかる。1961年までに，たった一人のアメリカ人だけが宇宙に上がっていった―そして，わずか15分間だった！

月を目指すことそれ自体が問題だった。月は毎日約50,000マイル移動するので，ロケットは月が空のどこにあるかを目指すことができなかった。科学者たちは，宇宙船がそこに着く頃に月が来る宇宙の場所を目指さなければならないだろう。(4)それはいくつかの非常に慎重な考え方が必要だ。もし間違っていたら，宇宙船は永遠に宇宙に飛び立つだろう。

月に着陸することは安全だったか？　多くの科学者は，月が深い塵の層で覆われていると考えた。宇宙船は，その中に飲み込まれるだろう！

科学者は答えを必要としていた。彼らは月にカメラ付きのロボット宇宙船を送ることに決めた。彼らは(5)それらをプローブと呼んだ。科学者は試みたが失敗した―12回も！　時々，プローブは炎に包まれて地球に落ちた。2台は月付近まで行き，それから(6)そこに到達しなかった。それは宇宙に行った―決して戻らない。

1　月の形が変わったり，消えたりするのは「月の満ち欠け」である。

2　望遠鏡によって月について知るようになったが，月に行けるようにはならなかったのである。

3　「大砲」は使わなかったが，ロケットによって宇宙に行く点は正しかったのである。

4　月は移動するので，月がどの位置に来るのか計算しなければならないのである。

5　前の文の，「カメラ付きのロボット宇宙船」を指している。

6　it は月を指している。直後の文にプローブが宇宙に行ってしまったと書かれているので，この文での miss は「達しそこなう」という意味だと判断する。

7　C「望遠鏡の発明」→A「ロバート・ゴダードのロケットの実験」→B「ジョン・F・ケネディ大統領の演説」の順である。

8　1961年までに，アメリカ人は15分間だけ宇宙旅行をし，地球から月までの250,000マイルには程遠かったのである。

9　ア「月に関する様々な信念があり，人々はそれが魔法の力を持っていると信じていた」第4段落参照。人々は，月が神秘的だったので魔法の力があると思った。　イ「望遠鏡の発明で，人々はついに月が何でできたのかを正確に知った」第5段落参照。何があるかがわかったが，何でできているのかはわからなかったため不適切。　ウ「17世紀には，人々は月に海があると考えた」第5段落第3，4文参照。雲の海や静寂の海があると思ったので適切。　エ「ジュール・ヴェルヌの本の中の想像上の事柄はすべて20世紀に実現した」第8段落第5文参照。大砲のことについては間違えていたので不適切。　オ「第一次世界大戦では，イギリスは初めてロケットを兵器として使用した」第10段落第3文参照。ドイツによって使用されたので不適切。

V　**（語句補充問題：分詞，前置詞，不定詞，名詞，比較）**

1　lying on the sofa は前の名詞を修飾する分詞の形容詞的用法である。

2　「西に」in the west

3　ドアは鍵を「かけられる」ものなので，過去分詞を用いる。

4　every ～「～毎に」。minute は可算名詞なので，two minuts を選ぶ。

5　marry ～「～と結婚する」は前置詞は不要である。

6　前置詞の後は，目的格を用いる。

7　前の名詞を指す場合には one を用いる。

8　furniture「家具」は不可算名詞である。

9　〈比較級 and 比較級〉「ますます～，だんだん～」

10　when「～とき」と現在完了は同時に用いることはできない。go abroad「海外に行く」

Ⅵ　**（語句整序問題：比較，関係代名詞，不定詞，分詞）**

1　(Momoko) made three times as many paper cranes (as I did.)　〈X times as ～ as …〉「…のX倍の～」

2　The bookstore Tetsuo was looking for is on the fifth floor of that (building.)　Tetsuo was looking for は前の名詞を修飾する接触節になる。

3　What is working in a space station like (?)　What is A like ?「A はどんな感じか」

4　You should have Tom fix the computer right (now.)　〈have ＋ A ＋ ～〉「Aに～してもらう」

5　(Cyndi) received an e-mail saying that her favorite store was having (a sale.)　saying 以下は前の名詞を修飾する分詞の形容詞的用法である。

Ⅶ　**（自由英作文）**

書きたい文を書くのではなく，今の英語力で書ける英文を書くよう心がけること。また，60語程度と語数も多いため，「一人で買い物に行くこと」と「友だちと買い物に行くこと」のうちから，長くかけそうなテーマをよく選んでから書くようにすること。以下の点に注意したい。

①　スペルミスはないか。

②　時制があっているか。

③　名詞の形は正しいか(単数形か複数形か)。

④　主語と動詞が入っているか。

⑤　正しく冠詞(a，an，the など)を使っているか。

★ワンポイントアドバイス★

英文法問題，読解問題，英作文問題と幅広い英語力が問われている。過去問を繰り返し解いて，時間内に解き終える練習をしたい。

<国語解答>

一　問1　ア　いもん　イ　こ(らし)　ウ　いっこう　エ　まちかど　オ　しゅっせい
問2　個人の人権～主への忠義　問3　2　問4　3　問5　1　問6　2　問7　4
問8　3　問9　1　問10　4　問11　2　問12　1　問13　3　問14　1　問15　2
問16　4

二　問1　①　呼称　②　希薄　③　安住　④　傍(ら)[側(ら)]　⑤　規範　問2　1
問3　4　問4　2　問5　4　問6　境界　問7　1　問8　ア　4　イ　2　ウ　1

問9　2　　問10　3　　問11　声だけの訪問者　　問12　c　　問13　4　　問14　1
問15　3

○配点○

一　問1　各1点×5　　他　各3点×15

二　問1　各1点×5　　問8　各2点×3　　他　各3点×13　　　計100点

＜国語解説＞

一　（論説文ー漢字の読み，文脈把握，脱語補充，語句の意味，内容吟味，要旨）

問1　ア　「慰」を使った熟語はほかに「慰安」「慰霊」など。訓読みは「なぐさ(む)」「なぐさ(める)」。　イ　「凝」の訓読みは「こ(らす)」「こ(る)」。音読みは「ギョウ」。熟語は「凝視」「凝縮」など。　ウ　「行」を使った熟語はほかに「横行」「進行」など。音読みはほかに「ギョウ」「アン」。熟語は「行事」「行脚」など。訓読みは「い(く)」「ゆ(く)」「おこな(う)」。　エ　「角」の訓読みはほかに「つの」。音読みは「カク」。熟語は「角材」「角柱」など。　オ　「征」を使った熟語はほかに「征伐」「征服」など。訓読みは「ゆ(く)」。

問2　「忠臣蔵」と結びつけられた「戦時下の心がまえ」については，「しかし……」で始まる段落に「戦時中は映画や村芝居や浪曲などに忠臣蔵がくりかえし演じられ，その名の通り，個人の人権よりもはるかに大切な君主への忠義を教えたのだった」と説明されているので，「個人の人権よりもはるかに大切な君主への忠義(21字)」を抜き出す。

問3　直前に「戦時中は映画や村芝居や浪曲などに忠臣蔵がくりかえし演じられ，その名の通り，個人の人権よりもはるかに大切な君主への忠義を教えたのだった。それは学校教育における教育勅語のように，社会教育に使われた」とあることから，「歌舞伎が追求した美意識」よりも「忠誠」が重んじられた，という文脈だとわかるので，aは「排除」，bは「強調」とする2が適切。

問4　「野放図(のほうず)」は，きりがない，しまりがない，という意味で，ここでは「忠臣蔵の季節が終わると引きつづいてジングルベルがひびく」という状況のことなので，「無秩序な」とする3が適切。脈絡のないものが混在する状態である。

問5　前に「戦時中は映画や村芝居や浪曲などに忠臣蔵がくりかえし演じられ」とあり，直前に「それは義士の討入の場面よりも，義理にからんだ情念が戦後の地方意識にはぴったりしていたことを語るのだろう。……それに，テレビでは十二月に入るとしばしば放映されて」「さまざまにアレンジされた忠臣蔵」と説明されていることから，ホームのお年寄りたちは，幼少期からずっと，さまざまな形で忠臣蔵に親しんできた，という文脈が読み取れるので，1が適切。

問6　直後の「よみがえる」を修飾する語としては，はっきりと，明確に，という意味の「ありありと」が適切。

やや難　問7　直前の段落に「少年航空兵は……のメロディが流れさえすれば，……よみがえる」「他の寸劇では町角で千人針を縫ったり，出征兵士を見送るお年寄りがいたりして，バックにそのメロディが流れた」「これは忠臣蔵とはちがって，老人たちが自分の人生を表現しているものだった」とある。お年寄りたちにとって，戦争は，それぞれの人生と密接に関わっていることが読み取れるので，「戦争下の体験を抜きにしては自分自身の人生をもはや語ることができない」とする4が適切。

やや難　問8　直前に「ぼくの人生の半分は戦争が打ちくだいた」とある。人生の半分を打ちくだいた，という表現にあてはまるものとしては，「もう二度と元通りにはできない」とする3が適切。

問9　直前に「戦争賛美とは全く別のもの」「戦争反対運動ともちがって」とある。賛美や反対運動とは全く別のものとしては，「兵士たちの悲哀が自然と伝わってくる」とする1が適切。

問10　直前に「少年航空兵が象徴する戦争の悲惨は，まだその時代の体験者の心に深く沈んだままで，関連した歌を口ずさむことすら自分にゆるせぬ」とあるので，「いまだ戦争を客観的にとらえることができず，……心から消え去ることがない」とする4が適切。

問11　「表出」については，直前に「生命の重さ，ひとりの人の魂の重さ，過去の歴史の，とりかえしのつかない歳月などが，そのまま肉体化してそこにある」と説明されているので，2の「よろつく躰」はあてはまらない。

やや難　問12　直前に「永久平和の悲願を持つとともに神のごとき平等性は手のとどかぬ存在だからこそ」とあるので，「実現が困難だからこそ，その困難を乗り越えなければいけないという考えがいつまでも消えることがないから」とする1が適切。

問13　直後に「それは遠くにあって，思想家の特権みたいなものではないのだ。……ひとりひとりがもっていなくてはならない，……。むずかしいことではなくて，すべての人が生きたがっている，と意識しながら自分を生かすこと，……」とあるので，「平穏な日々の暮らしを何よりも尊重したいという誰もが持っている思いにほかならないから」とする3が適切。

問14　「国権への媚」については，直後に「体験なしの平和論が，人権と国権との立場で問いあわされるだろう。どちらの平和論が強いかといえば，当然，国権の立場である。なぜなら，国家は権力を持ち，人びとは無力だから」とあるので，1が適切。

やや難　問15　「国権による平和論と心中」が「敗戦」を意味することをおさえる。直前に「私たち日本人は千数百年のあいだ人権というものを知らずに生きてきたといっても過言ではない。人間を超越した唯一神の前で，ひとりで真向かったことなどなく，いつも集団で，集団の長の前で自己を無にして生きてきた民族である。……つまりそれらの権力の意志に従ってきた民族だった」とある。国権に従って戦争へと進み敗戦に至った，とする文脈なので2が適切。

問16　「日本人は他人の中に人間を発見する力は弱く，……。それは習性に依存し，いきいきした直感を働かせようとしないからだ」とあることから，「直観力」とは，習性に依存せず，自らの感覚によって人間を発見しようとする力だとわかるので，4が適切。

二　（論説文－漢字の書き取り，文脈把握，内容吟味，脱文・脱語補充，ことわざ，要旨）

問1　①「呼」を使った熟語はほかに「呼応」「呼吸」など。訓読みは「よ(ぶ)」。　②「希」を使った熟語はほかに「希少」「希代」など。「希有(けう)」という読み方もある。　③「安」を使った熟語はほかに「安静」「安泰」など。訓読みは「やす(い)」。　④「傍」の訓読みは「かたわ(ら)」「そば」。音読みは「ボウ」。熟語は「傍観」「傍聴」など。　⑤「規」を使った熟語はほかに「規則」「規約」など。

問2　直後に「すでに使い慣れていた電話に付け加えられた。電話機が有線で回線に固定されていることが当たり前であったときには，そうした形容それ自体が……コショウとして意味がなかった」とあるので，1が適切。

問3　直前に「ケータイのモバイル性において，固定された一定の場所との関りが薄まったと論じられる事実を，ただただ……という脳天気な理解で漠然と片付けてよいかどうかは，議論の余地がある」とあるので「……そのまま受け入れるわけにはいかない」とする4が適切。

問4　「遍在化」については，前に「『電話の特定の場所の結びつきの解体，すなわち電話の遍在化』」と説明されているので，「電話と設置場所のつながりが弱まった」とする2が適切。

問5　直前「会話相手と」とあるので，「(回線上の場を)共有」とするのが適切。

問6　直前に「つまり電話は，住居空間にとっての玄関や勝手口と同様」とあり，「かつて……」で始まる段落には「かつて電話が置かれていた『玄関』は，なるほど外部との境界であった」とあるので，「境界」とするのが適切。

問7　三氏の見解は「家族の各々の成員を直接，外部社会に媒介するようになる」というものであるのに対し，筆者の考えは「指し示す方向の微妙なちがいだが，家の中に存在している身体にとって，『家から出る』というよりも，『家に招き入れる』という受容のほうが強かったのではないか」というものなので，1が適切。

問8　ア　後の「～か」に呼応する語として「なぜ」が入る。「なぜ～分散してしまったのか」となる。　イ　直後の「関わらない」を修飾する語としては，ことごとく，全部，という意味の「まったく」が適切。　ウ　後の「～だろう」に呼応する語として，「たぶん」が入る。「たぶん～だろう」となる。

問9 「逆説的」は，普通とは逆の方向から真実を述べることなので，「急がば回れ」が適切。「急がば回れ」は，急を要することは安全確実にやるほうが，結局は早く目的を達することができる，という意味。「帯に短し襷に長し」は，中途半端で役に立たないこと。「頭隠して尻隠さず」は，悪事や欠点の一部を隠しただけなのに，全部を隠したつもりでいること。「好きこそものの上手なれ」は，好きなことは進んで工夫し，努力するからおのずと上達が早いということ。

問10　後に「すなわち，声によって構築される親密なリアリティの世界と，ローカルな対面関係が伴わざるをえない視覚的な相互関係からの切断」とあるので，リアリティや相互関係といった「具体性」の対義語として「抽象化」が入る。

問11 「存在意義を制限された他者の受容」については，後に「電話を通じて，声だけの訪問者がやってくる」と言い換えられている。

問12 【　c　】の直前に「応接の部屋を用意して掃除しなくてよいというだけではない。身につけるものがいかなる服装であっても，相手には見えない。……双方の勝手気ままが許容されている」とあり，直後で「しかも，何時いつに訪ねるという事前の申し入れも約束も……」と付け加えることができるので，cに入る。

問13　直前に「部屋着のままであっても着替えることなく，気ままな身なりを気がねすることなく，切り離された声だけの時空で来客と親しく，あるいはフォーマルな丁寧さにおいても対話できる」と説明されているので，「視覚的な情報を捨象した音のみの声と……身なり手ぶりが表現するものとが対応していない」とする4が適切。

問14　直前の「バーチャルであることによって……視覚の相互性が切断されている」を言い換えているので，「(コミュニケーションの）制限された『部分性』」とするのが適切。

やや難　問15　3は，「バーチャルであるという技術の特質は，ここで何を生み出しているのだろうか。／『距離の消滅』ではない。……声における『近接』がある一方で，身体が近づいて，空間が共有されることは決してない。むしろバーチャルな『隔離』による安心や安直さが，ここでは訪問者にも応対者にも共有されている」とあることと合致する。

★ワンポイントアドバイス★

文脈を丁寧に追って，筆者の主張を的確にとらえることを心がけよう！　問題数が多めなので，集中を切らさず最後までしっかりやり抜く力をつけよう！

大切なことはメモしておこうネ！

T.G

平成30年度

★★★★★★★★★★★★★★★★★★★★★★★

入　試　問　題

平成30年度

法政大学国際高等学校入試問題

【数　学】（50分）〈満点：100点〉

1 次の各問いに答えよ。

(1) $(x+5)^2-3(x+5)-28$ を因数分解せよ。

(2) 連立方程式 $\begin{cases} \dfrac{2}{x}-\dfrac{3}{y}=12 \\ \dfrac{5}{x}+\dfrac{2}{y}=11 \end{cases}$ を解け。

(3) 104を正の整数Aで割ったとき，商と余りが等しくなるようなAをすべて求めよ。

(4) 2つのさいころを投げるとき，出た目の数を掛けて偶数になるのは何通りか。

(5) $\sqrt{7}$ の小数部分を x とするとき，$9x^2-2x+8$ の値を求めよ。

(6) ある店に，定価が1個108円の柿が120個，定価が1個54円のみかんが200個あった。それらを定価で売ったところ，1日で柿の方がみかんよりも10個多く売れたが，どちらも売れ残った。翌日，売れ残った柿とみかんをそれぞれ定価の5割引きで売ったところ，すべて売り切れた。初日と2日目の売り上げの差は6,750円で，初日の方が多かった。このとき，初日に売れた柿とみかんの個数をそれぞれ求めよ。ただし，消費税は考えないものとする。

2 放物線 $y=ax^2$ と直線 $y=bx+\dfrac{1}{2}$ が2点A，Bで交わっている。点Aの x 座標は -3，点Bの x 座標は1である。以下の各問いに答えよ。

(1) a，b の値を求めよ。

(2) 放物線 $y=-\dfrac{1}{3}x^2$ と直線OAの交点のうち，Oでない点をCとする。△ABCの面積を求めよ。

(3) 放物線 $y=-\dfrac{1}{3}x^2$ 上に点Dをとったところ，△ABDの面積が△ABCの面積と等しくなった。点Dの座標を求めよ。ただし，点Dは点Cと異なる点とする。

3 中心がA，Bである2つの円を円A，円Bとする。図のように直線 l が円A，円Bと点Cで接しており，直線 m が円A，円Bとそれぞれ点D，点Eで接している。2直線 l，m の交点をFとする。円Aの半径が25，DE＝30のとき，次の各問いに答えよ。

(1) 円Bの半径を求めよ。

(2) 線分BFの長さを求めよ。

(3) △AFBの面積を求めよ。

(4) 3点A, C, Dを通る円の面積を求めよ。

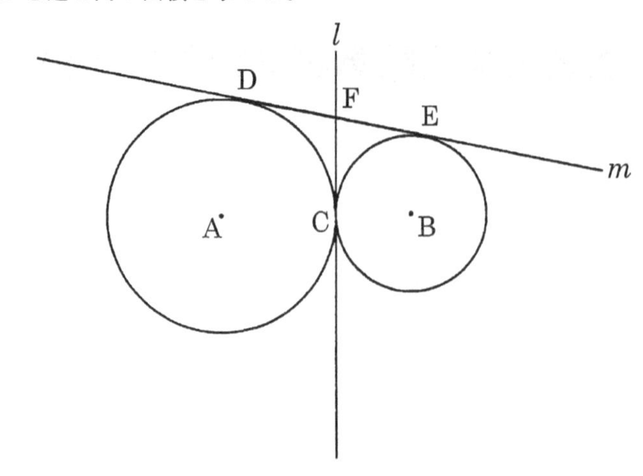

4 1辺の長さが2である正四面体ABCDに球が内接している。以下の各問いに答えよ。

(1) △BCDの面積を求めよ。

(2) 頂点Aから△BCDに下ろした垂線の長さを求めよ。

(3) 正四面体ABCDの体積を求めよ。

(4) 球の半径を求めよ。

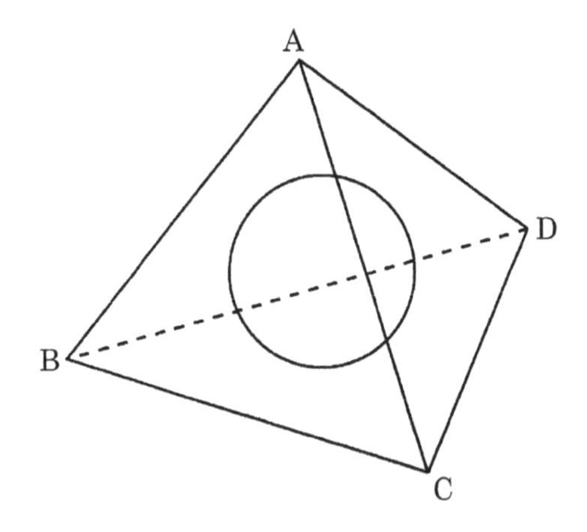

【英　語】（50分）〈満点：100点〉

I　Listening Section

これから英語による短い会話、およびアナウンスが流れます。それぞれの質問に対する答えとして最も適切なものを１つ選び、記号で答えなさい。英語は２度流れます。

1．According to the woman, when should companies stop selling gasoline engine cars?
ア．in a few years　　イ．before 2030
ウ．sometime between 2030 and 2040　　エ．never

2．Where is the new position for the company name?
ア．top right　　イ．top left
ウ．bottom right　　エ．bottom left

3．What is the order of today's show?
ア．interview, volleyball, news　　イ．news, interview, volleyball
ウ．volleyball, news, interview　　エ．interview, news, volleyball

4．Why doesn't Maria like him?
ア．He told a lie.　　イ．He cancelled the date.
ウ．He went out with his friends.　　エ．She found another boyfriend.

〈リスニング　スクリプト〉

Number 1

Man：Have you seen the news today?

Woman：No, I haven't. Why's that?

Man：In the UK, from 2040, you won't be able to buy a gasoline engine car.

Woman：Really? That's good, but the government should make it earlier than that.

Man：What? From like, 2030 or something?

Woman：Yeah! I think even ten years from now would be good.

Man：Well, that would be great, but probably impossible because they need to create many charging stations.

Woman：I think they could do it.

Question

According to the woman, when should companies stop selling gasoline engine cars?

Number 2

Man：I like the design, but can I make a few changes?

Woman：Sure. What are you thinking?

Man：Well, at the moment the company name is right in the center, but how about putting it under the line at the bottom?

Woman：OK. But not in the center, right?
Man：No. I think putting it on the left works best.
Woman：Really? I think the other side would be better.
Man：OK. That looks better.
Woman：Great. Thank you for your comments.

Question
Where is the new position for the company name?

Number 3
This is Mike Reid on Tokyo Capital Radio. We have a great show for you this morning. Coming up in the next hour, I will be talking to Daniel Radcliffe, known to many as the star of the Harry Potter movies. We will be discussing his new show, which opened here in Tokyo this week. It will run for another 3 weeks and we definitely recommend you all go and see it. It's full of laughs, but will also make you cry. After Daniel we have a change to our schedule as we will have a live report of the Japan versus Korea volleyball game in Yoyogi. But before all that, we have the news.

Question
What is the order of today's show?

Number 4
Man：I think Maria no longer likes me?
Woman：Well, when I saw her last weekend she didn't stop talking about you, but this morning she said she wasn't interested.
Man：Really? Our date 2 weeks ago went really well I thought, but this week I cancelled.
Woman：Did you tell her why?
Man：Well, kind of.
Woman：What do you mean?
Man：I said I had to work late, but actually I went out with my friends.
Woman：Maybe she found out!

Question
Why doesn't Maria like him?

Ⅱ 次の会話を読み、〈Question〉の答えとして最も適切なものを１つ選び、記号で答えなさい。

1．Man：　Hello, is that Ms. Turner?
Woman：Yes, speaking.
Man：　This is James Spencer. I am calling about the part-time job.

Woman：OK. Thank you for calling. Do you have shop work experience?

Man：　Yes, I worked in a supermarket for 6 months last year.

Woman：OK. Great. Why don't you come to the store next Tuesday afternoon? That's a week today, and we can talk about the position.

Man：　Oh, I am sorry. I will be in Osaka. Would it be possible to see you the day after tomorrow?

Woman：The 24th?

Man：　Yes.

Woman：Well, if you come before 1pm, then that would be fine.

Man：　OK. I will do. Thank you very much.

Woman：No problem, James. Thank you for calling.

〈Question〉 What time and day will the man visit the store?

ア. Tuesday at 1pm　　イ. Wednesday around 11am

ウ. Thursday around 11am　　エ. Friday at 1pm

2. George：What is Sarah doing for the school holidays?

Mary：　I don't know. She probably has an aikido tournament.

George：Aikido? I thought she was into judo.

Mary：　She was, but she changed to aikido last year.

George：Oh right. I used to do aikido and judo. Years back.

Mary：　Really? Why did you stop?

George：I broke my leg playing soccer!

Mary：　No way. The same thing happened to me! Was yours bad?

George：Well, not too bad, but the doctor said I shouldn't do contact sports.

〈Question〉 Which is true?

ア. Sarah has an aikido tournament during the holidays.

イ. Mary has a broken leg.

ウ. George broke his leg a year ago.

エ. Mary has broken her leg before.

3. Man：　What are you reading? James Smith? Great author!

Woman：Yes. His writing is fantastic, don't you think?

Man：　Yeah. I like his science fiction series, '3050'. He won a prize for that, didn't he?

Woman：Yeah, the ending was so unexpected. It was really clever. Do you like his new series, too?

Man：　Yeah, but I was surprised he went into horror.

Woman：Me too, but they are even better!

Man：　Is that the book you are reading now?

Woman：This? This is about his life. It was written by Arthur Hamilton.

〈Question〉 What genre of book is the woman reading?

ア. science fiction　　イ. horror　　ウ. biography　　エ. love story

4．Sandra：Hey, what's wrong?
Eileen： Nothing.
Sandra：Really?
Eileen： It's complicated. I'm OK. Really.
Sandra：Try me.
Eileen： It's OK. I just. . . I'm fine.
Sandra：Well. . . I know you're not all right, but if you want to talk, let me know and I'll come over.
Eileen： OK, thanks. You're a good ______________ .

〈Question〉 Which word best fits ______________ ?

ア．counsellor　　イ．neighbor　　ウ．mother　　エ．friend

Ⅲ 次の英文を読み、質問に答えなさい。

Jia Yong studies in a high school in Singapore as an exchange student from China. She wants to buy an international phone prepaid card to call her family in China and her friend in Malaysia. She wants to call her family before school and call her friend before going to bed. There are two types of card, Card A and Card B. Both cards are priced the same($10).

Card A

- 970 *mins to China (anytime)
- 65 mins to Indonesia (morning) or 60 mins to Indonesia (night)
- 326 mins to Thailand (anytime)
- 323 mins to Malaysia (morning) or 344 mins to Malaysia (night)
- 65 mins to Vietnam (anytime)
- 23 mins to Myanmar (anytime)

Card B

- 940 mins to China (morning) or 960 mins to China (night)
- 70 mins to Indonesia (morning) or 80 mins to Indonesia (night)
- 340 mins to Thailand (anytime)
- 300 mins to Malaysia (morning) or 310 mins to Malaysia (night)
- 60 mins to Vietnam (anytime)
- 29 mins to Myanmar (anytime)

When you call, make sure to enter the PIN number first, then the Country Code → Area Code → Phone Number

If you need assistance, send an email to internationalcard@ict.com or call Customer Hotline：6781-1111-6622

*mins = minutes

1．次の英文の□にあてはまる最も適切な組み合わせを１つ選び、記号で答えなさい。

① It is better for Jia to choose Card □ when she calls her family.

② With Card □, she can talk more with her friend.

ア．① A　② A　　イ．① A　② B　　ウ．① B　② B　　エ．① B　② A

2．次の質問の答えとして最も適切なものを１つ選び、記号で答えなさい。

What should Jia do when she has any difficulty calling overseas?

ア．She should ask the store where she bought the phone card.

イ．She should visit the phone card company's website.

ウ．She should call customer service to solve the problem.

エ．She should ask the phone card company for a new PIN number.

3．次の英文の□にあてはまる最も適切な組み合わせを１つ選び、記号で答えなさい。

① The price of both cards is □.

② Depending on which card Jia uses, the number of minutes that she can speak to her family is □.

ア．① the same　② the same　　イ．① the same　② different

ウ．① different　② different　　エ．① different　② the same

Ⅳ　次の英文を読み、質問に答えなさい。本文はイギリス英語で書かれています。（例：theatre《英》＝theater《米》）

As Charlie was still small, his mother often took him with her to the theatre in the evenings. This he liked. ①It was certainly better than being at home alone. He would stand in *1the wings and watch the performers, dreaming of someday becoming a great performer himself. And that is how, one evening, ② Charlie came to perform for the first time on the stage when he was only five years old. This is how it happened.

Charlie's mother was performing in a small theatre in Aldershot, south of London. Many in the audience were soldiers from the big *2army camp nearby. Rough and noisy, they liked to *3jeer and laugh at the performers' mistakes. ③ The performers hated coming to Aldershot.

As Charlie listened in the wings, the audience began to jeer and *4boo. Charlie froze. His mother's voice had never been strong, and now it had cracked and *5gone into a whisper. She kept on trying to sing, but her efforts were *6in vain. As the noise from the audience increased, his mother was made to walk off the stage. When she came into the wings ④ she was very upset. She argued with the stage manager. She wanted to go back onto the stage again, but he would not let her.

Then the stage manager looked at Charlie. He had once seen him singing in front of his mother's friends. The next thing Charlie knew, the manager was leading him by the hand onto the stage. Suddenly he was standing all alone on centre stage, before a glare of footlights and faces in smoke.

The audience *7became hushed. ⑤ The last thing they were expecting was to see a very young boy appear on the stage. In the hush, Charlie began to sing a well-known song called "Jack Jones," which he had learnt from his mother.

Half-way through the song, a shower of money poured onto the stage. ⑥ Immediately Charlie stopped singing. He said that he would pick up the money first and sing afterwards. The audience laughed. Then the stage manager came on with a handkerchief and *8helped pick up the money. Charlie, thinking he was going to keep it for himself, said so to the audience, who laughed even more. The manager then walked off the stage with the money, followed very closely by Charlie. Everyone thought ⑦ this was a big joke, and laughter filled the theatre.

But Charlie was not joking. He really thought the manager was planning to keep the money for himself. So he *9followed the stage manager off, and did not return to the stage until he saw the money placed safely in his mother's hands.

After that, he really enjoyed himself. ⑧ He felt quite at home on the stage. And when his mother finally came to carry him off, everyone in the theatre began to clap. She bowed and looked happy. Charlie, too, was elated with his success. So ended Charlie's first appearance on the stage.

-------------------------------------- ＜中略＞ --------------------------------------

His first *10encounter with the studio did not go well. When he arrived in front of the big building for the first time, it was lunchtime and many people were around. Charlie suddenly felt very shy. He wanted to go in but could not. For half an hour he stood on the opposite side of the road, and then went back to his hotel. ⑨ This happened two days *11in a row. After that the people at the studio telephoned him and told him to come.

Charlie had never been inside a studio before. Everything interested him very much. He thought the lighting was very beautiful. But for several days there was no work for him, so he just *12wandered around. Little by little he began to get worried. Sennett told him to be patient, but after nine days he *13was at a loss. Then, quite suddenly, his luck changed.

He was standing in the studio, dressed in his street clothes. Sennett was directing a comedy. He needed some gags. Then he saw Charlie and said, "Put on a comedy make-up. ⑩ Anything will do."

Charlie had no idea what make-up to put on. However, on his way to the wardrobe he quickly decided on his clothes. He wanted the sizes not to match, so he chose *14baggy pants, a tight coat, a small hat and large shoes. He also put on a *15derby hat, picked up a small cane, and *16stuck on a small *17moustache because Sennett wanted him to look older.

At that moment Charlie had no idea of the character of this person. But as soon as he was dressed and had make-up on, something inside him *18came to life. He began to know clearly what to do. ⑪ It all happened very quickly, and by the time he walked on to the stage, 'Charlie' was fully born. Sennett was waiting there, and Charlie began to act the part in front of him, *19strutting around and swinging his cane. It was an instant success, and Sennett could not stop laughing.

Then Charlie told Sennett about the part. "This fellow has many sides. He is a *20tramp, a gentleman, a poet, a dreamer, a lonely fellow, always hoping for romance and adventure. He wants people to think he is a scientist, a musician, a *21duke, a *22polo-player. But sometimes he also picks up *23cigarette-ends or *24robs babies of their candy. If he is angry, he may even kick a lady *25in the rear!"

The filming began. The scene was in a hotel lobby. Charlie was a guest in the hotel, but really he was a tramp. He pretended to make many mistakes. He was so funny that the men behind the camera began to laugh. Soon more people came to watch. Some were *26stage hands, others were big actors. Charlie made ⑫ <u>them</u> all laugh. There had never been so many laughs on the set before. By the time it was ended, Charlie knew he had *27made good. He also knew that his costume had helped him a lot, so he decided to *28keep to ⑬ <u>it</u> for the rest of his life.

*1the wings：舞台のそで　*2army camp：陸軍基地　*3jeer：やじる
*4boo：観客が発する非難・不満の声　*5go into a whisper：かすれて小さくなる
*6in vain：むなしく　*7become hushed：静かになる　*8help（to）do：～するのを手伝う
*9follow ～ off：～について（舞台から）下りる　*10encounter with ～：～との出会い
*11in a row：連続して　*12wander around：ぶらつく　*13be at a loss：途方に暮れる
*14baggy pants：だぶだぶのズボン　*15derby hat：山高帽　*16stick on ～：～をくっつける
*17moustache：口ひげ　*18come to life：生き生きとしてくる　*19strut around：きどって歩き回る
*20tramp：浮浪者　*21duke：公爵　*22polo：馬上から球を打ち、ゴールに入れ合う競技
*23cigarette-end：たばこの吸い殻　*24rob A of B：AからBを奪う　*25in the rear：後ろから
*26stage hand：裏方　*27make good：うまくやる　*28keep to ～：～を固守する

1．下線部①の指す内容として最も適切なものを1つ選び、記号で答えなさい。
ア．家に独りでいること　　イ．お母さんに連れられて一緒に劇場に行くこと
ウ．舞台のそでから役者を見ること　　エ．ステージの上で演じること

2．下線部②に至るまでのCharlieについて正しいものを1つ選び、記号で答えなさい。
ア．Charlieの才能を舞台関係者が早くから見出していた。
イ．Charlieは幼い頃から毎日のように劇場に通って練習を積み重ねていた。
ウ．Charlieは母親を超える役者にいつかなるのを夢みていた。
エ．Charlieはいつか自分も素晴らしい役者になりたいと思っていた。

3．下線部③の理由として最も適切なものを1つ選び、記号で答えなさい。
ア．劇場のある町がロンドンのような大都市ではなくさびれたところだったから。
イ．観客の多くが兵士で、大半の演者は戦争に反対していたから。
ウ．観客のマナーが悪く、野次を飛ばしたりするから。
エ．大舞台ではなく、観客の収容数の少ない小さな劇場だったから。

4．下線部④の意味として最も適切なものを１つ選び、記号で答えなさい。

ア．彼女はとても喜んでいた。　　　　　　イ．彼女はひどく取り乱していた。

ウ．彼女はとても反省していた。　　　　　エ．彼女は非常に落ち着いていた。

5．下線部⑤の指す内容として最も適切なものを１つ選び、記号で答えなさい。

ア．観客は幼い男の子が舞台上に出てくるとは全く思いもよらなかった。

イ．観客は舞台の最後の出し物である小さな男の子の演目を見守った。

ウ．最後に幼い男の子が舞台上に登場するのは観客の期待通りだった。

エ．小さな男の子を舞台上に出させるために、観客は最後まで野次を飛ばし続けた。

6．下線部⑥の理由として最も適切なものを１つ選び、記号で答えなさい。

ア．観客から歌うのをやめろと言われたから。

イ．舞台に投げられたお金をまず拾いたかったから。

ウ．母親から舞台に出た時のマナーを教えられていたから。

エ．歌っている途中で舞台にお金が投げられ、体にあたってしまったから。

7．下線部⑦の指す内容として最も適切なものを１つ選び、記号で答えなさい。

ア．Charlieが舞台マネージャーにお金をくすねさせないよう必死だったこと。

イ．舞台マネージャーがCharlieをからかい、お金を取って隠してしまったこと。

ウ．幼いCharlieが夢中でお金を拾っているのを舞台マネージャーが哀れに思って手伝ったこと。

エ．幼いCharlieが自分で稼いだお金を全て母親に渡さず、自分のものにしようとしたこと。

8．下線部⑧に最も近い意味のものを１つ選び、記号で答えなさい。

ア．Charlie missed his home.

イ．Charlie thought he was at home.

ウ．Charlie felt relaxed on the stage.

エ．Performing on the stage made Charlie nervous.

9．下線部⑨が具体的に指す内容は何か。最も適切なものを１つ選び、記号で答えなさい。

ア．なかなかホテルから出られなかったこと。

イ．スタジオ前でウロウロした後スタジオに入ったこと。

ウ．スタジオに入るかしばらく悩んだが入れなかったこと。

エ．ホテルとスタジオを何度も行ったり来たりしたこと。

10．下線部⑩に最も近い意味のものを１つ選び、記号で答えなさい。

ア．何かが起こるだろう。

イ．何も起こらないだろう。

ウ．どんなことでも起こり得るだろう。

エ．どんなものでもいいだろう。

11．下線部⑪が具体的に指す内容は何か。最も適切なものを１つ選び、記号で答えなさい。

ア．素早く衣装に着替え、メイクをすること。

イ．どんなメイクをすれば観客が喜ぶかはっきりと分かること。

ウ．衣装に着替え、メイクをすると何をすべきかはっきり分かること。

エ．どんな衣装に着替え、どんなメイクをすれば気持ちが高まるか分かること。

12. 下線部⑫が具体的に指すものは何か。最も適切なものを１つ選び、記号で答えなさい。
ア．people who were stage hands
イ．people who were acting with Charlie
ウ．people who came to watch his acting for the first time
エ．pcoplc who camc to watch his acting including stagc hands and big actors

13. 下線部⑬が具体的に指すものは何か。最も適切なものを１つ選び、記号で答えなさい。
ア．his way of acting　　イ．the set　　ウ．his costume　　エ．his make-up

14. 本文の内容に合うものを２つ選び、記号で答えなさい。
ア．When Charlie's mother could not sing any more on the stage, she wanted Charlie to take her place.
イ．Both Charlie and his mother felt very happy after his first appearance on the stage.
ウ．Charlie quickly decided what make-up to wear when he was told to put on a comedy make-up.
エ．Charlie didn't know what kind of character 'Charlie' should have but he knew it by the time he walked on to the stage.
オ．Charlie soon realized that his funny make-up helped him a lot even in a serious scene.

V　次の文の（　　）内に入る最も適切な語（句）を１つ選び、記号で答えなさい。

1．There (　　) a white car in front of the school gate since last week.
ア．is　　イ．has been　　ウ．have been　　エ．was

2．We all like watching soccer but one of my friends (　　) play it.
ア．don't　　イ．has　　ウ．doesn't　　エ．do

3．What can you (　　) about yourself?
ア．say　　イ．tell　　ウ．speak　　エ．talk

4．Tom (　　) when his father comes back.
ア．left　　イ．will leave　　ウ．has left　　エ．leave

5．That is all I have to say. I have (　　) else to say.
ア．something　　イ．anything　　ウ．nothing　　エ．everything

6．I'll never forget (　　) that UFO last night.
ア．to see　　イ．seeing　　ウ．that I see　　エ．that I have seen

7．I'll give (　　) on your birthday.
ア．a CD player you　　イ．you with a CD player
ウ．you a CD player　　エ．a CD player for you

8．Tell me a word (　　) with X.
ア．begin　　イ．begins　　ウ．begun　　エ．beginning

9．He lost his wallet and there is (　　) hope of finding it.
ア．little　　イ．many　　ウ．few　　エ．lots

10. You should leave home (　　) to catch the first train.
ア. faster　　イ. earlier　　ウ. quicker　　エ. sooner

Ⅵ　日本文の意味を表すように、[　　] 内の語（句）を並べかえ、(A)(B) に入るものを記号で答えなさい。なお、文頭に来るべき語も小文字になっている。

1. 明日までにこのプレゼントを彼女のもとに届けてほしい。
I [ア. delivered　イ. to　ウ. present　エ. to her　オ. be　カ. this　キ. want] by tomorrow.
I (　　)(　　)(A)(　　)(　　)(B)(　　) by tomorrow.

2. この家は私たちが客を招待するには十分な大きさではない。
This house [ア. have　イ. for　ウ. not　エ. big　オ. us　カ. to　キ. is　ク. enough] guests.
This house (　　)(　　)(　　)(A)(　　)(　　)(B)(　　) guests.

3. 女性は夫が作ってくれた指輪を自慢に思っている。
The lady [ア. made　イ. her　ウ. proud　エ. is　オ. the ring　カ. of　キ. husband].
The lady (　　)(　　)(A)(　　)(B)(　　)(　　).

4. その生徒が何のクラブに入っているか教えてくれませんか。
[ア. what　イ. belongs　ウ. tell　エ. the student　オ. could　カ. club　キ. me　ク. you] to?
(　　)(　　)(　　)(　　)(A)(　　)(B)(　　) to?

5. 今日は雨だと新聞に出ている。
[ア. to　イ. the newspaper　ウ. rainy　エ. says　オ. going　カ. it's　キ. be] today.
(　　)(A)(　　)(　　)(　　)(B)(　　) today.

Ⅶ　以下の Question についてあなたの意見とその理由を 60 語程度の英文で書きなさい。

〈**Question**〉
Do you think it is better to communicate face-to-face or over the Internet? Why?

正しいものには〇を、間違っているものには×を、それぞれ解答用紙に記入しなさい。（全て〇、あるいは全て×の解答は無効とします。）

1　柴犬のコウタが川で溺れそうになったとき、絹代は母の「念のため」という言葉を思い出し、後悔で自分を責めずにはいられなかった。

2　絹代がランプの火を灯そうとしなかった直接の原因は、かつて冨田さんが話した息子の死と脱着式ライトとの関係を心のどこかで否定しようと考えていたためであった。

3　陽平のどことなく頼りなさげな風采（ふうさい）は、絹代に自分がしっかりしなければならないということを必然的に感じさせるものとしてあった。

4　この作品の特徴である時間の流れの複雑さは、ある場面の感情や振る舞いが、さまざまな過去の出来事と不可避につながりあっていることを示している。

5　送り火とはもともと死者の魂をあの世に送り出すためのものだが、それは同時に生きている者の魂を鎮める行為であることがこの作品から読みとれる。

問13 ――線部Kはいつのことを指しているか。次の中から選び、番号で答えなさい。

1 由の葬儀のとき　2 由の十三回忌
3 絹代さんの旅行帰り　4 由が発見されたとき

問14 ――線部Lとあるが、「冨田さん」がそのように言うのはなぜだと思われるか。その理由としてもっとも適当なものを次の中から選び、番号で答えなさい。

1 脱着式ライトをつけたところで、助かったとは限らないと思い直したため。
2 かえって絹代さんを動揺させるようなことを言ってしまったと、後悔したため。
3 やはり由君の頼みを聞き入れていれば、こんなことにならなかったと自分を責めたため。
4 怒らないでと念を押したにもかかわらず、怒らせる結果になってしまったため。

問15 ――線部Mとあるが、なぜ「絹代さん」はそのような気になったのか。その理由としてもっとも適当なものを次の中から選び、番号で答えなさい。

1 息子を喪(うしな)って以来、葬儀でも法事でも涙を見せず、懸命に耐えながら自分の気持ちを少しでも晴らそうとしてくれる陽平さんの優しさを思い、彼の悲しみをいますぐにでも癒してあげたいという気持ちになったから。
2 喪った息子の代わりに、書道教室に通ってくる子供たちを喜ばせることで、自分自身のつらい思いを晴らし、つねに自分のことを気遣ってくれる陽平さんの気持ちに少しでも応えようという気持ちになったから。
3 冨田さんの言葉を思い出して、死んだ息子にランプを持たせてあげたいと思いながらそうしなかったことを今になって深く後悔し、今からでも息子の送り火をしたいという切迫した気持ちに駆られたから。
4 いつも冷静な陽平さんのさみしく伸びた背中を見るにつけ、自分だけがいつまでも深い悲しみに浸っていることが愚かに思われ、もう後ろは振り返らずに前を見て生きようと強く決意したから。

問16 ――線部Nとあるが、「陽平さん」がこのように思ったのはなぜか。その理由としてもっとも適当なものを次の中から選び、番号で答えなさい。

1 絹代さんの口調があまりにはっきりしていたから。
2 絹代さんが突然に性急なことを言いだしたから。
3 まさか全部に火を灯すとは思っていなかったから。
4 ランプの数が急激に増えていたから。

問17 ――線部Oとあるが、「鳴らした」の意味としてもっとも適当なものを次の中から選び、番号で答えなさい。

1 悪い評判が立った。
2 猛練習に励んだ。
3 歓声を浴びた。
4 広く名前を知られていた。

問18 次の1～5は、本文の内容や表現について説明したものです。

されてしまったから。

3 法事で冨田さんから由の自転車へのこだわりを聞かされ、思い出がよみがえったから。

4 最愛の息子である由を、水害による事故で失ってしまったから。

問7 ――線部Eとあるが、「その表情」とは、飼い犬コウタのどのような表情か。次の文の空欄に、本文中より該当する三字の語を抜き出して答えなさい。

あっという間に岸にたどり着いた時にコウタが見せた、□な表情。

問8 ――線部Fとあるが、ここには「絹代さん」のどのような思いが込められているか。もっとも適当なものを次の中から選び、番号で答えなさい。

1 先々の心配をせずに、自分が思いついたことを思い切って行動してみたかったのに、親の心配やそれを受け止める自分の姿勢から、結局思い切った行動ができない人生を送ってきたという思い。

2 娘を案ずるあまり厳しい態度を取る母親に対して反抗することができずに、自分が本当に思っていることをずっと押し殺して生きてきたという思い。

3 自分の行動が何を引き起こすのかということにとらわれるあまり、思い切った行動が取れなくなり、結局この小さな田舎町から出ることができなかったという思い。

4 自分の行動には注意を払って生きてきたのに、息子の大胆な行動は黙認してしまった結果、息子を失ってしまったので、人生を慎重に生きようとしても意味がないのだという思い。

問9 空欄 G に入るもっとも適当な語句を次の中から選び、番号で答えなさい。

1 主観的な　2 理不尽な
3 突飛な　4 卑屈な

問10 空欄 H に入るもっとも適当な語を次の中から選び、番号で答えなさい。

1 手　2 口　3 精　4 金

問11 〰〰〰【　】の一文と同じ時点に再び戻ってくる箇所がその次の段落中にある。その箇所を探し、初めの五文字を書き抜いて答えなさい。

問12 ――線部Jには、「冨田さん」のどのような思いが込められているだろうか。その説明としてもっとも適当なものを次の中から選び、番号で答えなさい。

1 由君の最後の願いを聞いたのは自分だけで、二人は何も知らないままだったことに対してお詫びしたいという思い。

2 由君の依頼を断ったことがわかると、二人ともなぜ相談しなかったのかと自分を責めたくなるだろうという思い。

3 由君の自転車のライトを替えておけば、もしかしたら由君が死なずにすんだかもしれないという思い。

4 由君の希望が暴風雨の中でも十分な明かりをつけることだったということに気づかず、申し訳ないという思い。

注1　十三回忌……死後満十二年目の法事。
注2　カンテラ……携帯用の灯油ランプ。
注3　ハロゲン……ハロゲンランプ。電球の一種。輝度が高いので演出照明や自動車のヘッドライトなどに用いる。

問1　〰〰線部①～⑤の漢字の読みをひらがなで書きなさい。

問2　══線部a・bはどのような意味か。次の中からもっとも適当なものをそれぞれ選び、番号で答えなさい。
a　上得意　［　1　自慢の客　2　ひいきの客　3　親切な客　4　頼みの客　］
b　さまにならない　［　1　型にはまらない　2　目立たない　3　面白みがない　4　格好つかない　］

問3　――線部Aとはどういうことか。もっとも適当なものを次の中から選び、番号で答えなさい。
1　故人を死に追いやった原因ばかりを考えて、虚(むな)しくなる場であるということ。
2　故人をしのび、生きている者が互いのつながりを確認しあう場であるということ。
3　同じ思い出話を繰り返して、かえって悲しみが増す場であるということ。
4　故人を助けられなかったことを思い出し、自責の念にかられる場であるということ。

問4　［Bの形式段落では、「由」と「絹代さん」のやりとりが語られている。そのやりとりを通してうかがえる「絹代さん」の心情を説明しているものとして適当なものを次の中から四つ選び、移り変わっていく順に並べ替えて答えなさい。
1　生意気な口をきく我が子をきちんと教え諭したい。
2　真面目な気持ちだったとは知らず、叱ってしまったことをごまかしてしまおう。
3　冨田さんに対して、失礼があっては申し訳ない。
4　我が子の図々しさに驚きあきれてしまった。
5　一人前に人を思いやる由の真面目な発言に、かえって子供の純粋さが感じられてかわいらしい。
6　子どものくせに世間をわかっているとでも言いたげな口ぶりは許しがたい。

問5　文中の二カ所の空欄［C］には同じ言葉が入る。ここに入る言葉としてもっとも適当なものを次の中から選び、番号で答えなさい。
1　恩恵　2　分け前　3　見返り　4　拾い物

問6　――線部Dとあるが、「絹代さん」が寂しがっているのはなぜか。その理由を説明したものとしてもっとも適当なものを次の中から選び、番号で答えなさい。
1　まだまだ子どもだと思っていた由が、すっかり親離れしてしまったから。
2　飼い犬のコウタが、尾名川で遊ばせていたとき、水に流速度に関係なく一定の光で闇を照らせるんです、ただ持つと重いし、よく壊れる。だから反対しました、発電機のほうがいいってね、Kいまになって思うんです、あれをつけてあげてれば、暴風雨のなかで自転車を引いてもとりあえず明かりがあって、誰かが気づいたかもしれない、危ないから帰れと言ってくれたかもしれないって……。

　聞きながら、絹代さんは梁（はり）にかかっている灯油ランプを眺め、どれかひとつを由に持たせてやりたい、いまからでも持たせてやりたいと、ふいに溢（あふ）れる涙を抑え切れなかった。いやあ、Lつまらんことを申してと冨田さんも涙声になったが、陽平さんは、そうでしたか、いや、そうでしたか、とつぶやいただけで、それ以上はなにも言わなかった。涙も流さなかった。絹代さんが知るかぎり、陽平さんが涙を見せたのは、一日じゅう雨のなかを探しまわっても由が見つからず、力つきて戻ってきたときだけだ。葬儀のときも、その後いつのまにか五度を数えた法事のときも、危なくなると少し顎（あご）をあげ気味にするだけで激しく取り乱すことのなかった陽平さんの背中は、はじめて会った日のように、いつもさみしく伸びていた。子どもらは喜ぶよ。ぜんぶと言わず、ひとつ、ふたつ。たとえば、の話だがね。そんな言葉を聞いたとたん、彼女は思いがけずはっきりした口調で、灯しましょう、と応えていた。

M「火を灯しましょう、いま」

「おい、おい、Nやけになることはないよ」

「庭でなら、大丈夫でしょ?」

「本気なのかね。だったら明日、子どもたちが来てからでも、いいじゃないか」

「いますぐがいいの。お願い、手伝って」

絹代さんは着替えもそこそこに、④納屋から⑤脚立と常備してある赤い灯油タンクを運び出し、ひとつずつランプをはずすと、陽平さんをうながして灯油を入れてから、それを庭先にならべた。ぜんぶで四十以上あった。

「これにみんな火を灯して、権現山から眺めましょうよ」

「いつもと、言うことが、逆だな。火事になったら、どうする」

「火が移りそうなものは、庭にはないわよ。様子がおかしければ、走っておりてくればいいじゃないの。Oむかし陸上で鳴らしたって人は誰?」

しばらく黙ったあと、わかった、と陽平さんは絹代さんのほうを見ないで言い、でも、権現山に、のぼるんならね、夏だからって、なにか羽織って来ないと、冷えるよ、とつぶやいた。

「平気。あそこまで登れば、息も切れるし、身体もあったまるわよ」

「そうか……それなら、いいがね……でも、ぼくは、ちょっと、寒いな」

驚いて、絹代さんは陽平さんの横顔をまじまじと見つめた。この十年、風邪ひとつひかない人だったのに、なんだか先割れした筆みたいに頭髪の抜けた頭がふらふらしている。どうしたの、大丈夫? 声をかけながら絹代さんがその干からびた狭い額にてのひらをあてると、まだ灯してもいないランプの火にほてりでもしたのか、薄墨を掃いたような汗がじっとりと浮き出ていた。

りをあげて低い土地へと流れていった。路肩に停められた車と電信柱が見えるだけで下になにがあるかはまったくわからない。大雨洪水警報の発令で学校は休みになったものの、朝ご飯を食べたあと外に出た由は川と化した道路に目を見張り、きっと、ほんとの川はもっとすごいんだろうね、と興奮しながら絹代さんに言った。そのあと内緒で大きな長靴を履き、雨合羽(あまがっぱ)を着て、数百メートル先の尾名川を見に出かけたのだ、それも自転車を引いて。橋への道は登り坂になっているから、途中まで引いていけば、あとはなんとか乗ることができる。川をながめたら急いで戻るつもりだったのだろう。水に沈んだ長靴は重く、容易に進めなかったはずだ。おまけに下水道が満杯になって、あふれ出した水がマンホールの蓋を持ちあげ、濁流の下にぽかりと見えない穴が空いていた。由はその穴に飲まれ、絹代さんが少女時代にコウタを泳がせた尾名川まで、暗いトンネルを運ばれていったのだ。

　遺体が発見されたのは、雨があがった数日後、五キロも下流の岩場だった。先に見つかった自転車である程度の覚悟はできていたとはいえ、呆然(ぼうぜん)自失を通り越し、ほとんど半狂乱になった絹代さんは、あたしも死ぬ、死んでやると泣きわめいた。あばれる絹代さんを羽交(はが)い締めにして、気持ちが鎮まるまで押さえていたのは、そのときだけ針金さながらの書道の先生からひとりの②屈強な男性になった陽平さんで、あなたがぼんやりしてるからよ、いっしょに家にいたのに、あなたがぼんやりしてるからよ、と責められながら、陽平さんはなにも言わずに耐えていた。落ち着いたあとも、絹代さんは書道教室の子どもたちの元気な姿を見るのがつらくて、この子が無事でどうしてあの子がと[G]比較をする自分がいっそう空(むな)しかった。辛いのは陽平さんもおなじだったはずなのにと悔いたのは、ずっとあとのことだ。六十をまぢかに控えた陽平さんの年齢を考えれば、なおさらのことだった。

　表向き、陽平さんはなにも変わらなかった。若返りはしないが老けることもなく、息を止めて一気に筆を走らせる書の道に、肺活量と集中力は不可欠だからと教室の子どもたちともども運動に[H]を出す一方、絹代さんの気晴らしになりそうな催しには、苦手なのを我慢してきちんとつきあってくれたし、むかしの友だちとの小旅行などにもどんどん行かせてくれた。ランプが急激に増えたのは、そのころからだ。ただし、それでも絹代さんは火を灯(とも)さなかった。陽平さんにいくらあきれられても首を縦に振らなかった。

　I【ところが、陽平さん③恒例の、やっぱり、買ってきたねえという出迎えの言葉にこれまた恒例の応答をしながら、絹代さんの頭には、なぜか葬儀のときの冨田さんの声が響きはじめたのである。】J<u>怒らないで聞いてください</u>、と冨田さんは絹代さんと陽平さんの目をのぞき込むように言ったのだ。由君が最後の自転車を買ってしばらくしてから、前輪の発電機をはずして、注2カンテラみたいな脱着式ライトにしたいって頼んできたんですよ、電池式のやつです、注3ハロゲンはまだまだ普及してなかったから、ハンドルの軸にとりつけて、自分でスイッチを入れるんですな、光はそれほどつよくありませんがね、あれなら夜、坂道を走るときに車輪にかかる抵抗がなくて楽にペダルがこげるし、電池があるかぎり、

B

月と再来月の小づかいで、車体につける水筒を買う約束したんだ、だから冨田さんにも［C］はあるよと言う。［C］だなんて、そんな言葉、いったいどこの誰に習ったの？　偉そうな口きくんじゃないの、あんまり押し掛けちゃ迷惑でしょと叱ってやると、冨田さんはいいひとだよ、自転車のことなら、なんだって知ってるんだ、でも、ぼくたちがなにか買ってあげないとお客さんがいないもの、と真面目な顔で応えるので、彼女は吹き出してしまった。大手スーパーに安い自転車がずらりとならび、ひととおりの調整ができる人材も確保しているご時世に、町の小さな専門店がどうやって生きのびていくか。それはなにも自転車屋にかぎった話ではない。でも、冨田さんの顔を見るたびに、絹代さんはあのときの由の、母親の笑いをとって得意げな表情を思い出すのだ。まるで飼い主に褒められた子犬みたいな、心の底から嬉しそうだったあの表情を。

D寂しがっている絹代さんを気づかって、陽平さんが犬でも飼おうかと言ってくれたことがある。しかし、ここに来る子たちがみんなあたしの子だから、いいの、と彼女は断った。少女時代、絹代さんはコウタという柴犬を飼っていた。犬かきという言葉が本当かどうか知りたくて、ある夏、尾名川へ連れて行き、浅瀬の冷たい水のなかにそっと離した。すると彼女の両手が離れるか離れないかのうちに、どんなふうにまわしているのか蹴りあげてしまった川底の細かい砂に邪魔されてはっきりと確かめられなかったけれど、コウタは短い四肢をくるくるとまわしてあたりまえのように水に浮いたのである。顔を濡らしさえせずに、どうして泳げるんだろう、誰に教えてもらったんだろう。びっくりしているうち、コウタはあっというまに岸にたどりついて彼女のほうを振り返った。Eその表情があまりに人間みたいでつい笑ってしまったのだが、あのときの由の顔が、いまの絹代さんの頭のなかでコウタと重なる。どちらが古い記憶なのか、はっきりしなくなる。すぐ拭いてやろうとして取り出したタオルをするりと逃れてコウタはぶるぶる身体を奮わせ、くしゃみをひとつしてからなにごともなかったかのようにまた川原で遊びはじめた。家にもどって母親にその日の出来事を話すと、犬は本能で岸のほうに泳ぐから大丈夫だろうがね、万が一、流れに負けて岸にたどりつけなかったら、おまえ、どうするつもりだったんだい、ときつい声で言うのだった。あとを追いかけて自分のほうが溺れたら、どうするんだい？　この次からは念のために誰か友だちを連れてくんだよ。

念のためか、と絹代さんはつぶやいたものだ。念のためって、いったい、どういうこと？　あのときからずっと、大人になってもそれが気になっていた。大丈夫だとは思うけれど、万一のことがあるから、少しでもあやまちを回避できるように、念のため。ふたたび絹代さんはつぶやく。わたしはまるで、念のために生きてきたみたいなものだ、念ばかり押されて、念ばかり押して。F押されない念があったら、お金を出してでも買いたい。押されなくてもいい念があったら、世界中をさがしまわってでも手に入れたい。でも、あの日だけは、つまらないこだわりを棄てて、外に出ちゃだめよと、それこそ念のために声をかけておけばよかった。

夜半から降り出した大雨で通りは一面の川となり、濁流がうなのようなものか。その説明としてもっとも適当なものを次の中から選び、番号で答えなさい。

1　他人の「声」を排除することで、自己の「声」そのものと自己の「声」が響く場を純化させていこうとする心のあり方。

2　自己を深く見つめてまとめあげたその人固有の言葉を、他人の言葉と繋げていこうと配慮している心のあり方。

3　戦争の惨禍に至ったのは、文学の世界に政治を持ち込まなかったことの結果であったという事実を深く反省している心のあり方。

4　自分の「声」を聞いてもらえる場を、自分の所有する共同体と取り違えていないかを慎重に見極めようとする心のあり方。

二、次の文章は、堀江敏幸の小説「送り火」の一節である。絹代は旅先でランプを買うのが数少ない趣味の一つであった。父の死後、老いた母と暮らしていた絹代は、実家の一部を書道教室として陽平に貸し出すことにした。その書道教室は、いつも子ども達でにぎわうようになった。数年後絹代の母は急死し、その喪が明けた翌年、絹代は年の離れた陽平からのプロポーズを受け、結婚した。息子の由（ゆい）は絹代二十八歳、陽平五十歳のときに生まれ、二人は初めて得た子を溺愛していた。以下の文章はそれに続く場面である。読んで、後の問に答えなさい。

由は自転車が大好きだった。小学校にあがり、補助輪なしで乗れるようになると、習字がはじまる時間まで友だちを誘って近隣を走りまわり、あとで聞いて、えっ、と声をあげたくなるくらい遠いところまで出かけていった。十二インチから十六インチ、すぐにまた二十インチと、成長にあわせてシャツを着替えるみたいに由はつぎつぎに新車をねだった。このあいだ、十三回忌[注1]でひさしぶりに顔をあわせた冨田自転車店の冨田さんが、焼香のあとの酒の席で語ってくれた話に、絹代さんはありがたく耳を傾けていた。由君はうちの上得意[a]だったからねえ、やってくれと言われたことは、たいていやってあげましたよ、と冨田さんは法事のたびにおなじ話をしているのをすっかり忘れて、でも、心をこめて陽平さんに相対していた。法事というのは、[A]結局おなじ思い出話をなんども語り直す場なのだ。

うちらのような商売でも流行（はや）りものがありましてね、兄貴がいる友だちにでも吹き込まれたんでしょうな、競技用自転車のまねっこだったかもしれませんが、グリップを取りはずしてパイプだけにしたハンドルに、布製の色テープを巻くんですよ。雨にあたれば色なんて褪（あ）せちまうよって忠告したんですが、どうしてもって、友だちが赤や紺をしてるのに、あの子は黒じゃなきゃ、さまにならない[b]、なんてずいぶん大人びたことを言ってね、そういうときの口調は、あなたにそっくりでしたよ、先生……。

あれは小学校二年生のときだったか、冨田さんにパンクの修理を習ったと由が自慢げに帰ってきたことがある。ただで教えてくれたというから絹代さんがびっくりしていると、そのかわり、来ものはどれか。次の中から一つ選び、番号で答えなさい。

1　Ｉ所属意識　・　Ｊ所有意識
2　Ｉ所有意識　・　Ｊ所属意識
3　Ｉ日常性　・　Ｊ非日常性
4　Ｉ非日常性　・　Ｊ日常性

問12　――線部Ｋとあるが、それはなぜか。その理由の説明としてもっとも適当なものを次の中から選び、番号で答えなさい。

1　共同体を作っていた物語が人間を分断し、その集団がこれから先も存続されるかどうかを決定づけてしまうから。
2　自分の孤独を癒してくれた物語について、自分と同じように感動してくれない他者を許せなくなってしまうから。
3　場で共有されていた物語に個人が支配され、物語を介したつながり自体に強い意味が生じてしまっているから。
4　人と人とをつなぐ共同体の物語と同化することで、初めて人は共同体の物語の本当の意味を理解するようになるから。

問13　――線部Ｌとあるが、どのようなことか。次の中からもっとも適当なものを選び、番号で答えなさい。

1　実体のない言葉によって、人とのつながりや自分の存在の拠（よ）り所が作られているということ。
2　人と人とを結びつけるものも、個人としての人間の在り方も、結局は空虚なものであるということ。
3　自分がある集団の一部であるという感覚は存在しないため、言葉で説明することは難しいということ。
4　人と何かを共有したり人を排除したりする際には物語の力が有効に働くため、人は嘘を必要とすること。

問14　空欄［Ｍ］と［Ｎ］に共通して入るもっとも適当な語を次の中から選び、番号で答えなさい。

1　加速　2　一元　3　通俗　4　形式

問15　――線部Ｏとあるが、これはどのようなことを言っているのか。その説明としてもっとも適当なものを次の中から選び、番号で答えなさい。

1　「公」に向けた批判の言葉が権力の手で制圧されたとしても、別の新たな言葉を見いだすことで「公」への戦いを続けていく果敢な姿勢に文学の生命力はうかがえるということ。
2　文学の本質は、言語化され得ない経験が言語によって「物語」にまとめられているという逆説にあるだけではなく、その「物語」をたえず見直していく力の働きにも見出すことができるということ。
3　言葉にならないことを言葉にしようと必死に「声」を絞り出す人間の強さを賛美しつつも、フィクションに依存している人間の弱さにも厳しく目を向けているという点に文学の特質はあるということ。
4　自分の「声」を他人の「声」に合わせていく協調性を重視すればするほど、文学は、確固とした「物語」を構築するのに必要な強靱（きょうじん）さを失ってしまうということ。

問16　――線部Ｐとあるが、ここにある「メンタリティ」とは、ど関係。

2　相手の領域には踏み込まないよう配慮した、表面的な友好関係。

3　つながりの外にいる者に対して圧力をかけていくための協力関係。

4　礼儀を無視して互いに相手をぞんざいに扱ってもいい関係。

問6　――線部Dはどのように言い換えられるか。これより前の本文から五字以内で探し、抜き出して答えなさい。

問7　――線部Eとあるが、どういうことか。次の中からもっとも適当なものを選び、番号で答えなさい。

1　言葉の暴力にさらされた人たちが集まることで、互いを社会的な孤独から解放し合い、最終的には集団を必要としない存在として自立していくこと。

2　言葉の暴力によって自分の居場所を失ってしまった人たちが、もう一度自分の居場所を手に入れるために効果的な活動とは何かを模索し合うこと。

3　ヘイトスピーチに対抗する活動の中で自己肯定感を満たしていった人々が、互いの中にある異なる価値観を次第に受け入れていくようになること。

4　ヘイトスピーチによって自己の尊厳を否定された人たちが、その傷を分かち合うことで、ありのままの自分を引き受けていくことができること。

問8　空欄［F］に入るもっとも適当な熟語を次の中から選び、番号で答えなさい。

1　自己顕示欲

2　承認欲求

3　保身欲

4　支配欲

問9　――線部Gとあるが、ここにある「本当の自分」を感じとっている者はどのような存在か。次の中からもっとも適当なものを選び、番号で答えなさい。

1　孤独を癒そうとする集まりに参加するうちに、自分も仲間と同じ疎外感を抱いていたことを自覚した存在。

2　力や利害で成り立っている関係から脱して、みずからの意志で発言し行動することができる存在。

3　無理に同調せずとも理解し合える関係の中でならば、自分という存在が適度に収まっていられると感じている存在。

4　日常の中でけっして表には出さないが、可能であれば公共の場でも弾けたい、意志を露わにしたいと思っている存在。

問10　――線部Hとはどういう物語か。次の中からもっとも適当なものを選び、番号で答えなさい。

1　言語化できないような経験を綴(つづ)った物語。

2　辛い記憶を他者と分かち合うことを強制する物語。

3　感情を共有する者たちの中で自然発生的に語られた物語。

4　負の感情を中和する力を失って形骸化した物語。

問11　空欄［I］と［J］に入る語句の組み合わせとして正しい

聞き、それが言語化できたら、今度は他人の中の言葉にならない言葉を聞く。その言葉の交換が、共同性の喜びを可能にする。

私が思うに、日本の文学は、自分の声にならない声を聞くことには長けているが、他人の声なき声を聞くことは苦手である。自分の声だけを聞いて個人の物語を作ることは、スタートにすぎない。他人のそれを聞いたとき、共同性は相互のものとして発動する。それを欠いていると、独善に⑤オチイっていく。自分の声の物語を聞いてもらえる場を、自分の所有する共同体と勘違いする。意識しないうちに、自分の物語を公のものに変え、世のより大きな公の物語の排他性に、加担してしまう。私はそれが、戦争を賛美する作家を大量に生み出した一つの原動力だと考えている。そして今は、P同じメンタリティが日本の文学の多くの書き手たちを覆っているように感じる。

私が文学に政治を持ち込む必要があると思うのは、文学がさまざまな言葉にならない言葉をどこかで置き去りにして、自分たちの思い描く文学の永続する共同性の中に引きこもろうとしているからだ。それは結局、公の物語の暴力に、沈黙することで力を貸すことだ。言葉を批判するのは、文学の存在意義である。私は、文学を機能させ、集団の物語の暴力の邪魔となるために、現場に出て一瞬の共同性に身を晒し続けたい。

（星野智幸「一瞬の共同性を生きる」より）

注1　ヘイトスピーチ……差別的な言動。
注2　カウンター行動……差別的な言動に対する抗議行動。

問1　══線部①～⑤のカタカナを漢字に直しなさい。

問2　――線部Aとあるが、「眉を顰める」という慣用句の使い方として正しいものを次の中から一つ選び、番号で答えなさい。
1　だまされないよう眉を顰める。
2　安心して眉を顰める。
3　行儀の悪さに眉を顰める。
4　怒りのあまり眉を顰める。

問3　空欄【　ア　】～【　ウ　】に入るもっとも適当な語を次の中からそれぞれ選び、番号で答えなさい（一つの選択肢は一度しか使えません）。
1　だから　　2　たとえば　　3　でも　　4　つまり

問4　――線部Bとあるが、それはなぜか。その説明としてもっとも適当なものを次の中から選び、番号で答えなさい。
1　場において、まわりに同調して同じような行動を取ることでしか一体感を持つことができないから。
2　場においてしっくりいかない感覚があり、自分が必要とされているという実感も持つことができないから。
3　場に必要とされている実感があり、自分らしく振る舞っているのに物足りなさを感じてしまうから。
4　場に求められている実感はあるものの、要求に十分に答えられていないことに焦りを感じているから。

問5　――線部Cとあるが、これはどのような人間関係をいうのか。次の中からもっとも適当なものを選び、番号で答えなさい。
1　相手と対等な立場で、遠慮なく自分の思いを表現できるて、厳しい資格審査を始めた。その結果、誰もが物語に合わせて自分を偽り、K資格を証明するために排除に加担することを強いられる。そんな暴力を、どう食い止めたらいいのだろう。

所属意識がその人のアイデンティティに深く根を下ろし、共同体の物語にその人個人の物語が乗っ取られてしまうと、人はその物語に依存するしかなくなる。もはや自分個人の物語ではないのに、その物語に疑問を挟む者をまったく許せなくなる。

L共同性もアイデンティティも、物語を介して作られる。どちらも言語で作られたフィクションなのだ。けれど、私たちはそのフィクションなしでは、生きられない。少なくとも、社会的な生活は送れなくなる。

私たちは言語で作られたフィクションによって心を形成すると同時に、そのフィクションに縛られながら生きている。だから、文学が存在する。

私の考えでは、文学とは、言葉にならないことを言葉だけで表現するメディアである。また、使いすぎて定型化し空虚になった言語を更新し、新たな意味を発生させる、真剣な遊戯でもある。

先ほど述べた、苦しかったりつらかったりして意識化できない自分の感情や経験を、なんとか言葉にして自分個人の物語とするのは、言葉にならないことを言葉だけで表現するという文学の役割だ。自分がようやく実感の持てる言葉で自分の何かを表現できたとき、それはすべて文学である。自分個人の経験だけではない。そうして絞り出された他人の言葉を聞き、それを文字の物語に変えていくのも、文学だ。自分と他人の、言語化できない記憶や感情を言葉で物語化し、お互いにその物語を受け止め合ったとき、初めて共同性が生まれる。

けれど、それが語り続けられていくうちに［M］化し、細部も耳当たりのよいように変容し、巷（ちまた）にあふれる既成の物語と似てくるとき、その物語は個人の物語であることをやめ、公の物語として排他性を発揮し始める。［N］的に規則を強要して取り締まる警察みたいになっていく。

それを解体するのが、また文学である。個人の物語を作っておきながら、それが固定化しようとすると、自ら壊そうとする。物語が公のものとなって、権力を持ち始めるのを、阻止する。文学は物語に共同性を与える力でありながら、その共同性を批判する存在でもある。つまりO文学とは、永続する共同性ではなく、一瞬の共同性だけを生きる言語なのだ。だから常に更新されうる言語で書かれている。読まれる瞬間ごとに、その現在を生きる言葉となる。

常に現在であるとは、常に新しいとも言える。過去の記憶が、今現在の、新しい記憶として体験される。だから、いつでも見慣れない光景が広がる。なぜならそれは、更新された、個人の、言葉にならない言葉で書かれているのだから。それを受容したとき、新しい共同性が一瞬、生まれるのだ。

そのために文学が必要としていることは、物語が個人の言葉でできているのか、公の言葉にすり替わっているのかに敏感であること。そして、現場でたくさん表されている、言葉にならない言葉を、虚心に聞くこと。まずは自分の中の言葉にならない言葉をいる。同じ暴力を受けた当事者同士の関わりには、存在の根源を肯定し合える共感という、かけがえのない薬が含まれているだろう。

けれど、暴力を振るう側のデモや集会にも、おそらく同じ要素がある。暴力を楽しむために来ている者も少なくないだろうが、多くの人は最初は、孤独を癒す居場所を求めて、つまり［F］を満たしてくれる場として、ヘイトをする集まりに加わるのではないか。

そうして共同性を感じられる非日常の場に何度も参加するうち、それは非日常から次第に日常へと変わっていく。大相撲観戦だって、仮に毎場所毎日のように国技館へ通えば、それは日常になり、ちょっとした主の気分になってくる。デモも、いつも参加するうち顔なじみができて、仲間となり友だちとなり、そこでこそ「本当の自分」を感じられるという居場所に変わっていく。

この感覚を否定することは、誰にもできない。私たちは、たとえそれが大自然とか動物相手であっても、何らかの所属意識を持たずには生きられないのだから。

しかし、そこに所属しているという意識から、そこを自分が所有しているという意識に変わったとき、共同性は排他性へと変質する。つながりを持てることが喜びだったのに、どこまでが仲間かという線引きが始まるのである。

そのときに、共同体の物語は、排除の言葉として機能し出す。例えば、こんなにも不当に②シイタげられた人間たちの本当の声を理解しない者は敵だ、というように。

共同性が生み出す物語は当初は、言語化できない経験を言葉にしたものとしてスタートする。語るのがつらい苦しみや傷、大災害や③アヤマちの引き起こした事件などの記憶を、分かち合う言葉として、絞り出される。そこには、負の感情を共有することで中和する役割がある。

けれど、それが繰り返し語られ、半ば自動化された物語となるに従い、その物語を共有しない者へ、排除の④キバを向け始める。

反安保法案であんなに共感しあったのに、原発再稼動には反対じゃないなんて、裏切り者だ。日本代表を応援しているのだから、中国韓国の横暴を許さないのは当然だろ。等々、踏み絵のような線引きがエスカレートしていく。この共同体は自分のものであるという所有の意識は、自分の考えこそがそこでは正義で、反対する者は出ていけ、という暴力性を生み出すのである。

どんな集団や仲間内でも、共同体には必ず、この「つながりの喜び」である［I］と「裏切り者の排除」である［J］の両方が働く。共同性の裏側には、もれなく排他性がくっついてくる。まずは共同性が人々を結びつけ、それが固定化してくると排他性が人々を切り捨て始める。これを免れる共同体は、基本的にはありえない。そしてその推進力であり正当化をするのが、共同体の物語である。

（中略）

物語を共有して、自分を偽らずにいられる居場所を獲得した。でも、その居場所が暴走を始めて、物語の解釈がどんどん変わっ

【国　語】（五〇分）〈満点：一〇〇点〉

一、次の文を読んで、後の問に答えなさい。

　生まれ変わったら一度は相撲取りになってみたいし、新潮社の入社試験で書いた作文も相撲の立ち合いについてだったし（落ちたけど）、人生で初めて文学賞に応募した作品も相撲小説だった私が今気になっているのは、相撲の本場所での応援が、コンサートのアンコールみたいに変化してきたことである。「豪、栄、道！」とか「稀勢（きせ）、の、里！」といったリズムで力士の名を呼びながら手拍子を打つのだ。このような応援の仕方はこれまでの大相撲の歴史には存在せず、相撲の応援といえば、ひいきの力士の名を館内によく響かせる声で叫ぶのが名物だった。声援は、集団ではなく個人単位だった。

　数年前から沸き起こった相撲ブームとともにこの応援は発生し、広まっていき、定着しつつある。私みたいなそれ以前からの相撲ファンはたいていA眉を顰（ひそ）めているが、また、力士からも立ち合い前には集中が削（そ）がれるので静かにしてほしいとのお願いがあったりしているが、それはそれとして、時代とともに応援のスタイルなどその競技の文化が変化するのはありうることだろう。

　【　ア　】、変化には理由がある。私はそこが気になる。

　毎場所、毎日、テレビの放映で手拍子を聞いているうち、私は何かに感触が似ているなと思った。やがて、はたと気づいた。サッカーの日本代表の試合後などに、渋谷のスクランブル交差点で見られるハイタッチである。私はあれを見るたびに、公共空間でも弾（はじ）けてよいというお祭り騒ぎを、日本の人たちはすさまじく①カツボウしているんだなと感じる。そして、寂しいんだな、とも。

　ひとことで言えば、一体感に飢えているのだろう。一体感に飢えているのは、日常が孤独だからだろう。【　イ　】居場所がないのだ。あるいは、B所属する場はあっても、そこに過不足なく自分が収まっていると思えないのだ。浮いている、外れている、はみ出している、蚊帳（かや）の外、いてもいなくても同じ、存在感がない、微妙に無視されている、つきあいは表面的で理解し合っているとは言いがたい。そんな疎外感を常日頃からどこかに抱えている。

　【　ウ　】非日常の場で、日常とはまったく違う人とのつながりを求めたくなる。力関係や利害関係から解放された、C無礼講的な水平のつながりを。その機会の一つがスクランブル交差点でのハイタッチであり、大相撲観戦での手拍子であり、ハロウィンなのかもしれない。

　それだけではない。昨年の安保法案反対のデモが盛り上がったのにも、その側面があると思う。昨今の政治の言説はしばしば、マイノリティを傷つける暴力性を帯びており、そのたびに傷つき、孤独感を募らせる人は多いだろう。私自身もそうだ。

　それがデモに行けば、そのような言葉に抗議しようという人たちばかりだから、傷つかないという安心感があるし、孤独も癒される。まわりに同調しなくても理解し合えるのだという、D共同性の感覚をもたらしてくれる。ヘイトスピーチ[注1]に対するカウンター[注2]行動に参加すれば、まさに言葉の暴力で精神に重傷を負わされた人たちが何人も、それでも暴力を止めるという意志を露（あら）わにして

平成30年度

解答と解説

《平成30年度の配点は解答用紙に掲載してあります。》

<数学解答>

1 (1) $(x-2)(x+9)$ (2) $x=\frac{1}{3}$, $y=-\frac{1}{2}$ (3) A=12, 25, 51, 103
(4) 27通り (5) $111-38\sqrt{7}$ (6) 柿80個, みかん70個

2 (1) $a=\frac{1}{6}$, $b=-\frac{1}{3}$ (2) $\frac{3}{2}$ (3) $\left(-\frac{1}{2}, -\frac{1}{12}\right)$

3 (1) 9 (2) $3\sqrt{34}$ (3) 255 (4) $\frac{425}{2}\pi$

4 (1) $\sqrt{3}$ (2) $\frac{2\sqrt{6}}{3}$ (3) $\frac{2\sqrt{2}}{3}$ (4) $\frac{\sqrt{6}}{6}$

<数学解説>

1 (因数分解, 連立方程式, 数の性質, 場合の数, 平方根)

重要 (1) $(x+5)^2-3(x+5)-28$ $x+5=\mathrm{A}$とおく。$\mathrm{A}^2-3\mathrm{A}-28=(\mathrm{A}-7)(\mathrm{A}+4)$ Aをもとにもどす。$(x+5-7)(x+5+4)=(x-2)(x+9)$

(2) $\frac{1}{x}=\mathrm{A}$, $\frac{1}{y}=\mathrm{B}$とおく。$2\mathrm{A}-3\mathrm{B}=12$…① $5\mathrm{A}+2\mathrm{B}=11$…② ①×2+②×3より, $19\mathrm{A}=57$ $\mathrm{A}=3$ これを①に代入して, $6-3\mathrm{B}=12$ $\mathrm{B}=-2$ よって, $\frac{1}{x}=3$より, $3x=1$ $x=\frac{1}{3}$, $\frac{1}{y}=-2$より, $-2y=1$ $y=-\frac{1}{2}$

(3) $104=2^3\times13$ 商と余りをxとすると, $104\div\mathrm{A}=x\cdots x(\mathrm{A}>x)$ $\mathrm{A}x+x=104$ $x(\mathrm{A}+1)=2^3\times13$より, $x=1$のとき, $\mathrm{A}+1=2^3\times13$より, $\mathrm{A}=103$ $x=2$のとき, $\mathrm{A}+1=2^2\times13$より, $\mathrm{A}=51$ $x=2^2$のとき, $\mathrm{A}+1=2\times13$より, $\mathrm{A}=25$ $\mathrm{A}=2^3$のとき, $\mathrm{A}+1=13$より, $\mathrm{A}=12$ よって, A=12, 25, 51, 103

重要 (4) 奇数×奇数=奇数より, 奇数になるのは$3\times3=9$(通り) よって, 偶数になるのは$36-9=27$(通り)

重要 (5) $\sqrt{4}<\sqrt{7}<\sqrt{9}$ $2<\sqrt{7}<3$より, $\sqrt{7}$の整数部分は2, よって, $x=\sqrt{7}-2$ $9x^2-2x+8$ $=9(\sqrt{7}-2)^2-2(\sqrt{7}-2)+8=9(7-4\sqrt{7}+4)-2\sqrt{7}+4+8=111-38\sqrt{7}$

(6) 初日に売れた柿をx個, みかんをy個とすると, 翌日売れた柿は$(120-x)$個 みかんは$(200-y)$個とおける。$x-y=10$…① 初日の売上げは$108x+54y$(円), 翌日の売上げは$54(120-x)+27(200-y)$(円)より, $108x+54y-6750=54(120-x)+27(200-y)$…② ②÷27 $4x+2y-250=2(120-x)+(200-y)$ これを整理すると, $2x+y=230$…③ ①+③より, $3x=240$ $x=80$ これを①に代入すると$y=70$ よって, 柿80個 みかん70個となる。

2 (関数と図形の融合問題)

(1) 放物線も直線も点Aを通るので, $y=a\times(-3)^2$ $y=b\times(-3)+\frac{1}{2}$より, $9a=-3b+\frac{1}{2}$…① また点Bも通るので, $y=a\times1^2$ $y=b\times1+\frac{1}{2}$より, $a=b+\frac{1}{2}$…② ①-②×3より, $12a=2$

$a=\frac{1}{6}$　これを②に代入すると，$\frac{1}{6}=b+\frac{1}{2}$　$b=-\frac{1}{3}$

(2)　Aのy座標は，$y=\frac{1}{6}x^2$に$x=-3$を代入し，$y=\frac{3}{2}$となり，$\mathrm{A}\left(-3,\ \frac{3}{2}\right)$　同様にして$\mathrm{B}\left(1,\ \frac{1}{6}\right)$

直線OAの式は，$y=ax$に$\mathrm{A}\left(-3,\ \frac{3}{2}\right)$を代入し，$a=-\frac{1}{2}$より，$y=-\frac{1}{2}x$…①　Cの座標は，①と$y=-\frac{1}{3}x^2$…②との交点なので①＝②より，$-\frac{1}{2}x=-\frac{1}{3}x^2$　これを解くと，$2x^2-3x=0$　$x(2x-3)=0$より，$x=0,\ \frac{3}{2}$　Cのx座標は$\frac{3}{2}$となる。点Bを通り直線OAと平行な直線の式は，$y=-\frac{1}{2}x+b$に$\mathrm{B}\left(1,\ \frac{1}{6}\right)$を代入し，$b=\frac{2}{3}$より，$y=-\frac{1}{2}x+\frac{2}{3}$　この直線とy軸との交点をPとすると，$\triangle\mathrm{ABC}=\triangle\mathrm{APC}$より，$\triangle\mathrm{APC}=\triangle\mathrm{AOP}+\triangle\mathrm{COP}=\frac{2}{3}\times3\times\frac{1}{2}+\frac{2}{3}\times\frac{3}{2}\times\frac{1}{2}=\frac{3}{2}$

(3)　点Cのy座標は，$y=-\frac{1}{3}x^2$に$x=\frac{3}{2}$を代入し，$y=-\frac{3}{4}$より，$\mathrm{C}\left(\frac{3}{2},\ -\frac{3}{4}\right)$　直線ABの傾きは，$\left(\frac{3}{2}-\frac{1}{6}\right)\div(-3-1)=\frac{8}{6}\times\left(-\frac{1}{4}\right)=-\frac{1}{3}$　点Cを通り直線ABと平行な直線の式は，$y=-\frac{1}{3}x+b$に$\mathrm{C}\left(\frac{3}{2},\ -\frac{3}{4}\right)$を代入し，$b=-\frac{1}{4}$より，$y=-\frac{1}{3}x-\frac{1}{4}$…①　点Dは，この直線①と$y=-\frac{1}{3}x^2$…②との交点になるので，①＝②より，$-\frac{1}{3}x-\frac{1}{4}=-\frac{1}{3}x^2$　整理すると$4x^2-4x-3=0$　解の公式より，$x=\frac{4\pm\sqrt{16+48}}{8}=\frac{4\pm8}{8}$　$x=\frac{3}{2},\ -\frac{1}{2}$　よって，Dのx座標は$-\frac{1}{2}$　y座標は，$y=-\frac{1}{3}x^2$に$x=-\frac{1}{2}$を代入し，$y=-\frac{1}{3}\times\left(-\frac{1}{2}\right)^2=-\frac{1}{12}$　よって，$\mathrm{D}\left(-\frac{1}{2},\ -\frac{1}{12}\right)$

3　(平面図形の計量)

重要　(1)　右の図で点Bから線分ADに下ろした垂線との交点をHとする。円Bの半径をrとすると，AH＝25－r　AB＝25＋r　△ABHで三平方の定理より，$(25+\mathrm{r})^2=30^2+(25-\mathrm{r})^2$　これを解いて，r＝9

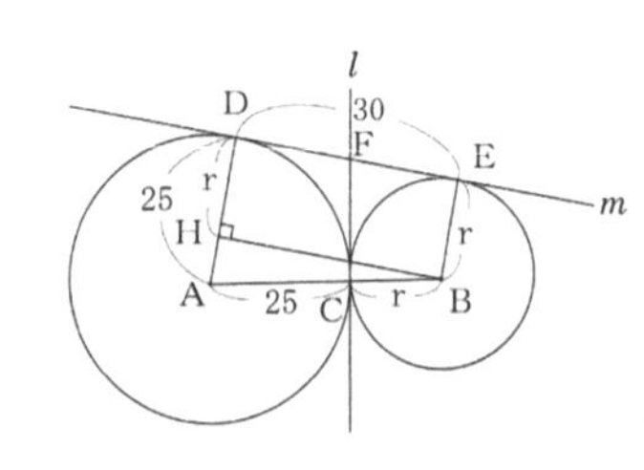

(2)　右の図でFD＝FC＝FEより，$\mathrm{FE}=\frac{1}{2}\mathrm{DE}=15$　△BFEで三平方の定理より，$\mathrm{BF}=\sqrt{15^2+9^2}=\sqrt{306}=3\sqrt{34}$

(3)　$\triangle\mathrm{AFB}=\square\mathrm{ABED}-\triangle\mathrm{AFD}-\triangle\mathrm{BFE}=(25+9)\times30\times\frac{1}{2}-15\times25\times\frac{1}{2}-15\times9\times\frac{1}{2}$

$=510-\frac{375}{2}-\frac{135}{2}=\frac{510}{2}=255$

(4)　$\angle\mathrm{ADF}=\angle\mathrm{ACF}=90^\circ$より，3点A，C，Dを通る円の直径はAFになる。△AFDで三平方の定理より，$\mathrm{AF}=\sqrt{25^2+15^2}=5\sqrt{34}$より，半径は$\frac{1}{2}\mathrm{AF}=\frac{5}{2}\sqrt{34}$となり，円の面積は$\pi\times\left(\frac{5}{2}\sqrt{34}\right)^2=\frac{425}{2}\pi$

重要　**4**　(空間図形の計量)

(1)　△BCDは一辺2cmの正三角形で，右の図のように，Bから辺CDに下ろした垂線との交点をHとすると，CH＝1，$\mathrm{BH}=\sqrt{3}$　よって，面積は$2\times\sqrt{3}\times\frac{1}{2}=\sqrt{3}$

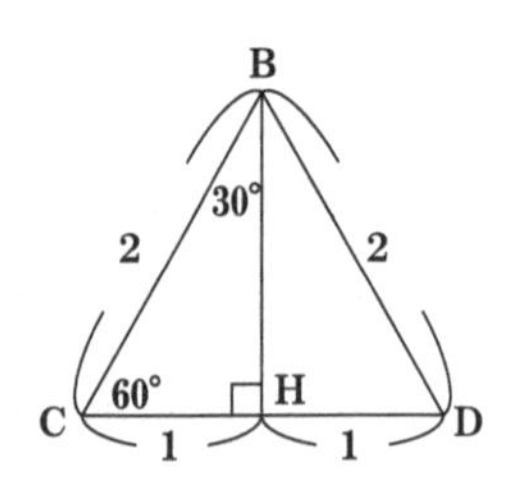

(2)　3点A，B，Hで正四面体を切断すると，右の図のようになる。Aから辺BHに下ろした垂線との交点をP，Hから辺ABに下ろした垂線との交点をQとする。Aから△BCDに下ろした垂線は右の図のAPになる。△AQHで三平方の定理より，$HQ=\sqrt{(\sqrt{3})^2-1^2}=\sqrt{2}$　$AP=x$とし，△ABHで面積について方程式をたてると，$BH\times x\times\frac{1}{2}=AB\times HQ\times\frac{1}{2}$

$\sqrt{3}x=2\times\sqrt{2}$　$x=\frac{2\sqrt{2}}{\sqrt{3}}=\frac{2\sqrt{6}}{3}$

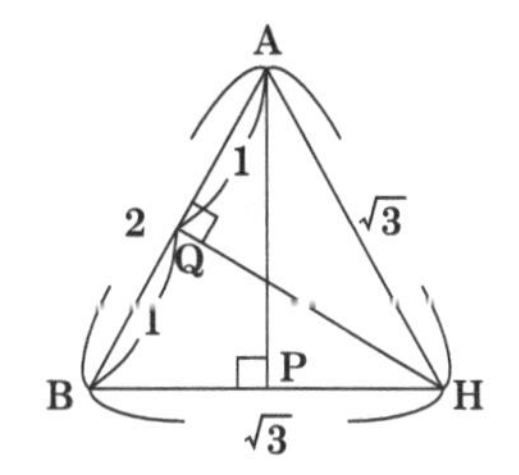

(3)　求める体積は，$\frac{1}{3}\times△BCD\times AP=\frac{1}{3}\times\sqrt{3}\times\frac{2\sqrt{6}}{3}=\frac{2\sqrt{18}}{9}=\frac{2\sqrt{2}}{3}$

(4)　球の中心をOとし，半径をrとすると，正四面体ABCDの体積は4つの三角錐OABC，OACD，OABD，OBCDの体積の和になるので，$\frac{1}{3}\times\sqrt{3}\times r\times 4=\frac{2\sqrt{2}}{3}$　$r=\frac{\sqrt{6}}{6}$

★ワンポイントアドバイス★

難問は出題されないが，基本練習だけでは解けないしっかりした構成になっている。グラフや図形を自分で正確にかいて問題を解く練習を，類似問題を使って数多くこなしておく必要がある。

＜英語解答＞

Ⅰ　1 イ　2 ウ　3 イ　4 ア

Ⅱ　1 ウ　2 エ　3 ウ　4 エ

Ⅲ　1 ア　2 ウ　3 イ

Ⅳ　1 イ　2 エ　3 ウ　4 イ　5 ア　6 イ　7 ア　8 ウ　9 ウ　10 エ　11 ウ　12 エ　13 ウ　14 イ，エ

Ⅴ　1 イ　2 ウ　3 ア　4 イ　5 ウ　6 イ　7 ウ　8 エ　9 ア　10 イ

Ⅵ　1 A ウ　B ア　2 A ク　B カ　3 A カ　B イ　4 A ア　B エ　5 A エ　B キ

Ⅶ　(例)　I think it is better to communicate face-to-face than over the Internet. When I was in the hospital because of my sick, I often exchanged messages with my friends and teachers. I was glad to talk with them. But I was much happier when I talked with them face-to-face at school after I left the hospital.（59語）

＜英語解説＞

Ⅰ　リスニング問題解説省略。

Ⅱ　(会話文：英問英答，内容吟味)

1.　男性：「もしもしターナーさんですか？」 女性：「はいそうです」 男性：「私はジェイムズ・スペンサーです。アルバイトのことでお電話しました」 女性：「わかりました。お電話ありがとうございます。店で働いた経験はありますか？」 男性：「はい，私は去年6ヶ月間スーパーマー

ケットで働いていました」 女性：「わかりました。いいですね。次の火曜日の午後に店に来てくれますか？ 来週の今日に，そうすれば仕事について話すことができます」 男性：「ああ，すみません。大阪にいる予定です。明後日に会うことは可能ですか？」 女性：「24日ですか？」 男性：「はい」 女性：「ええと，1時より前に来ていただけると幸いです」 男性：「わかりました。そうします。ありがとうございます」 女性：「とんでもないです，ジェイムズさん。お電話ありがとうございました」 a week today「来週(先週)の今日」「何曜日の何時に男性は店を訪れるか？」女性は3番目の発言で「次週の火曜日に店に来るよう提案し，『来週の今日』だ」とも言っている。それで，今日は火曜日だと分かる。男性の4番目の発言で，「あさってはどうですか」と尋ねている。また時間については女性は，1時までに来てくれると都合がよいと答えているので，男性が店を訪れるのは木曜日の午後1時より前の時間帯だと考えればよい。

2. ジョージ：「サラは学校が休みのとき何をしているんだい？」 メアリー：「知らないわ。たぶん彼女には合気道のトーナメントがあるのよ」 ジョージ：「合気道？ 彼女は柔道にハマっていると思っていたよ」 メアリー：「前はね，でも去年，柔道に変わったの」 ジョージ：「ああ，そうなんだ。僕はかつて合気道と柔道をやっていたよ。何年も前にね」 メアリー：「本当？ どうしてやめたの？」 ジョージ：「サッカーをしているときに，足を骨折してしまったんだ」 メアリー：「うわあ。私にも同じことがあったのよ！ あなたの怪我はひどかったの？」 ジョージ：「ええと，そんなにはひどくなかったけど，お医者さんがスポーツに関わらないほうがいいと言っていたんだ」「何が正しいか？」ジョージの4番目の発言で「サッカー中に脚を骨折した」と言うのに対し，メアリーは The same thing happened to me!「私にも同じことが起こったよ！」と言っているので，エ.「メアリーは以前脚を骨折したことがある」というのが正しい。ア.「サラは休み中に合気道のトーナメントがある」(×) イ.「メアリーは骨折している」(×) ウ.「ジョージは1年前に脚を骨折した」(×)

3. 男性：「あなたは何を読んでいるの？ ジェームス・スミス？ すごい作家だ！」 女性：「そう。彼の書くものは素晴らしいと思わない？」 男性：「そうだね。僕は彼の SF シリーズの『3050』が好きだよ。彼はそれで賞を受賞したんだよね？」 女性：「ええ，結末の予想がつかなかったわ。それは本当に巧妙なものだった。あなたは彼の新シリーズ作品も好き？」 男性：「うん，でも彼がホラーにも参入してきてびっくりしたよ」 女性：「私もよ，でもそれらはますます良かったわ！」 男性：「それが今君の読んでいる本かい？」 女性：「これ？ これは彼の人生についてのものよ。それはアーサー・ハミルトンによって書かれたものなの」「女性はどんなジャンルの本を読んでいるか？」女性は読んでいる本について最後の発言で「彼の人生についてです」と答えているので，ウ. biography(伝記)ジャンルの本を読んでいる。 ア.「SF」 イ.「ホラー」 エ.「恋愛物語」

4. サンドラ：「ねぇ，どうしたの？」 アイリーン：「何にも」 サンドラ：「本当に？」 アイリーン：「複雑なのよ。私は大丈夫。本当よ」 サンドラ：「私に話してみて」 アイリーン：「いいわ。私はただ……平気よ」 サンドラ：「うーん，あなたが大丈夫じゃないってことはわかっているけれど，話したくなったら教えてね。そうしたらあなたのところに来るからね」 アイリーン：「わかったわ，ありがとう。あなたは本当にいい友達よ」「どの語が最も下線部に適しているか？」最後まで，「何でもない，大丈夫」というアイリーンに対し，サンドラがそれでも心配して「話したくなったら教えてね，あなたのところに来るからね」と言う様子が書かれているので，アイリーンはサンドラを良い友だちだと言っていると考える。 ア.「カウンセラー」 イ.「近所の人」 ウ.「母親」

Ⅲ （資料問題：空欄補充，内容吟味）

（大意） ジアはシンガポールの留学生で，中国にいる家族と，マレーシアにいる友だちに電話するために，国際電話のプリペイドカードを買いたい。登校の前には家族に，寝る前には友だちに電話しようと思っている。2種類のカードがあって，どちらも10ドルである。

—カードAとカードBの内容は省略—

もし通話のとき援助が必要な場合は，メールを送ったり，カスタマーホットラインに電話したりすればよい。

1. ① ジアが彼女の家族(中国)に電話するときには，970時間内いつでも電話できるカードAがより良いと考える。 ② カードA(344 mins to Malesia (night))を使えば，寝る前(night)にマレーシアにいる友だちに，カードB(310 mins to Malesia (night))より電話を長くかけられる。
2. 「国際電話で何か困ったことがあったら，ジアは何をするべきか」資料の最後の2行に，困ったらメールを送るか電話をするようにメールアドレスや電話番号が書かれている。これが，選択肢ウでは call customer service と書きかえられている。ア.「電話カードを買った店にたずねればよい」(×) イ.「電話カードの会社のウェブサイトにアクセスするべきだ」(×) エ.「電話カードの会社に新しいPINナンバーを求めるべきだ」(×)
3. ① 最初の段落の終わりに，どちらのカードも同じ値段(10ドル)とあるので，the same が適切。 ② 使うカードによって，家族(中国にいる)と電話で話せる時間は，カードAでは970分まで，カードBは午前中940分までか夜960分までと異なるので，different が適切。

Ⅳ （長文読解：内容吟味，内容一致）

（大意） 幼いチャーリーは小さな劇場の役者であった母に連れられて劇場へ行くのが好きだった。彼は舞台そでていつか自分もすばらしい役者になることを夢見ていた。ある夜彼は5歳のとき初めて舞台に立った。無作法な観客はヤジを飛ばしていたため，舞台で歌っていたチャーリーの母は舞台から退場させられた。彼女は舞台そででひどく取り乱した。舞台に上げてもらえない母の代わりに，支配人はチャーリーを舞台に上げた。幼い男の子が舞台に上がってくるとは全く思っていなかった観客は静かになった。チャーリーは母から教えてもらった有名な歌を歌った。観客からお金が降り注がれると，チャーリーは歌うのをやめ，まずは拾ってから歌うと言った。お金を拾うのを手伝う支配人が，それを彼のものにしてしまわないようにするためだ。観客はそれを面白がって劇場は笑い声であふれたが，チャーリーにとっては冗談ではなかった。彼は支配人について舞台を降り，お金が母親の手に渡るまで舞台に戻らなかった。そのあとのチャーリーの舞台は大成功だった。こうして，チャーリーの初の舞台は終わった。

—中 略—

スタジオとの出会いはうまくいかなかった。彼はスタジオに入りたかったが，はずかしくてそうできず，反対側の道路に立っては，ホテルに戻ってしまうという，2日間を過ごした。チャーリーはスタジオに入ったことがなかったので，とても興味をそそられたが，何日か仕事がなかったので，ただぶらぶらした。セネットは心配になってきたチャーリーに耐えるように言ったが，彼は途方にくれた。それから彼は突然，つきが変わった。勧められて外出着でスタジオに立つチャーリーに，セネットは「コメディらしいメイクをしろ。なんでもいいだろう」と言った。チャーリーはだぶだぶのズボンを履き，窮屈(きゅうくつ)なコートを着て，大きな靴を履いて，山高帽をかぶり，つえを持ち，口ひげをくっつけた。それらを着てメーキャップをすると，彼の中の何かが生き生きして，何をすべきかがはっきりわかった。彼の撮影が始まった。彼があまりにもおかしいので，撮影者も笑い始めた。彼は見に来た裏方や有名な演者など多くの人すべてを笑わせた。その舞台にそんなに笑いがあふれたことはなかった。チャーリーはその衣装のおかげがあってうまくやれたとわかり，残りの人生もそれを固守しようと決めた。

1. It は直前の1文の This が示す，2文前の内容を指している。彼が気に入っていたことを，2文前から読み取る。
2. 下線部②を含む文の最初に，And that is how「こうして」とあるので，下線部②に至るまでの部分は，その直前に書いてあると考える。<dream of ～ ing>「～することを夢見る」
3. 下線部③の直前に書いてある，オールダーショットの劇場の様子を読み取る。
4. 下線部④に至る，直前の1文の，母親の声が出なくなり舞台そでに退場したという出来事から，ア・エではないことがわかる。さらに，直後の1文に「支配人と口論した(argued)」とあるので，ウではないと判断する。
5. <the last thing ～>「最も(全く)～しないこと」The last thing they were expecting は「彼らが全く予想もしていなかったこと」という意味である。ヤジを飛ばしていた観客が幼いチャーリーの登場で静かになったのも，予想外のことが起こった結果だと推測できる。
6. 下線部⑥のようにした理由を，直後の1文でチャーリーが観客に「まずはお金を拾ってから歌う」と伝えている。
7. 観客が冗談だと思っていたことが，チャーリーにとっては冗談ではなかったという説明が始まる第7段落に注目する。チャーリーはお金を拾うのを手伝った支配人のそばについて舞台から下り，支配人が拾ったお金をすべて母親の手に渡すまで，舞台に上がらなかったのである。
8. 下線部⑧の直前の1文「そのあと(再び舞台に上がったのあとは)，彼はとても楽しんでいた」から，そのときの状態として適切なものを選ぶ。feel at home「(家にいるように)くつろぐ，リラックスする」 ア.「チャーリーは故郷が恋しかった」(×) イ.「チャーリーは自分が家にいると思っていた」(×) ウ.「チャーリーは舞台上でリラックスしていた」(○) エ.「舞台で演じることはチャーリーを緊張させた」(×)
9. 直前の1文の内容を指し，「これが2日間連続で起こった」と続いている。
10. 肯定文の anything は「なんでも(～する)」という意味である。この do は「(とりあえず)間に合う，なんとかなる」という意味なので，エが適切。
11. It は直前の1文の内容を指す。彼は，何をすべきかが，突然に，はっきりとわかってきたのだった。「そして，彼が舞台に上がるまでには『チャーリー』が完璧に仕上がっていた」と続く。
12. 直前の2文に出てきた，チャーリーの演技を見に来た人々すべてを指す。ア.「舞台の裏方だった人々」(×) イ.「チャーリーと演じた人々」(×) ウ.「初めて彼の演技を見た人々」(×) エ.「裏方や有名な演者も含めた，彼の演技を見に来た人々」(○)
13. 直前の1文の内容から，「彼にとって非常にその衣装が役立ったことがわかった」ので，「残りの人生もそれ(=衣装)を固守しようと決めた」のである。
14. ア.「チャーリーの母は舞台でもう歌えなくなったとき，チャーリーに代わってほしいを思った」(×) 母の代わりにチャーリーを舞台に上げたのは支配人である。 イ.「チャーリーと彼の母は初舞台のあと，とてもうれしく感じた」(○) 本文第8段落4・5文目参照。 ウ.「コメディの格好をするように言われたとき，チャーリーはすぐにどんな格好をすべきか決めた」(×) 本文第12段落1～2文目より最初は何の考えも浮かばなかったが，帰り道に素早く決めたとあるので，言われてすぐに思いついたわけではない。 エ.「チャーリーは『チャーリー』がどんなキャラクターであるべきかわからなかったが，舞台に立つまでにはそれがわかった」(○) 第13段落1～4文目参照。 オ.「チャーリーは自分のおかしなメイクが深刻な場面のときでさえ大いに助けになっていることに気づいた」(×) 本文最終文より，メイクではなく衣装が助けになったと気づいた。

Ⅴ (語句補充：現在完了，動詞，助動詞，代名詞，動名詞，文型，分詞，形容詞，副詞)

基本 1. 「先週から学校の正面に白い車がある」文末に since last week があるので，<There + be 動詞＋主語(＋場所).>「(…に)～があります」の be 動詞の部分が現在完了形にするのが適切。

2. 「私たちはみんなサッカーを見るのが好きだけれど，私の友だちの一人はサッカーをしない」<one of ＋名詞の複数形>「～のうちの一人(一つ)」は単数なので，doesn't が適切。

3. 「あなたは自分が何者だと言えるのですか」<say ～ about yourself>「自分自身について～という」の「～」が疑問詞 what になり，文頭に置かれている。

重要 4. 「トムは彼のお父さんが戻ってきたら出発するだろう」<when ＋主語＋動詞>の動詞部分は，未来のことであっても現在形で表す。　エ. leave は leaves ならば英文として成り立つ。

5. 「私が言う必要があるのは以上です。ほかに言うことは何もない」<nothing to ～>は「～すべきことが何も(…ない)」という意味。　イ. anything は，I don't have と否定文に続ける場合は英文として成り立つ。

重要 6. 「昨夜あの UFO を見たことを決して忘れないだろう」<forget + ～ ing>で「(過去に)～したことを忘れる」という意味。<forget + to ～>は「(これから)～するのを忘れる」という意味になるので，文脈とそぐわない。

基本 7. 「私はあなたの誕生日に CD プレイヤーをあげるつもりだよ」<give ＋(人)＋(もの)>で，「(人)に(もの)を与える」。エは，for you ではなく to you ならば正しい。

8. 「私にXで始まる単語を教えて」<begin with ～>「～で始まる」を，現在分詞の形にして，a word を後ろから修飾している。

やや難 9. 「彼は財布をなくし，それが見つかる希望はほとんどない」<hope of ～>「～するという希望」の hope は数えられない名詞なので，many，few を用いることができない。lots は数量を表す場合，lots of ～という形で使われる。

重要 10. 「あなたは始発電車に乗るために，もっと早く家を出るべきだ」fast(er)「(速度が)速い」，early(earlier)「(時間が)早い」，quick「(動きが)素早い」，soon(er)「(動作が完了するまでが)早い」という意味の違いがある。

Ⅵ (語順整序：不定詞，関係代名詞，熟語，間接疑問文，接続詞)

1. I [want this present to be delivered to her] by tomorrow.　<want ＋(人・もの)＋ to ～>「(人・もの)に～してほしい」を使って，「私は明日までにこのプレゼントに届かれてほしい(＝明日までに届いてほしい)」と言っているので，to ～の部分が受け身<be ＋過去分詞>になっている。

重要 2. This house [is not big enough for us to have] guests.　<形容詞＋ enough (for (人)＋ to …)>で，「(人が)…するには十分～だ」という意味。形容詞と enough の語順に注意する。

基本 3. The lady [is proud of the ring her husband made].　the ring を，関係代名詞 which [that]を省略した her husband made が後ろから修飾している。<be proud of ～>「～に自慢[誇り]に思っている」

基本 4. [Could you tell me what club the student belongs] to?　Could you tell me「私に教えてくれませんか」に続く目的語が，関節疑問文<疑問詞＋主語＋動詞>で表す。疑問詞がwhat club「何のクラブ」で主語が he，動詞が<belong to ～>「～に所属している」である。

5. [The newspaper says it' s going to be rainy] today.　語群の says をもとに，「新聞に～と出ている」を「新聞が～と言っている」だと解釈しよう。天気について be going to が使われるのは，根拠があったりほぼ確実であったりすることを表す場合である。

Ⅶ （英作文）

質問は「あなたはコミュニケーションをとるのに，顔を合わせて話すかインターネットを通すか，どちらがよりよいと思いますか。それはなぜですか。」という意味である。最初に I think it is better to communicate face-to-face [over the Internet] than over the Internet [face-to-face]. と自分の意見を述べ，その理由については自分の経験を交えて，自分が選んだ手段の利点を書くとよい。

★ワンポイントアドバイス★

Ⅱの会話文問題とⅢの資料問題は，続くⅣの読解問題に十分時間をとれるよう，設問を読んでから，本文や資料から必要な部分を見つけ出すようにして解いていこう。

<国語解答>

一　問1　①　渇望　②　虐(げ)　③　過(ち)　④　牙　⑤　陥(って)　問2　3
問3　ア　3　イ　4　ウ　1　問4　2　問5　1　問6　一体感　問7　4
問8　2　問9　3　問10　4　問11　1　問12　3　問13　1　問14　4
問15　2　問16　1

二　問1　①　ほ(め)　②　くっきょう　③　こうれい　④　なや　⑤　きゃたつ
問2　a　2　b　4　問3　2　問4　4→1→3→5　問5　3　問6　4　問7　得意げ
問8　1　問9　2　問10　3　問11　子どもらは　問12　3　問13　1　問14　2
問15　1　問16　2　問17　4　問18　1　×　2　×　3　×　4　○　5　○

<国語解説>

一 （論説文―漢字の書き取り，内容吟味，文脈把握，語句の意味，接続語，脱語補充，慣用句の用法）

問1　①　「渇望」とは，心から願望すること。「渇」の訓読みは「かわ(く)」。　②　「虐(げる)」とは，むごい扱いをするという意味。「虐」の音読みは「ギャク」。熟語は「残虐」「暴虐」など。　③　「過」の音読みは「カ」。熟語は「過失」「過料」など。　④　「牙」の音読みは「ガ・ゲ」。熟語は「歯牙」「象牙」など。　⑤　「陥」の音読みは「カン」。熟語は，「陥没」「陥落」など。

問2　「眉を顰める」とは，他人の行為に対して不快感を示すという意味。

やや難　問3　ア　「時代とともに応援のスタイルなどその競技の文化が変化するのはありうることだろう」と前で述べたうえで，「変化には理由がある」ことを後で主張している。　イ　「日常が孤独」であることを，後で「居場所がない」と言い換えている。　ウ　前の「疎外感を常日頃からどこかに抱えている」ことが原因となり，「日常とはまったく違う人とのつながりを求めたくなる」という当然の結果が後に続いている。

問4　「過不足なく自分が収まっていると思えない」状態を，直後の一文で具体的に列挙している。それらをまとめて，「疎外感を常日頃からどこかに抱えている」と述べているので，「自分が必要とされているという実感も持つことができない」とする2が適切である。

問5　「無礼講」とは，身分などの上下を抜きにした宴のこと。「水平のつながり」とは，相手と対等な立場での関係にあること。ここでは，「力関係や利害関係」を抜きにして，人とつながり，自分のありのままを出せる関係のことをいう。

問6　孤独感を募らせる人が「まわりに同調しなくても理解し合えるのだ」という思いを抱くのは，一体感に飢えていた状態が癒され，一体感に満たされるからである。

やや難 問7　「暴力」とは，ヘイトスピーチによる言葉の暴力を指し，それによって「精神に重傷を負わされた人たち」を当事者同士と表現している。「存在の根源を肯定し合える共感」とは，その傷を互いが理解し，苦しみや痛みを共感できるということであるから，「その傷を分かち合うことで，ありのままの自分を引き受けていくことができる」とする4が適切である。

問8　「孤独をいやす居場所」を言い換えた内容が入ることを押さえる。デモに行く人が「まわりに同調しなくても理解し合える」という思いを抱いたり，ヘイトスピーチに対するカウンター行動に参加する人が「存在の根源を肯定し合える共感」を得たりするのと同様に，安心感や共同性を求めていることを踏まえて選ぶ。

問9　傍線部の「そこ」は，共同性を感じられる「日常」を指す。「非日常の場に何度も参加するうち」「非日常から次第に日常へと変わっていく」ことで，次第に孤独ではなくなり，居場所としてしっくりくるようになる。したがって，「自分という存在が適度に収まっていられると感じている」とする3が適切である。

問10　「分かち合う言葉」によって，「負の感情を共有することで中和する」ことを繰り返した結果，その役割を果たさなくなってしまう。そのため，「共同体の物語は，排除の言葉として機能し出す」ことを捉える。

問11　「つながりの喜び」とは「共同性」のことで，「そこに所属しているという意識」のことである。一方，「裏切り者の排除」とは「排他性」のことで，「そこを自分が所有しているという意識」のことである。

問12　獲得した「自分を偽らずにいられる居場所」が暴走を始めると，「物語の解釈がどんどん変わって，厳しい資格審査」を始める。その結果，誰もが物語に合わせて自分を偽るようになるので，「物語に個人が支配され，物語を介したつながり自体に強い意味が生じてしまっている」とする3が適切である。

問13　「共同性」が生み出す物語は，「言語化できない経験を言葉にし」，分かち合うものであり，それによって生じた「所属意識」はその人の「アイデンティティ」に深く根を下ろしている。「フィクション」とは，創作という意味で，言葉は実体をもたないのに「私たちはそのフィクションなしでは，生きられない」，つまり，その物語に依存するしかないのである。

問14　「語り続けられていくうちに」「耳当たりのよいように変容」し，「規制の物語と似てくる」という，実質的な部分をはなれた表面的な変化をすることを押さえる。そして，「公の物語として排他性を発揮し始める」と，同様に表面的な次元で「規則を強要して取り締まる」ような状態になるのである。

やや難 問15　筆者の考える「文学」について説明した三つ前の段落から傍線部を含む段落までの内容に着目する。文学とは「言葉にならないことを言葉だけで表現するメディア」で，「使いすぎて定型化し空虚になった言語を更新し，新たな意味を発生させる」ものである。言葉で物語化し，自分と他人がその物語を受け止め合ったとき「共同性」が生まれる。それと同時に解体し，共同性を批判する点を「たえず見直していく力の働きにも見出すことができる」とする2が適切である。

問16　「戦争を賛美する作家」と同じ精神性を持っていることを踏まえ，「自分の物語を公のものに変え，世のより大きな公の物語の排他性に，加担してしまう」傾向があることを押さえる。日本の文学の特徴として「他人の声なき声を聞くことは苦手である」とあり，「自分の声」と「自分の声の物語を聞いてもらえる場」を重視していることをつかむ。

二 **(小説―大意・主題，心情，内容吟味，文脈把握，指示語，語句の意味，脱語補充，漢字の読み)**

問1 ①「褒」の音読みは「ホウ」。熟語は「褒美」「褒賞」など。 ②「屈強」とは，非常に力が強い，という意味。 ③「恒例」とは，決まって行われる儀礼や行事。「恒」のここでの意味は，いつも変わらないという意味で，「恒常」などの熟語がある。 ④「納」には，「ナ」の他に「ノウ・ナッ・ナン・トウ」など複数の音読みがあり，後に続く漢字の読み方に注意する。 ⑤「脚」の音読みは「キャク」。後に「立」という字が続き「キャ」と読むことに注意する。

問2 a 成長にあわせてつぎつぎに新車を買ってくれる客であったことを押さえる。 b そぐわない，しっくりこない，という意味。

問3 おなじ話であっても，絹代さんは「ありがたく耳を傾けていた」。なくなった人との生前の思い出を語らうことで，故人をしのび，当時の様子をなつかしく振り返っているのである。

やや難 問4 絹代さんがびっくりしたのは，パンクの修理をただで教えてもらうという図々しさに対するものである。C という言葉を使った由に「偉そうな口きくんじゃないの」とたしなめ，冨田さんの迷惑にならないよう叱った。由はそれに対して，「ぼくたちがなにか買ってあげないとお客さんがいないもの」と真面目な顔で応えた。それを見た絹代さんは吹き出してしまった。母親の笑いをとって得意げな表情を見せる由に「子供の純粋さ」を感じ，かわいらしく思っているのである。

問5 「パンクの修理」をただで教えてもらうかわりに「車体につける水筒を買う約束をした」。つまり，相手のしてくれたことに応えているという発言をしたのである。

問6 十三回忌は，息子の由の法事である。由は大雨洪水警報が発令された日，尾名川がどのような様子になっているのかを見に出かけ，なくなったのである。

問7 「由の顔」とコウタの表情が絹代さんの頭のなかで重なっていることをつかむ。由が小学校二年生のときのころを回想している前の段落で，「まるで飼い主に褒められた子犬みたいな，心の底から嬉しそうだった」表情，由の「母親の笑いをとって得意げな表情」を思い出していることをつかむ。

問8 「お金を出してでも買いたい」「世界中をさがしまわってでも手に入れたい」というように，絹代さんは「念ばかり押されて，念ばかり押して」という「念のために生きてきたみたいなものだ」と，自分の人生を振り返っている。本当は自分の思う通りにしたいが，念を押されると行動できないでいることを捉える。

問9 「書道教室の子どもたちの元気な姿」と，濁流の下のマンホールの穴に飲まれ，流されてなくなった息子を比較するのは理にかなっていないと思い，空しくなったのである。

問10 こつこつ物事をすること，一生懸命にすること。

問11 陽平さんの出迎えの言葉に応答しているときに，葬儀のときの冨田さんとのやりとりを回想し，陽平さんは「葬儀のときも，その後いつのまにか五度を数えた法事のときも」激しく取り乱すことはなかったと振り返っている。そして，再び陽平さんが話している「子どもらは喜ぶよ」という発言で，陽平さんとの会話に戻っている。

問12 冨田さんが話してくれたのは，由が「カンテラみたいな脱着式ライトにしたい」と頼んできたということであった。脱着式ライトは「坂道を走るときに車輪にかかる抵抗がなくて楽にペダルがこげるし，電池があるかぎり，速度に関係なく一定の光で闇を照らせる」が，「持つと重いし，よく壊れる」ので反対した。けれども，「あれをつけてあげてれば，暴風雨のなかで自転車を引いてもとりあえず明かりがあって，誰かが気づいたかもしれない，危ないから帰れと言ってくれたかもしれない」という思いが，冨田さんにはあった。

問13　冨田さんが「怒らないで聞いてください」と話し始めた直前の一文に着目する。「絹代さんの頭には，なぜか葬儀のときの冨田さんの声が響きはじめたのである」とあり，葬儀のときに「いまになって思う」と振り返っていることを押さえる。

問14　冨田さんが「つまらんこと申して」と言ったのは，絹代さんの「ふいに溢れる涙を抑え切れなかった」様子を見たから。自分の発言によって，かえって絹代さんにつらい思いをさせたことを後悔している。

やや難 問15　絹代さんは陽平さんの出迎えの言葉に対し，恒例の応答をしながら葬儀のときの冨田さんの話を回想していた。そして，陽平さんが応対している場面を思い出し，「陽平さんが涙を見せたのは，一日じゅう雨のなかを探しまわっても由が見つからず，力つきて戻ってきたときだけだ」と気づいた。陽平さんは，絹代さんが半狂乱になってわめいたり，陽平さんを責めたりしても，何も言わずに耐え，つらさや悲しみにも激しく取り乱すことはなかった。そのことに気づいた絹代さんは，陽平さんの悲しみを癒やそうとして，火を灯すことに応じたのである。

問16　絹代さんは旅先でランプを買うのが趣味であったが，火を灯すことはなく，陽平さんもあきれていた。だから，「子どもらは喜ぶよ」と声をかけても，それには応じないだろうと思っていたのに，急にその提案に応じられて驚いたことをつかむ。

問17　評判などを広く聞こえ渡らせる，という意味。

やや難 問18　この文章では，過去の回想が随所に挿入され，過去の出来事が心情や言動に結びついて展開している。そして，絹代さんは火を灯すことのなかったランプに火を灯し権現山から眺めようと提案する。題名の「送り火」には，生きている者の一つの区切りとして，魂を鎮める一面が描かれている。したがって，4・5が正しい。1は「柴犬のコウタが川で溺れそうになったとき」が間違い。2は，絹代がランプの火を灯そうとしなかった直接の原因について描かれてはいない。3は，最後の段落で「この十年，風邪ひとつひかない人だったのに，なんだか先割れした筆みたいに頭髪の抜けた頭がふらふらしている」という風采（さい）を描いた表現はあるが，年老いたことは読み取れるものの，「頼りなさげ」であるとか，「絹代に自分がしっかりとしなければならない」ということを感じさせるものではない。

★ワンポイントアドバイス★

文章がやや難解に感じられるかも知れないが，要点を押さえながら読み進めよう。設問を解き進めるなかで，理解の手助けとなるものもある。設問数が比較的多いので，時間配分にも注意しながら，慎重に解いていく練習を心がけよう！

大切なことはメモしておこうネ！

解答用紙集

○月×日　△曜日　天気（合格日和）

◆ご利用のみなさまへ
＊解答用紙の公表を行っていない学校につきましては、弊社の責任において、解答用紙を制作いたしました。
＊編集上の理由により一部縮小掲載した解答用紙がございます。
＊編集上の理由により一部実物と異なる形式の解答用紙がございます。

人間の最も偉大な力とは、その一番の弱点を克服したところから生まれてくるものである。 ――カール・ヒルティ――

東京学参株式会社

法政大学国際高等学校　2024年度

◇数学◇

※ 139%に拡大していただくと，解答欄は実物大になります。

1	(1)	(2)
	(3)	
	①	② $a=$　　　，$b=$
	(4)	(5)

2	(1)	(2)
	$a=$　　　，$b=$	$p=$
	(3)	(4)

3	(1)	(2)
	(3)	

4	(1)	(2)
	$x=$	
	(3)	
	$x=$	

法政大学国際高等学校　2024年度

◇英語◇

※ 137%に拡大していただくと，解答欄は実物大になります。

I	1		2		3		4		
	5								

II	1		2		3		4		5		6	
	7		8		9		10		11			

III	①	A		B		②	A		B	
	③	A		B		④	A		B	

IV	1		2		3		4	

※ 175%に拡大していただくと，解答欄は実物大になります。

V

法政大学国際高等学校　２０２４年度

※１４９％に拡大していただくと、解答欄は実物大になります。

一

問1　①　②　③　④

問2　問3　問4

問5　問6　問7

問8　問9　問10

問11　問12　問13

問14　問15

二

問1　①極楽　②日雇い　③大股　④力んで　⑤職掌柄

（解答欄：②　い　④　んで）

問2　問3　問4

問5　問6　問7

問8　問9　問10

問11　問12　問13　問14

問15　問16　問17　問18

法政大学国際高等学校　2023年度

◇数学◇

※ 141％に拡大していただくと，解答欄は実物大になります。

1	(1)	(2)
		$x=$
	(3)	(4)
		個
	(5)	
	度	

2	(1)	(2)
	$a=$	A（　,　），B（　,　）
	(3)	(4)
	C（　,　）	D（　,　）

3	(1)	(2)
	度	
	(3)	

4	(1)	(2)
	P（　,　）	Q（　,　）
	(3)	(4)
	$a=$　　,　$b=$	

法政大学国際高等学校　2023年度

◇英語◇

※ 141％に拡大していただくと，解答欄は実物大になります。

I	1		2		3		4		5		6		
	7		8		9		10		11				

II	1		2		3		4		5	
	6		7							

III	1	①	A		B		②	A		B	
	2	③	A		B		④	A		B	

IV	1		2		3		4		5		6	

V	1	(1)		(2)		(3)	

※ 179%に拡大していただくと，解答欄は実物大になります。

V 2. Writing Section 解答用紙

法政大学国際高等学校　２０２３年度

◇国語◇

※１５２％に拡大していただくと、解答欄は実物大になります。

一

問1	① 余暇	② 結託	③ 台頭	④ 遂げ	⑤ 果敢
				げ	

問2	問3	問4
問5	問6	問7
問8	問9	問10
問11	問12	問13	問14
問15	させる手法	問16

二

問1	① ハナハだしい	② エトク	③ ジッセキ	④ アキラめ	⑤ フフク
	だしい			め	

問2	問3	問4
問5	問6	問7
問8	問9	問10
問11	問12	問13
問14	問15	問16	問17

法政大学国際高等学校　2022年度

◇数学◇

※ 141％に拡大していただくと，解答欄は実物大になります。

1	(1)	(2)	
	(3)	(4)	
	$x=$	$a=$　，$b=$　，$c=$	
	(5)	(6)	
		①∠SRT＝	②∠QRS＝

2	(1)	(2)
	$a=$	C（　，　）
	(3)	
	D（　，　）	

3	(1)	(2)
		MN＝
	(3)	

4	(1)	(2)
	cm	cm
	(3)	
	$y=$	x の変域：

法政大学国際高等学校　2022年度　◇英語◇

※ 149％に拡大していただくと，解答欄は実物大になります。

I												
	1		2		3		4		5		6	
	7		8			9	①		②		③	

II										
	1		2		3		4		5	
	6									

III													
	1	①		②		④		⑧		⑪			
	⑬		⑯		2	A		B		3	⑤		⑥	
	4		5	A		B		6					
	7	A		B		8		9					

IV	1		2		3		4		5	

※ 179％に拡大していただくと，解答欄は実物大になります。

Ⅳ Writing Section 解答用紙

21:34

◇国語◇

法政大学国際高等学校　２０２２年度

※１５２％に拡大していただくと、解答欄は実物大になります。

一

問1
① シコウサクゴ
② ヤッカイ
③ ジマエ
④ サイゲン
⑤ オオい　　い

問2　i　ii　iii

問3　問4

問5　〜

問6　問7　問8　問9

問10　問11　問12

問13　問14　問15

二

問1
① 示唆
② 委ね　　ね
③ 否
④ 畏れ　　れ
⑤ 絡まり　　まり

問2　問3　a　詞　b　形

問4　問5　問6　問7

問8　問9

問10　問11　問12

問13　問14　問15

問16　問17　問18

法政大学国際高等学校　2021年度

◇数学◇

※ 152%に拡大していただくと，解答欄は実物大になります。

	(1)	(2)
1		
	(3)	(4)
	(5)	(6)
	cm^3	cm

	(1)	(2)
2	$a =$	E
	(3)	(4)

	(1)	(2)
3		:
	(3)	
	:	

	(1)	(2)
4		
	(3)	
	個	

法政大学国際高等学校　2021年度

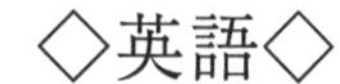

※ 154%に拡大していただくと，解答欄は実物大になります。

I												
	1		2		3		4		5		6	
	7		8		9		10		11			

II												
	1		2		3		4		5		6	
	7		8		9		10					

III												
	1		2		3		4		5		6	
	7		8		9		10					

IV										
	1	A		B		2	A		B	
	3	A		B		4	A		B	
	5	A		B		6	A		B	
	7	A		B		8	A		B	

※ 185％に拡大していただくと，解答欄は実物大になります。

V

◇国語◇

法政大学国際高等学校　２０２１年度

※１５４％に拡大していただくと、解答欄は実物大になります。

一

A
- ① 惜敗
- ② 嘱望
- ③ 薄氷
- ④ 損ねる（　　ねる）
- ⑤ 吐露

B
- ⑥ サンラン
- ⑦ フシン
- ⑧ ダジン
- ⑨ ケイショウ
- ⑩ マタタく（　　く）

二

問1　問2

問3　i　ii　iii　問4

問5　問6　問7　問8

問9　日本社会が　　　　　　　　　　であったから。

問10　問11　問12

問13　問14

問15　1　2　3　4　5

三

問1　問2

問3　i　ii　iii

問4　問5　問6　問7

問8　問9　問10　問11

問12　問13　問14

法政大学国際高等学校　2020年度

◇数学◇

※ 149％に拡大していただくと，解答欄は実物大になります。

	(1)	(2)
1		$a=$
	(3)	(4)
	(5)	(6)
		$n=$

	(1)	
2	A	B
	(2)	(3)

	(1)	(2)
3		半径　　　　，中心角　　　　度
	(3)	

	(1)	(2)
4		
	(3)	(4)

法政大学国際高等学校　2020年度

※ 147％に拡大していただくと，解答欄は実物大になります。

I	1		2		3		4		5		6	

II												
	1		2		3		4		5		6	
	7		8		9		10					

III											
	1		2			3		4		5	
	6		7								

IV												
	1		2		3		4		5		6	
	7		8		9							

V										
	1	A		B		2	A		B	
	3	A		B		4	A		B	
	5	A		B						

※ 185％に拡大していただくと，解答欄は実物大になります。

Ⅵ

◇国語◇

法政大学国際高等学校　２０２０年度

※１５４％に拡大していただくと、解答欄は実物大になります。

一

問1　①ドウテイ　②ホウムった　③センメイ　④スルドく　⑤フカブン

問2

問3

問4　a　b　c

問5

問6

問7

問8

問9

問10

問11

問12

問13

問14

問15

問16

問17

問18

二

問1　①据　②隔てた　③弾む　④軒下　⑤丹念

問2

問3

問4

問5

問6

問7

問8

問9

問10

問11

問12

問13

問14

問15

問16

問17

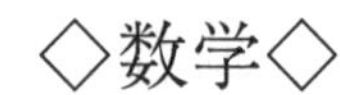

※この解答用紙は123％に拡大していただくと，実物大になります。

1	(1)	(2)
	(3)	(4)
		$a =$
	(5)	(6)
	g	$\angle x =$　　　，$\angle y =$

2	(1)	(2)
	(3)	(4)

3	(1)	(2)
	(3)	(4)

4	(1)	(2)
	(3)	
	P　　　　，Q	

法政大学国際高等学校　2019年度

◇英語◇

※この解答用紙は118％に拡大していただくと，実物大になります。

Ⅰ	1		2		3		4		5		6	

Ⅱ	1		2		3		4		5		6	

Ⅲ	1		2		3		4	

Ⅳ	1		2		3		4		5		6	
	7		8	（A）			（B）		9			

Ⅴ	1		2		3		4		5		6	
	7		8		9		10					

Ⅵ	1	A		B		2	A		B	
	3	A		B		4	A		B	
	5	A		B						

※この解答用紙は 159％に拡大していただくと，実物大になります。

Ⅶ

法政大学国際高等学校　２０１９年度

※この解答用紙は１４１％に拡大していただくと、実物大になります。

一

- 問1　ア 慰問　イ 凝らし（らし）　ウ 一行　エ 町角　オ 出征
- 問2　〜
- 問3　問4　問5　問6
- 問7　問8　問9　問10
- 問11　問12　問13　問14
- 問15　問16

二

- 問1　① コショウ　② キハク　③ アンジュウ　④ カタワら（ら）　⑤ キハン
- 問2　問3　問4
- 問5　問6
- 問7　問8　ア　イ　ウ
- 問9　問10
- 問11　問12
- 問13　問14　問15

法政大学国際高等学校　平成30年度

◇数学◇

※この解答用紙は125%に拡大していただくと，実物大になります。

1

(1)	(2)
	$x=$ ， $y=$
(3)	(4)
A＝	通り
(5)	(6)
	柿　個，みかん　個

2

(1)	(2)
$a=$ ， $b=$	
(3)	

3

(1)	(2)
(3)	(4)

4

(1)	(2)
(3)	(4)

○配点○　1　各5点×6　2　各6点×3
3　(1)・(2)　各6点×2　(3)・(4)　各7点×2
4　(1)・(2)　各6点×2　(3)・(4)　各7点×2　計100点

/100

法政大学国際高等学校　平成30年度

※この解答用紙は143％に拡大していただくと，実物大になります。

Ⅰ	1		2		3		4	

Ⅱ	1		2		3		4	

Ⅲ	1		2		3	

Ⅳ	1		2		3		4		5		6	
	7		8		9		10		11		12	
	13		14									

Ⅴ	1		2		3		4		5		6	
	7		8		9		10					

Ⅵ	1	A		B		2	A		B	
	3	A		B		4	A		B	
	5	A		B						

Ⅶ

○配点○　Ⅰ・Ⅱ　各3点×8　Ⅲ～Ⅵ　各2点×33(Ⅵは各完答)　Ⅶ　10点　計100点

/100

◇国語◇

法政大学国際高等学校　平成30年度

※この解答用紙は139％に拡大していただくと、実物大になります。

一

問1　①カッボウ　②シイタげ（　げ）　③アヤマち（　ち）　④キバ　⑤オチイって（　って）

問2

問3　ア　イ　ウ

問4

問5　問6

問7　問8　問9　問10

問11　問12　問13　問14

問15　問16

二

問1　①褒め（　め）　②屈強　③恒例　④納屋　⑤脚立

問2　a　b

問3

問4　（　）→（　）→（　）→（　）

問5

問6　問7　問8

問9　問10　問11

問12　問13　問14

問15　問16　問17

問18　1　2　3　4　5

○配点○

一　問1　各1点×5　問2・問3・問8・問14　各2点×6
他　各3点×11

二　問1・問18　各1点×10
問4・問8・問11・問12・問14・問15　各3点×6
他　各2点×11　計100点

100

〈ダウンロードコンテンツについて〉

本問題集のダウンロードコンテンツ、弊社ホームページで配信しております。現在ご利用いただけるのは「2025年度受験用」に対応したもので、**2025年3月末日**までダウンロード可能です。弊社ホームページにアクセスの上、ご利用ください。

※配信期間が終了いたしますと、ご利用いただけませんのでご了承ください。

高校別入試過去問題シリーズ

法政大学国際高等学校　2025年度

ISBN978-4-8141-2974-4

[発行所] 東京学参株式会社
〒153-0043　東京都目黒区東山2-6-4

書籍の内容についてのお問い合わせは右のQRコードから ⇒

※書籍の内容についてのお電話でのお問い合わせ、本書の内容を超えたご質問には対応できませんのでご了承ください。

2024年6月20日　初版